Eigentumsproblematik und Mitbestimmung hinsichtlich der Europäischen Verfassung

Europäische Hochschulschriften
Publications Universitaires Européennes
European University Studies

Reihe II
Rechtswissenschaft

Série II Series II
Droit
Law

Bd./Vol. 4306

PETER LANG
Frankfurt am Main · Berlin · Bern · Bruxelles · New York · Oxford · Wien

Dimitrios Orfanidis

Eigentumsproblematik und Mitbestimmung hinsichtlich der Europäischen Verfassung

PETER LANG
Europäischer Verlag der Wissenschaften

Bibliografische Information Der Deutschen Bibliothek
Die Deutsche Bibliothek verzeichnet diese Publikation in der Deutschen Nationalbibliografie; detaillierte bibliografische Daten sind im Internet über <http://dnb.ddb.de> abrufbar.

Zugl.: Potsdam, Univ., Diss., 2005

517
ISSN 0531-7312
ISBN 3-631-54695-5

www.peterlang.de

VORWORT

Die vorliegende Abhandlung ist am 7. Juli 2005 in die Juristische Fakultät der Universität Potsdam als Dissertation zur Erlangung der Doktorwürde aufgenommen worden.

Herrn Prof. Dr. iur. Detlev W. Belling, M.C.L. (U. of Ill) bin ich für seine ständigen Anregungen und Hinweise sowie Ermahnungen und Hilfsbereitschaft besonders dankbar. Seine Bemerkungen im ersten Gutachten haben dazu beigetragen, dass die Abhandlung publikationsreifer wurde.

Herrn Prof. Dr. iur. Tobias Lettl, LLM (EUR) danke ich herzlich für die Erstellung des zweiten Gutachtens.

Mein Dank gebührt auch Herrn Prof. Dr. iur. Stefan Chr. Saar, der als Mitglied des Prüfungsausschusses, mir die Gelegenheit gegeben hat, ein Gespräch über die deutsche Rechtsgeschichte zu führen.

Ohne die mir vom griechischen Kassationsgericht und vom Justizministerium gewährte Beurlaubung wäre diese Abhandlung nicht zustande gekommen.

An dieser Stelle möchte ich mich bei den alten Kollegen Herrn Dr. iur. Giorgos Christonakis, Herrn Dr. iur. Mehmet Köksal sowie Herrn Dr. iur. Petros Patronos für den wissenschaftlichen Austausch und die freundliche Unterstützung herzlich bedanken.

Meinen herzlichen Dank möchte ich schließlich meiner Frau Marina Soilemezidu äußern. Sie hat nämlich in mir den alten Wunsch erkannt und wieder ans Licht gebracht, eine Doktorarbeit in Deutschland anzufertigen. All dies geschah in einer Zeit, in der ich mich im Angesicht der gesteigerten Arbeitsbelastung beim Athener Landgericht nicht getraut hätte, ein derartiges Vorhaben aufzunehmen.

Diese Arbeit ist unserer Tochter Ioanna gewidmet.

Athen/Maroussi, im September 2005 Dimitrios Orfanidis

Inhaltsverzeichnis

EINLEITUNG 21

A. MARKTWIRTSCHAFT UND ABHÄNGIGES ARBEITSVERHÄLTNIS 21

B. MARKTWIRTSCHAFT UND EUROPÄISCHE UNION 22

C. PRIVATEIGENTUM UND RECHTSORDNUNG DER EG 23

D. ABHANDLUNGSRAHMEN 23

ERSTER TEIL 25

A. DIE VERFASSUNGSRECHTLICHE BESTIMMUNG DES WIRTSCHAFTSSYSTEMS IN DEUTSCHLAND 25

I. Artikel 14 GG 25
1. Inhalts - und Schrankenbestimmung des Eigentums 25
2. Kriterien zur Abwägung zwischen Kerninhalt und Kernschranke des Eigentums 27
3. Das Verhältnis zwischen Artt. 14 und 2 GG 28
4. Schutzbereich des Art. 14 GG 28
5. Das „Neutralitätsprinzip" des GG 29

II. Das Sozialstaatsprinzip und seine Funktion in der Eigentumsdogmatik des GG 30

1. Die Enteignung 31
2. Die Sozialisierung 31
3. Art. 20 Abs. 1 GG 32

B. DIE VERFASSUNGSRECHTLICHE BESTIMMUNG DES WIRTSCHAFTSSYSTEMS IN HELLAS 34

I. Artt. 17 Abs. 1, 2 und 5 Abs. 1 h.Verf. 34

1. Inhalts - und Schrankenbestimmung des Eigentums 34
2. Kriterien zur Abwägung zwischen Kerninhalt und Kernschranke des Eigentums 35
3. Das Verhältnis zwischen Artt. 17 Abs. 1, 2 und 5 Abs. 1 h.Verf. 35

4. Schutzbereich des Art. 17 h.Verf. ... 36

II. Das Sozialstaatsprinzip und seine Funktion in der Eigentumsdogmatik der h. Verf. ... 36

1. Artt. 25 Abs. 1, 2, 3, 106 Abs. 2 und 1 h.Verf. ... 36
2. Die Enteignung ... 37
3. Das Recht auf Arbeit ... 38

C. DIE BESTIMMUNG DES WIRTSCHAFTSSYSTEMS DER EG/EU ... 39

I. Einführung ... 39

II. Das Eigentumsrecht in der EG/EU ... 40

1. Mittelbarer Eigentumsschutz im EGV/EUV ... 40
2. Konkretisierung des mittelbaren Eigentumsschutzes ... 42
3. Ergebnisse ... 43

III. Art. 295 EUV (ex Art. 222 EWGV) ... 46

1. Grund einer abgetrennten Analyse ... 46
2. Ansichten zu Art. 295 EUV im Schrifttum ... 46
3. Art. 295 EUV in der Rechtsprechung ... 47
4. Stellungnahme ... 47

IV. Das Sozialprinzip und seine Funktion in der Eigentumsdogmatik der EG/EU ... 49

1. Die Grundrechtscharta: Vorbereitung auf die Europäische Verfassung ... 51
a) Einführung ... 51
b) Die Eigentumsdogmatik der GRCh ... 52
aa) Einführung ... 52
bb) Die Inhaltsbestimmung des Eigentumsgrundrechts in der GRCh ... 52
cc) Die Schrankenbestimmung des Eigentumsgrundrechts in der GRCh ... 53
dd) Tragweite des Eigentumsgrundrechts und des Sozialstaatsprinzips ... 53
ee) Schutzbereich des Eigentumsgrundrechts in der GRCh ... 54
ff) Rechtsträger und Adressaten in der GRCh ... 54
2. Arbeitsrechtliche Konkretisierung des Sozialstaatsprinzips in der GRCh ... 55
3. Kernpunkt der GRCh ... 56

ZWEITER TEIL 58

A. DIE ARBEITNEHMERMITBESTIMMUNG IN DEN UNTERNEHMEN 58

B. DIE MITBESTIMMUNG NACH DEM DEUTSCHEN RECHT 58

I. Einführung 58

II. Das MitbestG vom 4. Mai 1976 60

1. Anknüpfung an das Gesellschaftsrecht 60
2. Die deutsche AG 60
a) Der Aufsichtsrat 60
b) Der Vorstand 61
c) Die Hauptversammlung 61
3. Der Mitbestimmungseinfluss auf die Leitung der deutschen AG 62
a) Einführung 62
b) *Gemeinschaftsmäßige* Verfassungsgrenze des Mitbestimmungsrechts in den Großunternehmen der privaten Hand 63
c) Stellungnahme 64

III. Das „Montan–Mitbestimmungs"-Gesetz 66

IV. *Gemeinschaftsmäßige* Verfassungsgrenze des Mitbestimmungsrechts in den Betrieben der privaten Hand 66

V. *Gemeinschaftsmäßige* Verfassungsgrenze des Mitbestimmungsrechts im öffentlichen Dienst 69

1. Einführung 69
2. Urteil vom 27. April 1959 über das Bremische Personalvertretungsgesetz (BVerfGE 9, 268) 69
3. Der Beschluss vom 24. Mai 1995 zum Mitbestimmungsgesetz von Schleswig–Holstein (BVerfGE 93, 37) 69
4. Stellungnahme – Das ***Staatsprivateigentum*** 70
5. Kritik an der BVerfGE 93, 37 73
6. Kritik an der Kritik 75

C. DIE ARBEITNEHMERMITBESTIMMUNG NACH DEM HELLENISCHEN RECHT 77

I. Einführung 77

II. Das MitbestG. 1767/88 78

1. Schwerpunkte ... 78
2. Mittelbare Anknüpfung an das Gesellschaftsrecht ... 79
a) Der Vorstand ... 80
b) Die Hauptversammlung ... 80
c) Die Abschlussprüfer ... 80
3. *Gemeinschaftsmäßige* Verfassungsgrenze des Mitbestimmungsrechts in den Großunternehmen der privaten Hand ... 81

III. Das MitbestG. 1365/83 ... 83

1. Schwerpunkte ... 83
2. *Gemeinschaftsmäßige* Verfassungsgrenze des Mitbestimmungsrechts in den Großunternehmen des öffentlichen Dienstes ... 84
3. Stellungnahme – Das ***Staatsprivateigentum*** ... 87

D. DIE ARBEITNEHMERMITBESTIMMUNG NACH DEM GEMEINSCHAFTSRECHT ... 89

I.Einführung ... 89

II. Gesellschaftsrecht der Gemeinschaft ... 90

1. *Societas Europaea* ... 90
a) Einführung ... 90
b) Die Organe der SE ... 91
c) Die Arbeitnehmermitbestimmung in der SE ... 93
2. Die Arbeitnehmermitbestimmung in den Unternehmen ... 95
3. Die Richtlinie 2002/14/EG ... 96
4. Stellungnahme ... 97
a) Zur Verordnung 2157/2001 und Richtlinie 2001/86/EG ... 97
b) Zur Richtlinie 94/45/EG ... 100
c) Zur Richtlinie 2002/14/EG ... 100

DRITTER TEIL ... 103

A. DIE ARBEITSRECHTLICHE DIMENSION DER EUROPÄISCHEN VERFASSUNG ... 103

I. Einführung ... 103

1. Wirtschaftliche und rechtspolitische *Herkunft* der Europäischen Verfassung ... 103
2. Das *Vorrangprinzip* als Gestaltungsfaktor der EV ... 105

3. Gemeinschaftswidrigkeit der nationalen verfassungsrechtlichen Grenze des Vorrangprinzips ... 105
a) Gemeinschaftswidrigkeit der *deutschen* Verfassungsrechtsprechung ... 105
b) *Bekräftigung* der Gemeinschaftswidrigkeit der deutschen Verfassungsrechtsprechung ... 108
c) *Gemeinschaftskonforme* Verfassungsabänderung ... 110
d) Europäische Bundesverfassung und nationale Länderverfassungen ... 113
e) Die nationale Identität (Art. 6 § 3 EUV) ... 114
f) Die Verfassungsüberlieferungen ... 115
g) „Warnung vor einer Krise" ... 116
h) Gemeinschaftswidrigkeit der *hellenischen* Verfassungsrechtsprechung ... 116
i) *Gemeinschaftskonforme* Verfassungsauslegung ... 118
j) Die Gemeinschaftstreue ... 119
4. Ergebnis ... 120

II. Der *Ursprung* der Europäischen Verfassung ... 122

1. Vorbemerkung ... 122
2. Der materiell–normative Begriff der EV ... 122
a) Einleitung ... 122
b) Die hellenische Verfassungslehre der Antike als Untersuchungsmaßstab des Verfassungsursprungs ... 123
aa) Vorwort ... 123
bb) Die Verfassung als rechtspolitisches Phänomen in antiker Hellas ... 124
aaa) Verfassungs*rahmen* ... 124
bbb) Verfassungs*kern* ... 127
3. Unterstützung des Verfassungskerns ... 130
4. Ablehnung des Verfassungskerns ... 131
5. Die *Arbeit*: Ursprung des Verfassungskerns ... 132
6. Unveränderliche Geltung des Verfassungsursprungs ... 133
7. Entstehung der Marktwirtschaft - *Wieder*entstehung der Verfassung ... 135
8. Die marktwirtschaftliche Fremdbestimmung der Arbeit und ihre idealisierte Verankerung in der Verfassung ... 137
9. Staat und marktwirtschaftliche Arbeitsverhältnisse ... 144

III. Ergebnis: Die ***Verfassungskerntheorie*** ... 145

C. DIE EINHEIT DER EUROPÄISCHEN VERFASSUNG IM LICHTE IHRES KERNS ... 149

I. Problemstellung ... 149

II. Das Gefüge der EV ... 151

1. Erstes Grundelement: Der Verfassungs*vorrang* ... 151
2. Zweites Grundelement: Die Verfassungs*idealisierung* ... 160

III. Die verfassungsrechtliche Bestimmung des Wirtschaftssystems der Europäischen Union ... 162

1. Das Privateigentum: Unantastbarer Verfassungskern ... 162
   a) Gewährleistung durch Verfassungsidealisierung ... 162
   b) Gewährleistung durch allgemeine Anerkennung des Gesamtsystems der Grundrechte ... 163
2. Die Grundrechtscharta – *Vollendung* des Verfassungskernsschutzes ... 165
   a) Einführung ... 165
   b) Die *Inhaltsbestimmung* des Eigentumsgrundrechts in der EV ... 167
   c) Schutzbereich des Eigentumsgrundrechts in der EV ... 170
   d) Rechtsträger und Adressaten des Eigentumsgrundrechts in der EV ... 172
   e) Unabänderbarkeit des Eigentumsgrundrechts in der EV ... 173

IV. Die soziale Funktionsgarantie der Marktwirtschaft in der Europäischen Verfassung ... 173

1. Einführung ... 173
2. Das Sozialstaatsprinzip in der EV ... 175
   a) Verankerung durch Verfassungsidealisierung ... 175
   b) Verankerung durch die GRCh ... 175
   c) Unabänderbarkeit des Sozialstaatsprinzips in der EV ... 176
   d) Konkretisierungen des Sozialstaatsprinzips ... 176

V. Inhaltsbestimmung des Sozialstaatsprinzips in der Europäischen Verfassung ... 177

1. Die *Komponenten* ... 177
   a) Zum Inhalt der sozialen Gerechtigkeit ... 177
   b) Zum Inhalt des Rechtsstaatsprinzips ... 180
   c) Zum Inhalt des demokratischen Staates ... 181
   d) Zum Inhalt der Menschenwürde ... 182
   e) Zum Inhalt des Mindestschutzes der abhängigen Arbeit ... 184
2. Das Ergebnis ... 188

VI. Die sozialstaatliche Einklagbarkeit ... 190

VII. Die Sozialpolitik der Europäischen Union ... 195

VIII. Problemlösung: *Das Prinzip des nachhaltigen Sozialstaates und das Grundrecht auf nachhaltige Erwerbsfreiheit als sein Kerninhalt* 196

D. DAS SOZIALRECHT AUF MITBESTIMMUNG IN DER EUROPÄISCHEN VERFASSUNG 200

I. Einführung 200

II. Auslegung des Rechts. 200

III. Nachprüfung der Verfassungsmäßigkeit des deutschen, hellenischen und EG – Mitbestimmungsrechts im Lichte des Art. II – 27 GRCh 203

1. Nachprüfung des deutschen Mitbestimmungsrechts 203
2. Nachprüfung des hellenischen Mitbestimmungsrechts 204
3. Nachprüfung des EG – Mitbestimmungsrechts 208
   a) Zur Verfassungsmäßigkeit der Richtlinie 2001/86/EG 208
   b) Zur Verfassungsmäßigkeit der Richtlinie 94/45/EG 209
   c) Zur Verfassungsmäßigkeit der Richtlinie 2002/14/EG 210

IV. Zusammenfassung 211

E. Niederlassungsfreiheit und Sozialrecht auf Mitbestimmung 212

F. Europäische Verfassung und *Realismus* 215

VIERTER TEIL 218

ZUSAMMENFASSENDE THESEN 218

Literaturverzeichnis 225

Abkürzungsverzeichnis

a. a. O.	am angegebenen Ort
a. A.	anderer Ansicht
A.A.	Anderer Ansicht
(ABdEG)	Amtsblatt der Europäischen Gemeinschaften
Abs.	Absatz
AG	Aktiengesellschaft, Zeitschrift
AG	Aktiengesellschaft
AktG	Aktiengesellschaftsgesetz
APE	Arios Pagos – Entscheidung (Entscheidung des hellenischen Kassationsgerichts)
APPE	Arios Pagos – Plenumsentscheidung
ArbG	Arbeitsgericht
Art.	Artikel
Artt.	Artikel
AthLGE	Athener Landgerichtsentscheidung
AthVerwLGE	Athener Verwaltungslandgerichtsentscheidung
ARM	ARMENOPULOS, Zeitschrift
AuA	Arbeit und Arbeitsrecht, Zeitschrift
Aufl.	Auflage
Bd	Band
BetrVG	Betriebsverfassungsgesetz
BGBl.	Bundesgesetzblatt
BGB	Bürgerliches Gesetzbuch
BremPVG	Bremisches Personalvertretungsgesetz
BremVerf.	Landesverfassung der Freien Hansestadt Bremen
BverfG	Bundesverfassungsgericht
BverfGE	Bundesverfassungsgerichtsentscheidung
BVerfGEE	Bundesverfassungsgerichtsentscheidungen
BVerwGE	Bundesverwaltungsgerichtsentscheidung
bzw.	beziehungsweise
C	Case

CONV	CONVENT
DEN	Deltíon Ergatikís Nomothessías (Bulletin arbeitsrechtlicher Gesetzgebung), Zeitschrift
DB	Der Betrieb, Zeitschrift
DEE	Diarkís Epitheórissi Ergassías
	(Arbeitsrevue), Zeitschrift
ders.	derselbe
DDIKI	Diikitikí Díki (Verwaltungsprozess), Zeitschrift
DIKI	Prozess, Zeitschrift
D/NI	DIKÄOSSINI (Gerechtigkeit – Justiz), Zeitschrift
EBR	Europäischer Betriebsrat
EED	Epitheórissi Ergatikú Dikäu (Arbeitsrechtliche Revue), Zeitschrift
EG	Europäische Gemeinschaft
EEN	Hellenischer Juristenzeitung, Zeitschrift
EGKS	Europäische Gemeinschaft Kohl und Stahl
EGMR	Europäisches Gericht für Menschenrechte
EGV	Europäischer Gemeinschaftsvertrag
Ehem.	Ehemaliger
EMRK	Europäische Menschenrechtekonvention
EP	Europäisches Parlament
ESE	Elegktikó Synédrio – Entscheidung (Entscheidung des hellenischen Rechnungsgerichtshofes)
EV	Europäische Verfassung
EuZW	Europäische Zeitschrift für Wirtschaftsrechtt
EWGV	Europäischer Wirtschaftsgemeinschaftsvertrag
EuBVerfGH	Europäischer Bundesverfassungsgerichtshof
EuG	Europäisches Gericht
EuGH	Gerichtshof der Europäischen Gemeinschaften
EuGHEE	Entscheidungen des Gerichtshofes der Europäischen Gemeinschaften
EuGHPE	Plenumsentscheidung des Gerichtshofes der Europäischen Gemeinschaften
EuGRZ	Europäische Grundrechte Zeitschrift
EU	Europäische Union
EUV	Europäischer Unionsvertrag

EV	Europäische Verfassung
EuZW	Europäische Zeitschrift für Wirtschaftsrecht
FAZ	Frankfurter Allgemeine Zeitung
FEK	Fýllon Efimerídos tis Kywernísseos, (Regierungsblatt der Hellenischen Republik)
f.	folgende
ff.	folgende
Fn.	Fußnote
Fnn.	Fußnoten
FR	Frankfurter Rundschau
FS	Festschrift
G.	Gesetz
GmbH	Gesellschaft mit beschränkter Haftung
GG	Grundgesetz
GRCh	Grundrechte – Charta
HmbVerf.	Verfassung der Freien und Hansestadt Hamburg
h.Verf.	hellenische Verfassung
hBGB	hellenisches Bürgerliches Gesetzbuch
(Hrsg.)	Herausgeber
ILO	International Labour Organisation
(im hell.)	im hellenischen
insb.	insbesondere
i. S.	im Sinne
i.V.m	in Verbindung mit
JuS	Juristische Schulung, Zeitschrift
JURA	Zeitschrift
Korfu – OLGE	Korfu Oberlandesgerichtsentscheidung
MBG Schl.– H.	Mitbestimmungsgesetz Schleswig – Holstein
MitbestG	Mitbestimmungsgesetz
MitbestErgG	Mitbestimmungsergänzungsgesetz
m.H.	mit Hinweis
m.w.N.	mit weiterem Nachweis
n.Chr.	nach Christi
NET	Néa Ellinikí Tileórassi (Neuer Hellenischer Fernseher)

n.F.	neuer Fassung
NJW	Neue Juristische Wochenschrift, Zeitschrift
NoW	Nomikó Wíma (Juristische Tribüne), Zeitschrift
ORzSÜ	Oberster Rat zur Sozialüberwachung
ÖSG	Öffentliche Strom Gesellschaft
Pol.St.	Politische Studien, Zeitschrift
RdA	Recht der Arbeit, Zeitschrift
Rdn	Randnummer
RdW	Recht der Wirtschaft, Zeitschrift
RfSozVR	Revue für Sozialversicherungsrecht (Epitheórissi Kinonikú Asfalistikú Dikäu), Zeitschrift
Rs	Rechtssache
SE	Societas Europaea
S.	Seite
s.	siehe
Ser.	Serie
Slg.	Sammlung
Sp.	Spiegelstrich
StEE	Symwúlion tis Epikratías – Entscheidung (Entscheidung des hellenischen Staatsrats)
StEPE	Symwúlion tis Epikratías – Plenumsentscheidung
u.a.	unter anderem
u.	und
TVG	Tarifvertragsgesetz
ThessOLGE	Thessaloniker Oberlandesgerichtsentscheidung
ToS	To Sýntagma (Die Verfassung), Zeitschrift
v.	von
Vgl.	Vergleich
vgl.	vergleich
Vorbem.	Vorbemerkung
WRM	Wirtschaft – Recht – Mitbestimmung, Zeitschrift
ZAR	Zentralarbeiterrat
z.B.	zum Beispiel
ZIAS	Zeitschrift für ausländisches und internationales Arbeits – und Sozialrecht

ZGR	Zeitschrift für Unternehmens – und Gesellschaftsrecht
ZHR	Zeitschrift für das gesamte Handelsrecht und Wirtschaftsrecht
1. ZP	1 Zusatzprotokoll

EINLEITUNG

A. MARKTWIRTSCHAFT UND ABHÄNGIGES ARBEITSVERHÄLTNIS

Marktwirtschaft ist ein auf freiem Wettbewerb beruhendes Wirtschaftssystem, bei dem die Produktionsmittel sich in den Händen privater Eigentümer befinden. Die Freiheit der einzelwirtschaftlichen Entscheidungen ist durch staatliche Lenkungsmaßnahmen nicht zu beschränken.[1] In der heutigen Phase der Marktwirtschaft sind die Großunternehmen die entscheidenden Zentren des wirtschaftlichen und gesellschaftlichen Lebens.[2] Auf denen beruht das Wachsen des Wohlstandes einer Nation.[3] Eben aus diesem Grund sind sie aber gleichzeitig in der Lage, wirtschaftliche und politische Macht auszuüben, wodurch sie ihren Willen anderen Personen oder Institutionen aufzwingen können.[4]

Die heutige ökonomische Wirklichkeit ist eindrucksvoll in die Präambel der Richtlinie 94/45/EG[5] eingeprägt. Danach findet im Rahmen des Binnenmarktes ein Prozess der Unternehmenszusammenschlüsse, der grenzüberschreitenden Fusionen, Übernahmen und Jointventures und einhergehend damit eine länderübergreifende Strukturierung von Unternehmen und Unternehmensgruppen statt.

Die Großunternehmen beteiligen sich am Markt als juristische Personen.[6] Im Privatrecht herrscht der Grundsatz der *Privatautonomie*. Dieser besagt, dass jeder Privatrechtsträger rechtliche Beziehungen durch Regelungen knüpfen darf,[7] das aber unter den Voraussetzungen der Privatautonomie: Der *Freiheit* und *Gleichheit* jeder natürlichen Person in ihren Beziehungen zu allen anderen natürlichen Personen. Eine Person darf als Rechtsträger ihre Kräfte nach alleinigem, freiem Ermessen gebrauchen.[8] Jedoch besteht im Unternehmen ein Zurückweichen der Privatautonomie des Arbeitnehmers. Dieses ist darauf zurück-

---

1 Weimar/Schimikowski, Grundzüge, 1983, S. 13; vgl. auch Dr. Gabler Wirtschaftslexikon, S. 242.

2 Vgl. dazu Weitzig, Unternehmenspolitik, 1979, S. 51.

3 Fabricius, *Gemeinschaftskommentar*, 1979, S. 14; vgl. auch dazu Bontrup/Dammann, Beschäftigungsabbau, AuA 9/99, S. 399 ff.

4 Wiedemann, Mitbestimmungsverfassung, ZGR, 1975, S. 395; Raiser, Kapitalgesellschaften, 1983, S. 18.

5 Richtlinie des Rates über die Einsetzung eines Europäischen Betriebsrates oder die Schaffung eines Verfahrens zur Unterrichtung und Anhörung der Arbeitnehmer in gemeinschaftsweit operierenden Unternehmen und Unternehmensgruppen.

6 Vgl. Fabricius, *Unternehmensrechtsformen* 1982, S. 41.

7 Grundlegend v. Hippel, Privatautonomie, 1936, S. 57 ff.

8 Böhm, Freiheit, 1980, S. 512.

zuführen, dass die rechtliche Beziehung zwischen Arbeitnehmer und Arbeitgeber sich auf das Direktionsrecht des Arbeitgebers stützt.[9] Dieses ist das bedeutendste Recht zur Konkretisierung der Vertragspflichten des Arbeitnehmers.[10] Grundlage des Direktionsrechts ist das *Privateigentum* des Arbeitgebers an den *Produktionsmitteln*.[11] Daher rührt die *Fremdbestimmung* der Arbeit des Arbeitnehmers.[12] Diese stellt eine Einschränkung der Vertragsfreiheit des Arbeitnehmers dar, die der Gleichheit der Vertragsparteien entgegensteht.[13] Unter den heutigen ökonomischen Umständen haben die meisten Bürger keine andere Möglichkeit, als in ein abhängiges Arbeitsverhältnis einzutreten.[14] Es läuft folglich darauf hinaus, dass diese Einschränkung den größten Teil der Gesellschaft betrifft. Rechtspolitisch ist sie keine Ausnahme, sondern die Regel.

B. MARKTWIRTSCHAFT UND EUROPÄISCHE UNION

Die Umschreibung der ökonomischen Wirklichkeit in der Präambel der Richtlinie 94/45/EG beweist, dass die EU ein Umfeld *globalisierter* unternehmerischer Tätigkeit verkörpert. Die Privatautonomie des Arbeitgebers begrenzt somit die Privatautonomie der Arbeitnehmer, der Mehrheit der Bevölkerung in einem breiten Wirtschaftsraum. Aber die EU beruht auf dem Demokratieprinzip, dem Respekt der Menschenrechte und dem Rechtsstaatsprinzip.[15] Gleichzeitig beruht sie auf einer freien Wirtschaft, deren Entwicklung sie durch die Verträge als ihre Aufgabe festlegt. (Art. 2 EGV, ehem. Art. 3 EWGV, Art. 4 EGV, ehem. Art. 3 A EWGV)

Somit taucht die Frage auf, ob in der *Rechtsordnung der EU*, eine *Kollision* zwischen dem *Privateigentumsschutz* und dem *Schutz der abhängigen Arbeit* besteht und wie diese Kollision aufzulösen ist.

---

9 Rittstieg, Eigentum, 1975, S. 344.

10 Löwisch/Löwisch, Arbeitsrecht, 1980, S. 52.

11 Vgl. Sinzheimer, Grundzüge, 1927, S. 25; Rittstieg, a.a.O., S. 344; Steindorff, Einführung, 1977, S. 44; Brox/Rüthers, Arbeitsrecht, 14 Aufl., 1999, S. 4; Söllner, Verfassungsordnung, 1994, S. 424; Trawlos-Dzanetatos, Arbeitsrechtliche Beziehungen, 1983, S. 89 ff.; a.A. Birk, Leitungsmacht, 1973, S. 51 ff.; Lewedis, *Wandlung*, 1990, S. 83.

12 Vgl. v. Gierke, Wurzeln, 1914, S. 37; Sinzheimer, a.a.O., S. 127; Hueck/Nipperdey, Lehrbuch, 1963, S. 41; Löwisch/Löwisch, a.a.O., S. 4; besonders kritisch über die Rechtsstellung des Arbeitnehmers, Fabricius, *Unternehmensrechtsformen*, S. 18; a.A., Lewendis, Wandlung, S. 81.

13 Vgl. Zöllner, Arbeitsrecht, 1983, S. 3.

14 Vgl. Zöllner, S. 2; Benda, Herrschaft, 1966, S. 13; Brox/Rüthers, a.a.O., S. 5.

15 Krustallakis, Zivilprozessordnung, 1999 (im hell.).

C. PRIVATEIGENTUM UND RECHTSORDNUNG DER EG

Das primäre und sekundäre EG - Recht stellen die *eigene* Rechtsordnung der EU dar. Diese bestimmt die Rechtsordnungen der Mitgliedstaaten. Sie verpflichtet die nationalen Gerichte dazu, sie anzuwenden. Die Mitgliedstaaten, dürfen kein nationales Recht anwenden, das gegen das Gemeinschaftsrecht verstößt.[16] Alle nationalen Gerichte müssen das Gemeinschaftsrecht anwenden, um seine volle Wirksamkeit und die sich daraus ergebenden Rechte der Bürger zu sichern.[17] Die Anwendung findet von Amts wegen statt.[18]

Was im besonderen das Privateigentum betrifft, steht in den Verträgen Art. 295 EGV (ehem. 222 EWGV). Der lautet: *„Dieser Vetrag lässt die Eigentumsordnung in den verschiedenen Mitgliedsstaaten unberührt"*. Auf deutsch übersetzt lautet der hellenische Text: *„Dieser Vertrag legt auf keinen Fall die Eigentumsordnung in den Mitgliedsstaaten fest"*. Dieser Verweis auf die *Verfassungen* der Mitgliedsstaaten stellt eine mittelbare Gewährleistung des Privateigentums in der EU dar. Die Norm ist nicht dahin auszulegen, dass die nationalen Verfassungen das EG–Recht brechen dürfen. Die vorrangige Anwendung der Rechtsordnung der EU wird endgültig in der EV festgelegt.

D. ABHANDLUNGSRAHMEN

Die Ökonomie wird unaufhaltsam globalisiert. Die globalisierte Ökonomie ruft eine *Rechtsglobalisierung* hervor. Die Ursache dieses Prozesses ist schwer zu erforschen: Die *geschichtliche* Lebenszeit eines Prozesses ist immer länger als die *biologische* Lebenszeit des Menschen. Man merkt deshalb für gewöhnlich die Änderungen innerhalb seiner biologischen Zeit. Da aber die Grenze zwischen Altem und Neuem oft verschwimmt, übersieht man leicht die Ursache, die den ganzen Prozess analysieren lässt.

Ursache der Ökonomie–und Rechtsglobalisierung ist das im Laufe der Geschichte *unveränderte arbeitsrechtliche Verhältnis* zwischen *Eigentumsgrundrecht* und *abhängiger Arbeit*. Die EU ist *Teil* dieser Globalisierung. Zur Begründung dieser *Kernthese* werden folglich die deutsche, hellenische und die Gemeinschaftsrechtsordnung hinsichtlich der **Europäischen Verfassung** untersucht.

Die Europäische Verfassung ist nicht einfach eine aktuelle Rechtsentwick

---

16 EuGH 26/62 Van Gend & Loos; 6/64, Costa – ENEL; Rs 11/70, Internationale Handelsgesellschaft, EuGH, Slg. 1970, S. 1125; 106/77, Simmenthal.

17 EuGH C – 258/98, v. 8.6.2001, Beherrschende Stellung.

18 EuGH 0312/93, NLJ, 1996, 146; 0358/95, Slg/97, S. 1431 (im hell.).

lung. Sie ist eine nötige Rechtsentwicklung: Lediglich durch sie kann die EU vom Teil zum *Mitgestaltungsfaktor der globalen Marktwirtschaft* gehoben werden.

ERSTER TEIL

A. DIE VERFASSUNGSRECHTLICHE BESTIMMUNG DES WIRTSCHAFTSSYSTEMS IN DEUTSCHLAND

I. Artikel 14 GG

1. Inhalts - und Schrankenbestimmung des Eigentums

Artikel 14 Abs. 1 GG lautet: „Das Eigentum und das Erbrecht werden gewährleistet. Inhalt und Schranken werden durch die Gesetze bestimmt". Abs. 2: „Eigentum verpflichtet. Sein Gebrauch soll zugleich dem Wohle der Allgemeinheit dienen". Abs. 3: „ Eine Enteignung ist nur zum Wohle der Allgemeinheit zulässig. Sie darf nur durch Gesetz oder auf Grund eines Gesetzes erfolgen, das Art und Ausmaß der Entschädigung regelt. Die Entschädigung ist unter gerechter Abwägung der Interessen der Allgemeinheit und der Beteiligten zu bestimmen..."

Art. 14 GG gewährleistet die *Eigentumsfreiheit*. Aus diesem Grund besitzt er einen zentralen Stellenwert in der ökonomischen Struktur Deutschlands.[19] Weiterhin lässt sich jedoch diese Struktur durch die Sozialpflichtigkeit des Eigentums ergänzen. Der Gesetzgeber darf nicht den Kerninhalt und die Kernschranke des Eigentums antasten. Er darf nur Einzelfälle mit gerechter Abwägung zwischen Kerninhalt und Kernschranke regeln.

Mit seinem Grundrechtsabschnitt (Artt. 1–18) enthält das GG eine Werteordnung, die als *objektiv* bezeichnet wird.[20] Eine solche Werteordnung kann nicht auf sich in ihrem *Kern verändernden* Kriterien beruhen. Das Eigentum wird in das GG als *Grundrecht* aufgenommen. Das GG erkennt es als Teil einer objektiven Werteordnung an. Durch diese Anerkennung betrachtet das GG den Eigentumsinhalt schon vor seiner Aufnahme als *vorgegeben* in der Gesellschaft. Das GG erfindet demzufolge keinen Eigentumsinhalt.[21] Was es tut, ist eine Wertentscheidung zu treffen, diesen vorgegebenen Inhalt mit verfassungsrechtlicher Geltungskraft auszustatten. Deshalb lautet Art. 14 GG bereits im ersten Satz, dass das Eigentum gewährleistet wird. Dadurch ist es als *Rechtsinstitut* zu begreifen.[22]

---

19 Vgl. Reich, Markt, 1977, S. 99; Hesse, *Grundzüge*, S. 171; Rittstieg a.a.O., S. XIII, Vorwort; Badura, in Ingo von Münch (Hrsg.), ders. *Besonderes Verwaltungsrecht*, 1988, S. 312; Kirchhof, *Eigentum*; Brox/Rüthers, a.a.O., S. 4.

20 BVerfGE 7, 198 – Lüth.

21 Vgl. BVerfGE 1, 264 - Bezirksschornsteinfeger; 65, 196; Depenheuer, Eigentumsbegriff, S. 39, 40, Pol.St., Sonderheft 1/2000.

22 BVerfGE 24, 367 – Hamburgisches Deichornungsgesetz; 14, 263 - Feldmühle.

Ferner ermächtigt das GG den Gesetzgeber, Inhalt und Schranken des Eigentumsgrundrechts zu bestimmen. Als Inhalts–und Schrankenbestimmung des Eigentums gilt die Festlegung von Rechten und Pflichten durch den Gesetzgeber. Als Gegenstand dieser Festlegung gilt, was inhaltlich als „Eigentum" auf der Ebene des einfachen Rechts zu verstehen ist.[23] Aufgrund aber der objektiven Wertordnung, die das GG in Recht umsetzt, ist der Gesetzgeber nicht ermächtigt, den vorgegebenen Kerninhalt des Eigentums zu ändern. Seine Aufgabe besteht nicht etwa darin, durch jedes Gesetz einen je verschiedenen Eigentumsbegriff zu geben oder mit verschiedenen Beschränkungen den Kerninhalt zu verletzen. Der Gesetzgeber ist vielmehr ermächtigt, die freiheitliche Eigentumsordnung als die Wertentscheidung des GG zu bewahren. Unter dieser Voraussetzung hat er die Freiheit und die Pflicht, *nur* denjenigen Eigentumsinhalt zu bestimmen, der sich aus der Besonderheit der jeweiligen Eigentumsart ergibt.[24] Mit anderen Worten darf der Gesetzgeber, aufgrund der jeweiligen Besonderheiten jedes einzelnen Zustandes, unter ständiger Beachtung des Kerninhaltes des Eigentums, nur spezifizieren, wer welche Objekte, in welchen Formen und unter welchen Bedingungen „zu eigen" haben kann.[25]

Kerninhalt des Eigentums ist die *Privatnützigkeit.*[26] Als gesellschaftliches Verständnis dafür gilt die Möglichkeit jedes Menschen einen Gegenstand zu seinem Gunsten nutzen zu können. Dieses Verständnis ist aber nicht willkürlich. Denn nach allgemein herrschender gesellschaftlicher Auffassung ist ein Gegenstand zum Privatnutzen, was der Inhaber sich durch seine eigene Leistung nämlich seine eigene Arbeit und seinen eigenen Kapitalaufwand erworben hat.[27] Durch das GG wird diese Möglichkeit zum Grundrecht. Die Privatnützigkeit beinhaltet die *Verfügungsfähigkeit*, die als zweites Element des Kerninhalts gilt. Wenn man aber den Eigentumsgegenstand zu seinem Gunsten nutzen kann bzw. darf, heißt das, dass man die Möglichkeit bzw. das Recht hat, über ihn zu verfügen, wie es jemandem am besten scheint.

Somit bestimmt der Gesetzgeber durch die Gesetze nie den Kerninhalt des Eigentums. Er bestimmt auch nie seine Kernschranke. Die ist ebenfalls unverändert. Denn Kernschranke des Eigentums ist das *Wohl der Allgemeinheit.* Demgemäß hat der Gesetzgeber den Auftrag immer Gesetze in Kraft zu setzen, die abgesehen von den privaten Interessen des Einzelnen auch die Interessen der Allgemeinheit schützen.[28] Unter dieser grundlegenden Voraussetzung be-

---

[23] Umbach/Clemens, Grundgesetz, 2002, S. 966.

[24] BVerfGE 14, 263 – Feldmühle; 58, 300 – Naßauskiesung.

[25] Vgl. BVerfGE 42, 263; v. Münch/Kunig (Hrsg.), Grundgesetz S. 912; Depenheuer, a.a.O., S. 40.

[26] BVerfGE 24, 367 – Hamburgisches Deichordnungsgesetz; 100, 226 –Denkmalschutz..

[27] BVerfGE 1, 264 – Bezirksschornsteinfeger.

[28] BVerfGE 58, 300 – Naßauskiesung; 14, 263 – Feldmühle.

stimmt er nur Eigentumsschranken, die sich aus der Besonderheit der jeweiligen Eigentumsart ergeben. Deshalb benutzt das BVerfG mit Recht die Doppelformel „Inhalts–und Schrankenbestimmung“ ohne rechtlichen Unterschied.[29] Folglich ist das Privateigentum *sozialpflichtig*.[30] Das Wohl der Allgemeinheit ist aber gleichzeitig *eigentumspflichtig*. Sein Schutz darf nicht das Eigentum aushöhlen.[31] Wie das Wohl der Allgemeinheit die Kernschranke des Eigentums ist, ist das Eigentum die Kernschranke des Wohles der Allgemeinheit.

2. Kriterien zur Abwägung zwischen Kerninhalt und Kernschranke des Eigentums

Damit jede Kernschranke seine Gegenkernschranke nicht überschreitet, muss der Gesetzgeber Eigentum und Wohl der Allgemeinheit in jedem konkreten Fall in einen gerechten Ausgleich bringen.[32] Um dieses Verfassungsgebot zu erfüllen, darf er die *Vertrauens-* und *Bestandsgarantie* des Eigentums nicht verletzen. Die verfassungsrechtliche Geltungskraft des Eigentumsinhalts verursacht bei dem Privateigentümer Vertrauen. Dieses liegt darin, dass das Eigentum als Grundrecht geschützt wird und demzufolge sein Eigentum in seiner jeweiligen konkreten Gestalt fortbestehen kann, selbst wenn Eingriffe stattfinden.[33] Die Bestands - und Vertrauensgarantie gehören mithin nicht zum Kerninhalt des Eigentums. Sie sind Rechtsfolgen seiner Gewährleistung und sogleich Kriterien zu ihrer Umsetzung in die Praxis. Wenn der Kerninhalt des Eigentums durch die Gesetze nicht angetastet wird, besteht das Eigentum fort und der Eigentümer fährt darin fort, der Rechtsordnung zu vertrauen. Gleichzeitig muss der Gesetzgeber das Vertrauen der Allgemeinheit der Rechtsordnung bewahren. Dieses Vertrauen liegt in der Überzeugung der Allgemeinheit, dass der Verfolg ihrer Interessen bei jedem Gesetz fortbestehen kann. Dieses gegenseitige Bestehen und Vertrauen erreicht der Gesetzgeber durch die verfassungsrechtliche Grundsätze des Gleichheitssatzes des Art. 3 GG und der Verhältnismäßigkeit. Nach dem *Verhältnismäßigkeitsgrundsatz* muss jedes Gesetz weder den Eigentümer noch die Allgemeinheit nicht mehr beeinträchtigen, als der gesetzgeberische Zweck erfordert.[34]

---

29 v. Münch/Kunig (Hrsg.), a.a.O., S. 913; Umbach/Clemens, a.a.O., S. 966; Sachs, Grundgesetz, 2003, S. 627.

30 Umbach/Clemens, a.a.O., S. 975; Sieckmann in Friauf/Höfling, Grundgesetz, 2000, S. 19.

31 BVerfGE 100, 226 – Denkmalschutz.

32 BVerfGE 14, 263 – Feldmühle; 58, 137 – Pflichtexemplar; Beschluß vom 21. Februar 2001 – Erfolglose Verfassungsbeschwerden gegen Sachenrechtsbereinigungsgesetz.

33 Vgl. v. Milczewski, Schutz, 1994, S. 198; Sachs, a.a.O., S. 612.

34 Vgl. BVerfGE 70, 191; 79, 292; Jarass/Pieroth, Grundgesetz, 5. Aufl., 2002, S. 369; Umbach/Clemens, a.a.O., S. 979.

3. Das Verhältnis zwischen Artt. 14 und 2 GG

Die Eigentumsgewährleistung wird durch Art. 2 GG vorbereitet. Dem gemäss hat jeder das Recht auf die freie Entfaltung seiner Persönlichkeit. Dieses Recht umfasst die Vertrags–und die wirtschaftliche Betätigungsfreiheit. Diese ermöglicht dem Grundrechtsträger einen *Freiheitsraum* und eine *eigenverantwortliche* Gestaltung seines Lebens. Deswegen steht die Eigentumsgarantie in engem Zusammenhang mit der persönlichen Freiheit.[35] Die Sozialgebundenheit des Eigentums wird aber auch durch Art. 2 GG vorbereitet. Der Kerninhalt des Art. 2 GG d.h. die freie Entfaltung der Persönlichkeit kennt als Kernschranke den Schutz der Rechte anderer, das Sittengesetz und die verfassungsmäßige Ordnung. Art. 14 GG verstärkt andererseits wegen seines Kerninhalts das Recht aus Art. 2 GG. Ohne die Privatnützigkeit des Eigentumsobjekts wäre die Persönlichkeitsentfaltung im Wirtschaftsverkehr wertlos.

4. Schutzbereich des Art. 14 GG

Unter den Eigentumsschutz fallen zunächst die dinglichen Rechte an den Sachen.[36] Darüber hinaus fallen darunter alle eigentumsfähigen Positionen. *Eigentumsfähige Position* ist grundsätzlich jedes vermögenswerte Recht, das einem Rechtsträger zugeordnet wird. Dieses je konkretes Recht existiert, wenn es auf der Eigenleistung des Rechtsträgers beruht und von ihm ausschließlich benutzt werden kann.[37] Über solche Positionen kann jede natürliche Person, jede juristische Person, sowie der Staat verfügen.[38] Demzufolge unterliegen dem Eigentumsschutz alle Vermögenswerte, aus denen ein Unternehmen oder Betrieb besteht: Grundstücke mit Gebäuden, Maschinen und Anlagen, Rohstofflagern, Halbzeug, Fertigwaren, Patenten, Gebrauchsmustern, Warenzeichen, Geschäftsgeheimnissen, Forderungen. Der Arbeitgeber nutzt alle diese Mittel zum Zweck seines Unternehmens oder Betriebes. Es handelt sich also um eine *Privatnützigkeit* von *Produktionsmitteln*.[39] Der Arbeitgeber erwirbt sich die Produktionsmittel durch eigene Leistung und eigenen Kapitaleinsatz. Im Grunde genommen erwirbt er sie sich durch den *Kapitaleinsatz*, weil die Produktionsmittel auch durch die eigene Leistung des Arbeitnehmers in Betrieb sind, ohne dass er zu ihrem Eigentümer wird. Der *Arbeitgeber* ist mithin *Eigentümer*: Er verfährt mit den Produktionsmitteln nach Belieben und schließt andere – unter

---

35 BVerfGE 102, 1; 30, 292, 334; 68, 193, 222; 79, 292, 304; 83, 201, 208; 24, 367, 389.

36 Vgl. BVerfGE 78, 58; 83, 201; 91, 207; 95 267; Depenheuer, a.a.O., S. 44, 40; Badura, *Eigentum*, 1994, S. 328.

37 BVerfGE 97, 350; 42, 263, 294.

38 BVerfGE 48, 403, 413; 1, 264, 277; 82, 209; 45, 142.

39 Jarass, *Wirtschaftsverwaltungsrecht*, 1984, S.78; Bondrup/Damman, a.a.O.; Lampert, Social, 1993, S. 61.

ihnen Arbeitnehmer – von jeder Einwirkung auf sie aus (§ 903 BGB). Er ist Eigentümer und somit Arbeitgeber, weil er als Eigentümer dem Arbeitnehmer *Aufträge* erteilt, unter denen er seine Arbeit leisten *muß*. Zweck des Unternehmens oder des Betriebes ist der *Gewinn*. Darin liegt der Sinn des Eigentums an Produktionsmitteln.[40] Den Gewinn bekommt der Unternehmenseigentümer. In der Person des natürlichen oder juristischen Arbeitgebers verschmilzt der Begriff *„Eigenleistung"* in den Begriff *„Kapitaleinsatz"*. Der Staat kann auch Privateigentümer sein, weil ihm Unternehmen gehören.[41] Er ist Privateigentümer, weil er sich mit seinem Personal bei allen Unternehmen, die er leitet, mit der Eigenschaft des *Arbeitgebers* verbindet.[42]

5. Das „Neutralitätsprinzip" des GG

Obwohl das GG zum einen das Eigentum garantiert, vermeidet es zum anderen auf die Bestimmung der Wirtschaftsordnung der BRD ausführlich einzugehen.[43] Es vermeidet das Wirtschaftssystem des Landes als der freien Marktwirtschaft zu bezeichnen. Das hatte Anlass zur Äußerung verschiedener Theorien im Schrifttum gegeben. Dazu hat besonders das BVerfG beigetragen.

Wegen des Fehlens eines direkten Bekenntnisses im GG zur marktwirtschaftlichen Ordnung, wurde die Frage aufgeworfen, ob es überhaupt eine vorsieht. Nach *Nipperdey* gewährleistet das GG die soziale Marktwirtschaft. Nach *Krüger* ist das GG neutral, weil in ihm ausdrückliche Bestimmungen über die Wirtschaftsordnung fehlen. Nach *Abentroth* darf aufgrund der Neutralität des GG in Deutschland eine sozialistische Wirtschaftsordnung eingeführt werden. *Huber* hat die Lehre der gemischten Wirtschaftsordnung des GG entwickelt. Gemäss ihr verbinde das GG individualrechtliche Freiheitsverbürgungen und sozialrechtliche Freiheitsbindungen in einem System ausgleichender Ordnung miteinander.[44]

Nach dem *„Investitionshilfeurteil"* des BVerfG[45] vom 20.7.1954 ist das GG wirtschaftspolitisch neutral. Diese *Neutralität* bestehe darin, dass sich der Verfassungsgesetzgeber nicht ausdrücklich für ein bestimmtes Wirtschaftssystem entschieden habe. Wenn das GG jedoch tatsächlich neutral wäre, bewährte sich die Lehre von Abentroth. Es ist aber nicht so. Der Gesetzgeber darf die ihm jeweils sachgemäß erscheinende Wirtschaftspolitik verfolgen, *„sofern er dabei*

---

40 Bondrup/Damman, a.a.O.

41 BVerfGE 12, 354 – Volkswagenprivatisierung.

42 S. unten „ *Das Staatsprivateigentum*".

43 Vgl. Steindorff, a.a.O., S. 14.

44 Alle Lehren in Rittner „Wirtschaftsrecht", 1987, S. 30 – 32.

45 BVerfGE 4, 7 – Investitionshilfegesetz.

das Grundgesetz beachtet".[46] Missachtung des GG wäre die Anwendung einer solchen Wirtschaftspolitik, in der die wirtschaftliche Tätigkeit an Privatinitiative unzulässig wäre. Das GG gewährleistet das Eigentum als Rechtsinstitut und schützt seinen Kerninhalt. Diesem Kerninhalt liegt die Privatinitiative zugrunde, ohne die die kleine, mittlere und insbesondere die große unternehmerische Tätigkeit undenkbar ist.[47] Infolgedessen erlaubt das GG dem Gesetzgeber nicht eine Zentralplanwirtschaft ins Land einzuführen.

II. Das Sozialstaatsprinzip und seine Funktion in der Eigentumsdogmatik des GG

Gemäss Art. 15 GG können Grund und Boden, Naturschätze und Produktionsmittel zum Zwecke der Vergesellschaftung durch ein Gesetz, das Art und Ausmaß der Entschädigung regelt, in Gemeineigentum oder in andere Formen der Gemeinwirtschaft überführt werden. Für die Entschädigung gilt Art. 14 Abs. 3 Satz 3 und 4 entsprechend.

Gemäss Art. 20 Abs. 1 GG ist Deutschland ein demokratischer und sozialer Staat. Nach Art 28 Abs. 1 GG muss die verfassungsmäßige Ordnung in den Bundesländern den Grundsätzen des republikanischen, demokratischen und sozialen Rechtsstaates im Sinne des GG entsprechen.

Aus den Artt. 20 Abs. 1 und 15 GG bildet sich das *Sozialstaatsprinzip* heraus, das sich durch Art. 28 GG in der ganzen BRD durchsetzt. Ein föderatives Land hat keine Existenzmöglichkeit, wenn die verfassungsmäßige Ordnung der Länder derjenigen des Bundes zuwiderläuft.

Art. 20 Abs. 1 GG ist die logische und notwendige Folge des Abs. 2 des Art. 14 GG, nämlich der Kernschranke des Eigentums. Da aus Art. 20 Abs. 1 GG sich die Sozialstaatlichkeit als eines der *Grundelemente* der deutschen Rechtsordnung ableiten lässt, nimmt er Einfluss auf Artt. 14 Abs. 3 und Art. 15 GG. Dadurch erweisen sich die Enteignung und die Sozialisierung als Rechtsmittel zur Niederschlagung des Sozialstaatsprinzips.

Im Hinblick auf Artt. 14, 20 Abs. 1 und 15 GG und ihre Überschneidungen, ist es fraglich, ob das GG dem Gesetzgeber ermöglicht, das Privateigentum an den Produktionsmitteln abzuschaffen. Es stellt sich die Frage danach, ob ein Gesetz verfassungsmäßig oder verfassungswidrig wäre, das folgendes vorsähe: a) die Arbeitnehmer sind die einzigen Eigentümer der Produktionsmittel, b) die Arbeitnehmer sind Miteigentümer der Produktionsmittel mit dem Arbeitgeber zusammen und c) die Produktionsmittel gehören teilweise dem Staat und teil-

---

46 BVerfGE 4, 7 – Investitionshilfegesetz.

47 BVerfGE 78, 58, 73; 81, 329, 341; vgl. v. Mangoldt / Klein, *Bonner GG*, 1999, S. 1678; Badura, *Eigentum*, S. 386.

weise den in ihm abhängig Beschäftigten. Es taucht die Frage auf, ob ein solches Gesetz verfassungsgemäß dem Wohle der Allgemeinheit diente.

1. Die Enteignung

Die Enteignung ist keine Kernschranke des Privateigentums, weil diese das Wohl der Allgemeinheit ist. Unter dem Gesichtspunkt der Eigenständigkeit des Art. 14 im GG ist sie ein Rechtsmittel zur Verwirklichung dieses Wohles. Unter dem Gesichtspunkt der Überschneidung dieses Artikels mit Art. 20 Abs. 1 GG ist sie ein Rechtsmittel zur Verwirklichung des Sozialstaatsprinzips. Als Rechtsmittel ist sie von großer Reichweite, weil durch sie das Eigentum nicht eingeschränkt, sondern dem Eigentümer entzogen wird. Trotzdem kann sie nicht zur Abschaffung des Eigentumsgrundrechts führen, weil sie nur durch ein Gesetz erfolgt, das dem Eigentümer eine gerechte Entschädigung sicherstellt. Darüber hinaus ist sie – und trotz der Entschädigungsgarantie - nur in eng begrenzten Fällen zulässig. Ob ein Enteignungsgesetz dem Wohle der Allgemeinheit tatsächlich dient, ist immer zu überprüfen, unabhängig davon, dass es sich darauf beruft. Es ist immer zu überprüfen, ob die Enteignung das günstigste Mittel zum Wohle der Allgemeinheit darstellt.[48] Ferner könnte sie nicht unabhängig vom Art. 14 GG bzw. nur als Rechtsmittel des Art. 20 Abs. 1 GG funktionieren, weil ein solches nur unter den Bedingungen des Art. 14 GG angewandt werden kann.

2. Die Sozialisierung

Theoretisch ist die Sozialisierung ein Rechtsmittel einer Wirtschaftspolitik, die sowohl zur Aufhebung als auch zur Beibehaltung des Privateigentums beitragen kann. Wegen der Entschädigungsgarantie enthält Art. 15 GG keinen Verfassungsauftrag zur Aufhebung des Privateigentums. Er enthält zwar auch kein Gebot, alles zu unterlassen, was eine künftige Sozialisierung erschweren könnte. Die Entschädigungsgarantie und die enge Bindung der Vorschrift an Art. 14 GG bezeugen jedoch, dass in Deutschland die Sozialisierung nicht als Mittel zur Einführung einer sozialistischen Wirtschaft benutzt werden dürfte.[49] So ist Art. 15 GG kein Hindernis zur Privatisierung von Unternehmen der öffentlichen Hand. In der deutschen Rechtsordnung entspricht die Sozialisierung dem Leitbild einer Marktwirtschaft, die den Staat als Unternehmer ablehnt, soweit es sich nicht um anerkannte öffentliche Aufgaben handelt.[50] Die enge Bindung des

---

48 BVerfGE 24, 367 – Hamburgisches Deichordnungsgesetz.

49 BVerfGE 12, 363.

50 BVerfGE 12, 354 – Volkswagenprivatisierung.

Art. 15 GG an Art. 14 GG ermöglicht schließlich keine eigentumswidrige Anwendung der Sozialisierung aufgrund des Sozialstaatsprinzips.

3. Art. 20 Abs. 1 GG

Das *Sozialstaatsprinzip* gilt als eine ganz unbestimmte Generalklausel und als das umstrittenste verfassungsrechtliche Prinzip, dessen inhaltliche Konkretisierung der Verfassungsgerichtsbarkeit die größten Schwierigkeiten bereitet.[51] Dieser Ansicht ist entgegenzuhalten, dass das Prinzip im Lichte des Art. 14 GG einen festen Kerninhalt sowie eine feste Kernschranke kennt.

Kerninhalt des Prinzips ist die Pflicht des Staates, für eine *gerechte* Sozialordnung zu sorgen. Bei Erfüllung dieser Pflicht kommt dem Gesetzgeber aber ein breiter Gestaltungsspielraum zu. Sonst würde der Kerninhalt mit dem *Demokratieprinzip* in Widerspruch geraten. Anwendung des Sozialstaatsprinzips unter Kürzung des Demokratieprinzips ist durch das GG ausgeschlossen.[52] Als Kernschranke des Sozialstaatsprinzips erweist sich somit das Demokratieprinzip, dessen *wirtschaftliche* Grundlage das Eigentumsgrundrecht ist. Denn, worin der unantastbare Wesensgehalt eines Grundrechts besteht, wird für jedes von diesen aus seiner besonderen Bedeutung im Gesamtsystem der Grundrechte ermittelt.[53] Gerechte Sozialordnung kann nach dem GG nicht Aufhebung irgendeines Grundrechts wie das auf Eigentum bedeuten.

Das Sozialstaatsprinzip ist im GG *arbeitsrechtlich* nicht konkretisiert. Dieses Fehlen weist nicht darauf hin, dass es keine solche Konkretisierung gibt. Sie wirkt auf den Kerninhalt und die Kernschranke des Prinzips jedoch nicht ein. Vielmehr ist sie ihnen unterworfen.

Arbeitsrechtliche Konkretisierung des Sozialstaatsprinzips ist der Schutz der abhängigen Arbeit.[54] Dieses Schutzbedürfnis entsteht aus den Lebensbedingungen der Industriegesellschaft: Die überwiegende Mehrheit der Menschen ist dazu gezwungen, abhängige Arbeit zu leisten. Wenn man in Betracht zieht, dass die Arbeit den Menschen in seiner ganzen Person erfasst, dann ist es klar, welche Bedeutung diesem Schutzbedürfnis der abhängigen Arbeit beizumessen ist.[55] Im arbeitsrechtlichen Bereich erfährt das Privateigentum Schranken, die sich bis auf den Schutz des Arbeitnehmers vor dem Arbeitgeber erstrecken, der als Eigentümer der Produktionsmittel, die Waffengleichheit beim Vertragsab-

---

51 Schwark, Wirtschaftsordnung, 1996, S. 4.

52 BVerfGE 59, 231 – Freie Mitarbeiter; 22, 180 – Jugendhilfe; vgl. Forsthoff, Begriff und Wesen., 1954.

53 BVerfGE 22, 180 – Jugendhilfe; s. auch Fn 19.

54 Richardi/Wlotzke (Hrsg.) Münchener, 2000, S. 101.

55 v. Münch/Kunig, (Hrsg.) a.a.O., S. 30; Söllner, a.a.O., S. 27; Richardi/Wlotzke (Hrsg), a.a.O., S. 43; Fn. 14.

schluss abhängiger Arbeit umstürzt.[56] Dieser Schutz darf sogar bis zum Untersagen betriebsbedingter Personalkündigungen bei einer nachhaltig guten Gewinnsituation führen.[57] Aber er darf sich auf keinen Fall bis auf die Abschaffung des Direktionsrechts erstrecken.

Die oben gestellten Fragen sind also wie folgend zu beantworten: a) *Wirtschaftssystem* Deutschlands ist die *freie Marktwirtschaft*, die *nicht* abgeschafft werden darf, b) ein Gesetz dient nicht dem Wohle der Allgemeinheit, wenn es die freie Marktwirtschaft abschafft, c) die Enteignung des Privateigentums ist das allerletzte Mittel des Gesetzgebers zum Wohle der Allgemeinheit, das nur in eng begrenzten und konkreten Fällen anzuwenden ist. Wenn es angewandt wird, ist das Eigentum an den Produktionsmitteln des enteigneten Unternehmens nicht den Arbeitnehmern zu übertragen, d) die Sozialisierung darf nicht den Arbeitnehmer in den Eigentümer der Produktionsmittel verwandeln, weil sie unter der Eigentumsgewährleistung des Art. 14 GG zu betrachten ist. Das Sozialstaatsprinzip ist ein Grundelement der deutschen Rechtsordnung. Deswegen nimmt es Einfluss auf das Demokratieprinzip. Es funktioniert aber als Einschränkung des Privateigentums, damit die darauf beruhten Rechte des Arbeitgebers nicht missbräuchlich dem Arbeitnehmer gegenüber ausgeübt werden. Es funktioniert aber gleichzeitig auch als Einschränkung arbeitnehmerischer Ansprüche. Der Ausgleich der entgegenstehenden Interessen von Arbeitgebern und Arbeitnehmern, sowie das Vorantreiben einer Zusammenarbeit zwischen ihnen, gründet den Sinn des Begriffs „Wohl der Allgemeinheit“. Falls der Gesetzgeber das missachtet, verletzt er das GG. Demzufolge bildet das „Neutralitätsprinzip“ ein *Verfassungsverbot* nicht nur gegen eine Zentralplanwirtschaft, sondern auch *gegen* eine freie Marktwirtschaft des *„laissez faire, laissez passez“* des 19 Jahrhunderts.

Auf diese besondere Art und Weise setzt sich das GG für eine *soziale* Marktwirtschaft ein.[58]

---

56 Sakowski, Arbeitsrecht I, 2002.

57 ArbG Gelsenkirchen von 28.11.1997 – Ca 3762/96, AuA 1998, S. 400.

58 Vgl. Steindorff, a.a.O., S. 14; Dieterich/Hanau/Schaub, Erfurter, 1998, S.173; Schwark, a.a. O., S. 11; Fürst/Günther, Grundgesetz, 1982, S. 35, 36.

B. DIE VERFASSUNGSRECHTLICHE BESTIMMUNG DES WIRTSCHAFTSSYSTEMS IN HELLAS

I. Artt. 17 Abs. 1, 2 und 5 Abs. 1 h.Verf.

1. Inhalts - und Schrankenbestimmung des Eigentums

Art. 17 Abs. 1 h.Verf. lautet: „Das Eigentum steht unter dem Schutze des Staates; die aus diesem Schutze entstehenden Rechte dürfen jedoch nicht zu Lasten des allgemeinen Interesses ausgeübt werden". Abs. 2 des Artikels lautet: „Niemand darf seines Eigentums beraubt werden, es sei denn dies zum bewiesenen Wohle der Allgemeinheit dient. Die Eigentumsenteignung ist nur durch Gesetz zulässig und darf vor völliger Entschädigung nicht stattfinden".

Durch *Art. 17 h.Verf.* wird das *gesellschaftliche* Phänomen des Privateigentums in die hellenische Verfassungsordnung als *Grundrecht* aufgenommen. Anders als im Art. 14 GG lässt sich im Art. 17 h.Verf. von einer Inhalts–und Schrankenbestimmung des Grundrechts nichts sagen. Es ist jedoch seinem Wortlaut zu entnehmen, dass das Eigentum einen *Kerninhalt* und eine *Kernschranke* kennt. Abs. 1 des Artikels erteilt dem Gesetzgeber den Auftrag, Gesetze in Kraft zu setzen, die nicht gegen das Eigentumsgrundrecht verstoßen. Dabei darf er nicht eine verschiedene jedes Mal Auffassung über den Kerninhalt des Grundrechts vorbringen oder diesen mit verschiedenen Schranken verletzen. Durch die Gesetze steht ihm *nur* das Recht zu, die Besonderheiten jeder eigener Eigentumsart in Betracht zu ziehen.

Kerninhalt des Eigentums ist der *Wille* des *Eigentümers.* Damit ist die Möglichkeit bzw. das Recht des Besitzers eines Objekts, es zu seinem Gunsten zu nutzen, gemeint. Kerninhalt des Eigentums ist folglich die *Privatnützigkeit* eines Objekts, die dessen *Verfürbarkeit* beinhaltet.

Kernschranke des Eigentums ist das *allgemeine Interesse.* Abs. 2 des Artikels erteilt dem Gesetzgeber den Auftrag, bei Erfüllung seiner Pflicht zum Eigentumsschutz, auch die Interessen anderer zu schützen, deren Leben vom Willen des Eigentümers beeinflusst wird. Welches Ausmaß dieser Einfluss aufweist, hängt von den Besonderheiten jedes Einzelfalles ab. Wegen Abs. 1 Art. 17 h.Verf. darf der Gesetzgeber andererseits den Schutz des allgemeinen Interesses nicht übermäßig ausdehnen, sodass das Eigentumsgrundrecht ausgehöhlt wird.[59] Wie das Eigentum *sozialpflichtig* ist, ist das allgemeine Interesse gleichzeitig *eigentumspflichtig*. Das Eigentumsgrundrecht ist die Kernschranke seiner Kernschranke und das allgemeine Interesse ist die Kernschranke seiner Kernschranke.[60]

---

[59] Ath.LGE 3646/92, ARM/1994, 561; 455/2000, NOMOS, 1.

[60] Vgl. v. Münch/Kunig, a.a.O., S. 913; Friauf/Höfling, a.a.O., S. 62.

2. Kriterien zur Abwägung zwischen Kerninhalt und Kernschranke des Eigentums

Damit jede Kernschranke seine Gegenkernschranke nicht überschreitet, muss der Gesetzgeber Eigentum und allgemeines Interesse in jedem konkreten Fall in einen gerechten Ausgleich bringen.[61] Aus der Eigentumsgewährleistung entstehen für den Eigentümer eine *Bestands*–und eine *Vertrauensgarantie*. Diese Garantien schlagen sich in der Überzeugung des Eigentümers nieder, dass das Eigentum als Grundrecht und somit sein Eigentum fortbestehen kann, selbst wenn darin Eingriffe stattfinden. Die Bestands-und die Vertrauensgarantie gehören mithin nicht zum Kerninhalt des Eigentums. Sie sind Rechtsfolgen seiner Gewährleistung und sogleich Kriterien zu ihrer Umsetzung in die Praxis. Wenn der Kerninhalt des Eigentums durch die Gesetze nicht angetastet wird, besteht das Eigentum fort und der Eigentümer fährt darin fort, der Rechtsordnung zu vertrauen. Gleichzeitig muss der Gesetzgeber das Vertrauen der Allgemeinheit der Rechtsordnung bewahren. Dieses Vertrauen liegt in der Überzeugung der Allgemeinheit, dass der Verfolg ihrer Interessen bei jedem Gesetz fortbestehen kann. Dieses gegenseitige Bestehen und Vertrauen erreicht der Gesetzgeber durch den Gleichheitssatz des Art. 4 h.Verf. und durch das *Verhältnismäßigkeitsgebot*. Demgemäss muss jedes Gesetz weder den Eigentümer noch die Allgemeinheit nicht mehr beeinträchtigen, als dies der gesetzgeberische Zweck erfordert.[62]

3. Das Verhältnis zwischen Artt. 17 Abs. 1, 2 und 5 Abs. 1 h.Verf.

Der Weg zur Eigentumsgewährleistung eröffnet *Art. 5 Abs. 1 h.Verf.* Ihm gemäß hat jeder das Recht auf die freie Entfaltung seiner Persönlichkeit und – unter anderem – das Recht darauf, am wirtschaftlichen Leben des Landes teilzunehmen. Dieses Recht umfasst die Vertrags–und die wirtschaftliche Betätigungsfreiheit. Diese ermöglicht dem Grundrechtsträger einen *Freiheitsraum* und eine *eigenverantwortliche* Gestaltung seines Lebens. Deswegen steht die Eigentumsgarantie in engem Zusammenhang mit der persönlichen Freiheit.[63] Die Sozialgebundenheit des Eigentums lehnt sich aber auch an Art. 5 Abs. 1 h.Verf. an. Der Kerninhalt des Artikels d.h. die freie Entfaltung der Persönlichkeit kennt als Kernschranke den Schutz der Rechte anderer, das Sittengesetz und die verfassungsmäßige Ordnung. Art. 17 Abs. 1 h.Verf. verstärkt andererseits wegen seines Kerninhalts das Recht aus Art. 5 Abs. 1 h.Verf.. Ohne die

---

61 Vgl. Papakonstadinu, Anmerkung, (im hell.).

62 Vgl. Korfu – OLGE 37/99, DEE/99, 884; Ath.LGE 3646/92; . Papakonstadinu, a.a.O. S. 87; StEE 2112/84, 1913/94, 2245/99 in Pararas, Verfassung, 2001, S.46, 162 (im. hell.).

63 Vgl. Pararas, a.a.O., S. 45.

Privatnützigkeit des Eigentumsobjekts würde das Recht auf Persönlichkeitsentfaltung im Wirtschaftsverkehr leer laufen.

Besonderes Element der wirtschaftlichen Betätigungsfreiheit ist die Berufsfreiheit d.h. das Recht des Einzelnen zu arbeiten und frei die Art der Arbeit, sowie den Ort und die Zeit seiner Arbeit auszuwählen.[64] In diesem Sinne ist die Arbeit eine unabhängige Wirtschaftstätigkeit. Nebst der Arbeit des selbständig Beschäftigten ist unabhängige Arbeit auch die Leitung eines Unternehmens vom Arbeitgeber. Die Arbeit kann aber auch abhängig sein, wenn der Einzelne den Ort und die Zeit seiner Arbeit nicht auswählt und sie nach den Aufträgen eines Arbeitgebers zu leisten hat.

4. Schutzbereich des Art. 17 h.Verf.

Die wirtschaftliche Betätigungsfreiheit umfasst nicht nur die natürlichen, sondern auch die juristischen Personen der Unternehmen. Art. 17 Abs. 1 h.Verf. gewährleistet folglich das Privateigentum an Sachen.[65] Recht des Eigentümers im allgemeinen und des Arbeitgebers im speziellen ist, mit den Produktionsmitteln nach Belieben zu verfahren und andere – wie die Arbeitnehmer - von jeder Einwirkung auf sie auszuschließen (Art. 1000 hBGB). Der Staat ist auch Sacheigentümer wegen seines Eigentums an den Produktionsmitteln der Unternehmen, die er ganz oder als Großaktionär besitzt.[66] Wenn ein Unternehmen zur öffentlichen Hand gehört, bedeutet das nicht, dass seine Produktionsmittel Eigentum der Belegschaft ist.

Dementsprechend setzt sich die Verfassung von Hellas im Gegensatz zum GG unmittelbar für die freie Marktwirtschaft ein.

II. Das Sozialstaatsprinzip und seine Funktion in der Eigentumsdogmatik der h. Verf.

1. Artt. 25 Abs. 1, 2, 3, 106 Abs. 2 und 1 h.Verf.

Gemäss *Art. 25 Abs 1* h.Verf. werden die Rechte des Menschen als Individuum und als Gesellschaftsmitglied sowie das *Sozialstaatsprinzip* durch den Staat gewährleistet. Alle Staatsorgane sind dazu verpflichtet, die *ungehinderte* und *wirksame* Ausübung dieser Rechte abzusichern. Jede ihnen durchgesetzte Einschränkung muss entweder durch die Verfassung oder durch das Gesetz vorgesehen werden, wenn dem Gesetz Vorbehalt besteht. Jede Einschränkung ist dem Verhältnismäßigkeitsgrundsatz unterworfen.

---

64 APE 548/2001, NOMOS/2002, 1; 1465/2001, ToS/2002, S. 92 ff.

65 APE 82/2000, NOMOS, 1; 43/2002, NOMOS, 1.

66 Ath.LGE 455/2000, NOMOS, 1.

Gemäss Art. 25 Abs.2 h.Verf. zielt die Anerkennung der unabdingbaren Grundrechte des Menschen auf die Verwirklichung des sozialen Fortschritts im Rahmen der *Freiheit* und *Gerechtigkeit* ab.

Gemäss Art. 25 Abs. 3 h.Verf. ist die *missbräuchliche* Ausübung eines Rechts unzulässig.

Art. *106 Abs. 1* h.Verf. ermächtigt den Staat, das wirtschaftliche Leben des Landes insgesamt zu gestalten und zu koordinieren, um den sozialen Frieden zu festigen. Gemäss Art. 106 Abs. 2 ist der wirtschaftlichen Privatinitiative untersagt, sich gegen die *Freiheit* und die *Würde des Menschen* ausgeübt zu werden.

Aus diesen Artikeln ergibt sich das *Sozialstaatsprinzip*. Es ist die logische und notwendige Folge des Art. 17 Abs. 1 h.Verf., nämlich der Kernschranke des Eigentums. Aus dem allgemeinen Interesse ergibt sich der Kerninhalt des Sozialstaatsprinzips: Der Gesetzgeber ist dazu verpflichtet, für einen *gerechten* sozialen Fortschritt zu sorgen. Es ist freilich zu bemerken, dass das Sozialstaatsprinzip in Art. 25 Abs. 1 *direkt* und *eigenständig* von den Grundrechten erwähnt wird. Diese direkte Erwähnung deutet ausschließlich darauf hin, dass das Sozialprinzip ein *Grundelement* der hellenischen Verfassungsordnung ist. Sie gründet keine Eigenständigkeit des Sozialstaatsprinzips gegenüber den Grundrechten. Denn es ist dem Wortlaut des Artikels zu entnehmen, dass der Kerninhalt des Sozialstaatsprinzips ohne Aufhebung des Kerninhalts der Grundrechte und damit des Eigentumsgrundrechtes verwirklicht werden muss.

2. Die Enteignung

Die Enteignung ist keine Kernschranke des Privateigentums, weil diese das Wohl der Allgemeinheit ist. Unter dem Gesichtspunkt der Eigenständigkeit des Art. 17 in der h.Verf. ist sie ein Rechtsmittel zur Verwirklichung dieses Wohles. Unter dem Gesichtspunkt der Überschneidung dieses Artikels mit Artt. 25 Abs. 1 und 106 Abs. 1 und 2 h.Verf. ist sie ein Rechtsmittel zur Verwirklichung des Sozialstaatsprinzips. Als Rechtsmittel ist sie von großer Reichweite, weil dadurch das Eigentum nicht eingeschränkt, sondern dem Eigentümer entzogen wird. Trotzdem kann sie nicht zur Abschaffung des Eigentumsgrundrechtes führen, weil sie nur durch Gesetz erfolgt, das dem Eigentümer eine gerechte Entschädigung sicherstellt.[67] Ferner kann sie nicht unabhängig vom Art. 17 h.Verf. bzw. nur als Rechtsmittel des Sozialstaatsprinzips funktionieren, weil als solches ausschließlich unter den Bedingungen des Art. 17 h.Verf. anzuwenden ist.

[67] APPE 5/2002, D/NI/2002, 376; 19/2002, NOMOS, 1.

3. Das Recht auf Arbeit

Da Art. 17 Abs. 1 h.Verf. das Sacheigentum schützt, unterliegt die abhängige Arbeit diesem Schutz für den Arbeitnehmer grundsätzlich nicht. Der Arbeitgeber leitet Sachenrechte aus seinem Eigentum an den Produktionsmitteln seines Unternehmens ab. Der Arbeitnehmer verfügt über keine Sachenrechte am Unternehmen. Bezüglich der Person des Arbeitnehmers unterscheiden sich die Begriffe *„Vermögen“* und *„Privateigentum“* voneinander: Das Privateigentum des Arbeitgebers ist gleichzeitig sein Vermögen. Die Arbeitskraft des Arbeitnehmers ist für sich selbst nur Vermögen schuldrechtlicher Natur.[68] Das ist auf die Fremdbestimmung seiner Arbeit zurückzuführen. Art. 5 Abs. 1 h.Verf. verankert die Berufsfreiheit und schützt deshalb vor allem die unabhängige Arbeit. Die abhängige Arbeit ist zwar Beruf. Wegen der Fremdbestimmung bedarf sie aber des besonderen Verfassungsschutzes.

Dieser Schutz wird durch *Art. 22 Abs. 1* h.Verf. gewährt. Danach ist die Arbeit ein Recht, das vom Staat geschützt wird.

Kerninhalt des Rechtes ist ausschließlich die abhängige Arbeit. Sie ist ein *soziales* Recht.[69] Art. 22 Abs. 1 h.Verf. ist infolgedessen die *arbeitsrechtliche Konkretisierung* des Sozialstaatsprinzips. Dadurch ist der Gesetzgeber ermächtigt, solche Maßnahmen zu treffen, die zum Schutz der abhängigen Arbeit beitragen. Aus Art. 22 Abs. 1 h.Verf. i.V.m. Art. 25 Abs. 1 und 3 h.Verf. entsteht ein einklagbares Recht des Arbeitnehmers wegen missbräuchlichen Ausübung des Direktionsrechts des Arbeitgebers. Kein einklagbares Recht entsteht bezüglich der gesetzgeberischen Tätigkeit zum Schutz der abhängigen Arbeit.

Kernschranke des sozialen *Rechts auf Arbeit* ist der Kerninhalt des Eigentumsgrundrechts. Gesetze, die die abhängige Arbeit schützen, müssen dem allgemeinen Interesse dienen, in das der Schutz des Privateigentums eingeschlossen ist.

Im Hinblick auf das Sozialstaatsprinzip besteht die Möglichkeit eines zusätzlichen *subsidiären* Schutzes des Arbeitnehmers. Ihm als Kläger steht das Recht zu, sich auf Art. 17 Abs. 1 h.Verf. zu berufen, nicht aber aus dem Grund, weil seine Arbeit sein Eigentum ist, sondern aus dem Grund, weil sie sein Vermögen ist, das wegen allgemeinen Interesses vor missbräuchlicher Ausübung des Direktionsrechts geschützt werden muss. Der hellenische Richter hat zugleich von Amts wegen die Pflicht[70] zu überprüfen, ob das Benehmen des Arbeitgebers

---

68 APPE 40/1998, NoW/1999, S. 753; vgl. dazu Leinemann, (Hrsg.), Handbuch, 1997, S.9.

69 StEE 2930/1989, DIKI/1990, S. 306; Ath.OLGE 37/99, DEE/1999, 884; AthLGE 1336/2002.

70 In Hellas besteht kein Verfassungsgericht. Aufgrund Artt. 87 Abs. 1, 2 und 93 Abs. 4 der Verfassung hat jeder Richter nicht nur das Recht, sondern auch die Pflicht die Ver-

gegen die Verfassung verstößt. Dies gilt zum anderen auch für den Arbeitnehmer. Das Begehren einer Klage von seiner Seite darf nicht in den Kerninhalt des Eigentumsgrundrechtes eingreifen.

Das Sozialstaatsprinzip umfasst sowohl die natürlichen, als auch die juristischen Personen des Privatsektors, d.h. die Privatunternehmen. Wenn das nicht der Fall wäre, würde der größte Teil des wirtschaftlichen Lebens zumal in einer Zeit der *Globalisierung* der Wirtschaft außerhalb Rechtsregelungen bleiben. Es umfasst aber auch die staatlichen Unternehmen. In einem Rechtsstaat ist nicht nur den Privaten sondern auch dem Staat verboten, die Verfassungsordnung zu übertreten. Das Sozialstaatsprinzip funktioniert als *Einschränkung* der aus der *Eigentumsgarantie* stammenden Rechte des Arbeitgebers. Gleichzeitig lässt sich das Recht der Arbeitnehmer von der Eigentumsgarantie einschränken: Arbeitnehmerische Ansprüche, die den Kern des Rechts auf Privateigentum antasten, wären aufgrund Art. 17 Abs. 1 verfassungswidrig. Der Schutz des Privateigentums vor verfassungswidrigen Ansprüchen der Arbeitnehmer und der Schutz der abhängigen Arbeit vor willkürlicher Tätigkeit des Privateigentums sind die Bestandteile des verfassungsrechtlichen Begriffs „Wohl der Allgemeinheit“ oder „Allgemeines Interesse“.

Dementsprechend setzt sich die hellenische Verfassung für eine *soziale* Marktwirtschaft ein.

C. DIE BESTIMMUNG DES WIRTSCHAFTSSYSTEMS DER EG/EU

I. Einführung

Es wird die Ansicht vertreten, dass das Eigentum in seiner konkreten Gestalt kein der Gesellschaft vorgegebenes Phänomen sei. Es bedürfe daher der inhaltlichen Ausgestaltung durch eine Rechtsordnung.[71] Diese Ansicht ist teilweise richtig. Das Eigentum bedarf inhaltlicher Ausgestaltung durch die Rechtsordnung in jedem Einzelfall, der durch Gesetz geregelt wird. Die Ausgestaltung hängt aber vom Kerninhalt des Eigentums ab. Diesen verankert immer die höchste Norm innerhalb einer staatlichen Normenhierarchie: die *Verfassung*. Alle einer Verfassung unterliegenden Gesetze dürfen diesen Kerninhalt nicht nach Belieben verändern.[72] Aber auch die Verfassung nimmt einen Eigentumskerninhalt auf, der vor seiner Aufnahme in einer bereits vorgegebenen Wirtschaftsordnung vorhanden ist.[73]

---

fassungsmäßigkeit der Gesetze zu überprüfen; s. dazu APE 14/96, EED/96, 635; StEE 3195/2000 in Pararas, a.a.O, S. 318.

71 v. Milczewski, a.a.O., S. 242.

72 Vgl. Depenheuer, a.a.O., S. 40.

73 Vgl. Mestmäcker, *Wirtschaftsgemeinschaft*, S. 127.

Eine Wirtschaftsordnung besteht nicht nur da, wo die Gesellschaft staatlich organisiert ist. Sie besteht ebenso im Rahmen einer *übernationalen* Einrichtung, die von schon bestehenden Staaten gegründet worden ist, um *gemeinsame* Ziele zu erreichen. Die EU hat ihre eigene Rechtsordnung.[74] Diese bezieht sich auf ein bestimmtes Wirtschaftssystem. Bei der Gründung der EG gingen die damals sechs Mitgliedstaaten von einem auf Privateigentum aufbauenden Wirtschaftordnung aus.[75] Alle Länder, die sich allmählich der EU anschlossen bzw. anschließen, fassen das Privateigentum als Grundrecht auf. Jahre nach der Gründung der EG sieht der Maastricht–Vertrag eine Verpflichtung der Mitgliedstaaten auf *offene Marktwirtschaft* mit freiem Wettbewerb vor.[76] Die EG ist also bereits eine *Wertgemeinschaft*,[77] ohne noch ein Staat zu sein. Die bevorstehende europäische Verfassung wird die Grundrechte gewährleisten, unter denen das Eigentumsgrundrecht von zentraler Bedeutung sein wird.[78]

II. Das Eigentumsrecht in der EG/EU

1. Mittelbarer Eigentumsschutz im EGV/EUV[79]

Aus den Verträgen lässt sich keine *unmittelbare* Eigentumsgewährleistung ableiten. Das Eigentumsgrundrecht wird immerhin durch zahlreiche Vorschriften *mittelbar* verankert. Die Gemeinschaftsrechtsordnung verbürgt solche wirtschaftliche Grundfreiheiten, die den nationalen Verfassungsordnungen der Mitgliedstaaten in keiner Weise fremd sind.

Nach **Art. 6 EUV Abs. 1** (ex. Art. F) beruht die EU auf den *Grundsätzen* der Freiheit, der Demokratie, der Achtung der Menschenrechte und der Grundfreiheiten sowie der Rechtstaatlichkeit, die allen Mitgliedstaaten gemeinsam sind. Aus der Vorschrift ergibt sich die Gewährleistung der Privatautonomie natürlicher und juristischer Personen.[80] **Artt. 2 und 4 Abs. 1 EGV** (ex. Artt. 2 und 3 EWGV) verbinden die wirtschaftliche Entwicklung der Gemeinschaft mit der Errichtung eines *gemeinsamen offenen Marktes*. **Art. 2 EUV** greift die Freiheit und das Recht als Grundprinzipien zur Einhaltung und Weiterentwicklung der

---

74 s. „EINLEITUNG".

75 v. Milczewski, a.a.O., S. 2.

76 Zuleeg, *Art. 1 und 3 EGV*, 1997, Bd. 1, S. 194, 203.

77 Strasser, Grundrechtsschutz, 2001, S. 46.

78 Vgl. Zuleeg, *Art. 1 und 3 EGV.*, S. 109.

79 Am 1. Februar 2003 ist der Vertrag von Nizza zur Änderung des EUV und des EGV in Kraft getreten (ABdEG C 80/17, 10.3.2001). Die hierzu erwähnten Artikel sind dadurch nicht geändert worden. Sie sind in der konsolidierten Fassung des EGV zu lesen (ABdEG C 325/33, 24.12.2002).

80 Strumpf, Artt. 6 EUV, 2 EGV, 2000, S. 78, 89.

Union auf.[81] Diese Grundprinzipien müssen *grundlegend* dem wirtschaftlichen Fortschritt dienen (erster Sp. Art. 2 EUV). Die Gemeinschaftsrechtsordnung verankert als *wirtschaftliche Grundrechte* den **freien Warenverkehr** (Art. 23 ff. EGV, ex Art. 9 ff. EWGV), den **freien Kapitalverkehr** (Art. 56 EGV ex Art. 73 EWGV), das **Niederlassungsrecht** (Art. 43 EGV ex Art. 52 EWGV) und die **Freizügigkeit der Arbeitnehmer** (Art. 39 EGV ex Art. 48 EWGV). Die wirtschaftlichen Grundrechte werden unbedingt durch das *Demokratieprinzip* legitimiert.[82] So dürfen der EU Staaten beitreten, die sich zu diesen Werten bekennen. Alle diese bilden das **Wirtschaftssystem des freien Marktes,**[83] dessen Grundlage die Unternehmen sind.[84] Aus diesem Grund erweist sich die *Wettbewerbsfreiheit* als Grundsatz der Wirtschaftspolitik der EU.[85] Das Wettbewerbsrecht nimmt mithin die zentrale Rolle im Gemeinschaftsrecht ein.[86] Durch die **Artt. 81, 82, 83, 84 und 85 EGV** (ex Artt. 85, 86, 87, 88 und 89 EWGV) werden die Wettbewerbsregeln für die Privatunternehmen festgelegt. Aus **Art. 86 EGV** (ex. Art. 90 EWGV) wird der Grundsatz der Gleichbehandlung der öffentlichen und privaten Unternehmen hergeleitet.[87] Dieser Grundsatz liegt darin, dass die öffentlichen Unternehmen auch unter den Bedingungen des freien Wettbewerbs funktionieren müssen.[88]

Aufgrund der vorgenannten Vorschriften lässt sich feststellen, dass eine Entscheidung für ein anderes Wirtschaftssystem in der EU als der freien Marktwirtschaft nicht zulässig ist.[89] Dieses Verbot stellt noch einen Grund dar, warum der deutsche und der hellenische Verfassungsgesetzgeber keine Zentralplanwirtschaft in ihre Länder einführen dürfen, wenn sie EU - Mitgliedstaaten bleiben möchten. Dieses Verbot ist bereits aufgrund der Artt. 14 GG und 17 h.Verf. Grundlage beider Verfassungsordnungen.[90]

---

81 Strumpf, a.a.O., S. 59.

82 Vgl. Strumpf, a.a.O., S. 78.

83 Vgl. Schweitzer/Hummer, Europarecht, 1985, S. 38; Hailbronner/Klein/Magiera/Graff-Müller, Handkommentar, 1998, S. 1.

84 Vgl. Noack, Vortrag, 1997.

85 Schwarze, *EU*, 2000, S. 253.

86 Vgl. Classen, Einführung, S. XXII; Schwarke, a.a.O., S. 12.

87 EuGH C – 303/88, Textilbeihilfen, Slg. 1991, S. 1433.

88 Vgl. Brinker, in Schwarze, Jürgen (Hrsg.), *EU*, S. 936, 1011.

89 Schwarze, zu Art. 4 EGV (ex. Art. 3a), *EU*, S. 253; Strumpf, a.a.O., S. 78; Badura, *Eigentum*, a.a.O., S. 339.

90 s. oben „ERSTER TEIL“ unter „A. 5, B – I. 4“.

2. Konkretisierung des mittelbaren Eigentumsschutzes

Der Eigentumsschutz in der EG/EU wird im wesentlichen durch die *Rechtsprechung* des EuGH entwickelt und getragen.[91] Hierbei knüpft er an die Verträge an und berücksichtigt die Verfassungsüberlieferungen der Mitgliedstaaten.[92] Rechnung wird auch der EMRK getragen. Das Eigentum ist ein Grundrecht der Gemeinschaftsordnung. Als solches ist es ebenso in der Zukunft im Rahmen eines europäischen Staates zu schützen.

Seinen mittelbaren Anfang findet der Eigentumsschutz in der *Stauder*- Entscheidung.[93] Der EuGH stellt darin erstmalig fest, dass zu den allgemeinen Grundsätzen der Gemeinschaftsrechtsordnung, deren Wahrung er zu sichern hat, auch die Grundrechte der Person gehören. Der Eigentumsschutz geht noch mittelbar einen Schritt in der *Internationale Handelsgesellschaft*–Entscheidung weiter.[94] Der EuGH konkretisiert dahingehend, dass die im Gemeinschaftsrecht anzuerkennenden Grundrechte sich in die Struktur und die Ziele der Gemeinschaft einfügen müssen. Von hervorragender Bedeutung für den Aufbau der europäischen Wirtschafts–und Rechtsordnung ist die Aussage des Gerichtes, dass ein gemeinschaftlicher Grundrechtsschutz zur *Einheit* der Gemeinschaftsrechtsordnung erforderlich ist. Nach dieser Vorbereitung wird das Eigentumsgrundrecht an sich erstmalig in der *Nold* - Entscheidung[95] anerkannt.

In diesem Urteil wiederholt der EuGH zuerst seine Pflicht zum Schutz der Grundrechte. Er betont, dass er bei ihrer Gewährleistung von den *gemeinsamen Verfassungsüberlieferungen* der Mitgliedstaaten ausgeht. Er kann keine Maßnahme als rechtens anerkennen, die *unvereinbar* mit den von den Verfassungen dieser Staaten anerkannten und geschützten Grundrechten sind. Dann stellt er konkreter fest, dass das Eigentum in der Verfassungsordnung aller Mitgliedstaaten geschützt wird. Dieser Schutz ist aber eingeschränkt, erstens durch die *soziale* Funktion des Eigentumsgrundrechtes und zweitens durch das allgemeine Wohl der Gemeinschaft. Das Wohl der Gemeinschaft darf aber wiederum das Wesen des Eigentumsgrundrechtes nicht antasten.

In der Rechtssache *Hauer*[96] wiederholt das Gericht den allgemeinen Schutzrahmen des Eigentums der Nold–Entscheidung. Mit Hinweis auf die Internationale Handelsgesellschaft–Entscheidung fügt es jedoch hinzu, dass die Frage einer etwaigen Verletzung der Grundrechte durch eine Handlung der Gemeinschaftsorgane nicht anders als im Rahmen des Gemeinschaftsrechts selbst beur-

---

91 Beckermann, in Umbach/Clemens, a.a.O, S. 918.

92 Hirsch, *Gemeinschaftsgrundrechte* 1998, S. 11.

93 EuGH Rs 29/69, Stauder, Slg. 1969, S. 419.

94 EuGH Rs 11/70, Internationale Handelgesellschaft, Slg. 1970, S. 1125.

95 EuGH Rs 4/73, Nold, Slg. 1974, S. 00491.

96 EuGH Rs 44/79, Hauer, Slg. 1979, S. 03727.

teilt werden kann. Die Anwendung von der Gesetzgebung oder der Verfassungsordnung in Abhängigkeit von Beurteilungskriterien eines bestimmten Mitgliedstaates würde die *materielle Einheit* und die *Wirksamkeit* des Gemeinschaftsrechts beeinträchtigen. Dies hätte daher unausweichlich die Zerstörung der Einheit des gemeinsamen Marktes zur Folge. Der EuGH führt ferner aus, dass die Eigentumseinschränkungen tatsächlich dem Wohle der Gemeinschaft entsprechen müssen. Im Hinblick auf den verfolgten Zweck dürfen sie keinen unverhältnismäßigen Eingriff in die Vorrechte des Eigentümers darstellen.

3. Ergebnisse

Die aus den **Nold–und Hauer–Entscheidungen** herzuleitenden Ergebnisse sind die Grundlage der *gemeinschaftsrechtlichen Eigentumsdogmatik*:

Erstes Ergebnis: *Vorbehaltslose* Aufnahme vom EuGH des Privateigentums als Grundrecht in die Gemeinschaftsrechtsordnung. Die Vorbehaltslosigkeit der Aufnahme liegt darin, dass das Gericht unmittelbar anerkennt, dass das Eigentumsrecht zu den Grundrechten gehört.

Zweites Ergebnis: *Gemeinschaftsrechtliche* Auffassung des Eigentumsgrundrechts durch die *Verfassungsüberlieferungen*. Die Gemeinschaftsordnung nimmt prinzipiell den gleichen Kerninhalt des Eigentums und die gleiche Kernschranke der Verfassungsordnung der Mitgliedstaaten an. Als Kerninhalt des Privateigentums in der EG erweist sich somit die *Privatnützigkeit* des Eigentumsobjekts sowie die darin beinhaltete *Verfügungsbefugnis*.[97] Als Kernschranke erweist sich die *soziale* Funktion des Eigentums. Die ist andererseits auch nicht uneingeschränkt. Sie darf nicht seinen Kerninhalt antasten.

Drittes Ergebnis: In der Gemeinschaftsordnung ist das *Wohl der Gemeinschaft* eine *zusätzliche* Kernschranke des Eigentums. Als Wohl der Gemeinschaft sind ihre Ziele zu verstehen. Diese zusätzliche Kernschranke darf aber auch nicht den Kerninhalt des Eigentums antasten.

Viertes Ergebnis: *Schutzbereich des Eigentumsgrundrechtes* sind in der Gemeinschaftsrechtsordnung prinzipiell die Sachen.[98] In der Nold–Entscheidung war die Klägerin ein *Unternehmen*. In den Mitgliedstaaten sind die Unternehmen Instrument der *Wirtschaftspolitik*. Sie stellen wirtschaftliche Handlungseinheiten zum Wettbewerb dar. Demnach sind sie Inbegriff wirtschaftlich eingesetzter Sachen und Rechte.[99] In der Hauer–Entscheidung war die Klägerin eine natürliche Person, deren Privateigentum ein Grundstück mit Weinreben war.

---

97 Vgl. Michaels – Müller, Eigentumsschutz, 1996, S. 176; Badura, *Eigentum*, S.330.

98 Vgl. Clas – Offermann, Eigentum, 1974, S. 11; Michaels – Müller, a.a.O., S. 185; Badura, *Eigentum*, S. 328.

99 Burghardt, Eigentumsordnung, 1969, S. 40.

Fünftes Ergebnis: *Rechtsträger* des Eigentumsgrundrechts sind sowohl *natürliche*, als auch *juristische* Personen. Diese Feststellung lehnt sich an die Stauder–Entscheidung an, in der die Person der Grundrechte nicht in natürliche und in juristische zu unterscheiden ist.

Sechstes Ergebnis: Die Nutzung der Eigentumsgegenstände ist auf *Gewinn* ausgerichtet.[100]

Siebtes Ergebnis: Rechtsfolgen der Eigentumsgewährleistung in der Gemeinschaftsrechtsordnung sind die *Bestands*–und *Vertrauensgarantie* des Eigentums. Die Firma Nold hatte als Klägerin geltend gemacht, dass eine von der Kommission erlassene Handlungsregelung sie von Direktbelieferung ausschließe. Dadurch wurde die Rentabilität und die freie Entfaltung der Geschäftstätigkeit ihres Unternehmens beeinträchtigt und somit ihr Bestand gefährdet. Auf diese Weise beeinträchtigte sie die Regelung in einem Recht, das dem Eigentumsrecht gleichzustellen wäre. Der EuGH stellte fest, dass die Ungewissheit bloßer kaufmänisser Interessen oder Aussichten zum Wesen wirtschaftlicher Tätigkeit gehört. Die von der Klägerin geltend gemachten Nachteile waren auf ihre wirtschaftliche Entwicklung zurückzuführen, die den wirtschaftlichen Veränderungen unterworfen ist. Die Nold–Entscheidung sagt nicht aus, dass das Unternehmen in der Gemeinschaftsrechtsordnung nicht als Eigentum geschützt werde, weil sie von den Marktbedingungen abhängig sei.[101] Sie sagt vielmehr aus, dass bloße Erwerbchancen eines Unternehmens kein Eigentum ist, weil sie als solche noch zum allgemeinen Unternehmensrisiko gehören.[102] Das Unternehmen *an sich* bleibt demzufolge als Eigentum angesehen. Wenn das nicht der Fall wäre, dürften die soziale Funktion des Eigentums und das Wohl der Gemeinschaft seinen Kerninhalt antasten. Das Eigentum darf infolgedessen in der EG fortbestehen, falls darin Eingriffe stattfinden. Diese Bestandsgarantie verursacht bei dem Eigentümer ein Vertrauensgefühl, dass sein Eigentum in der EU eben tatsächlich gewährleistet wird. Dabei muss der Gemeinschaftsgesetzgeber gleichzeitig das Vertrauen der Allgemeinheit nicht verletzen, dass er ständig durch Verordnungen und Richtlinien der sozialen Funktion des Eigentums Rechnung trägt.

Achtes Ergebnis: Dieses gegenseitige Bestehen und Vertrauen wird durch den *Verhältnismäßigkeitsgrundsatz* erreicht. Darunter ist zu verstehen, dass wegen der sozialen Funktion des Eigentumsgrundrechts sowie wegen des Wohles der Gemeinschaft dem Eigentümer Eigentumseinschränkungen auferlegt werden. Diese müssen jedoch geeignet und erforderlich zur Erreichung der zulässigerweise mit der fraglichen Regelung verfolgten Ziele sein.

---

100 Vgl. Burghardt, a.a.O., S. 41.

101 So v. Milczewski, a.a.O., S. 101.

102 Vgl. Michaels – Müller, a.a.O., S. 191.

Im Laufe der Zeit ist der Verhältnismäßigkeitsgrundsatz mehr konkretisiert worden: Wenn dem Eigentümer Eigentumseinschränkungen auferlegt werden müssen, muss der Gemeinschaftsgesetzgeber die am wenigsten belastenden wählen, wenn ihm mehrere geeignete Einschränkungen zur Verfügung stehen. Außer dem Verhältnismäßigkeitsgrundsatz ist später in die Rechtsprechung auch der Gleichheitsgrundsatz eingefügt worden.[103]

Neuntes Ergebnis: Zwischen der Gemeinschaftsrechtsordnung, den Verfassungsordnungen der Mitgliedstaaten und dem Eigentumsschutz der EMRK besteht *grundsätzlich* keine Kollisionsmöglichkeit, weil alle *kerninhaltlich* die *gleiche* Eigentumsdogmatik aufweisen. Bei der Prüfung, ob Maßnahmen der Gemeinschaftsorgane gegen das Eigentumsgrundrecht verstoßen, hat der EuGH *parallel* das Gemeinschaftsrecht, das nationale Verfassungsrecht und die EMRK benutzt. Innerhalb aber der gleichen Eigentumsdogmatik genießt die Gemeinschaftsordnung *Vorrang*:

In der Hauer–Entscheidung hat der EuGH ausgeführt, dass eine der Klägerin von der EG-Organen auferlegte Eigentumseinschränkung *vor allem* durch das Wohl der Gemeinschaft gerechtfertigt ist. *Dann* hat er festgestellt, dass die Einschränkung gegen die Verfassungen der Mitgliedstaaten nicht verstieß, weil sie die Benutzung des Privateigentums im Allgemeininteresse zulassen. Dabei hat er jedoch unterstrichen, dass die Nationalverfassungen als *Hinweise* auf Eigentumseinschränkungen beachtet wurden. So hat er den Vorrang des Gemeinschaftsrechts nicht in Zweifel geraten lassen.

Weiterhin hat das Gericht die auferlegte Eigentumseinschränkung im Lichte des Eigentumsschutzes der EMRK geprüft. Dies berücksichtigte die Weiterentwicklung der EG, weil Mitgliedstaaten, aus denen sie bestand, der Konvention beigetreten hatten. So musste eine etwaige Kollision zwischen den aus dem EMRK erwachsenden Verpflichtungen der Mitgliedstaaten und dem Gemeinschaftsrecht untersucht werden. Es wurde keine Kollision festgestellt. Die Begründung war, dass das 1. ZP der EMRK das *Recht des Staates* vorsieht, diejenigen Gesetze anzuwenden, die er für die Regelung der Eigentumsnutzung im Einklang mit dem Allgemeininteresse für erforderlich hält. So hat das Gericht die Eigenständigkeit der Gemeinschaftsordnung bekräftigt und gleichzeitig ein erstes Anzeichen gegeben, dass die EG irgendwann in der Zukunft zum *Staat* werden könnte.

Zehntes Ergebnis: Die mögliche Entwicklung der EG zum Staat ist von der bestehenden Wirtschaftsordnung und Eigentumsdogmatik untrennbar.

Elftes Ergebnis: Die soziale Funktion des Eigentums ist *Bestandteil* der Eigentumsdogmatik der EG. Die EG erweist sich somit als eine *sozialgebundene übernationale Organisation*. Ihre mögliche Entwicklung zum Staat wird diese Sozialgebundenheit durch das Sozialstaatsprinzip zum Ausdruck bringen.

---

[103] EuGH Rs 179/84, Bozzetti, Slg. 1985, S. 2301; RS 265/87, Schräder, Slg. 1989, S. 02237; RS 300/86, Van Landschoot, Slg. 1988, S. 3443.

Zwölftes Ergebnis: Die soziale Funktion des Eigentums und das Wohl der Gemeinschaft verstoßen nicht gegeneinander, weil sie den Kerninhalt des Eigentums nicht antasten dürfen.

III. Art. 295 EUV (ex Art. 222 EWGV)[104]

1. Grund einer abgetrennten Analyse

Im Rahmen der Eigentumsdogmatik der Gemeinschaft kommt dem Art. 295 EUV eine besondere Bedeutung zu. Deshalb benötigt er eine entsprechende Analyse. Die besondere Bedeutung liegt darin, dass dieser Artikel im Vergleich zu den anderen Vorschriften der EGV/EUV eine *unmittelbarere* Eigentumsgewährleistung in der EG/EU aufweist.[105] Das passiert aber andererseits auf eine gleichzeitig *mittelbare* Art und Weise. Denn der Artikel spricht von den Eigentumsordnungen der Mitgliedstaaten, als ob es zwischen der Gemeinschafts–und den nationalen Eigentumsordnungen einen Unterschied gäbe.

2. Ansichten zu Art. 295 EUV im Schrifttum

Nach *grammatikalischer* Auslegung umfasse der Artikel alle verfassungsrechtlichen Vorschriften über das Privateigentum wie Enteignung und Sozialisierung und die Schranken der Eigentumsnutzung, also die wesentlichen Elemente der verfassungsrechtlichen Eigentumsvorschriften der Mitgliedstaaten. Ob er aber eine Pflicht der Gemeinschaftsorgane gegenüber den eigentumswerten Rechtspositionen des Einzelnen statuiert, sei wegen seiner historischen Auslegung fraglich.[106]

Nach *historischer* Auslegung sei die Bestimmung des Artikels auf ein unterschiedliches Verständnis der Mitgliedstaaten über die Verstaatlichung von Produktionsmitteln und die Bedeutung der öffentlichen Unternehmen in der Wirtschaft zurückzuführen. Nach dem Ende des Zweiten Weltkrieges haben sich Frankreich, Italien und auch Großbritannien für eine dominierende öffentliche Hand eingesetzt. Deutschland, Dänemark, Irland und die Beneluxstaaten hingegen haben eine dominierende Rolle der Privatwirtschaft unterstützt. So habe die Besorgnis aller Mitgliedstaaten bestanden, dass diese diametral verschiedenen Wirtschaftordnungen innerhalb eines Wirtschaftsverbundes zu ihrer Änderung führen könnten. Deswegen ist damals Art. 222 EWGV geschaffen worden. Dementsprechend beinhalte er keine subjektiv–rechtliche Eigentumsgarantie

---

[104] Art. 295 EUV ist durch den Vertrag von Nizza nicht geändert worden.

[105] Michaels – Müller, a.a.O., S. 158.

[106] Michaels – Müller, a.a.O., S. 159.

zugunsten des Einzelnen.[107] Die Gemeinschaftsrechtsordnung sei *neutral,* weil sich Art. 295 EUV keine Nationalisierung oder Privatisierung an sich von Produktionsmitteln als vertragswidrig ansehe. Die EG/EU dürfe nicht in die Eigentumsordnung der Mitgliedstaaten eingreifen.[108]

Nach *teleologischer* Auslegung verankere Art. 295 EUV das Grundrecht auf Privateigentum. Die Eigentums–und Wettbewerbsordnung der Mitgliedstaaten gehe von dem Bestehen des privaten Sektors aus und kenne einen mehr oder weniger ausgedehnten staatlichen Sektor. Somit umfasse der Begriff „Eigentumsordnung" des Artikels inhaltlich alle eigentumsrechtlichen Vorschriften der Mitgliedstaaten und beschütze Bestand und Substanz des Eigentums.[109] Eine Nationalisierung stehe dem Privateigentum entgegen.[110]

3. Art. 295 EUV in der Rechtsprechung

Der EuGH bezeichnet die Eigentumsordnung der Mitgliedstaaten als *Gegenstand* von Art. 222 EWGV. (Art. 295 EUV n.F.)[111] Auf diesen Gegenstand dürfen sich jedoch die Mitgliedstaaten *nicht* berufen, um Beeinträchtigungen der im Vertrag vorgesehenen Freiheiten zu rechtfertigen. Aus Art. 295 EUV n.F. gehe hervor, dass die in den Mitgliedstaaten bestehende Eigentumsordnung den Grundprinzipien des Vertrages nicht entzogen sei. Eine nationale Regelung dürfe einen Grundsatz des Vertrages, wie der freie Kapitalverkehr, nur im Rahmen beschränken, den der Vertrag selbst bestimme[112] Zum Regelungsgehalt des Artikels hat sich das Gericht nicht umfassender geäußert.[113]

4. Stellungnahme

Art. 295 EUV ist *teleologisch* auszulegen. Er gewährleistet das Eigentumsgrundrecht in der EU. Er erlaubt keine Abschaffung des Rechts weder in der

---

107 Michaels – Müller, S. 159, 160; Brinker, Art. 295 EUV., S. 2336; Hochbaum, Art. 222 EWGV 1997, S. 387; Wetter, Grundrechtcharta, 1998, S. 131; Calliess/Ruffert, Kommentar, 2002, S.2455; v. Milczewski, a.a.O., S. 30.

108 Hochbaum, a.a.O., S. 388; Calliess/Ruffert, a.a.O., S. 2459; Hochbaum, zu Art. 222 EWGV, 1997, S. 388.

109 Burghardt, a.a.O., S. 42; Hailbronner/Klein/Magiera/Graff-Müller, Handkommentar 1998, S. 1.

110 Dagtoglu, zu *Art. 222 EWGV*, 1991, S. 899 (im hell.).

111 EuGH C – 367/98, Urteil vom 4.6.2002, Kommission / Portugiesische Republik – System behördlicher Genehmigungen auf privatisierte Unternehmen.

112 EuGH C – 367/98, vom 4.6.2002, Kommission / Portugiesische Republik – System behördlicher Genehmigungen auf privatisierte Unternehmen.

113 v. Milczewski, a.a.O., S. 26.

EU noch in den Mitgliedstaaten. Er gestattet ausschließlich eine Einschränkung des Rechts auf nationaler Ebene zugunsten der Gemeinschaft.

Obschon der historische Hintergrund zu beachten ist, bietet er nicht die geeignetste Auslegung des Artikels. Die verschiedenen Meinungen über den Umfang der staatlichen Beteiligung an der Wirtschaft stellten nie einen Zweifel irgendeines Mitgliedstaates am Privateigentum dar. Wo die Nationalisierung als wichtige Maßnahme wirtschaftlicher Politik angewandt wurde, hat sie nicht zur Abschaffung der Privatwirtschaft geführt. „Nationalisierung", „Verstaatlichung" oder „Sozialisierung" bedeuten nicht unbedingt Einführung einer marktfeindlichen Wirtschaftsordnung in ein Land, nämlich dann nicht, wenn sie unter geeigneten Regeln den Eingriff des Staates in den Kerninhalt des Privateigentums nicht ermöglichen.[114] Hinzuzufügen ist, dass in Deutschland oder in Dänemark, die sich von den vorgenannten Maßnahmen distanzierten, der *Sozialstaat* eine größere Entwicklung erfahren hat, als in anderen Mitgliedstaaten, unabhängig davon, welche Ansicht sie unterstützten. Das Sozialstaatsprinzip des GG ist nicht als *Abkehr* vom bürgerlich–liberalen Rechtsstaat,[115] sondern als *Korrektur* sozialer Ungleichheiten zu verstehen.[116] Deshalb hat ihr Anwendung die Wirtschaftordnung des freien Marktes im Lande ganz anders als eindämmend beeinflusst.

Die grammatikalische Auslegung bestätigt sich teilweise durch die begrenzt direkte Rechtsprechung des EuGH zum Artikel. Sie genügt aber nicht. Eine teleologische Auslegung des Artikels ist nötig, weil diese die Anknüpfung an die Nold–und Hauer–Entscheidungen bietet. Die Anknüpfung ist wichtig, weil diese Entscheidungen das Leitbild für die Eigentumsdogmatik der EG/EU sind. Art. 295 EUV umfasst tatsächlich alle wesentlichen Elemente der verfassungsrechtlichen Eigentumsvorschriften der Mitgliedstaaten. Alle Verfassungen der Mitgliedstaaten verbürgen das Privateigentum als Grundrecht und zwar ohne verschiedene Auffassungen über seinen Kerninhalt. Deshalb gewährleistet der Artikel das Privateigentum in der EU und statuiert eine Pflicht der Gemeinschaftsorgane zum Schutz des Einzelnen. Darüber hinaus geht es aber aus der direkten Rechtsprechung zum Artikel hervor, dass die Gemeinschaft das Recht besitzt, in die Eigentumsordnung der Mitgliedstaaten einzugreifen, wenn dies das Wohl der Gemeinschaft fordert. Im Lichte der Leitentscheidungen des EuGH ist es klar, dass Art. 295 EUV keinen Eingriff ermöglicht, der den Kerninhalt des Eigentumsgrundrechts antasten würde. Was er jedem einzelnen Mitgliedstaat verbietet, ist, innerhalb der Marktwirtschaft, Maßnahmen zu treffen,

---

114 Vgl. oben „A. - II. 2. Die Sozialisierung".

115 So v. Münch/Kunig, a.a.O., S. 16.

116 Niedersächsisches Justizministerium, Handbuch für die ehrenamtlichen Richterinnen und Richter der Verwaltungsgerichtsbarkeit, 2001, S.7; s. dazu Fn. 50.

die der Marktwirtschaft der EU schadeten.[117] Die natürliche oder juristische Person, die in der EG/EU tätig ist, darf sich an die Gemeinschaftsorganen wenden, wenn nationale oder Gemeinschaftsvorschriften ihr Eigentumsgrundrecht verletzen.[118] Eine etwaige Verletzung dieses Rechts von den Gemeinschaftsorganen wird im Rahmen des Gemeinschaftsrechts beurteilt, dessen Eigentumsdogmatik vom nationalen Verfassungsrecht aber nicht zu unterscheiden ist. Ferner ist der Inhalt des Art. 295 EUV von den Vorschriften über die Grundfreiheiten der EU nicht zu trennen. Daher ist die Ansicht über das „Neutralitätsprinzip" der EG/EU-Verträge abzulehnen. Eine Nationalisierung, Sozialisierung, oder Verstaatlichung, die in die Substanz des Eigentumsgrundrechts eingriffe, wäre *vertragswidrig* und zwar unabhängig davon, ob eine solche Maßnahme ein Mitgliedstaat oder die *Gemeinschaft selbst* getroffen hätte.

IV. Das Sozialprinzip und seine Funktion in der Eigentumsdogmatik der EG/EU

Das Fehlen einer direkten Verankerung der *sozialen* Marktwirtschaft in den EG/EU – Verträgen ist nicht dahingehend zu verstehen, dass sie keine Pflicht des Gemeinschaftsgesetzgebers zur Herstellung und Erhaltung sozialer Gerechtigkeit und sozialer Sicherheit vorsehen.[119] Dazu gehört insbesondere der Schutz der abhängigen Arbeit. Voraussetzung dieses Schutzes bleibt aber immer die Aufrechterhaltung des Eigentumsgrundrechts.

In den Präambeln der EG/EU–Verträge wird das Ziel der Stärkung und Sicherung des *sozialen* Fortschritts niedergelegt. Nach Art. 2 erst. Sp. muss der Gemeinschaftsgesetzgeber diesen Fortschritt fördern. Diese Aufgabe ist eine *rechtsverbindliches* Gebot, kein unverbindlicher Programmsatz.[120] Daraus entsteht kein Recht des Einzelnen, eine Klage zu erheben, um den Gemeinschaftsgesetzgeber zu zwingen, Gesetze über den sozialen Fortschritt zu verabschieden. Es bedeutet, dass der Einzelne sich auf Art. 2 erst. Sp. EUV berufen darf, wenn eine Handlung des Gemeinschaftsgesetzgebers dagegen verstößt. Nach Art. 2 EGV hat weiterhin der Gemeinschaftsgesetzgeber ein hohes Maß an sozialem Schutz zu fördern. Nach Art. 3 Abs. 1 j EGV umfasst die Tätigkeit der Gemeinschaft auch eine Sozialpolitik mit einem europäischen Sozialfonds.

Art. 39 EGV (ex 48 EWGV) gewährleistet die *Freizügigkeit der Arbeitnehmer* innerhalb der Gemeinschaft. Der Artikel bewirkt eine freie Beweglichkeit

---

117 EuGH C – 280/93, BRD/Rat der EU – Bananen – Gemeinsame Marktorganisation – Einfuhrregelung, Slg. 1994, S. I – 04973; RS C – 306/93, SMW Winzersekt GmbH/ Land Rheinland – Pfalz – „Champagneverfahren", Slg. 1994, S. I – 5555.

118 Vgl. Quasdorf, Dogmatik, 2001, S. 102 m. H. auf die Hauer – Entscheidung; Philippi, Charta, 2002, S. 47 m. H. auf die Stauder – Entscheidung.

119 Schwarze, a.a.O., S. 253.

120 Schwarze, a.a.O., S. 240.

der Arbeitskräfte, ohne die der freie Kapitalverkehr unvollkommen bliebe. Dies bewirkt gleichzeitig die Notwendigkeit besonderen Schutzes der Arbeitnehmer. Der EG-Vertrag schenkt daher diesem Schutz in einem speziellen Kapitel über die Sozialpolitik umfangreiche Aufmerksamkeit. (Artt. 136–150 EGV, ex. 117–127 EWGV)

In Art. 136 EGV ist die Rede von *sozialen* Grundrechten mit Hinweis auf die Europäische Sozialcharta von 1961 und die Gemeinschaftscharta der sozialen Grundrechte der Arbeitnehmer von 1989. Zu diesen Rechten gehören unter anderem ein angemessener sozialer Schutz und Dialog.

Art. 137 EGV[121] umfasst einen breiten Schutzbereich für die Arbeitnehmer. Ihre Mitbestimmung in Unternehmen ist darin angesprochen. Der Artikel betrachtet sie als Teil einer kollektiven Wahrnehmung der Arbeitnehmerinteressen. Er stellt ihre Funktion innerhalb eines Unterrichtungs- und Anhörungsverfahrens von seiten der Arbeitgeber dar. Das betrifft sowohl die Privatwirtschaft als auch den öffentlichen Dienst. Das Gemeinschaftsrecht unterscheidet nicht zwischen Arbeitnehmern im privaten oder öffentlichen Sektor.[122]

Art. 139 EGV treibt die Zusammenarbeit zwischen Arbeitgebern und Arbeitnehmern voran.

In den Nold–und Hauer Leitentscheidungen weist der EuGH deutlich auf die soziale Funktion des Privateigentums hin.[123] Außerdem erkennt er in anderen Entscheidungen im speziellen an, dass der Schutz der Arbeitnehmer dem Wohle der Gemeinschaft gehört.[124] Das Gericht benutzt den Begriff „Allgemeininteresse", der vom Begriff „Wohl der Gemeinschaft" formal und inhaltlich nicht zu unterscheiden ist.[125]

Das *Sozialprinzip* der EG/EU lässt sich auch im Art. 295 EUV erkennen. Obwohl der EuGH nie - wie das BVerfG - ausführte, dass die Verträge „neutral" sind, ruft die Artikelformulierung das „Neutralitätsprinzip" des GG in Erinnerung, das für den deutschen Gesetzgeber keine wirtschaftspolitische Neutralität bedeutet, sondern als ein *Abgrenzungsmechanismus* zwischen der Zentralplanwirtschaft und der völlig liberalen Marktwirtschaft funktioniert.

---

[121] Der Art. 137 EGV ist durch den Vertrag von Nizza teilweise geändert worden.

[122] EuGH Rs C - 66/85, Laurie/Blum, Slg. 1986, S. 2139; RS C – 273/97, Sirdar, Slg. 1999, S. I-7403.

[123] s. oben „C – II - 3. Ergebnisse".

[124] Urteil Webb, sowie Urteile vom 3. Februar 1982 in den RS 62/81 und 62/81, Seco und Desquenne & Giral, Slg. 1982, S. 223; Urteil vom 27. März 1990 in C – 113, Ruch/ Portuguesa, Slg. 1990, S. I . 1417; RS C – 272/94, Guiot, Slg. 1996, S. I – 1915; Rs C – 369/96 und C – 376/96, Arblade – Leloup, Urteil vom 23. November 1999; C – 165/98, Urteil vom 15. März 2001.

[125] EuGH Rs C – 177/90, Kühn, Slg. 1992, S. I – 35.

Aus den Verträgen und der Rechtsprechung ergibt sich, dass die EU eine *Sozialgemeinschaft* ist.[126] Ihr Sozialprinzip weist als Kerninhalt die Schaffung einer *gerechten* Sozialordnung innerhalb ihres Raums auf. *Arbeitsrechtliche Konkretisierung* des Kerninhalts des Prinzips ist der Schutz der abhängigen Arbeit. Kernschranke des Prinzips ist bei seiner Anwendung der Schutz des Eigentumsgrundrechts. Zur Erfüllung der Gemeinschaftsaufgaben verfügt der Gemeinschaftsgesetzgeber über einen Ermessenspielraum.[127] Er darf die ihm jeweils sachgemäss erscheinende Wirtschaftspolitik verfolgen. Dabei muss er trotzdem den Abgrenzungsmechanismus der Verträge und der Rechtsprechung beachten.

1. Die Grundrechtscharta: Vorbereitung auf die Europäische Verfassung

a) Einführung

Am 7. Dezember 2000 wurde der Entwurf der GRCh in Nizza feierlich proklamiert. Sie bedeutete einen *qualitativen* Schritt hin zum Schutz der Grundrechte[128] und zur Verankerung des Sozialstaatsprinzips in einem europäischen Staat. Die Charta *systematisiert* Grundrechte und soziale Rechte, die der EuGH bis jetzt aus den Verträgen herangezogen hat.[129] Diese Systematisierung stellt *erstmalig* einen Grundrechtskatalog für die EU dar. In Anbetracht des hohen Schutzniveaus der Grundrechte durch den Gerichtshof hätte dieser Katalog nur Sinn, wenn die Schaffung einer europäischen Verfassung bevorstünde.[130] Zur Schaffung dieser Verfassung dient ebenfalls die Verbindung der Grundrechte mit sozialen Rechten.[131] Die Charta wird allerdings als integraler Bestandteil der europäischen Verfassung aufgefasst. Ihr vollständiger Wortlaut wird als deren zweiter Teil in die Verfassung aufgenommen.[132] Somit erweist sich die Charta als Kriterium zur Untersuchung der Eigentumsdogmatik und des Sozialstaatsprinzips im Rahmen des vereinten Europas.

---

126 Zuleeg, *Artt. 1 und 3 EGV*, S. 172.

127 Vgl. EuGH Rs 265/87, Schräder, Slg. 1989, S. 02237.

128 Mankowski/Magnus, Zivilverfahren, 2003, S. 1.

129 Mankowski/Magnus, a.a.O., S. 1.

130 Vgl. CONV 369/02 – Vorentwurf des Verfassungsvertrags; vgl. Kühling, Grundrechte 2003, S. 584; Zuleeg, *Vorzüge* S. 953.

131 Bères, Charta 2001, S. 18; vgl auch Walter, Entwicklung 2002, S. 13; Beutler/Bieber/Pipkorn/Streil, EU – Rechtsordnung, 2001, S. 353.

132 CONV 528/03 – Entwurf der Artikel 1 bis 16 des Verfassungsvertrags, Art. 5.

b) Die Eigentumsdogmatik der GRCh

aa) Einführung

Der Präambel der GRCh ist zu entnehmen, dass im Rahmen der EU das Eigentum als Grundrecht verankert wird. Trotz der *Vielfalt ihrer Kulturen* besteht die Union aus europäischen Völkern mit *gemeinsamen Werten*. Zu diesen gehören Demokratie und Freiheit. Wegen der *gemeinsamen Verfassungstraditionen* der europäischen Völker und der Rechtsprechung des EuGH ist es klar, dass keine andere Wirtschaftsordnung als die der *freien Marktwirtschaft* innerhalb der EU zulässig ist.[133] Weiterhin zählt die Solidarität zu den gemeinsamen Werten. Sie geht auch auf die gemeinsamen Verfassungstraditionen der europäischen Völker und die Rechtsprechung des EuGH zurück. Demgemäss ist die Ausübung des Eigentumsgrundrechts *sozialpflichtig*. Die Präambel verbindet die Entfaltung der Sozialpflichtigkeit aber mit der *Einhaltung* des Eigentumsgrundrechts.

bb) Die Inhaltsbestimmung des Eigentumsgrundrechts in der GRCh

Art. 16 GRCh lautet: „Die unternehmerische Freiheit wird nach dem Gemeinschaftsrecht und den einzelstaatlichen Rechtsvorschriften und Geflogenheiten anerkannt."

Art. 17 Abs. 1 GRCh lautet: „Jede Person hat das Recht, ihr rechtmäßig erworbenes Eigentum zu besitzen, zu nutzen, darüber zu verfügen und es zu vererben. Niemandem darf sein Eigentum entzogen werden, es sei denn aus Gründen des öffentlichen Interesses in den Fällen und unter den Bedingungen, die in einem Gesetz vorgesehen sind, sowie gegen eine rechtzeitige, angemessene Entschädigung für den Verlust des Eigentums. Die Nutzung des Eigentums kann gesetzlich geregelt werden, soweit dies für das Wohl der Allgemeinheit erforderlich ist."

Der Grund der getrennten Gewährleistung der unternehmerischen Freiheit von der des Privateigentums ist in der Rechtsprechung des EuGH zu finden. Zu dieser gehört auch die Nold–Entscheidung.[134] Anhand ihrer lässt sich beweisen, dass das Eigentumsgrundrecht in der GRCh einen *Doppelschutz* genießt.[135] Die unternehmerische Freiheit ist ohne Privateigentum undenkbar. Ihre spezielle Gewährleistung dürfte demgemäss nicht zum Ergebnis führen, dass sie ein eigenständiges, vom Eigentumsgrundrecht unabhängiges Rechtsgut ist. Der Doppelschutz knüpft an die *Wirtschaftsglobalisierung* an, deren bewirkende Ursa-

---

133 Vgl. Nettesheim, EU – Recht, 2002, S. 58.

134 CHARTE 4473/00 – Entwurf der Charta der Grundrechte der EU.

135 s. oben „C – II - 3. Ergebnisse".

che die weltweite Unternehmenstätigkeit ist.[136] Kerninhalt des Art. 16 ist folglich das Grundrecht auf Privateigentum.

Art. 17 Abs. 1 GRCh bestimmt ausführlich den Kerninhalt des Grundrechts. Was in Artt. 14 GG, 17 h.Verf. und 295 EGV nicht beschrieben, aber ihnen indirekt zu entnehmen ist, lässt sich mit Art. 17 Abs. 1 beschreiben: Kerninhalt des Eigentumsgrundrechts ist die *Privatnützigkeit.* Die Verfügungsbefugnis des Eigentums wird getrennt als Teil des Kerninhalts erwähnt.

cc) Die Schrankenbestimmung des Eigentumsgrundrechts in der GRCh

Kernschranke des Eigentumsgrundrechts ist das Wohl der Allgemeinheit. Dies ist identifizierbar mit dem öffentlichen Interesse. Unter diesem Begriff ist das *Wohl der Gemeinschaft* und die *soziale Schutzfunktion* des Eigentums zu verstehen.[137] Aus dem Wortlaut des Art. 17 Abs. 1 ergibt sich folglich das *Sozialstaatsprinzip.* Als Rechtsmittel zur Verwirklichung des Sozialstaatsprinzips und nicht als Kernschranke des Eigentums verankert der Artikel mittelbar die Enteignung. Sie kann nur nach gerechter Entschädigung erfolgen. Deswegen bedeutet sie keine Aushöhlung des Eigentumsgrundrechts.

dd) Tragweite des Eigentumsgrundrechts und des Sozialstaatsprinzips

Gemäss Art. 52 Abs. 1 GRCh muss jede Einschränkung der Ausübung der in der Charta anerkannten Rechte und Freiheiten gesetzlich vorgesehen sein und den wesentlichen Gehalt dieser Rechte und Freiheiten achten. Gemäss Art. 54 GRCh ist keine Bestimmung in der Charta so auszulegen, als begründe sie das Recht, eine Tätigkeit auszuüben oder eine Handlung vorzunehmen, die darauf abzielt, die in der Charta anerkannten Rechte und Freiheiten abzuschaffen oder sie stärker einzuschränken, als dies in der Charta vorgesehen ist.

Nach diesen Artikeln dürfen das Wohl der Allgemeinheit und das Sozialstaatsprinzip als seine rechtliche Folge nicht so angewandt werden, dass der Privateigentümer *praktisch* keine Möglichkeit hat, sein Eigentum zu nutzen. Andererseits darf das Eigentumsgrundrecht ebenso wenig missbräuchlich ausgeübt werden. Eine solche Ausübung würde seine Kernschranke d.h. das Wohl der Allgemeinheit, in ihrer Substanz treffen. Dies bedeutete Abschaffung des Sozialstaatsprinzips. Eigentumsgrundrecht und Wohl der Allgemeinheit müssen innerhalb der EU im *Einklang* miteinander stehen (Art. 52 Abs. 2).

Die Tragweite des Eigentumsgrundrechts ist weiterhin mit der EMRK verbunden (Art. 52 Abs. 3). Diese Anknüpfung ist aber *nicht schrankenlos*. Sie darf nicht über die Grenze hinausgehen, die das EG–Recht setzt. Diese Grenze

---

136 s. oben „EINLEITUNG“.

137 Callies, *Eigentumsgrundrecht*, S. 392.

ist die Nichtgefährdung des Wohles der Allgemeinheit nämlich die *Funktionsfähigkeit* der Gemeinschaft, integraler Bestandteil derer die *Verfassungstraditionen* der Mitgliedstaaten ist (Art. 52 Abs. 3 i.V.m. Art 16 GRCh).[138]

ee) Schutzbereich des Eigentumsgrundrechts in der GRCh

Aufgrund des Wortlauts der Artt. 17 und 16 GRCh sowie des Hinweises des Art. 52 Abs.2 und 3 GRCh auf das Gemeinschaftsrecht ist festzustellen, dass unter den Eigentumsschutz zunächst die dinglichen Rechte an Sachen fallen. Zu denen gehören besonders die Unternehmen und damit ihre Produktionsmittel als vermögenswerte Rechte.

Der parallele Hinweis der zuvor erwähnten Artikel auf die einzelstaatlichen Rechtvorschriften bereitet keine Schwierigkeit bezüglich der Verständigung des Schutzbereiches der Charta. Wegen der Verfassungstraditionen weist das Gemeinschaftsrecht die gleiche Eigentumsdogmatik, wie die Verfassungsordnungen der Mitgliedstaaten, auf.[139] Der Schutzbereich der Charta ist ferner mit dem der EMRK identisch, *vorausgesetzt* diese Identifizierung nicht gegen das Gemeinschaftsrecht verstößt. Nach der Rechtsprechung des EGMR sind beispielsweise *„economic interests“* im Zusammenhang mit einer unternehmerischen Tätigkeit *„possessions“* also Eigentum im Sinne des Art. 1 ZP.[140] Wirtschaftliche Interessen sind hingegen nach EG–Recht kein Eigentum.[141] Das EG–Recht setzt sich nach der GRCh gegenüber der EMRK–Recht durch. Eine zukünftige Ausdehnung des Gemeinschaftsrechts am Beispiel der EMRK ist unter Aufrechterhaltung der Funktionsfähigkeit der EU zulässig.

ff) Rechtsträger und Adressaten in der GRCh

Aus Artt. 17 Abs. 1, 16 und 51 Abs. 1 GRCh ergibt sich, dass Träger des Eigentumsgrundrechts sowohl natürliche als auch juristische Personen innerhalb der EU sind. *Rechtsträger* sind nicht nur die privaten, sondern auch die öffentlichen Unternehmen. Art. 16 und 17 Abs. 1 GRCh unterscheiden nicht zwischen Privatsektor und öffentlichem Dienst, genau wie das Gemeinschaftsrecht fordert.[142] Die entsprechende Differenzierung im EMRK–Recht[143] ist *nicht anwendbar*. Entsprechende Differenzierungen des nationalen Rechts der Mitgliedstaaten wären mit dem Gemeinschaftsrecht *unvereinbar*. Die Beachtung des

---

138 Vgl. auch Weber, Charta, 2002, S. 15.

139 s. oben „C. DIE BESTIMMUNG DES WIRTSCHAFTSSYSTEMS DER EG/EU“.

140 EGMR, Ser. A 159, § 53 – Tre Traktörer.

141 Hauer – Entscheidung, Siebtes Ergebnis.

142 s. oben unter „C, II – 1“.

143 Müller – Michaels, a.a.O., S. 70.

Subsidiaritätsprinzips bei der Durchführung des Gemeinschaftsrechts (Art. 51 Abs. 1 GRCh) gestattet den Mitgliedstaaten nicht, dessen Vorrang vor nationalem Recht zu brechen. Denn das Prinzip ermöglicht nur der EG, sich in die Zuständigkeiten der Mitgliedstaaten einzuschalten, soweit die Ziele der in Betracht gezogenen Maßnahmen auf ihrer Ebene nicht ausreichend erreicht werden können.[144]

Adressaten der Grundrechte und mithin des Eigentumsgrundrechts ist die EU und die Mitgliedstaaten. (Art. 51 Abs. 1) Daher hat der EU–Gesetzgeber bei der Verabschiedung neuer Gesetze das Eigentumsgrundrecht, wie es nun in der Charta niedergelegt ist, zu achten. Das Gemeinschaftsrecht darf nicht dagegen verstoßen. Dies äußert sich bereits in der derzeitigen Praxis der Kommission. Ihre Vorschläge zu neuen Rechtsakten versieht sie mit einem „*Mustererwägungsgrund*“, der auf den jeweiligen Grundrechtsbezug unter Nennung des einschlägigen Charta–Artikels hinweist.[145] Der nationale Gesetzgeber hat wegen des *Vorrangs* des Gemeinschaftsrechts die gleiche Pflicht. Im Prinzip ist es nicht möglich, dass der nationale Gesetzgeber ein Gesetz verabschiedet, das gegen das Eigentumsgrundrecht verstößt, weil seine eigene Verfassungsordnung dieses Grundecht vorsieht. Der nationale Gesetzgeber darf aber nicht Gesetze über das Eigentum verabschieden, die *verfassungsmäßig* jedoch *gemeinschaftswidrig* sind. **Das nationale Gesetz ist nämlich nicht gemeinschaftsmäßig, weil es bloß das Eigentumsgrundrecht in seinem Kerninhalt nicht antastet.** Damit das nationale Gesetz gemeinschaftsmäßig ist, muss der nationale Gesetzgeber bei der Bestimmung desjenigen Eigentumsinhalts, der sich aus der Besonderheit der jeweiligen Eigentumsart ergibt, *ständig* das Gemeinschaftsrecht beachten.

Im *arbeitsrechtlichen* Bereich können die EU und die Mitgliedstaaten auch als Träger des Eigentumsgrundrechts angesehen werden. In den öffentlichen Unternehmen des europäischen Staates - wie heutzutage in den öffentlichen Unternehmen der Mitgliedstaaten - wird abhängige Arbeit geleistet werden. Der Staat ist für sein Personal Arbeitgeber. Er erteilt ihnen Aufträge. Seine Arbeitnehmer arbeiten an Produktionsmitteln, die ihm gehören. Etwaige Ansprüche der Arteinehmer gegen den Staat dürfen den Kerninhalt seines Eigentums nicht antasten. Das Direktionsrecht im öffentlichen Dienst ist vom Direktionsrecht in der Privatwirtschaft *inhaltlich* nicht zu unterscheiden.

2. Arbeitsrechtliche Konkretisierung des Sozialstaatsprinzips in der GRCh

Die GRCh enthält eine Reihe *arbeitsrechtlicher Konkretisierungen* des *Sozialstaatsprinzips*. Unter „Kapitel IV–Solidarität“ fallen Artt. 27, 28, 29, 30, 31, 32

---

[144] Vgl. Öhlinger/Potacs, Anwendung 2001, S. 22.

[145] Mankowski/Magnus, a.a.O., S. 11.

und 34. Sie verankern das Recht der Arbeitnehmer auf Unterrichtung und Anhörung im Unternehmen, auf Kollektivverhandlungen und Kollektivmaßnahmen, auf Zugang zu einem Arbeitsvermittlungsdienst, garantieren den Schutz bei ungerechtfertigter Entlassung, gerechte und angemessene Arbeitsbedingungen, verbieten Kinderarbeit, verbürgen den Schutz Jugendlicher am Arbeitsplatz und gewähren soziale Sicherheit und Unterstützung.

Im Lichte des Eigentumsgrundrechts ist das Recht der Arbeitnehmer auf Unterrichtung und Anhörung im Unternehmen (Art. 27 GRCh) von besonderer Bedeutung. Als *marktwirtschaftliche* Ordnung lässt die EU keine Übertretung dieses Rechts zu. Als *soziale* marktwirtschaftliche Ordnung gestattet sie eine Einschränkung des Rechts. Das Recht auf Unterrichtung und Anhörung ist demgemäss *gemeinschaftskonform* auszulegen. Dadurch darf das Direktionsrecht des privaten und des staatlichen Arbeitgebers nicht ausgehöhlt werden. Der Hinweis des Art. 27 GRCh auf das nationale Recht bedeutet auch, dass Unterrichtung und Anhörung wegen der gemeinsamen Verfassungstraditionen, als gemeinschaftsmäßig gelten. Als arbeitsrechtliche Konkretisierung des Sozialstaatsprinzips erteilt Art. 27 GRCh dem Gemeinschaftsgesetzgeber bzw. dem Gesetzgeber des europäischen Staates den Auftrag, durch Gesetze die Arbeitnehmermitbestimmung abzusichern. Dabei kommt dem Gemeinschaftsgesetzgeber ein Gestaltungsspielraum zu, die erfassten Unternehmen sowie die Tragweite der Mitbestimmungsrechte zu bestimmen. Die Mitbestimmungsrechte dürfen sehr umfangreich sein, wenn ihr Unterrichtungs–und Anhörungscharakter beibehalten wird. Andererseits muss der Gesetzgeber ein Minimum an solchen Rechten garantieren.

Art. 15 GRCh ist mit den arbeitsrechtlichen Konkretisierungen des Sozialstaatsprinzips nicht zu verwechseln. Er gewährt kein Recht auf Arbeit, sondern ein Recht zu arbeiten.[146] Zwar betrifft er die Arbeitnehmer aber gleichzeitig auch die Selbständigen. Alle haben das Recht, in jedem Mitgliedstaat nach Arbeit zu suchen.

3. Kernpunkt der GRCh

Die Charta ist eine Art von Grundrechts–und Sozialrechtabschnitt der europäischen Verfassung. Was das Wirtschaftssystem des europäischen Staates anbelangt, weicht sie nicht von der sozialen Marktwirtschaft des Gemeinschaftsrechts und der nationalen Verfassungen Deutschlands und Hellas ab. Im Vergleich zu diesen weist sie aber zwei Besonderheiten auf: Das Eigentumsgrundrecht wird doppelt verankert und das Sozialstaatsprinzip ist ausführlich arbeitsrechtlich konkretisiert. Der Doppelschutz des Eigentumsgrundrechtes ist auf die Wirtschaftsglobalisierung zurückzuführen. Deshalb kann die ausführliche ar-

---

[146] Philippi, a.a.O. S. 31.

beitsrechtliche Konkretisierung des Sozialstaatsprinzips als Ausgleich zum Doppelschutz verstanden werden.

Der Vorrang des Gemeinschaftsrechts bleibt *unantastbar*. Solange die EU kein Staat ist, taugt er zu ihrer Funktionsfähigkeit. Wenn die EU zum Staat wird, werden die nationalen Verfassungen der europäischen Verfassung unterliegen müssen. Denn die EU muss auch als Staat funktionsfähig sein.

ZWEITER TEIL

A. DIE ARBEITNEHMERMITBESTIMMUNG IN DEN UNTERNEHMEN

Die Fremdbestimmung der Arbeit ist die Grundlage ihrer Abhängigkeit. Ohne das Direktionsrecht wird die Arbeit unabhängig geleistet. Ohne die Beseitigung[147] der Privatautonomie des Arbeitnehmers zugunsten der Privatautonomie des Arbeitgebers, der als natürliche sowie auch in der globalisierten, industriellen Welt vor allem als juristische Person wirtschaftlich tätig ist, wird sein Eigentumsgrundrecht verletzt. Diese Fremdbestimmung ist *unverzichtbar* für eine Gesellschaft, die auf der freien Marktwirtschaft beruht. Die Gewährleistung der Fremdbestimmung ist *unvermeidbar* für eine Rechtsordnung, die sich zur freien Marktwirtschaft bekennen möchte. Es spielt dabei keine Rolle, ob und inwieweit sich die wirtschaftlichen Umstände im Laufe der Zeit geändert haben, solange die ökonomische Struktur eines Wirtschaftssystems in ihrer Substanz unberührt bleibt. Und es macht für die Substanz der Marktwirtschaft keinen Unterschied, ob der Arbeitnehmer in der Niederlassung des Arbeitgebers seine Arbeit leisten muss oder die Möglichkeit hat, zu Hause an seinem Computer zu sitzen, solange die Produktionsmittel des Unternehmens, an denen er arbeitet, Eigentum des Arbeitgebers bleiben.

Trotzdem ist die Fremdbestimmung der Arbeit in einer marktwirtschaftlichen Rechtsordnung nicht nur eine Grundlage, sondern auch eine Verletzung der Würde des abhängig arbeitenden Menschen. Diese Verletzung hat die Notwendigkeit der *Mitbestimmung* der Arbeitnehmer im Unternehmen hervorgerufen und dabei ein neues Problem ausgelöst. Das liegt darin, ob durch Mitbestimmungsrecht das Privateigentum des Arbeitgebers abzuschaffen ist. Es ergibt sich folglich ein *Problem* in bezug auf die Verfassungsmäßigkeit der Mitbestimmungsgesetze in der BRD und in Hellas. Außer ihrer Verfassungsmäßigkeit oder Verfassungswidrigkeit ist es auch fraglich, ob solche Gesetze gegen die Rechtsordnung der EU verstoßen oder nicht.

B. DIE MITBESTIMMUNG NACH DEM DEUTSCHEN RECHT

I. Einführung

Das Sozialstaatsprinzip des GG findet besondere kollektivarbeitsrechtliche Anwendung im *Mitbestimmungsrecht.*[148]

---

147 Wagner, Arbeitnehmermitbestimmung, 1977, S. 138; vgl. Zöllner, a.a.O., S. 44.

148 Vgl. Brox/Rüthers, a.a.O., S. 222.

In Deutschland gelten in ihrer derzeitigen Form der Beteiligung der Arbeitnehmer im Privatsektor fünf gesetzlich niedergelegte Mitbestimmungsregelungen und zwar: 1.) Das Gesetz über die Mitbestimmung der Arbeitnehmer im Aufsichtsrat und Vorstand der Unternehmen des Bergbaus und der eisen - und stahlerzeugenden Industrie vom 21 Mai 1951, geändert durch das Einführungsgesetz zum AktG vom 6 September 1965, das nach Inkrafttreten des MitbestG 1976 die Bezeichnung *„Montan–Mitbestimmung"* erhalten hat, geändert danach durch Gesetz vom 9 Juni 1998 und zuletzt geändert durch Gesetz vom 23.Juli 2003[149], 2.) Das Gesetz zur Ergänzung des zuvor erwähnten Gesetzes vom 7 Augut 1956 bekannt als *MitbestErgG,* zuletzt geändert durch Gesetz vom 9 Juni 1998, 3.) Das BetrVG vom 11 Oktober 1952, insoweit nicht durch das BetrVG vom 15 Januar 1972 aufgehoben, geändert danach durch Gesetz vom 2 August 1994 und zuletzt geändert durch Gesetz vom. 10. Dezember 2001,[150] 4.) Das *BetrVG 1972* in der Fassung des BetrVerf–Reformgesetzes vom 23. Juli 2001[151] und 5.) Das *MitbestG vom 4. Mai 1976*, geändert durch Gesetz vom 28 Oktober 1994 und zuletzt geändert durch Gesetz vom 23. März 2002.[152]

Das Mitbestimmungsrecht erfasst die größeren, in der Rechtsform einer Kapitalgesellschaft geführten Unternehmen, d.h. die Unternehmen, in denen die Mehrheit der Produktionsmittel eines Landes gesammelt ist. Die Kapitalgesellschaften haben sich als die weitaus bedeutsamste Organisationsform für Unternehmen entwickelt.[153] Insbesondere die AG ist die typische Organisationsform des Großunternehmens in der Marktwirtschaft.[154] Sie hat sich als besonders brauchbares Instrument zur Kapitalsanhäufung in der Form von Unternehmenszusammenschlüssen erwiesen. Dazu trägt ihre wirtschaftliche Struktur bei, die einerseits die Persönlichkeit der Gesellschaftler zurücktreten lässt und andererseits ihre körperschaftliche Organisation.[155]

Das Eigentumsgrundrecht wird durch das Mitbestimmungsrecht in der Privatwirtschaft nicht unterlaufen. Es greift nicht in den Kerninhalt des Art. 14 Abs. 1 GG ein. Gleichzeitig übertritt er nicht das Gemeinschaftsrecht, weil es den Kerninhalt des Eigentumsgrundrechts in der EU nicht antastet. Das deutsche Mitbestimmungsrecht der Privatwirtschaft ist *verfassungs–*und *vertragsmäßig*. Das lässt sich deutlicher aus dem *MitbestG vom 4. Mai 1976* ableiten.

---

[149] BGBI.IS.1852.

[150] BGBI.IS.3443.

[151] BGBI.IS.1852.

[152] BGBI.IS.1130.

[153] Daumke/Keßler, Gesellschaftsrecht, 1985, S. 83.

[154] Daumke / Keßler, S. 86; Kübler, Gesellschaftsrecht, 1985, S. 399; Maiberg, Gesellschaftsrecht, 1981, S. 136; Raiser, a. a. O., S. 14, 19, 36.

[155] Reinhardt/Schultz, Gesellschaftsrecht, 1981, S. 173, 174; Hueck, Gesellschaftsrecht, 1983, S. 171.

II. Das MitbestG vom 4. Mai 1976

1. Anknüpfung an das Gesellschaftsrecht

Anhand der Grundvorschrift des § 1 Abs. I ist es festzustellen, dass das Gesetz Unternehmen erfasst, die in der Rechtsform einer AG, KGaA, GmbH oder Erwerbs–oder Wirtschaftsgenossenschaft betrieben werden und mehr als 2000 Arbeitnehmer beschäftigen. Der Verweis auf das Gesellschaftsrecht ist kein Zufall: Der Gesetzgeber traf die Entscheidung, Mitbestimmungsrechte der Arbeitnehmer in die Großunternehmen einzuführen. Deshalb war er dazu gezwungen, entweder das neue Mitbestimmungsrecht innerhalb des schon bestehenden Gesellschaftsrechts zu schaffen, oder das Gesellschaftsrecht so umzugestalten, das es zum neuen Mitbestimmungsrecht passt.

Die Schaffung eines neuen Mitbestimmungsrechts hätte jedoch als Folge die Ablösung des Gesellschaftsrechts. So was beabsichtigte der Gesetzgeber nie. Bereits in den Vorbemerkungen der Regierungsbegründung zum Entwurf des MitbestG wird als sein legislatorisches Anliegen bezeichnet, die Mitbestimmung der Arbeitnehmer unter weitgehender Beibehaltung des geltenden Gesellschaftsrechts zu regeln.[156] Darüber hinaus zeichnete sich seit dem Deutschen Juristentag 1951, der sich mit der „Gestaltung der Unternehmersform unter den Gesichtspunkten der Wirtschafts–und Sozialverfassung" befasst hatte, ab, dass das Mitbestimmungsrecht mehr auf die AG ausgerichtet wäre.[157]

2. Die deutsche AG

Bekanntlich hat die drei Organe. Ihre Entscheidungs–Handlungs–und Überwachungsaufgaben miteinander werden durch das AktG bestimmt.

a) Der Aufsichtsrat

Zur zwingenden Zuständigkeit dieses Organs gehören folgende Aufgaben: 1) Bestellung und Abberufung der Vorstandsmitglieder (§84 Abs. 3 AktG), 2) Überwachung der Gesellschaftsführung (§ 111 Abs. 1 AktG), 3) Zustimmung zu Geschäftsführungsmaßnahmen, soweit die Satzung dies erfordert (§ 111 Abs. 4 Satz 2 AktG), 4) die Gründungsprüfung (§33 Abs. 1 AktG), 5) die Einberufung einer außerordentlichen Hauptversammlung, wenn es das Wohl der Gesellschaft erfordet (§ 111 Abs. 3 AktG), 6) die Prüfung des Jahrbeschlusses, des Lageberichts und des Vorschlags für die Gewinnverwendung (§ 171 AktG), 7) die

---

[156] Hanau / Ulmer, Mitbestimmungsgesetz, 1981, S. 26; Boewer, Mitbestimmungesestz, DB 1980, S. 673.

[157] Schmidt, Gesellschaftsrecht, 1986, S. 581 .

Feststellung des Jahrbeschlusses und die Bildung von Gewinnrücklagen (§§ 172, 58 Abs. 2 AktG). Der Aufsichtsrat ist im wesentlichen ein *Überwachungsorgan* des Vorstandes, weil er auch über ein Recht auf umfassende Information verfügt.[158] Dem entspringt die Verpflichtung des Vorstandes, Bericht über die beabsichtigte Geschäftspolitik, die Unternehmensplanung und den Gang der Geschäfte zu erstatten. (§ 90 Abs. 1 AktG)

b) Der Vorstand

Gesetzgemäss ist der Vorstand das eigentliche Leitungsorgan der AG (§ 76 Abs. 1 AktG). Seine Leitungsmacht betrifft das Innenverhältnis (Geschäftsführung) und das Außenverhältnis (Vertretung). Ihm obliegt die Konkretisierung der Unternehmensziele, die ihrerseits von der Hauptversammlung in der Satzung verbindlich festgeschrieben werden. Er muss die Interessen der AG wahrnehmen und alles unterlassen, was sie schädigen könnte (§ 93 Abs. 1 AktG). Er ist dafür zuständig, die Hauptversammlungsbeschlüsse vorzubereiten und auszuführen (§ 83 AktG), sowie den geordneten Geschäftsverkehr zu organisieren und die Handelsbücher zu führen. (§§ 83 und 91 AktG)

c) Die Hauptversammlung

Sie wird als „*Sitz der Aktionärsdemokratie*" bezeichnet,[159] weil die Aktionäre ihre Rechte in den Angelegenheiten der Gesellschaft in der Hauptversammlung ausüben, soweit das Gesetz nichts anderes bestimmt (§ 118 Abs. 1 AktG). Zu ihren Zuständigkeiten zählen: 1) die Bestellung der Aufsichtsratsmitglieder (§ 101 AktG), 2) die Bestimmung über die Verwendung des Bilanzgewinns (§ 174 AktG), 3) die Entlastung der Vostands – und Aufsichtsratsmitglieder (§ 120 AktG), 4) die Satzungsänderungen (§§ 179 ff., 142 AktG), 5) die Maßnahmen der Kapitalbeschaffung – und herabsetzung (§§ 182 ff., 222 ff. AktG) und 6) die Auflösung der Gesellschaft (§ 262 ff. AktG). Dazu kommen einzelne, im Gesetz an anderer Stelle genannte Strukturentscheidungen wie Unternehmensverträge (§§ 293, 295 AktG), Eingliederung, Verschmelzung und Vermögensübertragung (§§ 319, 320, 340, ff., 353, 359 ff. AktG) sowie Umwandlung (§§ 362 ff. AktG). Systematisch zusammengefasst ist die Hauptversammlung mit-

---

158 Kraft/Kreuz, Gesellschaftsrecht, 1988, S. 207; Daumke/Keßler, a.a.O., S. 91; Kübler, a.a.O., S. 194; Schmidt, a.a.O., S. 625; Maiberg, a.a.O., S. 171; Reinhardt/ Schultz, a.a.O., S. 207 ff.; Hüffer, Gesellschaftsrecht, 1983, S. 228; Raiser, a.a.O., S.73 ff.; Hopt/Hehl, Gesellschaftsrecht, 1987, S. 216; Hueck, a.a.O., S. 205 – 208; Lindemeyer, Gewaltenverzahnung, 2001.

159 Lindemeyer, a.a.O.

hin für grundlegende Personalentscheidungen, sowie für alle Satzungs – und Strukturänderungen zuständig.[160]

3. Der Mitbestimmungseinfluss auf die Leitung der deutschen AG

a) Einführung

Unabhängig davon, welches von beiden Organen der AG sie in der Tat leitet,[161] verankert das MitbestG vom 4. Mai 1976 die Mitbestimmung der Arbeitnehmer weder im Vorstand, noch in der Hauptversammlung, sondern im Aufsichtsrat. Somit ist sie keinem von beiden leitenden Organen der AG zugewiesen. Deswegen ist sie auf die Zuständigkeiten des Aufsichtsrats begrenzt.[162]

In Unternehmen mit mindestens 2000 und mit mehr als 10000 bis 20000 Arbeitnehmern besteht der Aufsichtsrat paritätisch aus Anteilseigner - und Arbeitenehmervetretern. (§ 7 MitbestG) Als „Anteilseigner“ werden die Aktionäre bestimmt. (§ 2 MitbestG) Als „Arbeitnehmer“ werden die in § 5 Abs. 1 und 3 BetrVerf – Reformgesetzes 2001 bezeichneten Personen d.h. die abhängige Arbeit leistenden Personen. (§ 3 MitbestG) Ein Teil der Arbeitnehmervertreter besteht aus Gewerkschaftsmitgliedern. (§ 7 Abs. 2 MitbestG) Der Aufsichtsrat wählt aus seiner Mitte mit Zweidrittelmehrheit den Vorsitzenden und dessen Stellvertreter. Kommt diese Mehrheit im ersten Wahlgang nicht zustande, wählt die Arbeitgeberbank den Vorsitzenden, die Arbeitnehmerbank den Stellvertreter. Ergibt eine Abstimmung im Aufsichtsrat Stimmengleichheit, steht dem Vorsitzenden ausschließlich das *Zweitstimmrecht* zu. (§§ 29 Abs. 1 und 2, 31 Abs. 4 MitbestG) Dem Vorsitzenden fällt dieses Recht zu, falls die Funktionsfähigkeit des Unternehmens auf dem Spiel steht, wobei den Belangen der Arbeitnehmer aber vor allem dem Willen der Anteilseigner Rechnung getragen werden muss.[163] Falls und wenn die im Unternehmen fortbestehende Interessenverschiedenheit zu einer Kollision führt, räumt das Gesetz den Unternehmensinteressen einen *Vorrang* ein,[164] um ihr Recht auf Privateigentum zu beschützen. Darüber hinaus ist im Aufsichtsrat ein Arbeitsdirektor auch gegen den Willen der Arbeitnehmervertreter zu bestellen. (§ 33 MitbestG)

---

160 Hüffer, a.a.O., S. 232, 233; Daumke/Keßler, S. 105; Kübler, S. 199; Hopt/Hehl, S. 227; Hueck, a.a.O., S. 224; Becking – Hoffmann (Hrsg.), Münchener, 1988, S. 328, 330; Schmidt, a.a.O., S. 638.

161 s. dazu verschiedene Ansichten: Reinhardt/Schultz, S. 214; Raiser, S. 98; Kraft/Kreuz, S. 208; Becking – Hoffmann, S. 328, 330.

162 Steindorff, Einführung, 1977, S. 49.

163 Vgl. Reich/Lewerenz, Mitbestimmungsgesetz, AuR, 1976, S. 261, 269, 271; Zachert, *Mitbestimmungsgespräche*, 1976, S. 188; Löwisch/Löwisch, a.a.O., S. 18; dagegen Papier, Mitbestimmungsurteil, ZGR 1979, S. 72.

164 Hanau/Ulmer, a.a. O., S. 457.

Aus den oben erwähnten Vorschriften geht hervor, dass das Gesetz an keiner Stelle davon spricht, dass die von ihm erfassten Unternehmen nicht mehr Gesellschaften und die Aufsichtsräte nicht mehr ihre Organe sind. Die Gesellschaften mit Mitbestimmung bleiben folglich *innerlich* und *äußerlich* Handelsgewerbe nämlich auf *Dauer gewinnerzielende* juristische Personen.[165] So ist es und bleibt unabhängig davon, ob man das Unternehmen, als ein auf Dauer organisierte Wirtschaftseinheit, (*Raisch*), als Absicht zur Teilnahme am wirtschaftlichen Prozess (*Emmerich*), als funktionale Verbindungen aus sachlichen und persönlichen Elementen zum Erreichen wirtschaftlicher Ziele und als organisierte Einheiten zur Teilnahme am Wirtschaftsverkehr (*Lutter*) bezeichnet. Die nach Köpfen, nicht nach Stimmen bemessene Parität erhält *qualitativ* das Direktionsrecht und *quantitativ* seine Sozialbindung aufrecht.[166] Daraus folgt, dass die Arbeitnehmermitbestimmung nicht zu einer Vergesellschaftung des Privateigentums führen darf, wobei die Arbeitnehmer in Miteigentümer des Unternehmens verwandelt werden würden.

b) *Gemeinschaftsmäßige* Verfassungsgrenze des Mitbestimmungsrechts in den Großunternehmen der privaten Hand

Einige Aktiengesellschaften, Gesellschaften mit beschränkter Haftung, die in der Regel mehr als 2000 Arbeitnehmer beschäftigten und einige *weltweit* tätige Unternehmen, deren Grundkapital sich überwiegend als Streubesitz auf eine Vielzahl von Aktionären verteilt war, haben gegen das MibestG vom 4. Mai 1976 Verfassungsbeschwerden erhoben. Im wesentlichen haben sie folgendes ausgeführt:

Aus dem Gesetz ergebe sich eine faktisch überparitätische Mitbestimmung der Arbeitnehmer im Aufsichtsrat. Deswegen arbeite er nicht mehr als Organ der Gesellschaft, sondern als Organ widerstreitender Interessen. Dies führt die Gesellschaft in Funktionsunfähigkeit. Somit verletze das Gesetz ihr Eigentumsgrundrecht.

Mit seinem „**Mitbestimmungsurteil**" vom 1. März 1979 hat das BVerfG die Verfassungsbeschwerde als unbegründet zurückgewiesen. Im wesentlichen hat es folgendes ausgeführt:

Durch das Gesetz gewinne die Arbeitnehmerseite Einfluss auf die zu treffenden Entscheidungen im Unternehmen. Dieser sei jedoch unerheblichen Um-

---

165 Buckholz, Gesellschaftsrecht, 1988, S. 19. Schmidt, a.a. O, S. 580, Hofmann, Handelsrecht, 1987, S. 69; Kunze, Zum Stand, ZHR, 1980, S. 109.

166 Vgl. Naendrup in Fabricius, S. 15; Kanawelis, Funktion, 1987, S. 22, 26; Hanau/Ulmer, S. 200; Nutzinger (Hrsg), Arbeitnehmerselbstverwaltung, 1982, S. 302; Mayer, *Mitbestimmung*, 1976, S. 37; Barthel/Dikau, Mitbestimmung, 1980, S. 92; Fitting/Wlotzke/ Wißmann, Mitbestimmungsgesetz, 1978, S. 30; Simitis, Mitbestimmung, AuR 1975, S. 323.

fangs. Denn das Gesetz verankere keine „Parität" in dem Sinne, dass weder die Arbeitnehmer – noch die Anteilseignerseite imstande sei, keine Entscheidung ohne die Zustimmung der anderen Seite zu treffen. Vielmehr versehe das Gesetz die Anteilseignerseite mit dem Zweistimmrecht und so mit einem leichten Übergewicht. So behalten die Anteilseigner im Konfliktsfall die alleinige Zuständigkeit für die Grundlagenentscheidungen im Unternehmen. Diese Zuständigkeit bleibe nach wie vor bei der Anteilseignerversammlung, die das Gesetz noch als oberstes Unternehmensorgan ansehe. Das sei auf das Eigentumsgrundrecht zurückzuführen, das elementar im GG sei. Das GG überlasse dem Gesetzgeber aufgrund seiner Neutralität die Gestaltung der Wirtschaftsordnung, sofern er dabei die Grundrechte beachte. Anders als der Unternehmer–Eigentümer vermöge der Anteilseigner mit seinem Eigentum nur mittelbar im Unternehmen zu wirken. In seinem mitgliedschaftsrechtlichen und vermögensrechtlichen Element sei das Anteilseignereigentum vermitteltes Eigentum. Art. 14 GG schütze aber das Anteilseigentum wie das Eigentum des Unternehmers. Das Gesetz verankere eine Mitbestimmung der Arbeitnehmer innerhalb der Grenze des GG, weil die Unternehmen nicht zur Funktionsunfähigkeit führe. Deshalb wende es die soziale Funktion des Eigentumsgrundrechtes verfassungsmäßig an.

c) Stellungnahme

Das *Übergewicht* der Anteilseigner ermöglicht ihnen die Grundlagenentscheidungen im Unternehmen bei Anwendung des MitbestG weiter zu treffen. Wenn das der Fall bei den Anteilseignern ist, deren das Privateigentum innerhalb des Unternehmens „vermittelt" wird, dann gilt das vor allem beim Unternehmenseigentümer. Trotz der Kompliziertheit der Organisationsformen der Unternehmen, die eine Arbeitnehmermitbestimmung auf vielfältiger Unternehmensebene durchgesetzt hat, bleibt das Privateigentum der Anteilseigner und des Unternehmenseigentümers *kerninhaltlich* unberührt, solange die Anteilseigner und hauptsächlich der Unternehmer–Eigentümer das *Letztentscheidungsrecht* beibehalten.

Damit erweist sich das MitbestG vom 4. Mai 1976 nicht als eine unbedeutende für die Arbeitnehmer Regelung. Ganz im Gegenteil. Das deutsche Gesetz sichert ihnen erweiterte Beteiligungsrechte im Aufsichtsrat, der eins von den Unternehmensorganen ist. Diese Beteiligungsrechte stellen die gesetzliche und tatsächliche *Verwirklichung* des Sozialstaatsprinzips im kollektivarbeitsrechtlichen Bereich dar. Falls aber auch die Arbeitnehmer das Letztentscheidungsrecht besäßen oder es mit dem Unternehmenseigentümer *mit*besäßen, hätte das BVerfG das Gesetz als *verfassungswidrig* erklären *müssen*. Denn die *Offenheit des GG* bedeutet nicht, dass es keine Wirtschaftsordnung bestimmt. Das im Mitbestimmungsurteil wiederholte *Neutralitätsprinzip* heißt nicht, dass der Unternehmer–Eigentümer bzw. der Arbeitgeber keine umfassende Herrschaft über die Produktionsmittel verfügt. Sonst hätte das BVerfG nicht hervorgehoben, dass der Gesetzgeber bei der verfolgten Wirtschaftpolitik die *Grundrechte* beachten muss. Er hätte nicht betont, dass das Eigentumsgrundrecht *elementar* ist. Die *Offenheit* des GG ist vom Eigentumsgrundrecht bestimmt. Die Herrschaft über die Produktionsmittel darf ihren *absoluten* Charakter auch in einer *sozialen* Marktwirtschaft - genau wie in einer *völlig* liberalen Marktwirtschaft - nicht einbüßen. Diese Herrschaft darf jedoch in der sozialen Marktwirtschaft nicht missbräuchlich ausgeübt werden. Deshalb ist es dem Gesetzgeber erlaubt, diese Herrschaft *verfassungsmäßig* zu begrenzen. „Verfassungsmäßig" bedeutet *Relativierung* und nicht Einbuße des absoluten Charakters des Eigentumsgrundrechts. Die Relativierung muss aber *wirksam*, nicht formal sein. Dazu dient das Mitbestimmungsrecht. Jede künftige Änderung des MitbestG vom 4. Mai 1976 wird seine verfassungsrechtliche Grenze nicht überschreiten, wenn sie einerseits das Grundrecht auf Eigentum kerninhaltlich nicht berühren und andererseits seine soziale Funktion wirksam nicht außer Acht lässt. Das betrifft ebenfalls jede Änderung des Gesellschaftsrechts. Sie muss verfassungsmäßig sein, indem das Mitbestimmungsrecht nicht an Wirksamkeit einbüßt.

Das MitbestG vom 4. Mai 1976 ist ebenfalls *vertragsmäßig*. Die Grenze des GG zur Aufrechterhaltung des Eigentumsgrundrechts ist mit der marktwirtschaftlichen Rechtsordnung der EU vereinbar: Die Einrichtung des *gemeinsamen* Marktes setzt die *Funktionsfähigkeit* der nationalen Unternehmen voraus. Nationale Vorschriften dürfen deswegen nicht die nationalen Unternehmen in die Funktionsunfähigkeit führen. Da das MitbestG vom 4. Mai 1976 den Kerninhalt des Eigentumsgrundrechts nicht antastet, verstößt es nicht gegen die Gemeinschaftsrechtsordnung.

Aus dem Vergleich zwischen dem deutschen Verfassungs–und dem Gemeinschaftsrecht läßt sich folgendes ableiten: Falls ein Mitbestimmungsgesetz den *Kerninhalt* des Eigentumsgrundrechts nicht antastet, besteht zwischen dem Gemeinschafts–und dem deutschen Verfassungsrecht *keine* Kollisionsmöglichkeit. Denn die Gemeinschaftsrechtsordnung gewährleistet dieses Recht mit Vorschriften der Verträge, deren juristische Herkunft die *Verfassungsüberlieferungen* bzw. die *Verfassungstraditionen* der GRCh sind. Der EuGH zieht sie *ständig* in Betracht.[167] Eine Kollisionsmöglichkeit entstünde, wenn das GG die Aufhebung des Eigentumsgrundrechts zuließe. In diesem *völlig* theoretischen Fall würde das deutsche Verfassungsrecht vor dem Gemeinschaftsrecht treten müssen; wegen seines Vorrangs würde nicht das Gemeinschaftsrecht vor dem GG treten müssen. Und umgekehrt: Wenn das EG–Recht die Aufhebung des Eigentumsgrundrechts ermöglichte aber das GG nicht, dann bestünden zwei

---

[167] s. oben das zweite Ergebnis unter „C–II-3. Ergebnisse".

Möglichkeiten: Entweder müsste das GG zugunsten des EG–Rechts *revidiert* werden, oder Deutschland dürfte der EG *nicht* beitreten.

III. Das „Montan–Mitbestimmungs"-Gesetz

Das MitbestG vom 4. Mai 1976 gibt das gesetzliche Leitbild der Arbeitnehmermitbestimmung ab, weil es über seine Verfassungsmäßigkeit hinsichtlich des Art. 14 GG unmittelbar überprüft worden ist. Dabei hat aber das BVerfG mittelbar auch zur Verfassungsmäßigkeit des „Montan–Mitbestimmungs"–Gesetzes Stellung genommen.

Das MitbestG vom 4. Mai 1976 hat wesentliche Veränderungen auf dem Gebiet der Wirtschaftsordnung bewirkt. Deswegen wollte das Gericht auf seine Auswirkungen eingehen, um feststellen zu können, ob diese den Kerninhalt des Eigentumsgrundrechts antasten. So hat es subsidiär auf die Erfahrungen des seit langem schon bestehenden „Montan–Mitbestimmungs"–Gesetzes hingewiesen. Er hat hervorgehoben, dass die Mitbestimmung im Montanbereich nicht zur *Funktionsunfähigkeit* der Unternehmen geführt hat, weil es das Rentabilitätsprinzip, die Dividentenpolitik der Unternehmer und den Kapitalmarkt nicht beeinflusst.[168] Das „Montan–Mitbestimmungs"–Gesetz ist damit auch ein Element der auf partnerschaftlichem Zusammenwirken aufgebauten Sozial–und Wirtschaftsordnung Deutschlands. Es bewährt sich als Instrument zum Ausgleich der widerstreitenden Interessen zwischen der Arbeitgeber–und Arbeitnehmerseite, wobei Auswirkungen auf das durch Art. 14 GG gewährleisteten Grundrecht verfassungswidrig sind, falls sie in die Substanz des Rechts eingreifen.[169] Die Nichtgefährdung der freien Marktwirtschaft durch das „Montan–Mitbestimmungs"–Gesetz ist noch ein Argument für die Verfassungsmäßigkeit des MitbestG vom 4. Mai 1976.

Aus den gleichen Gründen gefährdet das Gesetz nicht die Wirtschaftsordnung der EU, deren *Bestandteil* auch die Zusammenarbeit zwischen Arbeitnehmern und Arbeitgebern ist. Daher bleibt eine nähere Aufstellung der Struktur des „Montan–Mitbestimmungs"–Gesetzes übrig.

IV. *Gemeinschaftsmäßige* Verfassungsgrenze des Mitbestimmungsrechts in den Betrieben der privaten Hand

Im Sinne des Wirtschaftsrechts ist das Unternehmen eine selbständige Produktionseinheit. Der Betrieb ist ein selbständiger Teil des Unternehmens.[170] Die

---

168 BVerfGE 50, 290 – Mitbestimmungsurteil.

169 BVerfGE 99, 367 – Montan Mitbestimmung.

170 Vgl. Rittner, Wirtschaftsrecht, 1987, S. 124; Fabricius, *Gemeinschaftskommentar* 1979, S. 10; Erdmann, Mitbestimmung, RdA, S. 87.

Mitbestimmung im Betrieb und Unternehmen stellt folglich eine *Einheit* dar.[171] Die Trennung zwischen „Unternehmen" und „Betrieb" entsteht aus organisatorischen Gründen. Zweifellos weisen die Mitbestimmungsgesetze unterschiedliche Vorschriften auf. Betrieb und Unternehmen können auch praktisch und juristisch unabhängig voneinander funktionieren. Aber die Einheit zwischen einem im Rahmen des MitbestG 1976 definierten Unternehmen und einem im Rahmen des BetrVG 1972 funktionierenden Betrieb liegt darin, dass beide auf Gewinn angelegt sind. Beide bestehen aus Produktionsmitteln, die Eigentum eines Arbeitgebers ist, nach dessen Aufträgen die Belegschaft Arbeit leistet.

Das BetrVG 1972 schreibt Mitbestimmungsrechte der Arbeitnehmer in sozialen, personellen und wirtschaftlichen Angelegenheiten vor. Die Verfassungsmäßigkeit dieser Vorschriften ist mittelbar im Zusammenhang anderer Fragestellungen vom BVerfG überprüft worden. Nach seiner Rechtsprechung wurde die Bedeutung der mitbestimmungsrechtlichen Vorschriften des Gesetzes durch das MitbestG vom 4. Mai 1976 erheblich rezudiert.[172] Der *Nichtgefährdung* der freien Marktwirtschaft durch das MitbestG 1976 ist zu entnehmen, dass die oben erwähnten Vorschriften des BetrVG 1972 gegen Art. 14 GG nicht verstoßen. Es kann keine Gefahr für das Privateigentum der Anteilseigner und des Unternehmenseigentümers wegen möglichen Zusammenspiels von Unternehmensmitbestimmung und betrieblicher Mitbestimmung entstehen. Ein solches Zusammenspiel setzt voraus, dass Aufsichtsrat und Betriebsrat über dieselbe Angelegenheit zu entscheiden haben. Überschneidungen können sich nur bei Zustimmungsgeschäften im Sinne des § 111 Abs. 4 Satz 2 AktG ergeben, die gleichzeitig Gegenstand einer Mitbestimmung des Betriebsrats sind. Die Zahl dieser Fälle ist aber bereits begrenzt: Ein Zustimmungsvorbehalt des Aufsichtsrats ist nur bei Geschäften von besonderer Bedeutung zulässig. Außerdem beziehen sich die Mitbestimmungsrechte des Betriebsrats in der Regel nicht auf die unternehmerische Grundsatzentscheidung. Sie beziehen sich vielmehr in erster Linie auf die Einzelheiten ihrer Ausgestaltung im Sinne einer angemessenen Berücksichtigung der sozialen und wirtschaftlichen Interessen der Arbeitnehmer des Betriebs. Ein Zusammentreffen von Unternehmensmitbestimmung und betrieblicher Mitbestimmung kann allerdings zumindest im Fall der Betriebsänderung (§ 111 BetrVG) mit der Folge des Interessenausgleichs oder der Aufstellung eines Sozialplanes (§ 112 BetrVG) nicht ausgeschlossen werden. Dies würde aber das Privateigentum der Anteilseigner und des Arbeitgebers nicht verfassungswidrig beschränken können, weil bei Nicht–Einigung im Aufsichtsrat die Zweitstimme des Vorsitzenden den Ausschlag gibt, während bei Nicht–Einigung des Vertretungsorgans mit dem Betriebsrat die Einigungsstelle, notfalls durch die Stimme des unparteiischen Vorsitzenden, entscheidet (§ 76

---

171 Mayer, *Betriebsverfassungsgesetz*, 1976, S. 153.

172 BVerfGE 99, 367 – Montan Mitbestimmung.

BetrVG), die im übrigen nicht der Arbeitnehmerseite zugerechnet werden kann.[173] Abgesehen davon hat das Vertretungsorgan der Arbeitnehmer im Betrieb einerseits als Aufgabe die Wahrnehmung der Interessen aller Arbeitnehmer in sozialen, personellen und – eingeschränkt – in wirtschaftlichen Angelegenheiten und andererseits mit dem Arbeitgeber vertrauensvoll zum Wohl des Betriebes zusammenzuarbeiten.(§ 2 Abs. 1) Dabei genießt das Direktionsrecht aufgrund Art. 14 GG Vorrang: Falls die *Funktionsfähigkeit* des Betriebes wegen *Kollision* zwischen seinen Interessen und denen des Betriebsrats bedroht ist, steht dem *Arbeitgeber* als *Eigentümer* der Produktionseinheit das Letztenscheidungsrecht zu. Die Pflicht des Arbeitgebers den Betriebsrat vor jeder Kündigung zu hören (§ 102 Abs. 1) und ihn in wirtschaftlichen Angelegenheiten zu unterrichten (§§ 106–110), begründet entsprechend für die Arbeitnehmer Anhörungs-Informations–und Unterrichtungsrechte, die eben wegen ihrer Art seine Entscheidungsfreiheit nicht verfassungswidrig beschränken.[174] Daher haben alle Mitbestimmungsrechte im Betrieb eine soziale Schutzfunktion zugunsten der Arbeitnehmer. Ausschließlich *soziale* Funktion haben auch diejenigen Mitbestimmungsrechte, die als *„wirtschaftliche"* gekennzeichnet werden. Ihr *Wesenskern* besteht nicht darin, die Entscheidungsbildung des Arbeitgebers zu verhindern, sondern darin, die daraus hervorgehenden, für die Belegschaft negativen Folgen zu mildern.[175] Jede künftige Änderung des BetrVG wird verfassungsmäßig sein, wenn dem Arbeitgeber ein angemessener Spielraum zur Entfaltung seiner Unternehmensinitiative verbleibt.[176]

Das BetrVG 1972 ist des weiteren *vertragsmäßig*. Das von ihm vorgesehene Unterrichtungs – und Anhörungsverfahren stimmt völlig mit der Eigentumsdogmatik und dem Sozialprinzip der Gemeinschaftsrechtsordnung überein.

---

173 BVerfGE 50, 290 – Mitbestimmungsurteil.

174 BVerfGE 52, 283 – Tendenzbetrieb.

175 Vgl. Löwisch, (Hrsg), *Betriebsverfassungsgesetz*, 1989, § 106, Vorbem., S. 409; ders., § 112, S. 438; Dietz/Richardi, Betriebsverfassungsgesetz, 1981, § 106, Rdn. 15, S. 1750, Rdn 24, S. 1751; Fitting/Auffarth/Kaiser/Heither, Betriebsverfassungsgesetz, 1987, § 106, Rdn. 1, S. 1238, Rdn. 11, S. 1242; Siebert/Degen/Becker, Betriebsverfassungsgesetz, 1987, § 106, Rdn. 1, S, 478, Rdn 14, S. 484; Gnade/Kehrmann/Schneider/Blanke, Betriebsverfassungsgesetz, 1983, § 106, Rdn. 9, S. 800; Kamman/Hess/ Schlochauer, Betriebsverfassungsgesetz, 1979, § 106, Rdn. 3, S. 1166, Rdn. 19, S. 1168; Gnade/Kehrmann/Schneider/Blanke/Klebe, Betriebsverfassungsgesetz, 1988, § 106, Rdn. 1, S. 207; Zachert, *Betrieblicht*, 1979, S. 41, Borgmann, Reformgesetz, 1986, S. 63; Rumpf, Unternehmensplanung, 1978, S. 36, 174; Weimar/Schimikowski, a.a.O., S. 144; abweichend Fabricius/Kraft/Thiele/Wiese, Betriebsverfassungsgesetz, § 106, Rdn. 30, S. 51.

176 BVerfGE 4, 7 – Investitionshilfegesetz.

V. *Gemeinschaftsmäßige* Verfassungsgrenze des Mitbestimmungsrechts im öffentlichen Dienst

1. Einführung

Das Personalvertretungsrecht regelt die Mitbestimmung der Angehörigen des deutschen öffentlichen Dienstes. Seine Grundlagen sind die Personalvertretungsgesetze des Bundes und der Länder. Die müssen im Einklang mit dem GG stehen, da es die allerwichtigste Rechtsquelle des Arbeitsrechts im öffentlichen Dienst ist.[177]

Zu den verfassungsrechtlichen Grenzen für die personalrätliche Mitbestimmung sind zwei Entscheidungen des BVerfG von Bedeutung: Das Urteil vom 27. April 1959 über das Bremische Personalvetretungsgesetz und der Beschluss vom 24. Mai 1995 zum Mitbestimmungsgesetz von Schleswig–Holstein.

2. Urteil vom 27. April 1959 über das Bremische Personalvertretungsgesetz (BVerfGE 9, 268)

Das Bremische Personalvertretungsgesetz vom 3. Dezember 1957 hatte dem Personalrat der Verwaltung der freien Hansestadt Bremen ein *Allzuständigkeitsrecht* eingeräumt. Es erstreckte sich auf Einstellung, Anstellung, Entlassung, Versetzung, Beförderung, Abordnung der Dienstangehörigen. Ohne die Zustimmung des Personalrates durfte eine Entlassung eines Beamten auf Probe oder auf Widerruf oder eine Kündigung eines Angestellten oder Arbeiters nicht stattfinden. Dieses Mitbestimmungsrecht hatte der Senat von Bremen beim BVerfG beantragt, als nichtig festzustellen, weil es ihm als Verwaltung das Letztenscheidungsrecht entzog.

Mit dem oben genannten Urteil hat das BVerfG das BremPVG als *verfassungswidrig* erklärt. Das Gericht führte aus, das GG wolle nicht eine Konformität oder Uniformität, sondern eine gewisse Homogenität mit den Länderverfassungen, sondern eine gewisse Homogenität durch deren Bindung an die leitenden Prinzipien herbeiführen. Grundlage dieser Homogenität sei die Funktionsfähigkeit des Staates, die das Allzuständigkeitsrecht des Personalrates beeinträchtige.

3. Der Beschluss vom 24. Mai 1995 zum Mitbestimmungsgesetz von Schleswig–Holstein (BVerfGE 93, 37)

Das MBG Schl.H. wurde am 11. Dezember 1990 vom Landtag des Landes beschlossen. Laut § 2 Abs. 1 des Gesetzes sollte der Personalrat bei allen Maß-

---

177 Vgl. Müller, Arbeitsrecht., 2001, S. 20; Dütz, Arbeitsrecht, 2002, S. 9.

nahmen der Dienststelle mitbestimmen, wobei er das gesellschaftliche, wirtschaftliche und ökologische Umfeld zu berücksichtigen habe. Laut § 51 Abs. 1 Satz 1 sollte der Personalrat bei allen personellen, sozialen, organisatorischen und sonstigen innerdienstlichen Maßnahmen mitbestimmen, die die Beschäftigten der Dienststelle insgesamt, deren Gruppen oder einzelne Beschäftigte betreffen oder sich auf sie auswirken. § 56 schrieb ein Initiativrecht des Personalrats in den oben genannten Angelegenheiten fest. § 52 schrieb vor, eine der Mitbestimmung unterliegende Maßnahme kann nur mit seiner Zustimmung getroffen werden. Kommt eine Einigung zwischen Dienststelle und Personalrat nicht zustande, so entscheidet nach Durchführung eines Stufenverfahrens eine paritätisch und weisungsabhängige Einigungsstelle.

Diese Vorschriften sind von 282 Abgeordneten des deutschen Bundestages als verfassungswidrig angegriffen worden. Die Beschwerdeführer haben geltend gemacht, der Personalrat verfüge über eine Allzuständigkeit, die ihm ein Letztenscheidungsrecht beschere. So sei er in der Lage Staatsgewalt auszuüben, wozu er als Vertreter privater Interessen demokratisch nicht legitimiert sei. Deswegen verstoße das Gesetz gegen das Demokratie-und Rechtsstaatsprinzip.

Das BVerfG hat beschlossen, dass das Gesetz mit den oben genannten Verfassungsprinzipien *unvereinbar* ist. Seine Begründung lässt sich in der *ununterbrochenen Legitimationsthese* zusammenfassen. Der gemäss übe das souveräne Volk Staatsgewalt nach dem GG durch parlamentarische Wahl aus. Es wähle das Parlament, dies die Regierung und sie stelle die Beamten an. Aufgrund der Parlamentswahl bilde sich eine ununterbrochene Legitimationskette heraus, wonach jedes Staatshandeln auf den Volkswillen zurückzuführen sei. Als Vertreter privater Interessen sei der Personalrat durch ein Allzuständigkeitsrecht demokratisch nicht legitimiert Staatsgewalt auszuüben.

4. Stellungnahme – ***Das Staatsprivateigentum***

Nach der deutschen Rechtsprechung schützt Art. 14 GG als Grundrecht nicht das Privateigentum, sondern das Eigentum Privater.[178] Das BVerfG hat grundsätzlich verneint, dass juristische Personen des öffentlichen Rechtes Inhaber des Eigentumsrechtes sein können, aber nur wenn diese Personen öffentliche Aufgaben zu erfüllen haben. In diesem Fall finde das Grundrecht auf Eigentum keine Anwendung, weil der unmittelbare Bezug zum Menschen fehle. Das Wertesystem der Grundrechte gehe von der Würde und Freiheit des einzelnen Menschen als natürliche Person aus. Die Grundrechte sollen in erster Linie die Freiheitssphäre des Einzelnen gegen Eingriffe der staatlichen Gewalt zu schützen. Eine Einbeziehung der juristischen Personen in den Schutzbereich der Grundrechte sei nur zu rechtfertigen, wenn ihre Bildung und Betätigung Ausdruck der

---

178 BVerfGE 61, 82, 109; BVerfG – 2BVR 403/02 vom 23.7.2002.

freien Entfaltung der natürlichen Personen seien, besonders wenn der „Durchgriff" auf die hinter den juristischen Personen stehenden Menschen dies als sinnvoll oder erforderlich erscheinen lasse. Danach bestünden grundsätzlich Bedenken dagegen, die Grundrechtsfähigkeit auf juristische Personen des öffentlichen Rechts im Bereich der Wahrnehmung öffentlicher Aufgaben zu erstrecken. Wenn die Grundrechte das Verhältnis des Einzelnen zur öffentlichen Gewalt beträfen, so sei damit unvereinbar, den Staat selbst zum Teilhaber oder Nutznießer der Grundrechte zu machen. Er könne nicht gleichzeitig Adressat und Berechtigter der Grundrechte sein.[179]

In den oben dargelegten Entscheidungen vom 27. April 1959 und 24. Mai 1995 hat das BVerfG das Demokratie–und Rechtsstaatsprinzip als Maßstäbe untersucht, um die Verfassungsmäßigkeit der Mitbestimmung im öffentlichen Bereich zu prüfen. Trotz ihrer Terminologie ist es dennoch nicht zu übersehen, dass diese Entscheidungen *arbeitsrechtlich* sind. Sie haben sich mit dem Mitbestimmungsrecht befasst, das Teil des kollektiven Arbeitsrechts ist. Man darf sich folglich nicht dazu verleiten lassen, dass der Staat, weil er auch öffentliche Aufgaben erfüllt, seinem Personal gegenüber sich nicht als Arbeitgeber verhält. Unabhängig davon, ob er öffentliche Aufgaben erfüllt, ob er juristische Personen des öffentlichen Rechts oder Unternehmen in der Rechtsform einer privatrechtlichen Kapitalgesellschaft führt, ändert sich nichts daran, dass er Weisungen erteilt, die abhängig arbeitende Menschen zu erfüllen verpflichtet sind. Der Begriff *„demokratische Legitimation"* weist zahlreiche Facetten auf. Das *Demokratieprinzip* erschöpft sich nicht in Wahlen zur Volksvertretung, sondern beinhaltet auch andere Werte, wie den der *effektiven Kontrolle* der Verwaltung.[180] Dieser Wert weist eine *arbeitsrechtliche Dimension* auf. Diese ist von hervorragender Bedeutung, weil sie *unverändert* sowohl *staatsrechtlich* hat als auch im *privatrechtlichen* Bereich bleibt und zweideutig ist: Die effektive Kontrolle stellt *zum einen* das Recht der Bürger dar, die Verwaltung effektiv kontrollieren zu können. Dieses Recht schlägt sich arbeitsrechtlich im Mitbestimmungsrecht nieder. *Zum anderen* stellt sie das Recht der Verwaltung dar, diese Kontrolle der Bürger im Rahmen der demokratischen Legitimation selbst zu behalten, wie sich diese aus dem GG herausbildet. Damit hat der arbeitsrechtliche Wert der Verwaltungskontrolle die Festlegung einer bestimmten Wirtschaftsordnung an sich, die in Deutschland die freie Marktwirtschaft ist. Infolgedessen beruht die demokratische Legitimation auf der Gewährung des Privateigentums an den Mitteln der Verwaltung, durch die der deutsche Bundesstaat sich hindurchzieht und durch die sie funktioniert, also an den Produktionsmitteln. Das Eigentum hat verfassungsgemäß den *Vorrang* vor seiner Sozialgebundenheit. Nach der deutschen Verfassungsordnung ist diese Sozialgebundenheit

---

179 BVerfGE 21, 362 – Sozialversicherungsträger.

180 Inglesias, "Verfassung", 1998, S. 59.

nicht polemisch gegen das bestehende Güter–und Gewaltverteilungssystem gerichtet.[181] Aus *arbeitsrechtlicher* Sicht ist die *Staatsgewalt* eine *eigentumsfähige Position*: Der Staat/Arbeitgeber verfügt grundsätzlich laut Gesetzgeber über ein *Ausschließlichkeitsrecht*, juristische Personen des öffentlichen Rechts im Rahmen des GG so zu leiten, wie es ihm am besten scheint. Seinem Personal gegenüber ist der Staat Direktionsrechtsträger, ohne dabei arbeitsrechtlich wichtig zu sein, ob er dieses Recht im Rahmen eines Versorgungsunternehmens oder eines gewinnerzielenden Unternehmens ausübt. Daraus entsteht die *Privatnützigkeit* der Produktionsmittel der staatlichen Unternehmen. Das in ihnen abhängig arbeitende Personal besitzt kein Mitentscheidungsrecht. Somit ist es kein Eigentümer oder Miteigentümer. Dies lässt sich auch dadurch bestätigen, dass das BVerfG in seinen Mitbestimmungsentscheidungen über den öffentlichen Dienst, die Arbeitnehmervertreter als Vertreter *Privatinteressen* gekennzeichnet hat. So gab das Gericht zu, dass zwischen dem Staat und seinen Arbeitnehmern eine *privatorientierende* oder eine Rechtsbeziehung *privatrechtlichen* Charakters besteht. Die Eigenleistung des Staates im Rahmen dieser Rechtsbeziehung beruht eben auf der Eigentümereigenschaft. Unter der Eigenschaft des Arbeitgebers wird auch dem Staat wie einem Privaten ein Freiheitsraum gewährleistet, wo er in Sicherheit eigenverantwortlich die Führung des öffentlichen Dienstes gestalten kann. Der Staat ist ebenfalls dazu verpflichtet, die Mitbestimmung der Arbeitnehmer in seinem Verantwortungsraum anzunehmen. Im Lichte des Sozialstaatsprinzips ist sie prinzipiell nicht verfassungswidrig. Gegen das GG verstößt die Mitbestimmung aber, wenn sie durch konkrete Vorschriften ihre *Schutzzweckgrenze* übertritt. Das geschieht zweifellos, wenn die Personalräte Recht auf Einstellung, Anstellung, Versetzung, Beförderung und Abordnung von Beamten haben. Es ist das gleiche, als ob die Arbeitnehmermitbestimmung in der Privatwirtschaft solche Rechte besäße. Dann wäre kein Privateigentumsrecht verankert. So was wäre auch aber grundsätzlich ein Verstoß gegen das Demokratie – und Rechtsstaatsprinzip, wie sie im GG festgeschrieben werden. Beide Prinzipien sind *privateigentumsgeprägt*. Der Staat muss funktionsfähig sein, hauptsächlich um die Wirtschaft bzw. die durch die Verfassung festgelegte Wirtschaftsordnung seines Territoriums schützen zu können. Wenn die Verfassung die Privatinitiative verbürgt aber der Staat, in dessen Gebiet sie sich zu entwickeln hat, funktionsunfähig ist, gerät sie auch in Funktionsunfähigkeit. Demzufolge endet die *Schutzzweckgrenze* der Mitbestimmung dort, wo die *Verantwortungsgrenze* des Staates beginnt. Aufgrund des Demokratieprinzips ist der Staat seinem Personal gegenüber Privateigentümer der Produktionsmittel aller juristischen Personen, die er leitet; er ist Privateigentümer der *Effektivitätsmittel* dieser Personen. Die Begründung und die dazu passende Terminologie der Mitbestimmungsentscheidungen innerhalb des Staates bezieht sich dar-

---

181 Vgl. Forsthoff, a.a.O.

auf, auf welche Verfassungsvorschriften sich der Staat beim BVerfG berufen hat. Das BVerfG war dazu verpflichtet, diese Vorschriften auszulegen. Das bedeutet aber keine Veränderung des *arbeitsrechtlichen Hintergrunds* dieser Entscheidungen.

5. Kritik an der BVerfGE 93, 37

Diese Entscheidung ist in Deutschland einerseits beifällig aufgenommen worden und andererseits auf heftige Kritik gestoßen. Es ergab sich ein Konflikt zwischen zwei Demokratieauffassungen und zwar derjenigen des *hierarchischen Organisationsmodells* und derjenigen der *umfassenden Demokratisierung der Verwaltung*. Die erste gilt als konservatives monistisches Demokratieprinzip und die zweite als pluralistisches Demokratieprinzip.[182]

Die sogenannte konservative *monistische* Lehre stützt sich auf die ununterbrochene Legitimationsthese des Urteils des BVerfG vom 24. Mai 1995.

Die sogenannte progressive *pluralistische* Lehre hat sich von der Fixierung auf die zentrale nationalstaatliche Exekutive und auf das deutsche Staatsvolk gelöst. Sie betrachtet das Volk als eine Vielheit von Betroffenen. Sie knüpft an die konkrete Betroffenheit einer Gruppe von Menschen durch die Erfüllung einer bestimmten Aufgabe an und will durch deren Beteiligung in verschiedenen, je vorzuschlagenden Formen eine effektivere Verwaltungskontrolle bzw. einen effektiveren Volkseinfluss auf die Ausübung der Staatsgewalt zu erreichen.[183] Dabei gehe es nicht darum, die parlamentarische Verantwortlichkeit der Regierung zu ersetzen, sondern um zusätzliche Mechanismen der demokratischen Steuerung. In der hochkomplexen modernen Welt sei die Vorstellung eines nationalen Parlaments und die von ihm kontrollierende Regierung untauglich geworden. Wegen der immer weiter fortschreitenden Ausdifferenzierung der öffentlichen Gewalt könne immer weniger eine auf Volk zurückführende Legitimationskette konstruiert werden.[184] Es handele sich hier um die Frage, wie viel Binnendemokratie in Deutschland zulässig oder sogar notwendig sei. Die monistische Lehre begreife die Demokratie ausschließlich als eine statische Staatsorganisationsform. Die nach dieser Auffassung erforderliche ununterbrochene Legitimationskette führe aber in der Realität gerade nicht zu einem effektiven Einfluss des Volkes auf Verwaltungsentscheidungen. Im Gegenteil bewirke sie die Verselbstständigung des Staatsapparates dem Bürger gegenüber.[185] Das Beharren auf einer solchen Organisations–und Personalrechtsstruktur der Verwaltung sei nicht nur im schlechten Sinne dogmatisch, sondern auch gefährlich und

---

182 Häuser, Demokratie, 2000

183 Häuser, a.a.O.

184 Groß, Legitimität, FR vom 11.7.2000.

185 Häuser, a.a.O.

zwar gleichermaßen unter Legitimationsaspekten wie unter Effizienzgesichtspunkten.[186] Das BVerfG habe in seiner umstrittenen Entscheidung von 1995 zum MBG Schl-H. das Demokratieprinzip nur staatsorganisationsrechtlich interpretiert. Doch sei das GG mehr als nur Staatsorganisationsrecht, weil es den Wert der Menschenwürde mit dem darauf bezogenen Prinzip der Selbstbestimmung zum Maßstab allen staatlichen Handelns gemacht habe. Es folge dem ethisch–moralischen Anspruch, die Spannung zwischen politischer Herrschaft und Menschenrechten zugunsten der letzteren aufzulösen. Erst durch den Bezug auf die Grund–und Menschenrechte erhalte die öffentliche Gewalt ihre innere Rechtfertigung.[187] Der Demokratiebegriff des GG sei ein normativ offener Begriff und ihm entspreche daher eine methodisch offene und keine monistische Interpretation. Daher müsse der Demokratiebegriff in die Integration der von Entscheidungen Betroffenen in das politische Gemeinwesen geöffnet werden, wobei sich eine Diskussion über den kooperativen Rechtsstaat und das kooperative Recht stattfinde, im Rahmen deren die Suche nach neuen, informellen und prozeduralen Steuerungsmodellen und Praktiken erkennbar werde, die in der Gewährung von Handlungsautonomie für Gruppen und Subsysteme offensichtlich keine Bedrohung, sondern eine Notwendigkeit sähen. Es sei mithin an der Zeit, von der Illusion einer nationalstaatlichen Steuerung moderner Gesellschaften durch einen nach innen und außen souveränen Staat Abschied zu nehmen und auf der Ebene der Demokratietheorie wie auch der Interpretation des grundgesetzlichen Demokratieprinzips der Notwendigkeit gesellschaftlicher Selbststeuerung und der Vielfalt gesellschaftlicher Selbststeuerungspotentiale Rechnung zu tragen.[188] Verfassungsprinzipien seien als Optimierungsaufgaben zu verstehen, die grundsätzlich offen für unterschiedliche Formen der Verwirklichung im politischen Prozess seien. Allein die Beteiligung am Wahlakt sichere zwar theoretisch Gleichheit, doch sei der Preis dafür hoch, denn handele es sich um eine Reduzierung demokratischer Mitwirkung, die den Einfluss des Volkes auf die Ausübung der Staatsgewalt de facto minimiere, und so werde der Bürger zum Untertan.[189] Eine Rückbesinnung auf das der Demokratie zugrunde liegende Prinzip der Volkssouveränität sei dringend erforderlich. Informelle Beteiligungen an der politischen Entscheidungsfindung müssten durch vielfältige, formelle Beteiligungsmöglichkeiten für Bürger abgelöst werden, die als Experte, Betroffene oder Interessierte mitwirken und Verantwortung übernehmen wollen. Das helfe nicht nur, die Akzeptanz demokratischer Entscheidungsfindung zu erhöhen und staatliche Macht durch demokratische Beteiligung zu kontrollieren. Darüber hinaus werde die Problemlösungskompetenz für komplexe

---

186 Blanke, Mitbestimmung, FR vom 4.7.2000.

187 Sterzel, Verfassungsverständnis, FR vom 5.9.2000.

188 Frankenberg, Illusion, FR 7.11.2000.

189 Bryde, Demokratieprinzip, FR 17.10.2000.

Entscheidungen erhöht. Chancenlos erscheine der Versuch, staatliches Handeln im Korsett eines hierarchisch gegliederten Verwaltungsaufbau zu halten, um die Idee aufrechtzuerhalten, auch das letzte Glied einer Amtskette könne seine Entscheidung auf den in Wahlen manifestierten Willen des Volkes zurückführen.[190] Schließlich vermöge die Mitbestimmung, auch die sogenannte Selbstkompetenz der Beteiligten, die Fähigkeit zu moralisch selbstbestimmten Handeln zu fördern. Die Mitbestimmung der Beschäftigten des öffentlichen Dienstes – ebenso wie diejenige der Arbeitnehmer in der Privatwirtschaft – habe wesentlich zur Verankerung und Festigung der Demokratie als Staats–und Lebensform beigetragen. Sie sei also nicht nur kein Störfaktor für die Demokratie, sondern im Gegenteil sogar eine ihrer wichtigen Reproduktionsvoraussetzungen.[191]

6. Kritik an der Kritik

Mit Recht betrachtet die pluralistische Lehre das Volk als eine Vielheit von Betroffenen. Das Volk ist ein Ganzes, dass aus verschiedenen Gruppen besteht und jede von diesen wiederum aus verschiedenen Schichten. Jede Volksgruppe und jede Schicht vertritt ihre eigenen Interessen. Das im breiten Sinne verfassungsrechtlich aufgefasste Volk stellt eine *Rechtsfiktion* einer politischen Einheit dar. Das Volk beteiligt sich aber am Wahlakt als aus verschiedenen Gruppen bestehendes Ganzes.[192] Teil des Volkes sind Arbeitgeber und Arbeitnehmer. Ihre Interessen stehen einander trotzdem entgegen. Der Staat betrachtet die in ihm Beschäftigten nicht als Volk und noch nicht einmal als einen Volksteil, obwohl sie an der Parlamentswahl genau so wie die anderen Bürger teilnehmen. Er betrachtet sie *ausschließlich* als Beschäftigte mit bestimmten Rechten und Pflichten im Rahmen eines Arbeitsverhältnisses, dessen Grundlage sich im GG befindet. Darüber hinaus lässt sich aber aus einem Überblick der verschiedenen Vorschläge der pluralistischen Lehre eine Differenzierung erkennen: Eine Ansicht dieser Lehre leugnet vorzuhaben, die parlamentarische Verantwortlichkeit der Regierung zu ersetzen. Sie wolle nur zusätzliche Mechanismen der demokratischen Steuerung zu schaffen. Diesbezüglich werden gleich Fragen aufgeworfen, welche Mechanismen dies sein könnten und ob sie *verfassungsrechtlich* legitimiert seien. Die Ansicht, die von einem Kooperationsstaat und vom kooperativen Recht spricht, beinhaltet zu ihrer Legitimation die Bezugnahme auf eine andere Staatsgewalt. Diese befindet sich im Rahmen einer eher direkten als repräsentativen Demokratie. Fraglich ist dabei auch, ob die Schaffung und Ausübung einer solchen Staatsgewalt nach dem GG zu rechtfertigen wäre. Der Irrtum der pluralistischen Lehre besteht eben darin, das Demokratiebegriff des GG

---

[190] Dennhardt – Hohmann, Legitimationsgrundlagen, FR vom 24.10.2000.

[191] Plander, Demokratie, FR vom 12.9.2000.

[192] Vgl. Tsatsos, *Verfassungsrecht*, 1982, S. 230, 231 (im hell.).

als einen normativ *offenen* Begriff auslegen zu wollen und das Demokratieprinzip als *Optimierungsaufgabe* zu verstehen. Das GG ist nicht neutral, wie es bis heute das BVerfG selbst betont. Wäre das der Fall, hätte es das MBG Schl.-H. *nicht* als verfassungswidrig erklärt. Die Unterscheidung zwischen Arbeitgeber und Arbeitnehmer wäre *inhaltslos*, über das Letztenscheidungsrecht verfügte niemand. Falls „Arbeitgeber" und „Arbeitnehmer" darüber gleichzeitig verfügten, wäre das GG wieder nicht neutral. Die von ihm zu ziehende Grenze ist aber kein Verbot *jeder* Wirtschaftsordnung und mithin der Marktwirtschaft, sondern Verbot einer *konkreten* Form einer *konkreten* Wirtschaftsordnung. Keine Verfassung ist neutral. Jede ist Staatsorganisationsrecht. Jede ist *grundsätzlich* Wirtschaftsrecht, worauf das Staatsorganisationsrecht zugeschnitten ist.[193] Wenn also das BVerfG das Demokratieprinzip staatsorganisationsrechtlich interpretiert, handelt es sich um eine *wirtschaftsrechtliche* Interpretation. Die innere Rechtfertigung der öffentlichen Gewalt in ihrer *arbeitsrechtlichen Dimension* im GG hängt nur vom Eigentumsgrundrecht ab. Die Sozialgebundenheit dieses Rechts hat nicht die *Selbstbestimmung* der abhängigen Arbeit, sondern die *Milderung* ihrer *Fremdbestimmung* auch im öffentlichen Dienst zur Folge. Die Ansicht, der gemäß die sachrechtliche Eigentumsauffassung wegen der heutzutage herrschenden gesellschaftlichen und wirtschaftlichen Umstände überholt sei,[194] betrifft ausschließlich das Anteilseignereigentum. Eigentumsrechte schuldrechtlicher Natur sind im Gesellschaftsrecht möglich, obwohl sie auch dem Sacheneigentum entspringen. Ohnehin fallen sie unter den Eigentumsschutz.[195] Im Arbeitsrecht kann das Sacheigentum nicht ausgehöhlt werden. Zweifelsohne trägt die Mitbestimmung zur Weiterentwicklung der Demokratie, und zwar sowohl in der Privatwirtschaft als auch im deutschen Staat bei. Sie ist ein wichtiges Element des Arbeitsrechts. Sie wird aber *verfassungsrechtlich* als wichtiges Element *innerhalb* der Marktwirtschaft gewürdigt.[196] Selbst wenn das BVerfG das Demokratieprinzip nicht so eng dogmatisch interpretiert hätte, würde die Aufbewahrung des Privateigentumsrechts als verfassungsrechtliche Mitbestimmungsgrenze unverändert bleiben. Es steht schließlich wohl außer Frage, dass es eine verfassungsrechtliche Grenze auch im Rahmen eines kooperativen Staates gäbe. Daran müsste sich jedes Recht halten, will es nicht in die Substanz des *kooperatistischen Eigentums* eindringen.

Die verfassungsrechtliche Begründung der BVerfGE 93, 37 ist des weiteren *gemeinschaftsmäßig*. Obschon die EU noch kein Staat ist, verfügt sie bereits

---

193 Über die Vielfalt des Verfassungscharakters ausführlich Weledzas, Eigentumsgarantie, 1987, S. 74 (im hell.) mit umfangreichen Hinweisen auf deutsche Literatur.

194 Dagtoglu, *Verfassungsrecht*, S. 901 ff.; Weledzas, a.a.O., S. 98.

195 BVerfGE 50, 290 – Mitbestimmungsurteil.

196 "Empfehlungen zur zukünftigen Gestaltung der Mitbestimmung" – Abschlußbericht der *Kommission Mitbestimmung*, FAZ vom 22.5.1998; vgl. auch dazu Mestmäcker, Gesetz, 1984, S. 186; Kappler, Unternehmensverfassung, 1981, S. 266.

über eine marktwirtschaftliche Ordnung, die die Basis des europäischen Staates sein wird.[197] Deshalb muss die EU schon *vorher* funktionsfähig sein. Der Wert der effektiven Kontrolle der *nationalen* Verwaltung muss deswegen auf die Funktionsfähigkeit der *Union* ausgerichtet sein. Der europäische Staat wird ebenfalls für die bei ihm Beschäftigten ein Arbeitgeber sein, wie der deutsche Staat bereits ist. In dieser Eigenschaft braucht er eine Verwaltung, die Entscheidungen treffen kann. Dazu benötigt sie ein Letztentscheidungsrecht. Das setzt heutzutage eine nationale Arbeitnehmermitbestimmung voraus, die den Vorrang des Eigentumsgrundrechts im öffentlichen Dienst vor seiner Sozialpflichtigkeit nicht untermauert. Die verfassungsrechtliche Grenze des deutschen Mitbestimmungsrechts im öffentlichen Dienst stimmt mit der Wirtschaftsordnung der EU völlig überein. Das Mitbestimmungsgesetz von Schleswig–Holstein verstieß dagegen. Zusätzliche Mechanismen demokratischer Steuerung im Mitbestimmungsrecht der Mitgliedstaaten müssen schon heute vertragsmäßig und werden in der Zukunft innerhalb des europäischen Staates *verfassungsmäßig* sein müssen.

C. DIE ARBEITNEHMERMITBESTIMMUNG NACH DEM HELLENISCHEN RECHT

I. Einführung

Das Mitbestimmungsrecht stellt eine Anwendung der arbeitsrechtlichen Konkretisierung des verfassungsrechtlichen Sozialstaatsprinzips dar.

In Hellas sind die ersten Arbeitsgesetze zwischen 1909–1918 verabschiedet worden. Die Mitbestimmung der Arbeitnehmer tritt im öffentlichen Dienst im Jahre 1911 in der Form eines Arbeiterrats auf. Dieser bestand aus sieben vom Minister für Nationalwirtschaft bestellten Arbeitern, sieben Arbeitgebern aus dem Industriebereich, sieben hochstehenden Beamten, drei Abgeordneten und fünf Professoren der Volkswirtschaft. Leitgedanke der Mitbestimmung war die Sicherung des sozialen Friedens durch die Mitwirkung der Arbeitnehmer beim Entwerfen von Gesetzen.[198] Obwohl der praktische Einfluss der Arbeitnehmer gering war, ist zuzugeben, dass der hellenische Gesetzgeber tatsächlich darauf abzielte, die abhängige Arbeit unter Schutz zu stellen.

In den 20er Jahren wird die Mitbestimmung in die Privatwirtschaft eingeführt. Vor allem gab es in Tabakfabriken Arbeitervertretungen, deren Mitglieder ausschließlich Arbeiter aus der Belegschaft bestellt wurden. Der Staat hat sie jedoch allmählich verdrängt. Dazu haben wirtschaftliche, politische und soziale

---

197 s. Fn. 89; s. auch oben das zehnte Ergebnis unter „C – II - 3. Ergebnisse“.

198 Manitaki, Arbeitnehmermitbestimmung, 1986, S. 45.

Krisen beigetragen.[199] Als Ergebnis dieser und ihrer Auswirkungen war die Mitbestimmung ab den 30er Jahren bis fast zur Mitte der 80er Jahren nicht gesetzlich niedergelegt. Heutzutage gilt im Lande eine Reihe von Mitbestimmungsregelungen. Ihr Leitbild geben aber zwei Gesetze ab: 1) Das Gesetz 1365/83, unter welches vergesellschafte Unternehmen fallen, nämlich bereits staatliche Unternehmen (Art. 1) und 2) Das Gesetz 1767/88, das die Privatwirtschaft betrifft. Das ist aber auch in den vom Gesetz 1365/83 erfasste staatliche Unternehmen anzuwenden, falls in diesen Arbeitsräte nicht tätig sind. (Art. 8 Abs. 1 G. 2224/94)

Das Eigentumsgrundrecht wird durch das Mitbestimmungsrecht in der Privatwirtschaft nicht gefährdet. Die Mitbestimmungsrechte greifen nicht in den Kerninhalt des Art. 17 Abs. 1 h.Verf. ein. Gleichzeitig übertreten sie nicht das Gemeinschaftsrecht, weil sie den Kerninhalt des Eigentumsgrundrechts in der EU nicht antasten. Das hellenische Mitbestimmungsrecht der Privatwirtschaft ist *verfassungs*–und *vertragsmäßig*. Das lässt sich deutlicher aus dem MitbestG 1767/88 ableiten.

II. Das MitbestG. 1767/88

1. Schwerpunkte

Gemäss Art. 1 Abs. 2 und 4 sind in Privatunternehmen, die zumindest 50 Arbeitnehmer beschäftigen, Arbeitsräte zu ihrer Vertretung zu bilden. Wenn in einem Unternehmen eine Gewerkschaft nicht vertreten ist, dann unterliegt es der Pflicht zur Mitbestimmung, wenn es zumindest 20 Arbeitnehmer beschäftigt. Unter dem Begriff „Unternehmen“ ist sowohl das Unternehmen als auch der Betrieb zu verstehen: Der Gesetzgeber unterscheidet den Betrieb vom Unternehmen aus organisatorischen und juristischen, nicht aus rein wirtschaftlichen Gründen. (Art. 1 Abs. 3)

Die Arbeitsräte werden ausschließlich aus *Arbeitnehmervertretern*[200] besetzt. Sie bestehen aus drei Mitgliedern in Unternehmen mit bis 300 Arbeitnehmern, aus fünf in Unternehmen mit 301 bis 1000 Arbeitnehmern und aus sieben mit mehr als 1001 Arbeitnehmern. (Art. 2 Abs. 1)

Nach Art. 12 Abs. 1 haben ihrer Funktion nach Arbeitsräte einen *Beratungscharakter*, wodurch die Verbesserung der Arbeitsumstände in Verbindung mit der Entwicklung des Unternehmens angestrebt wird. Abs. 4 des Artikels geht ausführlich auf die Zuständigkeiten der Arbeitsräte ein, die sich nach dem Geist des Abs. 1 zu richten haben. Diese Vorschrift sah früher vor, dass die Arbeit-

---

199 Vgl. Karakatsanis, *Flexibilisierung*, 1987, S. 276.

200 Die Arbeitsräte gelten als Arbeitnehmervertreter i. S. des Art. 3 des 135 Internationalen Arbeitsvertrages. (ILO)

nehmer dem Arbeitgeber gegenüber ein Beratungsrecht besitzen. Die Vorschrift, wie sie heutzutage durch Art. 8 Abs. 3 G. 2224/94 gilt, sieht für die Arbeitnehmer ein *Mitentscheidungsrecht* vor. Die Arbeitnehmer besitzen also das Recht mit dem Arbeitgeber: 1) über die innere Regelung des Unternehmens, 2) über die Gesundheits–und Sicherheitsregeln des Unternehmens, 3) über die Entwicklungsplanungen und neue, in das Unternehmen einzuführende Technologien, 4) über die ständige Ausbildung der Belegschaft bezüglich der jeweiligen Technologieentwicklung, 5) über die Art und Weise der Kontrolle der Anwesenheit und des Verhaltens der Belegschaft zum Schutze der Persönlichkeit der Arbeitnehmer, 6) über das Amüsement der Arbeitnehmer, 7) über die Urlaubsplanungen und 8) über die Wiedereinstellung der Geschädigten nach einem Arbeitsunfall beim Unternehmer mitzuentscheiden. Wenn sich Arbeitnehmer und Arbeitgeber auf die oben genannten Themen einigen, müssen sie eine entsprechende Vereinbarung unterschreiben, die normativen Charakter hat. Kommt eine Einigung nicht zustande, so haben die Parteien das Recht, die Vermittlungs–bzw. die *Schiedsstelle* zur Schlichtung der Streitigkeit zu berufen. Die oben genannten Zuständigkeiten des Arbeitsrats sind auszuüben, falls im Unternehmen keine Gewerkschaft vertreten ist und falls die zum Mitentscheiden Themen nicht durch *Tarifvertrag* schon geregelt worden sind.

Nach Art. 13 ist der Arbeitgeber dazu verpflichtet, die Arbeitnehmer hauptsächlich unter anderem über die Umwandlung der juristischen Form des Unternehmens, eine Niederlassungsänderung, Änderungen, die die Belegschaft angehen, wie beispielsweise Entlassungen, die die Belegschaft angehen, den Jahrbeschluss, den jährlichen Investitionsplan und über die Pläne in der Unternehmensproduktion zu informieren. Dem Arbeitgeber obliegt nicht, den Arbeitsrat über Themen von großer nationaler Bedeutung zu unterrichten.

Nach Art. 14 verfügt der Arbeitsrat über ein Beratungsrecht wegen Gruppenentlassungen, falls im Unternehmen keine Gewerkschaft vertreten ist. Nach Art. 15 hat der Arbeitsrat das Recht, wenn im Unternehmen keine Gewerkschaft vertreten ist, den Arbeitgeber auf die Einhaltung der Tarifverträge und im allgemeinen auf die Einhaltung der arbeitrechtlichen Gesetzgebung aufmerksam zu machen.

Nach Art. 11 können Arbeitsrat und Arbeitgeber zusammentreten, um Meinungen über die den Zuständigkeiten des Arbeitsrats unterliegenden Themen auszutauschen.

2. Mittelbare Anknüpfung an das Gesellschaftsrecht

Das MitbestG 1767/88 erfasst Unternehmen ohne spezifische Bestimmung. Somit unterliegen ihm juristische Personen in verschiedenen Rechtsformen. Von diesen ist die Bedeutung der AG auch in Hellas ausgesprochen groß.[201] Sie

---

201 Schmidt, a.a.O., S. 581.

stellt die am besten organisierten Rechtsform für Großunternehmen auf.[202] Organe der hellenischen AG sind der Vorstand oder Verwaltungsrat,[203] die Hauptversammlung und die Abschlussprüfer.

a) Der Vorstand

Er leitet gesetzgemäß die AG. Ihm ist es zugewiesen, das Nötigste für die Geschäftsführung der Gesellschaft zu veranlassen. (Art. 22 Abs. 1 AktG 2190/20) Seine Mitgelieder werden von der Haurtversammlung gewählt. (Art. 34 AktG 2190/20) Diese sind für gewöhnlich Aktionäre. Er kann von der Hauptversammlung abberufen werden.

b) Die Hauptversammlung

Sie ist das oberste Organ der AG, das die Grundlegeentscheidungen über die Geschäftsführung treffen darf. (Art. 34 AktG 2190/20) Sie beschließt über Satzungsänderungen, Wahl der Vorstandsmitglieder und der Abschlussprüfer, Eingliederung, Verschmelzung, Umwandlung der Gesellschaft, Ausschüttung des Jahresgewinns, Bestellung der Abwickler, Maßnahmen der Kapitalbeschaffung sowie Kapitalherabsetzung. Ihr ist es auch zulässig die Vorstandsbefugnisse einzuschränken.[204] Sie ist auch berechtigt, über Geschäftsführungsmaßnahmen zu beschließen, ohne daß es der Vorstand verlangt.[205]

c) Die Abschlussprüfer

Die Abschlussprüfer oder Kontrolleure haben die Geschäftsführung zu überwachen und werden von der Hauptversammlung bestellt.[206] Sie sind leitende Angestellte der Bank von Hellas, der Hellenischen Agrarbank oder Staatsbeamte. (Art. 40 AktG 2190/20) Ihre Aufgabe besteht darin, die Bilanz der Gesellschaft und im Allgemeinen Wirtschaftsangelegenheiten der Gesellschaft, die sich sowohl auf die Tätigkeit des Vorstandes als auch auf die Tätigkeit der Hauptversammlung beziehen, zu überprüfen.

---

202 Leontaris, Aktiengesellschaften, 1986, S. 9.

203 So Rokas/Skuras, Errichtung, ZGR 1975, S. 324.

204 Leontaris, a.a.O., S. 150.

205 Rokas/Skuras, a.a.O., S. 328.

206 Rokas/Skuras, a.a.O., S. 329.

3. *Gemeinschaftsmäßige* Verfassungsgrenze des Mitbestimmungsrechts in den Großunternehmen der privaten Hand

Aus den oben genannten Vorschriften des MitbestG 1767/88 lässt sich ableiten, dass die Mitbestimmung in der Privatwirtschaft *verfassungsmäßig* ist. Die Vorschriften verletzen nicht das durch Art. 17 Abs. 1 Satz 1 h.Verf. gewährleistende Recht auf Eigentum, weil der Gesetzgeber den Arbeitnehmern *Anhörungs* -, *Beratungs*–und *Unterrichtungsrechte* einräumt. Diese schränken das Direktionsrecht des Arbeitgebers ein. Aus diesem Grund gerät die Verfassungsmäßigkeit des Gesetzes nicht in Kollision mit dem Gemeinschaftsrecht.

Das *Letztentscheidungsrecht* verbleibt dem *Arbeitgeber*. Das Mitentscheidungsrecht der Arbeitnehmer des Art. 12 Abs. 4 MitbestG 1767/88 hat wie früher einen Beratungscharakter. Trotz des Inkrafttretens des Art. 8 G. 2224/94 ist dieser im Abs. 1 des Art. 12 unverändert geblieben. Jede Zuständigkeit des Arbeitsrats bewegt sich im Rahmen der Verfassung, weil sie von Natur her keine *effektive* Einflussnahme auf die Leitung des Unternehmers herstellt. Obwohl das MitbestG 1767/88 Kapitalgesellschaften im allgemeinen und mithin auch die AG erfasst, lässt sich aus zwei zusätzlichen Gründen in bezug auf die AG nachweisen, dass das Gesellschaftsrecht diesbezüglich keiner Änderung in seiner *Struktur* bedarf:

Der erste Grund ist der *äußere* Verzicht des hellenischen Gesetzgebers darauf, die Mitbestimmung der Arbeitnehmer in eines von den Verwaltungsorganen der AG einzuführen. Dem Gesetzgeber steht wohl das Recht zu, das Mitbestimmungsrecht so auszugestalten, wie es ihm am besten scheint, soweit er dabei die Verfassung beachtet. Trotzdem würde eine stärkere Verankerung der Mitbestimmung zumindest im Vorstand der AG den Wesenskern des Eigentumsgrundrechts nicht verletzen. In diesem Fall entstünde z.B. bei der Investitionsplanung oder beim Jahresbeschluss ebenfalls kein Verstoß gegen die Verfassung, weil dem Arbeitsrat wieder ein Recht auf Unterrichtung und Beratung zukäme.

Der zweite Grund ist der *innere* Verzicht des Gesetzgebers darauf, die Mitbestimmung selbständig zu regeln. Er hat die Ausübung der wichtigsten Zuständigkeiten des Arbeitsrats durch Art. 12 Abs. 4 des MitbestG 1767/88 von der Anwesenheit oder Abwesenheit einer Gewerkschaft im Unternehmen abhängig gemacht.

Die Problematik der Verfassungsmäßigkeit oder die Verfassungswidrigkeit der Mitbestimmungsregeln bezieht sich noch darauf, welche die Rechtsfolgen sind, falls das Verhalten des Arbeitgebers gegen sie verstößt. Wichtig ist es dabei auch, welchen Umfang das Eintreten der Schiedsstelle zwischen Arbeitgeber und Arbeitnehmern aufweist.

Die einzige im MitbestG 1767/88 festgeschriebene Rechtsfolge wegen Weigerung des Arbeitgebers, die Beteiligungsrechte der Arbeitnehmer in Betracht zu ziehen, ist eine Geldstrafe. Es ist also eine Sache der Auslegung des Gesetzes, ob die dargelegten Vorschriften einklagbare Rechte enthalten. Bis jetzt ist in Hellas keine Klage gegen Arbeitgeber wegen Verletzung des Mitbestimmungsrechts beim Gericht angebracht worden. Die Frage bleibt im Schrifttum, je nach Vorschrift, umstritten. Es wird die Ansicht vertreten, dass die Unterlassung des Arbeitgebers den Arbeitsrat zu unterrichten (Art. 13 MitbestG 1767/88), keine Nichtigkeit der von ihm allein getroffenen Entscheidung verursache, weil keine solche Rechtsfolge vom Gesetz vorgesehen sei.[207] Nach anderer Ansicht ist die Entscheidung des Arbeitgebers nichtig, den Arbeitnehmer zu versetzen, ohne darüber vorher den Arbeitsrat unterrichtet zu haben.[208] Hinsichtlich des Art. 12 Abs. 4 MitbestG bestehen Ansprüche des Arbeitsrats gegen den Arbeitgeber.[209]

Richtiger ist es anzunehmen, dass einklagbare Rechte aus allen Mitbestimmungsregeln heranzuziehen sind. Die Arbeitnehmer müssen ihren *Anspruch auf Rechtsschutz* verwirklichen können. (Art. 20 Abs. 1 h.Verf.-*Zugang zu den Gerichten*) Die Einklagbarkeit der Mitbestimmung ergibt sich auf die Verfassungsmäßigkeit des MitbestG 1767/88.[210] Das Gesetz ist eine Konkretisierung des Sozialstaatsprinzips. (Artt. 25 Abs. 1,2, 3 und 106 Abs. 2 h..Verf. i.V.m. Artt. 22 Abs. 1 und 17 Abs. 2 h.Verf) Eine Klage wegen Verstoßes des Arbeitgebers gegen die Mitbestimmungsregeln muss sich infolgedessen nach diesem Prinzip richten.

Das Eintreten der Schiedsstelle auch in Streitigkeiten aufgrund des Mitbestimmungsrechts ist ferner in den Art. 7, 15 und 16 des TVG 1876/90 vorgeschrieben. Diese Vorschriften sind aus folgenden Gründen *verfassungsmäßig*: 1) Nach Art. 22 Abs. 2 h.Verf dürfen die allgemeinen Arbeitsbedingungen durch Gesetz bestimmt und durch Tarifverträge ergänzt werden, 2) Sie bewahren den *privatrechtlichen* Charakter der Streitigkeit auf und 3) Die Schiedsstelle ist *unabhängig vom Staat* und dazu verpflichtet, die widerstreitenden Interessen auszugleichen.[211] Die Schiedsstelle hat durch ihre Entscheidung die Verfassung zu beachten. Sie muss ein missbräuchliches Verhalten des Arbeitgebers abwehren, um das Sozialstaatsprinzip nicht zu verletzen. Gleichzeitig muss sie den Kerninhalt des Eigentumsgrundrechts des Arbeitgebers aufrechterhalten.

Das Gesetz 1767/88 ist gleichzeitig *vertragsmäßig*. Die von ihm vorgesehen Mitbestimmungsrechte haben einen Beratungscharakter innerhalb eines Anhörungs–und Unterrichtungsverfahrens, der gegen die EG/EU–Verträge nicht ver-

---

207 Kardaras, Regelung, 1996, S. 52, (im hell.).

208 Wlastos, Arbeitsvertrag, 1990 - I, S. 506, § 514, (im hell.).

209 Kardaras, a.a.O., S. 265.

210 Vgl. Kardaras, a.a.O., S. 58 ff.

211 StEE 3204/98, NoW/2000, 134; Ath.LGE 1337/97, ARM/1998, 1330.

stößt.[212] Die Mitbestimmungsregelung durch Tarifverträge stützt sich auf Art. 2, erster Sp. EUV, wonach die Förderung des wirtschaftlichen und sozialen Fortschritts auch durch die Stärkung des wirtschaftlichen und sozialen Zusammenhalts zu erreichen sind. Sie beruht ferner auf Art. 2 EGV, der die Errichtung des gemeinsamen Marktes auch durch eine harmonische, ausgewogene und nachhaltige Entwicklung des Wirtschaftslebens fördert. Als Mittel zur Anwendung dieser Artikel sind die Tarifverträge in Art. 139 EGV vorgesehen, der den Dialog zwischen Arbeitnehmern und Arbeitgebern verankert.[213] Das Eintreten der Schiedsstelle lässt sich mittelbar im EG–Recht durch die zuvor genannten Vorschriften legitimieren. Die Verhandlungen zwischen Arbeitgebern und Arbeitnehmern schließen die Gefahr ein zu scheitern. Bei Scheitern hat die Schiedsstelle einzutreten. Das geschieht gemäss nationalem Recht. Das entsprechende hellenische Recht ist gemeinschaftsmäßig, weil das TVG 1876/90 Art. 22 Abs. 2 h. Verf. nicht verletzt, den privatrechtlichen Charakter der Streitigkeit verbürgt, die Schiedsstelle unabhängig vom Staat ist und die widerstreitenden Interessen auszugleichen hat.

III. Das MitbestG. 1365/83

1. Schwerpunkte

Unter *„Vergesellschaftung"* der öffentlichen Unternehmen ist die Teilnahme an ihrer Verwaltung, von Vertretern des Staates, der Gemeinden, der in diesen Unternehmen Beschäftigten und der juristischen oder natürlichen Personen, die Anteilseigner dieser Unternehmen sind, zu verstehen. (Art. 1 Abs. 1) Durch die Vergesellschaftung beabsichtigt der Gesetzgeber, a) dem Wohle des Nationalinteresses sowie der Allgemeinheit zu dienen, b) die wirksame Mitbestimmung der Arbeitnehmer beim Entscheidungstreffen zu gewährleisten, c) die Funktion der Unternehmen mit der allgemeinen wirtschaftlichen Entwicklung mit Rücksicht auf die Umwelt in Verbindung zu setzen, d) Wirtschaftsressourcen zu ersparen und e) die Produktion der Unternehmen zugunsten der in ihnen Beschäftigten und der Allgemeinheit zu steigern. (Art. 1 Abs. 2) Art. 2 Abs. 2 ermächtigt den Gesetzgeber, Verordnungen zu erlassen, damit die Mitbestimmung der Arbeitnehmer in die vergesellschafteten Unternehmen, die in der Rechtsform einer AG funktionieren, Unternehmen eingeführt wird.

---

212 s. oben: „ERSTER TEIL" unter „C – IV - 1 – b) - ff)".

213 Durch den Nizza – Vertrag insoweit nicht geändert.

2. *Gemeinschaftsmäßige* Verfassungsgrenze des Mitbestimmungsrechts in den Großunternehmen des öffentlichen Dienstes

Die Präsidialverordnung 57/85 ist aufgrund der Ermächtigung, die Art. 2 des MitbestG 1365/83 vorsieht, erlassen worden. Art. 1 der Präsidialverordnung sieht vor, dass die Öffentliche Stromgesellschaft (ÖSG) als vergesellschaftetes Unternehmen dem Staat gehört. Nach Art. 2 ist in der ÖSG ein Oberster Rat zur Sozialüberwachung (ORzSÜ) des Unternehmens tätig. Seine Zuständigkeiten sind: a) Mitbestimmung in den wirtschaftlichen und sozialen Angelegenheiten im Energiebereich, b) Treffen von Entscheidungen in Investitions–Finanzierungs–und Personalangelegenheiten, c) Begutachtung bei der Regierung über den jährlichen Haushalt des Unternehmens, d) Genehmigung des Unternehmensabschlusses, e) Überwachung der Planungsniederschlagung und Einreichen eines Berichtes bei der Regierung über die Tätigkeit des Vorstands des Unternehmens, f) Vorschlag auf Abberufung seiner Mitglieder sowie von Vorstandsmitgliedern mit einer Zweidrittelmehrheit, g) Begutachtung nach entsprechendem Vorschlag des Vorstands des Unternehmers bei der Regierung über die Kapitalbeschaffung oder Kapitalherabsetzung sowie über die Errichtung von Tochtergesellschaften, h) Bekanntmachung ihrer Entscheidungen und Begutachtungen, i) Meinungsäußerung in Personalangelegenheiten und deren Weitergabe an den Vorstand des Unternehmens und j) Begutachtung über jedes Thema, das ihm vom zuständigen Minister zugewiesen wird. Darüber hinaus besteht der ORzSÜ – unter anderem – aus neun (9) Vertretern des Staates und neun (9) Arbeitnehmervertretern. (Art. 6)

Leitungsorgane der ÖSG sind der Vorstand, der Generaldirektor, die ihm beistehenden Generaldirektoren und der Direktionsaufsichtsrat. Zuständigkeiten des Vorstands sind, a) Vorschläge über die mittel–und langfristige Planung des Unternehmens insbesondere in Investitions–Finanzierungs–und Personalangelegenheiten, b) Billigung des jährlichen Haushalts des Unternehmens nach entsprechendem Bericht des Generaldirektors und Einreichen diesen bei der Regierung zur endgültigen Billigung, c) Zustellung des Berichts an den ORzSÜ, d) Ständige Überwachung der Planungsniederschlagung, e) Abschlüsse von Verträgen in einer Höhe ab 586.940,47 Euro bzw. 200.000.000 Drachmen f) Unternehmensvertretung beim Gericht und g) Abberufung des Generaldirektors. (Art. 7) Der Vorstand besteht aus sechs (6) Staats - und drei (3) Arbeitnehmervertretern. (Art. 8 Abs. 1) Der Direktionsaufsichtsrat besteht aus dem Generaldirektor und den ihm beistehenden Generaldirektoren. Die Pflichten des Vorsitzenden erfüllt der Generaldirektor. Der Direktionsaufsichtsrat ist beauftragt, Verträge in einer Höhe von über 50.000.000 Drachmen bzw. ab 149.000 Euro bis zu 586.940,47 Euro abzuschließen. (Art. 13 i.V.m. Art. 12)

Abgesehen von dem ORzSÜ ist in der ÖSG ein Zentralarbeitsrat (ZAR) zu bilden, der nur aus Arbeitnehmervertretern besteht. Seine Zuständigkeiten sind:

a) Bericht bei den Leitungsorganen über die Funktion, Organisation und Planung des Unternehmens, b) Bericht zur Produktionssteigerung, falls dieser von ihm verlangt wird, c) Stellungnahme beim ORzSÜ über die innere Arbeitsregelung und Übergabe der Stellungnahme beim Vorstand zur Anwendung seiner entsprechenden Vorschläge und d) Stellungnahme über die Arbeitsumstände.

Wegen einer Klage gegen die ÖSG hat das Athener Landgericht über die verfassungsrechtliche Grenze der Arbeitnehmermitbestimmung im öffentlichen Dienst befunden. Ohne aufgehört zu haben, abhängige Arbeit zu leisten, machte der Kläger als Vorsitzender des ORzSÜ geltend, dass er entsprechende oder gleichrangige Pflichten wie der Vorsitzende des Vorstands und der Generaldirektor erfüllte. Im Vergleich zu den Vorstandsvorsitzenden und Generaldirektor der Angeklagten war er auf einer übergeordneten Stelle tätig, ohne aber gesetzmäßig das gleiche Gehalt zu bekommen. Die Angeklagte musste deshalb gerichtlich gezwungen werden, ihm den sich gemäß den Pflichten als Vorstandsvorsitzender und Generaldirektor ergebenden Differenzbetrag zu erstatten. Hinzu fügte er, die Angeklagte müsse ihn durch Bezahlung entschädigen, da sie wegen ihres gesetzwidrigen Verhaltens ihm immateriellen Schaden zugefügt hatte.

Mit seinem 455/2000 Urteil hat das vorgenannte Landgericht die Klage als gesetzwidrig aus folgenden Gründen abgewiesen:

1) Wie aus den dargelegten[214] Vorschriften der Präsidialverordnung 57/85 ersichtlich sei, werde die Angeklagte als vergesellschaftetes Unternehmen vom MitbestG 1365/83 betroffen und gemäß der Verordnung 57/85 bestehe in ihr eine Form von Arbeitnehmermitbestimmung in bezug auf ihre unternehmerische Tätigkeit.

2) Die Mitbestimmung der Arbeitnehmer in den Unternehmen im allgemeinen und in den Unternehmen des öffentlichen Dienstes, denen die Angeklagte angehöre, unterliege den Einschränkungen, die die Wirtschaftsordnung der freien Marktwirtschaft setze.

3) Wesenskern der freien Marktwirtschaft sei das Eigentum privater Eigentümer an den Produktionsmitteln.

4) Das Recht auf Privateigentum werde durch Art. 17 der Verfassung gewährleistet. Art. 17 gewähre das Privateigentum in allen seiner Formen und mithin des Staates an den Produktionsmitteln, die sich unter seiner Kontrolle befinden.

5) Der Satz des Art. 17, der laute, das Eigentum dürfe nicht zu Lasten des allgemeinen Interesses gebraucht werden, setze eine Einschränkung bezüglich der Ausübung des Rechtes. Damit deute er auf keinen Fall darauf hin, daß das Übertreten des Rechtes zulässig sei.

6) Der Gesetzgeber habe mit der zuvor erwähnten Verordnung die Verfassung aus folgenden Gründen nicht verletzt: a) In der Verordnung stehe fest, daß die

---

214 Das Gericht hat schon früher die Vorschriften des Gesetzes und der Präsidialverordnung ausgeführt.

Angeklagte dem Staat gehöre; der Staat sei mit den Beschäftigen der Angeklagten nicht zu identifizieren (Art. 1 Abs. c G. 1365/83 und Art. 3 Abs. 1a und b Ver. 57/85), b) der ORzSÜ werde nicht als Leitungsorgan der Angeklagte bestimmt; der Gesetzgeber unterscheide ihn deutlich von ihren Leitungsorganen (Art. 6 Ver. 57/85), c) der Gesetzgeber räume dem ORzSÜ Beratungs – und Begutachtungsrechte ein, dessen Charakter klar sei, ohne dass deren Auslegung nötig sei (Art. 2 Ver. 57/85 Abs. 3, 6, 7, 8, 9 und 10), d) nicht der Vorsitzender des ORzSÜ, sondern der Vorsitzender des Vorstands verfüge über das Recht, die Angeklagte gerichtlich und außergerichtlich zu vertreten (Art. 7 Ver. 57/85), e) der ORzSÜ sei auch von Staatsvertretern besetzt, aber im Vorstand herrsche deutlich die Mehrheit der Staatsvertretern (Art. 3 Abs. 1a und b sowie Art. 8 Abs. 1 Ver. 57/85), f) der Vorstand, der Generaldirektor und der Direktionsaufsichtsrat und nicht der ORzSÜ besitzen das Recht die wichtigsten von dem Wert her Verträge der Angeklagte abzuschließen (Art. 7 Abs. 1e, 12 Abs. 2 und 13 Abs. 2 Ver. 57/85), g) der Vorstand, nicht der ORzSÜ, sei damit beauftragt, die Planungsniederschlagung der Angeklagten ständig zu überwachen (Art. 7 Abs. 2f Ver. 57/85), h) der Gesetzgeber unterscheide deutlich die Arbeitnehmervertreter im ORzSÜ von den Arbeitnehmervertretern im ZAR, der als vom ORzSÜ unabhängiges Mitbestimmungsorgan bestimmt werde, dem aber auch Beratungs–und Begutachtungsrechte zufallen. (Art. 2 und 12 Abs. 3 Ver. 57/85)

7) Aufgrund dieser Bestimmungen ergebe sich, dass wenn im MitbestG 1365/83 von Vergesellschaftung die Rede sei, sei darunter nicht zu verstehen, daß die Arbeitnehmer durch ihre Vertreter bei der Verwaltung der Angeklagte ein Mitentscheidungsrecht erwerben, weil so ein Recht das Privateigentum an den Produktionsmitteln auf seiten der Angeklagten verletzen würde und zur Abschaffung des Direktionsrechts führte; in diesem Fall wären die Arbeitnehmer Miteigentümer der Angeklagte. Daher führen die oben genannten Vorschriften eine quasi Mitbestimmung in die Angeklagte ein, wobei die Arbeitnehmer über ihre Planung und Strategie ihre Anschauung vorbringen dürfen; das Letztentscheidungsrecht verbleibe aber auch nicht einmal teilweise bei ihnen, sondern ausschließlich beim Staat.

8) Nach dem Geist aller dieser Vorschriften sei eine erheblichere Mitbestimmung nicht zulässig, auch wenn Arbeitnehmervertreter am Vorstand teilnähmen; falls auch ein Arbeitnehmervertreter als Generaldirektor oder als ein ihm beistehender Generaldirektor tätig wäre, ergebe sich kein erheblicherer Einfluss der Arbeitnehmer auf die Leitung der Angeklagten, da der Generaldirektor das exekutive Organ des Vorstands sei. (Art. 12 Abs. 1 Ver. 57/85)

9) Gesetzgemäss sei der Generaldirektor auch als exekutive Organ des ORzSÜ anzusehen. Dies bleibe jedoch im Rahmen des Beratungs –und Begutachtungscharakters der Mitbestimmungsrechte der Arbeitnehmer.

10) Daher erfülle der Kläger als Vorsitzender des ORzSÜ keine Leitungspflichten und keine mit den vom Vorstand oder vom Generaldirektor oder von den

ihm beistehenden Generaldirektoren erfüllten gleichstellenden Leitungspflichten.

3. Stellungnahme – ***Das Staatsprivateigentum***

Nach der hellenischen Rechtsprechung ist die Vollstreckung gegen das Privatvermögen des Staates zulässig.[215] Dem Eigentumsschutz des Art. 17 h.Verf. unterliegt nicht das öffentliche Vermögen des Staates. Dieses Vermögen gehört derjenigen juristischen Person des öffentlichen Rechts, die konkrete öffentliche Aufgaben zu erfüllen habe.[216] Als öffentliches Vermögen gelten Sachen, durch die öffentliche Aufgaben zu erfüllen seien.[217] Darüber hinaus wird die Ansicht vertreten, dass Adressat der Grundrechte der Staat sei, auch wenn die juristische Person des öffentlichen Rechts privatrechtlich funktioniert. Entscheidend sei jedenfalls die öffentlich-rechtliche Legitimation und nicht der Bereich in dem die juristischen Personen tätig seien.[218] Abgesehen davon habe der Staat keine freie Verfügungsbefugnis, wie die Privaten. Demzufolge sei er nicht Subjekt des Eigentumsrechts.[219] Der Staat könne nie über Eigentum im eigentlichen Sinne verfügen.[220]

In Artt. 1 Abs. 1 und 2 und 3 h.Verf. wird ferner das *Demokratieprinzip* verankert. Dem gemäß ist Hellas Republik, deren Grundlage die Volkssouveränität ist und in der alle Staatsgewalt vom Volke ausgeht. Die Ausübung der Volkssouveränität ist hauptsächlich mit der Beteiligung am Wahlakt identifiziert.[221] Volkssouveränität bedeutet, dass die Ausübung der Staatsgewalt von den verschiedenen Staatsorganen dem Wertesystem des hellenischen Volkes entsprechen muss.[222] Art 1 h.Verf. i.V.m. Artt 26 Abs. 1 (legislative Gewalt), 51 Abs. 2 (Abgeordnete) und 5 Abs. 1 (Recht auf freie Entfaltung der Persönlichkeit) bestimmt eine liberale Demokratie, sowohl im politischen, als auch im wirtschaftlichen Sinne.[223] Deren Grundelement ist die Erlaubnis von Privateigentum.

Das hellenische Landgericht hat die bei ihm angebrachte Klage von Amts wegen verfassungsrechtlich überprüft. Es hat die Klage als gesetzwidrig bzw.

---

215 APPE 21/2001, D/NI, 2002, 83.

216 Thess.OLGE 1760/2000, ARM/2001, 851; StEPE 3096/2001, ARM/2001, 1414.

217 Vgl. Jeorgiadis, Sachenrecht, 1991, S. 128 ff. (im hell.); Dagtoglu, *Verwaltungsrecht.*, 1997, S. 668 (im hell.).

218 Kaidadzis, Eigentumsrechte, 2002, S. 51, 52 (im hell.); s. aber auch dazu BVerfGE 45, 63, 79 – Städtische Wasserweke; Roellecke, Geltung, 1999, S. 150.

219 Dagtoglu, *Verfassungsrecht*, S. 912, 913, 79.

220 Burmeister, Notwendigkeit, 1984, S. 61 ff.

221 StEE 799/96, ToS/97, 113; 800/96, NOMOS/96, 1; 2929/96, DIKI/97, 686.

222 Pararas, a.a.O., S. 12.

223 Pararas, a.a.O., S. 11.

als *verfassungswidrig* abgewiesen. Ihre Verfassungswidrigkeit lag nicht im Mitbestimmungsrecht, da es in der hellenischen Rechtsordnung im Prinzip verfassungsmäßig ist.

Das Gericht begründete seine Entscheidung nicht *direkt* mit dem Demokratieprinzip des Art. 1, sondern *indirekt* durch das Eigentumsgrundrecht des Art. 17 der Verfassung. Theoretisch könnte es das Demokratieprinzip direkt verwenden. Einerseits ging es aber um ein Arbeitsgericht. Es hat also vorgezogen, die *arbeitsrechtliche Dimension* des *Demokratieprinzips* beizuziehen, ohne das Prinzip selbst zu erwähnen. Andererseits, falls es dieses Prinzip offenbar zur verfassungsrechtlichen Prüfung ausgewählt hätte, wäre es entweder wieder bei Art. 17 herausgekommen oder es hätte einzig und allein bei diesem Prinzip bleiben müssen. In zweitem Fall wäre die Entscheidung lückenhaft und damit unbegründet geblieben. Eine auf einer ununterbrochenen Legitimationskette beruhende Begründung wäre nicht geeignet. Als Vorsitzender des ORzSÜ, d.h. als Arbeitnehmervertreter im öffentlichen Dienst, war der Kläger verfassungsrechtlich völlig legitimiert. Eine durch Parlamentswahl legitimierte Regierung hat ein Mitbestimmungsgesetz über den öffentlichen Dienst verabschiedet, das die Arbeitnehmerbeteiligung am ORzSÜ vorsieht. Die ihm zugewiesenen Zuständigkeiten sind verfassungsmäßig.[224] Das Problem bestand folglich darin, dass der Kläger sich mit seinem Klagebegehren als *Miteigentümer* des öffentlichen Unternehmens feststellen lassen wollte. Bewusst oder unbewusst hat er mit seiner Klage versucht, die verfassungsrechtliche Grenze des Mitbestimmungsrechts zu übertreten. Mit anderen Worten wollte er sich über seine verfassungsrechtliche Legitimation hinwegsetzen. Falls sich das Arbeitsgericht die Ansicht angeeignet hätte, wonach der Staat dem Schutz des Art. 17 nicht unterliegt, hätte es einen *Verstoß* gegen die Verfassung übersehen müssen. Dementsprechend ist das Demokratieprinzip nicht im eng dogmatischen Sinne der Volksouveränität sonder der Volksmehrheit auszulegen.[225] Die überwiegende Mehrheit des aus verschiedenen Gruppen und Schichten bestehenden Volkes ist diejenige, die durch die Parlamentswahl ein GG und eine Verfassung legitimiert, die das Grundrecht auf Eigentum gewährleistet. Innerhalb der h.Verf. ist der hellenische Staat als Arbeitgeber Eigentümer der Produktionsmittel aller Unternehmen, die er leitet. Dabei ist es juristisch irrelevant, ob er öffentliche Aufgaben erfüllt. Als Arbeitgeber verfügt er über das *Direktionsrecht* auch innerhalb von Unternehmen, die öffentliche Aufgaben erfüllen, wie die ÖSG. Damit das Direktionsrecht *materiell* ausgeübt wird, muss das *Letztentscheidungsrecht* bei ihm bleiben. In Hellas ist das Mitbestimmungsrecht Konkretisierung des Sozialstaatsprinzips. Die h.Verf. schützt den Einzelnen im engen Zusammenhang mit dem Anderen. Sie schützt jeden Menschen in seiner Individualität ohne sie

---

224 s. oben Ath.LGE 455/2000.

225 Vgl. dazu Pararas, a.a.O., S. 11, Tsatsos, a.a.O., S. 231.

einerseits der Gesellschaft aufzuopfern und ohne sie andererseits zum einzigen schutzbedürftigen Wert zu erheben.[226] Zentraler Punkt dieses verfassungsrechtlichen Gebotes ist das Privateigentum. Der Staat ist *arbeitsrechtlich* Einzelner wie natürliche oder juristische Personen der Privatwirtschaft. Das Sozialstaatsprinzip darf durch seine arbeitsrechtliche Konkretisierung für ihn nicht breiter, als für jeden Privaten, sein. Die hellenische Verfassung ist nicht neutral.[227] Es wird freilich die Ansicht vertreten, dass sie neutral sei.[228] Sie zieht aber Grenzen.[229] Wenn sie jedoch Grenzen zieht, kann sie nicht neutral sein. Die Sozialgebundenheit des Eigentumsgrundrechts ist kein Verbot sei es der liberalen, sei es der sozialistischen Wirtschaft.[230] Sie ist ein Verbot der sozialistischen und der *völlig* liberalen Wirtschaft.

Das Demokratieprinzip der h. Verf. ist in seiner arbeitsrechtlichen Dimension ebenfalls *gemeischaftsmäßig*. Außer der verfassungsrechtlichen Prüfung hat das Athener Landgericht in der 455/2000 Entscheidung von Amts wegen[231] über die *Verfassungswidrigkeit* der Klage befunden. Es hob hervor, dass das Gemeinschaftsrecht die Mitbestimmung nicht als Übertragung des Direktionsrechts auf die Arbeitnehmer betrachtet. Es betrachtet sie hingegen als ein *Beratungsmittel* zur Ausübung des Direktionsrechts und als *Milderungsmittel* der negativen Folgen dieser Ausübung für die Arbeitnehmer. Das hellenische Mitbestimmungsrecht im öffentlichen Dienst bereitet somit dem Gemeinschaftsrecht keine Anwendungsschwierigkeiten.

D. DIE ARBEITNEHMERMITBESTIMMUNG NACH DEM GEMEINSCHAFTSRECHT

I. Einführung

Grundlage des Wirtschaftssystems der EU sind die *Unternehmen*.[232] Herrschende Unternehmensrechtsform ist die AG.[233] Die gemeinschaftliche Rechtsordnung zielt nicht nur darauf ab, die nationalen Vorschriften im Gesellschafts-

---

226 Vgl. Dagtoglu, *Grundrechte*, 1991, S. 22, 23; APPE 40/98 a.a.O; Kodiadis, *Sozialstaatsprinzip*, RfSozVR 2001, S. 1 (im. hell.).

227 Vgl. Manessis, *Verfassungsrechte*, 1982, S. 162; Manitakis, *Subjekt* 1981, S. 227, Ljakopulos, *Wirtschaftsfreiheit*, 1981, S. 110 ff, (im hell.); ähnlich Kardaras, a.a.O., S. 548, 549; s. auch „ERSTER TEIL" unter „B-I".

228 Dagtoglu, *Verfassungsrecht*, S. 1022.

229 Dagtoglu, *Verfassungsrecht*, S. 1023

230 Rokas, *Einwirkung*, S. 7; Stathopulos, *Wirtschaftssystem*, 1981, S. 256 ff.

231 Amtswegige Wahrnehmung des EG – Rechts: EuG Rs C – 87/90, Verholen, Slg. 1991, I – 3757.

232 Vgl. Noack, *Vortrag*; Blazizek, *Gerechtigkeit*, 1994, S. 42. s. auch „EINLEITUNG".

233 Staehelin, *Mitbestimmung*, 1979, S. 405; Noack, a.a.O.

rechtsgebiet anzugleichen, sondern weitgehend darauf, europäische *grenzüberschreitende* Unternehmensmobilität zu erringen.[234] Der Grund dafür ist, dass die EU in Kenntnis genommen hat, dass die europäischen Unternehmen nur dann in der Lage sein werden, erfolgreich im Wettbewerb auf den sich schnell entwickelnden *Weltmärkten* mitzuhalten, wenn die zwischen ihnen bestehenden Hindernisse beseitigt werden.[235] Als Mittel dazu dient die Schaffung einer europäischen AG, der „Societas Europaea".

Die Arbeitnehmermitbestimmung wird im verfassungsähnlichen EG–Vertrag als Konkretisierung des Sozialprinzips der EU verankert.[236] Als solche darf sie die EU nicht in *Wettbewerbsunfähigkeit* führen. Ihre Ausgestaltung im Einzelnen weist folglich als Anknüpfungspunkt das Gesellschaftsrecht der Gemeinschaft auf.

II. Gesellschaftsrecht der Gemeinschaft

1. *Societas Europaea*

a) Einführung

Die Pläne für eine SE sind über 50 Jahre alt. Der Europarat hatte bereits 1952 ihre Etablierung erwogen. Die Kommission hatte im Jahre 1970 den ersten Vorschlag für ein Statut der SE präsentiert. Dabei haben sich Schwierigkeiten ergeben. Der Vorschlag von sprach von einer supranationalen SE. Der Entwurf einer Strukturrichtlinie (fünfte Richtlinie) von 1972 sprach von einer Gründung der SE durch Rechtsangleichung..[237] Im Jahre 1975 folgte diesem Entwurf ein zweiter, der die SE von den nationalen Gesellschaftsrechten ablösen wollte.

Gemeinsames Problem beider Entwürfe war die Regelung der Arbeitnehmermitbestimmung. Sie war einer der wichtigsten Gründen, warum die Gründungspläne scheiterten und bis zum Ende der 80er Jahre kein neuer Versuch unternommen wurde.[238]

Das breite Umfeld der Weltmärkte erlaubt aber der EU keine endgültige Beseitigung des Vorhabens. Der internationale Wettbewerb treibt die EU dazu an, sich ihm *sorgfältig* anzupassen. Dies bedeutet, dass die EU die SE als ihr eigenes Instrument grenzüberschreitender Unternehmenstätigkeit realisieren muss, ohne dabei bis auf die absolute Rechtsangleichung warten zu können und ohne dabei gleichzeitig das Bemühen darum vernachlässigen zu dürfen. Das alles

---

234 Noack, a.a.O; s. auch oben „Einleitung – II. Marktwirtschaft und EU"

235 Noack, a.a.O.

236 s. oben „ZWEITER TEIL" unter „C.- III".

237 Staehelin, a. a. O., S. 404.

238 Noack, a.a.O.; vgl. auch dazu Staehelin, a.a.O., S. 417; Hopt/Hehl, a.a.O., S. 307.

lässt sich in der *Verordnung* 2157 vom 8. Oktober 2001 über das Statut der Europäischen Aktiengesellschaft (SE)[239] erkennen. In ihrer Präambel wird es klargestellt, dass die EG nebst der Beseitigung der Handelshemmnisse, die als Voraussetzung für die Verwirklichung des Binnenmarktes aufgefasst wird, sogar eine gemeinschaftsweite *Reorganisation* der Produktionsfaktoren anstrebt. *Produktionsfaktoren* sind die Unternehmen der Mitgliedstaaten, deren Tätigkeit sich nicht auf die Befriedigung rein örtlicher Bedürfnisse beschränkt. Eine solche Umgestaltung führt diese Unternehmen zu Konzentrations – und Fusionsabschlüssen, wobei aber die Wettbewerbsregeln zu beachten sind.[240] Die Gründung der SE soll solche Zusammenschlüsse ermöglichen.

Die Schaffung der SE hängt nicht von den bestehenden Unterschieden zwischen den für die Handelsgesellschaften geltenden einzelstaatlichen Rechtsvorschriften ab. Sie ist hingegen neben ihnen möglich. Die SE ist wie folgt zu gründen: a) Durch Verschmelzung von nach nationalem Recht gegründeten Aktiengesellschaften mit Sitz und Hauptverwaltung in der EG, sofern mindestens zwei von ihnen dem Recht verschiedener Mitgliedstaaten unterliegen, b) durch Gründung einer Holdinggesellschaft, c) durch Gründung einer gemeinsamen Tochtergesellschaft und d) durch Umwandlung einer nationalen AG in eine SE. (Art. 2) Für alle Gründungen ist eine Grenzüberschreitung nötig. Ihr Mindestkapital muss 120.000 Euro betragen. (Art. 4 Abs. 2) Sie wird in das Register des Mitgliedstaates eingetragen, in dem sie ihren satzungsmäßig bestimmten Sitz hat. Der Sitz muss dem Ort ihrer Hauptverwaltung entsprechen. (Art. 7) Es ist später möglich, den Sitz innerhalb der EU zu verlegen, ohne dass dies zur Auflösung oder zur Gründung einer neuen SE führt.

b) Die Organe der SE

Die Satzung der SE sieht als ihre Organe eine Hauptversammlung der Aktionäre sowie entweder ein Leitungs–und ein Aufsichtsorgan (dualistisches System) oder ein Verwaltungsorgan (monistisches System) vor. (Art. 38)

Im *dualistischen* System führt das Leitungsorgan die Geschäfte der SE in eigener Verantwortung. Sein oder seine Mitglieder werden vom Aufsichtsorgan bestellt und abberufen. Die Mitgliedstaaten dürfen jedoch bestimmen, dass in der Satzung festgelegt wird, dass das Mitglied oder die Mitglieder des Leitungsorgans von der Hauptversammlung unter den Bedingungen, die für die AG mit Sitz in ihrem Hochheitsgebiet gelten, bestellt und abberufen werden. Niemand darf zugleich Mitglied des Leitungs–und des Aufsichtsorgans sein. (Art. 39) Das Aufsichtsorgan überwacht die Geschäftsführung durch das Leitungsorgan. Die Geschäfte der SE selbst zu führen ist das Aufsichtsorgan nicht berech-

---

239 ABdEG, L 294/1 vom 10.11.2001.

240 s. auch dazu Schwarze, *EU*, S. 241.

tigt. Seine Mitglieder werden von der Hauptversammlung bestellt. (Art. 40) Das Leitungsorgan unterrichtet das Aufsichtsorgan mindestens alle drei Monate über den Gang der Geschäfte der SE und deren voraussichtliche Entwicklung. Neben der regelmäßigen Unterrichtung teilt das Leitungsorgan dem Aufsichtsorgan rechtzeitig alle Informationen über Ergebnisse mit, die sich auf die Lage der SE spürbar auswirken können. Das Aufsichtsorgan kann vom Leitungsorgan jegliche Information verlangen, die für die Ausübung der Kontrolle gemäß Art. 40 erforderlich ist. Zur Erfüllung seiner Aufgaben kann der Aufsichtsorgan alle erforderlichen Überprüfungen vornehmen oder vornehmen lassen. Es wählt aus seiner Mitte einen Vorsitzenden. (Art. 41, 42)

Im *monistischen* System führt das Verwaltungsorgan die Geschäfte der SE. Sein oder seine Mitglieder werden von der Hauptversammlung bestellt und abberufen. Es tritt in den durch die Satzung bestimmten Abständen, mindestens jedoch alle drei Monate, zusammen, um über den Gang der Geschäfte der SE und deren voraussichtliche Entwicklung zu beraten. Es wählt aus seiner Mitte einen Vorsitzenden. (Art. 43, 44, 45)

Die Hauptversammlung beschließt über die Angelegenheiten, für die ihr die alleinige Zuständigkeit übertragen wird durch die Verordnung oder durch in Anwendung der Richtlinie 2001/86/EG erlassene Rechtsvorschriften desjenigen Staates, in dem die SE ihren Sitz hat. (Art. 52)

Sowohl im dualistischen als auch im monistischen System werden in der Satzung der SE die Geschäfte aufgeführt, die im dualistischen System das Aufsichtsorgan dem Leitungsorgan seine Zustimmung erteilen muss und im monistischen System ein ausdrücklicher Beschluss des Verwaltungsorgans erforderlich ist. (Art. 48) Sofern in der Verordnung 2157 vom 8. Oktober 2001 oder in der Satzung nichts anders bestimmt ist, gelten für die Beschlussfähigkeit und die Beschlußfassung der Organe der SE die folgenden internen Regeln: a) *Beschlussfähigkeit* erreichbar unbedingt mindestens mit der Hälfte der anwesenden oder vertretenden Mitglieder, b) *Beschlussfassung* erreichbar mit der Mehrheit der anwesenden oder vertretenden Mitglieder. Sofern die Satzung keine einschlägige Bestimmung enthält, gibt die Stimme des Vorsitzenden des jeweiligen Organs bei Stimmengleichheit den Ausschlag. (Art. 50)

Laut Präambel der Verordnung, die gemäß Art. 70 am 8. Oktober 2004 in Kraft zu treten hat, steht fest, dass die rechtlichen Schwierigkeiten, auf welche die Reorganisation der Produktionsfaktoren stößt, durch diesbezügliche Richtlinien auszuräumen sind. Im arbeitsrechtlichen Bereich, und zwar im Mitbestimmungsrecht, dient dazu die Richtlinie 2001/86/EG.

c) Die Arbeitnehmermitbestimmung in der SE

Die *Richtlinie* 2001/86/EG zur Ergänzung des Statuts der Europäischen Gesellschaft hinsichtlich der Beteiligung der Arbeitnehmer,[241] deren Umsetzung in das nationale Recht spätestens bis zum 8. Oktober 2004 stattfinden muss (Art. 14), ist als Ergebnis der deutschen hartnäckigen Haltung zum Schutz des deutschen Mitbestimmungsrechts entstanden.[242] Dies ist ein Beweis dafür, dass obwohl die Arbeitnehmermitbestimmung im Rahmen der freien Marktwirtschaft verfassungsgemäß funktionieren kann, wird sie nicht in jedem Mitgliedstaat und demzufolge weitergehend im EG-Recht von allen gewünscht.

Als Ergänzung der zuvor erwähnten Verordnung wird die Arbeitnehmermitbestimmung in der Richtlinie als Teil der Neuorganisation des Geschäftsbetriebes der Mitgliedstaaten im sozialen Bereich betrachtet. Dabei muss beachtet werden, dass die Gründung einer SE nicht zur Beseitigung oder zur Einschränkung des in den Gesellschaften herrschenden Beteiligungsniveau führt, die sich an der Gründung der SE beteiligen.[243] Angesichts der rechtlichen Streitigkeiten über das Mitbestimmungsrecht, führt die Richtlinie kein einheitliches europäisches Arbeitnehmermitbestimmungsmodell ein.[244]

Die Beteiligungsrechte der Arbeitnehmer in den grenzüberschreitend tätigen Unternehmen haben Unterrichtungs–und Anhörungscharakter.[245] Im Begriff „Beteiligung" werden Unterrichtung, Anhörung und Mitbestimmung eingeschlossen. Durch jede von diesen drei Beteiligungsformen ist bestrebt, dass die Arbeitnehmer Einfluss auf die Beschlussfassung innerhalb der Gesellschaften nehmen. (Art. 2 h)

„*Unterrichtung*" ist die Unterrichtung des Organs zur Vertretung der Arbeitnehmer durch das zuständige Organ der SE über Angelegenheiten, die die SE oder eine ihrer Tochtergesellschaften oder einen ihrer Betriebe in einem anderen Mitgliedstaat betreffen oder die über die Befugnisse der Entscheidungsorgane auf der Ebene des einzelnen Mitgliedstaates hinausgehen, wobei Zeitpunkt, Form und Inhalt der Unterrichtung den Arbeitnehmervertretern eine eingehende Prüfung der möglichen Auswirkungen und gegebenenfalls die Vorbereitung von Anhörungen mit dem zuständigen Organ der SE ermöglichen müssen.

„*Anhörung*" ist die Einrichtung eines Dialogs und Meinungsaustausches zwischen dem Organ zur Vertretung der Arbeitnehmer und der zuständigen Organ der SE, die den Arbeitnehmern ermöglichen, ihre Stellungnahme über innerhalb

---

241 ABdEG, L 294/22 vom 10.11.2001.

242 Bornkessel,"Europa AG"?, 2001.

243 Präambel der Richtlinie, Erlassungsgründe 2, 3.

244 Präambel der Richtlinie, Erlassungsgrund 5.

245 Präambel der Richtlinie, Erlassungsgrund 6.

der SE geplanten Maßnahmen vorzubringen, die im Rahmen des Entscheidungsprozesses berücksichtigt werden kann. „*Mitbestimmung*“ ist die Einflussnahme des Organs zur Vertretung der Arbeitnehmer auf die Angelegenheiten einer Gesellschaft durch die Wahrnehmung des Rechts, einen Teil des Aufsichts–oder des Verwaltungsorgans der Gesellschaft zu wählen oder zu bestellen und durch die Wahrnehmung des Rechtes, die Bestellung eines Teils der oder aller Mitglieder des Aufsichtsorgans oder des Verwaltungsorgans der Gesellschaft zu empfehlen oder abzulehnen. (Art. 2 i, j, k der Richtlinie i.V.m. Art. 42 und 45 der Verordnung)

Die Richtlinie sieht ein besonderes Organ zur Vertretung der Arbeitnehmer vor. (Art. 2 f) Vor der Gründung einer SE müssen die Arbeitnehmer unterrichtet und angehört werden. Zu diesem Zweck ist die Bildung eines *Verhandlungsgremiums* als Arbeitnehmervertretung vorgesehen. (Art. 3 Abs. 1, 2) Zwischen ihm und dem jeweils zuständigen Organ der an der Gründung der SE beteiligten Gesellschaften werden Verhandlungen durchgeführt. Deren Gegenstand ist die Vereinbarung über die Beteiligung der Arbeitnehmer innerhalb der zu gründenden SE. Die Verhandlungen sollen mit Willen zur Verständigung stattfinden. (Art. 4 Abs. 1) Kommt eine Vereinbarung über die Beteiligungsrechte der Arbeitnehmer zustande, so haben das Arbeitnehmervertretungsorgan und das zuständige Organ der SE mit Willen zur Verständigung zusammenzuarbeiten. (Art. 9) Kommt keine solche Vereinbarung zustande, sind die im Anhang der Richtlinie niedergelegten Bestimmungen anzuwenden. (Art. 7 Abs. 1 b) In diesem Fall bezieht sich die Unterrichtung und Anhörung auf die Struktur der SE, ihre finanzielle Situation, die voraussichtliche Entwicklung der Geschäfts–Produktions–und Absatzlage, die Beschäftigungslage und deren voraussichtliche Entwicklung, die Investitionen, grundlegende Änderungen der Organisation, die Einführung neuer Arbeits–und Fertigungsverfahren, Verlagerungen der Produktion, Fusionen, Verkleinerungen oder Schließungen von Unternehmen, Betrieben oder wichtigen Teile derselben und auf Massenentlassungen.[246] Im gleichen Falle und wenn es sich um die Gründung einer SE handelt, haben die Arbeitnehmer der SE, ihrer Tochtergesellschaften und Betriebe, das Mitbestimmungsrecht, einen Teil des Aufsichts–oder Verwaltungsorgan zu wählen oder zu bestellen. Diese sind vollberechtigte Mitglieder des jeweiligen Verwaltungsorgans, mit denselben Rechten und Pflichten, wie die Mitglieder, die die Anteilseigner vertreten.

---

[246] Anhang der Richtlinie – Auffangregelung nach Art. 7, Teil 2.

2. Die Arbeitnehmermitbestimmung in den Unternehmen

(Richtlinie 94/45/EG)

Die Richtlinie wurde in das deutsche Recht durch das Europäische Betriebsräte–Gesetz vom 28. Oktober 1996[247] und in das hellenische Recht durch die Präsidialverordnung 40/97[248] umgesetzt.

Ihr Ziel ist die Stärkung des Rechts auf Unterrichtung und Anhörung der Arbeitnehmer in *gemeinschaftsweit* operierenden Unternehmen und Unternehmensgruppen. (Art. 1) Als gemeinschaftsweit operierende Unternehmen gelten diejenigen, die mindestens 1000 Arbeitnehmer in den Mitgliedstaaten und mindestens 150 Arbeitnehmer in mindestens zwei Mitgliedstaaten beschäftigen. Als Unternehmensgruppe gilt eine Gruppe, die aus einem herrschenden Unternehmen und den von diesem abhängigen Unternehmen besteht. Als gemeinschaftsweit operierende Unternehmensgruppe gilt diejenige, die mindestens 1000 Arbeitnehmer in den Mitgliedstaaten hat, mindestens zwei der Unternehmensgruppe angehörende Unternehmen in den Mitgliedstaaten umfasst, mindestens 150 Arbeitnehmer in einem Mitgliedstaat hat und ein weiteres der Unternehmensgruppe angehörendes Unternehmen mit mindestens 150 Arbeitnehmer in einem anderen Mitgliedstaat hat. (Art. 2 Abs. 1 a, b, c) „Arbeitnehmervertreter" sind die nach den Rechtsvorschriften und/oder den Gepflogenheiten der Mitgliedstaaten vorgesehene Vertreter der Arbeitnehmer. „Zentrale Leitung" ist die zentrale Unternehmensleitung eines gemeinschaftsweit operierenden Unternehmens oder bei gemeinschaftsweit operierenden Unternehmensgruppen die zentrale Unternehmensleitung des herrschenden Unternehmens. (Art. 2 Abs. 1 d, e) „Anhörung" ist der Meinungsaustausch und die Errichtung eines Dialogs zwischen den Arbeitnehmervertretern und der zentralen Leitung oder einer anderen, angemessenen Leitungsebene. (Art. 2 Abs. 1 f)

Zur Erreichung des Ziels der Richtlinie ist ein *Verhandlungsgremium* zu bilden. Die Initiative zu entsprechenden Verhandlungen kann die zentrale Leitung ergreifen, oder sie erfolgt nach entsprechendem schriftlichem Antrag von 100 Arbeitnehmern oder von ihren Vertretern aus mindestens zwei Betrieben oder Unternehmen in mindestens zwei verschiedenen Mitgliedstaaten. (Art. 5 Abs. 1) Die Verhandlungen sind das Mittel zur Einsetzung eines Europäischen Betriebsrats oder zur Schaffung eines Verfahrens zur Unterrichtung und Anhörung der Arbeitnehmer. (Art. 2 Abs. 1 h) Die Verhandlungen müssen im Geiste der Zusammenarbeit durchgeführt werden. (Art. 6) Verhandlungsgegenstand ist eine Vereinbarung zwischen Arbeitnehmern und Arbeitgebern über den Tätigkeitsbereich, die Zusammensetzung, die Befugnisse und die Mandatsdauer des

---

[247] BGB1. I 1548 u. 2022.

[248] FEK A/39/23.3.1997.

EBR oder die Durchführungsmodalitäten eines Verfahrens zur Unterrichtung und Anhörung der Arbeitnehmer. (Art. 5 Abs. 3) Zur Verwirklichung des Ziels der Richtlinie werden die Vorschriften der Mitgliedstaaten subsidiär angewandt, wenn sich Arbeitgeber (zentrale Leitung) und Arbeitnehmer (Verhandlungsgremium) darauf einigen, wenn der Arbeitgeber binnen sechs Monaten nach dem Antrag zu Verhandlungen deren Aufnahme verweigert oder wenn binnen drei Jahren nach dem entsprechenden Antrag keine Vereinbarung zustande gekommen ist. (Art. 7) Der zu bildenden EBR ist Organ zur Anhörung und Unterrichtung der Arbeitnehmer. Seine Zuständigkeiten beschränken sich darauf. Falls Art. 7 angewandt wird, gilt folgendes: Zum Zwecke der Unterrichtung und Anhörung hat der EBR mit der zentralen Leitung einmal jährlich zusammenzutreten, um sich über der Entwicklung der Geschäftslage und die Perspektiven des gemeinschaftsweit operierenden Unternehmens oder Unternehmensgruppe zu informieren. Die Unterrichtung betrifft die Struktur des Unternehmens, seine wirtschaftliche und finanzielle Situation, die voraussichtliche Entwicklung der Geschäfts–Produktions–und Absatzlage, die Beschäftigungslage und ihre voraussichtliche Entwicklung. Die Unterrichtung umfasst ferner die Investitionen, grundlegende Änderungen der Organisation, die Einführung neuer Arbeits–und Fertigungsverfahren, die Verlagerungen der Produktion, Fusionen, Verkleinerungen, die Schließungen von Unternehmen, Betrieben oder wichtigen Teilen dieser Einheiten und Massenentlassungen.[249] Wenn außergewöhnliche Umstände eintreten wie Verlegung oder Schließung von Unternehmen oder Betrieben oder Massenentlassungen, die erhebliche Auswirkungen auf die Interessen der Arbeitnehmer haben, hat der EBR das Recht, unterrichtet zu werden.

3. Die Richtlinie 2002/14/EG

Es handelt sich um eine Richtlinie zur Festlegung eines allgemeinen Rahmens für die Unterrichtung und Anhörung der Arbeitnehmer in der EG. In nationales Recht muss sie spätestens bis zum 23. März 2005 umgesetzt werden.

Mit dieser Richtlinie zielt die Gemeinschaft darauf ab, *Mindestvorschriften* über die Anhörung und Unterrichtung der Arbeitnehmer in allen Mitgliedstaaten festzulegen, um sich der *globalisierten* Wirtschaft anpassen zu können.[250] Erfasst werden von der Richtlinie sowohl *öffentliche* als auch *private* Unternehmen und Betriebe. In den Unternehmen müssen mindestens 50 Arbeitnehmer, in den Betrieben mindestens 20 Arbeitnehmer in einem Mitgliedstaat beschäftigt sein. (Art. 3 Abs. 1 a, b) Als „*Unternehmen*" gilt dasjenige, das eine wirtschaftliche Tätigkeit ausübt, unabhängig davon, ob es einen Erwerbszweck

---

[249] Abs. 3 des Anhangs der Richtlinie – Subsidiäre Vorschriften nach Art. 7 i.V.m. Art. 2 Abs. 2 g.

[250] s. Präambel der Richtlinie.

verfolgt wird oder nicht, und das im Hoheitsgebiet der Mitgliedstaaten ansässig ist. Als *„Betrieb“* gilt eine gemäß den einzelstaatlichen Rechtsvorschriften und Gepflogenheiten definierte Unternehmenseinheit, die im Hoheitsgebiet eines Mitgliedstaats ansässig ist und in der kontinuierlich unter Einsatz personeller und materieller Ressourcen eine wirtschaftliche Tätigkeit ausgeübt wird. (Art. 2 a, b i.V.m. Art. 1 Abs. 1) Als „Arbeitgeber“ werden *natürliche* sowie *juristische* Personen betrachtet; er verweist auf die einzelstaatlichen Rechtsvorschriften. Der Begriff des Arbeitnehmers verweist ebenfalls auf die nationalen arbeitsrechtlichen Vorschriften. Das gleiche gilt für den Begriff des Arbeitnehmervertreters. (Art. 2 c, d, e)

„Unterrichtung“ ist die Übermittlung von Informationen durch den Arbeitgeber an die Arbeitnehmervertreter, um ihnen Gelegenheit zur Kenntnisnahme und Prüfung der behandelten Frage zu geben. (Art. 2 f) *„Anhörung“* ist die Durchführung eines Meinungsaustausches und eines Dialogs zwischen Arbeitnehmervertretern und Arbeitgeber. (Art. 2 g) Unterrichtung und Anhörung umfassen die jüngste Entwicklung und die wahrscheinliche Weiterentwicklung der Tätigkeit und der wirtschaftlichen Situation des Unternehmens oder des Betriebes, die Beschäftigungssituation und Entwicklung, die geplanten antizipativen Maßnahmen, insbesondere bei einer Bedrohung für die Beschäftigung und die wesentliche Veränderungen der Arbeitsorganisation. (Art. 4) Die Mitgliedstaaten können es den Sozialpartnern auf geeigneter Ebene, einschließlich Unternehmens–oder Betriebsebene, überlassen, nach freiem Ermessen und zu jedem beliebigen Zeitpunkt im Wege einer ausgehandelten Vereinbarung die Modalitäten für die Unterrichtung und Anhörung der Arbeitnehmer festzulegen. (Art. 5) Für den Fall der Nichteinhaltung dieser Richtlinie durch den Arbeitnehmer oder durch die Arbeitnehmervertreter sehen die Mitgliedstaaten geeignete Maßnahmen vor. Sie sorgen insbesondere dafür, dass es geeignete Verwaltungs–und Gerichtsverfahren gibt, mit deren Hilfe die Erfüllung der sich aus dieser Richtlinie ergebenen Verpflichtungen durchgesetzt werden kann. (Art. 8 Abs. 1)

4. Stellungnahme

a) Zur Verordnung 2157/2001 und Richtlinie 2001/86/EG

Die Verordnung 2157/2001 und die Richtlinie 2001/86/EG regeln die Produktionsfaktoren der nationalen Unternehmen innerhalb der EG. Ihr Ziel ist, diese auf europäischer *und* internationaler Ebene *wirtschaftlich* einzusetzen. Sie sind *nicht* darauf ausgerichtet, das *Privateigentum* zu verändern oder überhaupt zu beeinträchtigen.

Deshalb bleibt wie im nationalen Gesellschaftsrecht die *Satzungsautonomie* der SE *Kernstück der Vereinigungsfreiheit.* Auflösung, Liquidation, Zahlungsfähigkeit, Zahlungseinstellung der SE werden nach den für eine AG maßgeblichen Rechtsvorschriften geregelt, die im Staat, in dem die SE ihren Sitz hat, gelten. Dies gilt auch für Beschlussfassung durch die Hauptversammlung. (Art. 63 der Verordnung) Damit behält die Hauptversammlung der SE ihre herkömmlichen Zuständigkeiten, die ihr im nationalen deutschen und hellenischen Recht zugewiesen werden. Deswegen ist die Arbeitnehmerseite mit ihren Beteiligungsrechten nicht imstande, eine von ihr gewünschte Entscheidung *ohne* die Zustimmung des Arbeitgebers zu erzwingen. Die alleinige Zuständigkeit für die Grundlagenentscheidungen bleibt beim Leitungsorgan der SE. Dazu trägt bei, dass die rechtmäßige Beteiligung Unterrichtungs-und Anhörungscharakter hat..

Trotz der Unterscheidung sind Unterrichtungs-Anhörungs und Mitbestimmungsrechten *inhaltlich* gleichzustellen. Die Arbeitnehmerseite hat das Recht, ihre Ansicht über wichtige Angelegenheiten der SE zu äußern. Der Arbeitgeber hat sie in Erwägung zu ziehen. Die endgültige Entscheidung trifft aber lediglich er. Der *Empfelungscharakter* der Arbeitnehmermitbestimmung ist auch nicht im Notfall einer Nicht–Vereinbarung über die entsprechenden Rechte zu verändern. Falls außergewöhnliche Umstände in der SE - wie Verlegungen, Betriebs– oder Unternehmensschließungen oder Massenentlassungen – eintreten, sind Arbeitnehmervertreter und Unternehmensleitung zusammenzutreffen. Dabei bleiben die *Vorrechte* der Unternehmensleitung unberührt. *Grundvorrecht* darunter ist die *alleinige* Zuständigkeit des Arbeitgebers endgültig über die Angelegenheiten des Unternehmens entscheiden zu können d.h. das *Eigentum*, das die ganze SE verkörpert, in seinen Händen behalten zu können. Die von der Arbeitnehmerseite gewählten oder bestellten Aufsichts–oder Verwaltungsorgansmitglieder dürfen das Eigentumsdgrundrecht des Arbeitgebers nicht verletzen: Bei *Stimmengleichheit* gibt die Stimme des *Vorsitzenden* den Ausschlag. (Art. 50 Abs. 2 der Verordnung) Der Vorsitzende des Aufsichts–oder Verwaltungsorgans darf *nur* von der Hauptversammlung bestellt oder gewählt werden, wenn die Hälfte der Mitglieder dieser Organe von den Arbeitnehmern bestellt oder gewählt wird. (Artt. 42 und 45 Verordnung) Wenn der Vorsitzende von den Arbeitnehmern bestellt oder gewählt wird, dann ist es ihnen *nicht* zulässig, die Hälfte der Mitglieder zu wählen oder zu bestellen.

Überlegungen gibt es jedoch darüber, ob das Letztentscheidungsrecht durch Art. 3 Abs. 6 der Richtlinie verletzt wird. Dem gemäss steht dem Verhandlungsgremium das Recht zu, entweder keine Verhandlungen über die Beteiligungsrechte der Arbeitnehmer in der zu gründenden SE aufzunehmen oder die bereits aufgenommenen abzubrechen und die Vorschriften für die Unterrichtung und Anhörung der Arbeitnehmer zur Anwendung gelangen zu lassen, die in den Mitgliedstaaten gelten, in denen die SE Arbeitnehmer beschäftigt. Ist ein solcher Beschluss gefasst worden, findet keine der Bestimmungen des Anhangs statt. Aufgrund der Absätze 1 und 6 des Art. 3 der Richtlinie sieht es so aus, dass die Gründung einer SE von der Zustimmung der Arbeitnehmer abhängt. Zuerst ist dabei zu prüfen, ob ein Letztentscheidungsrecht im konkreten Fall tatsächlich besteht. Die Frage ist zu bejahen, weil eine SE von bereits bestehenden Gesellschaften zu errichten ist. Der Absicht einer Errichtung entspricht demzufolge dem Willen mindestens zwei schon tätiger Arbeitgeber. Diesen ist das Recht zuerkannt, ihre Geschäfte gesetzgemäss weiter zu entwickeln oder nicht zu entwickeln. Ob sie das tun oder nicht, stellt eine Entscheidung dar, die ihrer alleinigen Zuständigkeit unterliegt. Sie darf wegen Mitbestimmungsrechts *nicht blockiert* werden, es sei denn die Arbeitnehmerseite beweist, dass diese Entscheidung aus missbräuchlichen Gründen entstanden ist. Wenn das nicht der Fall ist, würde eine Blockade der Entscheidung *missbräuchliche* Ausübung des Mitbestimmungsrechts darstellen.

Der oben genannte Absatz verschafft der Arbeitnehmerseite keine Blockierungsmöglichkeit aus folgenden Gründen: a) Es ist praktisch kaum vorstellbar, dass die Arbeitnehmer keine Verhandlungen aufnehmen, die zur Vereinbarung ihrer Beteiligungsrechte führen. Dabei haben sie sich mehrere Chancen, für sich recht umfangreiche Beteiligungsrechte sicherzustellen, freilich innerhalb der Schutzgrenze des Eigentumsgrundrechts. Zur Verhandlungsaufnahme trägt auch die Nichtanwendung der Anhangsbestimmungen der Richtlinie bei, falls keine Vereinbarung stattfindet. (Art. 3 Abs. 6) Zu ihr trägt zusätzlich bei, dass ein Beteiligungsrahmen durch die Anwendung einer Reihe von subsidiären Regeln festgelegt werden muss.[251] Selbst wenn die Arbeitnehmer schließlich keine Verhandlungen aufnehmen, müssen Beteiligungsrechte durch Standardanforderungen gelten. In mehreren Mitgliedstaaten werden sie sowohl durch einzelstaatliche Rechtsvorschriften als auch durch Gepflogenheiten geregelt.[252] Ein solches subsidiäres Verfahren funktioniert seit langem erfolgreich sowohl in Deutschland als auch in Hellas in dem Sinne, dass ihre eigenen Rechtsmittel zur Arbeitnehmermitbestimmung sowie generell zur Regelung anderer Bereiche der Arbeitgeber/Arbeitnehmer–Beziehungen keine Beseitigung der Unternehmensfreiheit auslösen, b) Ein missbräuchlicher Abbruch der bereits aufgenommenen Verhandlungen könnte die Gründung einer SE nicht abwenden. Im diesem Fall gälten die Vorschriften für die Unterrichtung und Anhörung der Arbeitnehmer, die in den Mitgliedstaaten angewandt werden, in denen die SE Arbeitnehmer beschäftigt.

Es ist also folgendes festzuhalten: Die Gründung einer SE ist wegen des Mitbestimmungsrechts nicht zu blockieren, weil die Festlegung der Beteiligungsrechte sowieso durch subsidiäres Verfahren zu erfolgen hat. Wenn einerseits diese Gründung tatsächlicher Wille der Arbeitgeber ist, können sie die Mitbestimmungseinführung in die SE nicht vermeiden. Wenn sich andererseits die Arbeitnehmerseite diesem Wille widersetzen möchte, würde sie die Gründung

---

251 Präambel der Richtlinie, Erlassungsgrund 8.

252 Präambel der Richtlinie, Erlassungsgründe 11 und 20.

der SE nicht verhindern können, da auch ohne ihre Zustimmung eine Art von Mitbestimmung anwendbar ist.

Es bleibt als letztes zu untersuchen, ob ein Verstoß gegen das Letztentscheidungsrecht durch Abs. 4 Art. 12 der Verordnung erkennbar ist. Dem gemäss darf die Satzung der SE zu keinem Zeitpunkt im Widerspruch zu der ausgehandelten Vereinbarung stehen. Steht eine neue gemäss der Richtlinie 2001/86/EG geschlossene Vereinbarung im Widerspruch zur geltenden Satzung, ist diese zu ändern.

Diese Vorschrift lässt den Kerninhalt des Privateigentums des Arbeitgebers auch unberührt: Erstens wirkt sie überhaupt nicht auf das Zuständigkeitsgefüge der Hauptversammlung der SE ein. Zweitens, wie an der Vorschrift selbst abzulesen ist, unterliegt eine Satzungsänderung einer gewissen Vorraussetzung: Sie ist zulässig, soweit sie *erforderlich* ist. Erforderlich ist sie nur, wenn die Satzungsvorschriften das Beteiligungsniveau der Arbeitnehmer beseitigen oder einschränken. Wenn bei einer solchen Änderung *Miteintscheidungsrechte* für die Arbeitnehmer auftauchen, ist sie *unzulässig*.

b) Zur Richtlinie 94/45/EG

Sie gefährdet nicht die marktwirtschaftliche Ordnung der EU. Ihre Vorschriften sind auf eine Zusammenarbeit zwischen Arbeitnehmern und Arbeitgebern ausgerichtet. Demzufolge darf die Arbeitnehmerseite nicht über Mitbestimmungsrechte verfügen, die den Kerninhalt des Eigentumsgrundrechts des Arbeitgebers antasten. Beide Parteien haben die Möglichkeit durch Verhandlungen das Mitbestimmungsniveau in grenzüberschreitenden Unternehmen festzusetzen.

Im Rahmen einer entsprechenden Vereinbarung könnten die Arbeitnehmer theoretisch das Letztentscheidungsrecht mit dem Arbeitgeber teilen.[253] Selbst wenn der Arbeitgeber dieser Teilung zustimmen würde, wäre die Vereinbarung wegen Vertragswidrigkeit *nichtig*. Bei Geltung der europäischen Verfassung wäre diese Vereinbarung nichtig wegen *Verfassungswidrigkeit*. Den Arbeitnehmern stehen ausschließlich Mitbestimmungsrechte zu, die einen Beratungscharakter in bezug auf die Unternehmensleitung aufweisen. Ihr Kerninhalt liegt nicht darin, dem Arbeitgeber das Letztenscheidungsrecht zu entziehen, sondern darin, seine missbräuchliche Ausübung vorzubeugen. Diesen Charakter verlieren die Mitbestimmungsrechte auch nicht, wenn keine Vereinbarung stattfindet.

c) Zur Richtlinie 2002/14/EG

Diese Richtlinie ist in Anlehnung an die nationalen Vorschriften erlassen worden. Die Grundbegriffe „*Unternehmen*", „*Betrieb*", „*Arbeitnehmer*", „*Arbeitge-*

---

[253] Vgl. Brox/Rüthers, a.a.O., S. 277, Rdn 409 g.

ber" und „*Arbeitnehmervertreter*" greifen auf das nationale Recht der Mitgliedstaaten zurück. Die Mitbestimmung der Arbeitnehmer beschränkt sich auf ein Unterrichtungs-und Anhörungsrecht. Vereinbarungen zwischen Arbeitnehmern und Arbeitgebern über die Mitbestimmungsrechte dürfen diese von der Richtlinie gezogene Grenze *nicht* überschreiten. Es ergibt sich folglich keine Gefährdung des Eigentumsgrundrechts.

Im Vergleich zu allen anderen Rechtsakten der Gemeinschaft enthält jedoch diese Richtlinie ein Problem in bezug auf die zukünftige Erhaltung des Sozialstaatsprinzips in Europa: Zuerst zielt sie darauf ab, einen gemeinsamen Rahmen für die Unterrichtung und Anhörung der Arbeitnehmer in Unternehmen und Betrieben im EU–Wirtschaftsraum festzulegen. Es sieht aber so aus, als wäre dieses Ziel mit grundlegenden Änderungen im arbeitsrechtlichen Bereich in der EU verbunden. Die Gemeinschaft förderte bis jetzt die Stärkung der Zusammenarbeit zwischen Arbeitnehmern und Arbeitgebern im Geiste des ausgewogenen Ausgleichs ihrer entgegenstehenden Interessen. Durch diese Richtlinie hebt sie *zum ersten Mal* die Notwendigkeit einer *Flexibilisierung* der Arbeitsorganisation als Vorraussetzung zur Schaffung eines *Vertrauensklimas* im Unternehmen hervor.[254] Ferner sieht sie diese Richtlinie als ein Mittel zur *Sensibilisierung* der Arbeitnehmer an. Damit ist gemeint, dass die Arbeitnehmer darauf vorbereitet werden müssen, die Flexibilisierung als notwendig anzunehmen.[255] In der Präambel der Richtlinie 94/45/EG wird die Globalisierung der Wirtschaft mittelbar angesprochen.[256] In der Richtlinie 2002/14/EG wird sie *unmittelbar*, und zwar in Verbindung mit den Mitbestimmungsrechten erwähnt. Solche Rechte, die sowieso in den Verfassungsordnungen Deutschlands und Hellas sowie in der Gemeinschaftsrechtsordnung das Fortbestehen des Eigentumsgrundrechts nicht bedrohen, müssen auch der Anpassung der EU an die globalisierte Wirtschaft dienen.[257] Ob eine solche Anpassung aus politischen, wirtschaftlichen, sozialen und rechtlichen Gründen erforderlich ist,[258] kann bestritten werden. Was nicht bestritten werden kann, ist, dass die Globalisierung der Marktwirtschaft eine Tatsache ist. Diese Tatsache ist eigentumsgeprägt aber *nicht sozialorientiert*. Die Gemeinschaft hat unter diesen Umständen den Binnenmarkt zustande zu bringen. Dabei behauptet sie, ihre grundlegenden Werte wahren zu wollen.[259] Gleichzeitig erlaubt sie den Arbeitgebern, auf Unterrichtung und Anhörung der Arbeitnehmer zu verzichten, wenn diese dem Unter-

---

254 Präambel der Richtlinie – Erlassungsgrund 7.

255 Präambel der Richtlinie – Erlassungsgrund 7.

256 s. oben „EINLEITUNG" unter „A".

257 Präambel der Richtlinie – Erlassungsgrund 9.

258 Präambel der Richtlinie – Erlassungsgrund 14.

259 Präambel der Richtlinie – Erlassungsgrund 11.

nehmen oder dem Betrieb schwerwiegenden Schaden zufügten.[260] So ist die Frage aufzuwerfen, ob durch diese Richtlinie das Sozialstaatsprinzip als Kernschranke des Eigentumsgrundrechts beseitigt werden darf. Diese Frage ist in Abhängigkeit davon zu beantworten, welches Wirtschaftssystem und welche Form dieses Systems die *Europäische Verfassung* verankert.

260 Präambel der Richtlinie – Erlassungsgrund 26.

DRITTER TEIL

A. DIE ARBEITSRECHTLICHE DIMENSION DER EUROPÄISCHEN VERFASSUNG

I. Einführung

1. Wirtschaftliche und rechtspolitische *Herkunft* der Europäischen Verfassung

Die oben gestellte Frage hängt mit der Untersuchung der arbeitsrechtlichen Dimension der EV zusammen. Diese bezieht sich auf die Gewährleistung des *Eigentumsgrundrechts* und die Verankerung des *Sozialstaatsprinzips* in ihr. Die Wirkkraft dieser Verfassungselemente hängt in erster Linie mit dem Verständnis der *wirtschaftlichen* und *rechtspolitischen* Herkunft der EV zusammen:

Wirkursache der ehemaligen EWG und heutigen EU ist die *Wirtschaftsglobalisierung.*[261] Geschichtlich gesehen ist sie ein neues Phänomen. Ihre Wurzeln gehen auf die zweite Hälfte des 19. Jahrhunderts zurück. Der *Cobden–Chevalier*–Vertrag zwischen Großbritannien und Frankreich aus dem Jahr 1860 gilt als Ausgangspunkt der *Handelsliberalisierung* in Europa.[262] Am Ende des Jahrhunderts fanden die ersten Fusionen und Zusammenschlüsse von Unternehmen statt. Die Ausweitung der Märkte hat im 20. Jahrhundert zu zwei Weltkriegen geführt. Wirklicher Verlierer beider war ganz Europa.[263] Dies hat den gegeneinander gekämpften Ländern zu verstehen gegeben, dass ihr wirtschaftlicher und sozialer Fortschritt nur durch einen friedlichen Prozess zu erreichen ist. Friedlicher Prozess ohne Sicherstellung des Friedens innerhalb eines Landes ist unmöglich. Dies hängt aber auch mit der Sicherstellung außerhalb des Landes zusammen. Zur Verwirklichung dieses Prozesses haben deshalb *Frankreich* und *Deutschland* als erste europäische Staaten nicht eine zwischenstaatliche Zusammenarbeit, sondern eine überstaatliche miteinander Zusammenarbeit ausgewählt. Somit legten sie sich auf eine *fortschreitend tiefere Einigung* fest, die möglicherweise zur Schaffung eines gemeinsamen europäischen Staates in der Zukunft führen könnte.

Der Schuman–Plan trieb dazu voran. Er forderte die Zusammenlegung der französischen und deutschen Kohle–und Stahlproduktion und deren Unterstellung unter eine gemeinsame, zu verbindlichen Entscheidungen befugte hohe Behörde. Dazu wurde die Hohe Behörde errichtet, die heutzutage als Kommis-

---

261 Nicolaysen, Integrationsverfassung, 2002, S. 26; Beutler/Bieber/Pipkorn/Streil, EU – Rechtsordnung, 2001, S. 762; s. auch „EINLEITUNG"; „ERSTER TEIL" unter „bb). Die Inhaltsbestimmung des Eigentumsgrundrechtes in der GRCh"

262 Welfens, Globalisierung, 2001, S. 2.

263 Streinz, Europarecht, 2001, S. 6.

sion tätig ist. Sie war ein Exekutivorgan, das aus unabhängigen, nur auf das *Gemeinschaftsinteresse* verpflichteten Mitgliedern bestand.[264] Die *Unabhängigkeit* des Organs von den beteiligten Staaten verlieh der Gemeinschaft ab ihrer Gründung einen *Supranationalitätscharakter*.[265] So ist bewusst eine *überstaatliche*, keine *zwischenstaatliche* bzw. *völkerrechtliche* Einrichtung gegründet worden.[266] In den 50er und den beginnenden 60er Jahren ist die Überstaatlichkeit der Gemeinschaft sogar zur Schlüsselvorstellung der europäischen Föderalisten geworden. Sie wies auf die *bundesstaatliche* Zukunft der Gemeinschaft hin.[267] Dadurch lässt sich die *Besonderheit* der EG/EU bemerken: **Obwohl ihre Entstehung auf die Globalisierung zurückzuführen ist, ist sie bestrebt, mit dieser durch die Staatswerdung umzugehen, statt sich ihr durch völkerrechtliche Verträge anzupassen**. Solche Verträge würden den einzelnen europäischen Staaten nicht ermöglichen, im weltweit wirtschaftlichen Wettbewerb zu überleben.[268]

Grundgesetz eines Staates ist die *Verfassung*. Sie verkörpert das Verhältnis zwischen Wirtschaft, Recht und Politik in Einigkeit.[269] Die Schaffung der ersten *gemeinsamen europäischen Verfassung* weist auf die Gründung des ersten in der Geschichte *gemeinsamen europäischen Staates* hin. Die Staatswerdung der EU stellt also keine rechtspolitische Erfindung der ersten Jahre des 21. Jahrhunderts dar, sondern eine historische Notwendigkeit, die allmählich heranreift.

Im Hinblick auf die Globalisierung und die offene Möglichkeit eines europäischen Staates musste die EG bereits als überstaatliche Einrichtung *dauernd funktionsfähig* sein. Als Instrumentarium dazu dient das Recht.[270] Der EuGH hat zuerst den Grundsatz der *Funktionsfähigkeit* der Gemeinschaften verankert.[271] Danach hob er die *Eigenständigkeit* der Gemeinschaftsrechtsordnung sowie die *unmittelbare Anwendbarkeit* des Gemeinschaftsrechts hervor.[272] Als nächster Schritt kam die Festlegung des *Vorrangs* des Gemeinschaftsrechts auch vor späterem nationalen Recht.[273] Schließlich befand das Gericht über den

---

264 Giegerich, Europäische Verfassung, 2003, S. 154, 155.

265 Vgl. Giegerich, a.a.O., S. 161.

266 Vgl. Oppermann, Europarecht, 2 Aufl., 1999, S. 2.

267 Oppermann, a.a.O., S. 336; Beutler/Bieber/Pipkorn/Streil, a.a.O., S. 59.

268 Vgl. Nicolaysen, a.a.O., S. 26; Giegerich, a.a.O., S. 1, 3.

269 Vgl. Schuppert – Folke, *Strukturprinzipien*, 1987, S. 169; Mestmäcker, *Währungsunion*, 1995, S. 127; Schmidt – Bleitreu/Klein, Grundgesetz., 9 Aufl.,1999, S. 93; Manessis, *Verfassungsrecht*, 1980, S. 128, 164; Rehbinder, a.a.O., S. 17.

270 Vgl. Oppermann, a.a.O., S. 228.

271 EuGH 1955/56, 312, Rs 8/55 – Fédéchar.

272 Van Gend & Loos, Fn 16.

273 Costa/ENEL, Fn 16.

Vorrang auch vor *nationalem Verfassungsrecht.*[274] Durch das Vorrangs–und das Eigenständigkeitsprinzip hat der EuGH in der Hauer–Entscheidung erstmalig die Staatswerdungsmöglichkeit der EG zum Ausdruck bringen können.[275] Ein Zusammenbruch des Vorrangs bedeutete einen Zusammenbruch der Europäischen Verfassung.

2. Das *Vorrangprinzip* als Gestaltungsfaktor der EV

Der Vorrang ist in der EV als *Grundprinzip* verankert. Die Verfassung und das Recht, das von den Organen der Union in Ausübung der ihnen von der Verfassung zugewiesenen Zuständigkeiten gesetzt wird, haben Vorrang vor dem Recht der Mitgliedstaaten.[276] Der Vorrang ist der *Kerninhalt* der dauernden Funktionsfähigkeit der EU. Diesem Kerninhalt haben das BVerfG und der hellenische Staatsrat früher *nationale verfassungsrechtliche Grenzen* zu setzen versucht. Trotz der Verankerung des Vorrangprinzips in der EV muss untersucht werden, *ob* diese nationale Grenze *legitim* ist. Die Bejahung oder Verneinung dieser Frage bezieht sich darauf, ob die nationale verfassungsrechtliche Grenze auf das Vorrangprinzip auswirkt, und damit darauf, ob es sich als *absoluter* oder als *relativer* Gestaltungsfaktor der EV erweist. Die Antwort darauf wirkt analog auf die Tragweite des Sozialstaatsprinzips und damit auf die dessen arbeitsrechtlichen Konkretisierungen in der EV aus. Aufgrund der Verträge, der EuGH–Rechtsprechung und der Verfassungsüberlieferungen ist nicht zu bezweifeln, dass der Kerninhalt des Eigentumsgrundrechts in der EV unantastbar zu bleiben ist. Wegen der Globalisierung ist es aber eher problematisch, ob das Sozialstaatsprinzip der EV in seinem Kerninhalt unantastbar bleibt. Das hängt davon ab, *ob* und *inwieweit* die nationalen Verfassungen in der Lage sind, die Tragweite des Sozialstaatsprinzips der EV mitzugestalten.

3. Gemeinschaftswidrigkeit der nationalen verfassungsrechtlichen Grenze des Vorrangprinzips

a) Gemeinschaftswidrigkeit der *deutschen* Verfassungsrechtsprechung

In seiner *„Solange I“*–Entscheidung[277] aus dem Jahr 1974 kennzeichnet das BVerfG das Gemeinschaftsrecht als Völkerrecht. Es betrachtet nämlich die EG als zwischenstaatliche Einrichtung. Bei der Auslegung des Art. 24 GG stellt es deswegen fest, dass der Artikel nur die Übertragung von Hoheitsrechten auf

---

274 Internationale Handelsgesellschaft, Fn 16.

275 Hauer – Entscheidung; s. oben das neunte Ergebnis unter „C – II - 3. Ergebnisse“.

276 CONV 528/03 – Entwurf der Artikel 1 bis 16 des Verfassungsvertrags, Art. 9 Abs. 1.

277 BVerfGE 37, 271 ff.

zwischenstaatliche Einrichtungen ermöglicht. Wegen der zwischenstaatlichen Natur der EG hält es den Vorrang des Gemeinschaftsrechts vor nationalem Verfassungsrecht nicht für möglich. Demzufolge steht dem Gericht das Recht zu, solange das Gemeinschaftsrecht keinen von einem Parlament beschlossenen Grundrechtskatalog enthalte, der dem des GG adäquat sei, die Grundrechte des GG zu schützen, indem es im Verfahren der konkreten Normenkontrolle über die Anwendbarkeit des Gemeinschaftsrechts entscheide.

In seiner „*Solange II*"–Entscheidung[278] aus dem Jahr 1986 bekräftigt das BVerfG die zwischenstaatliche Natur der EG. Ohne deswegen den Vorbehalt gegen den Vorrang des Gemeinschaftsrechts aufzugeben, erklärt sich das Gericht bereit, seine Gerichtsbarkeit über die Anwendbarkeit von sekundärem Gemeinschaftsrecht nicht mehr auszuüben, solange die Gemeinschaften generell einen wirksamen Grundrechtsschutz gewährleisten, der dem Schutz, den das GG für unabdingbar geboten vorsieht, in wesentlichen gleich zu achten sei.

In seinem *Maastricht–Urteil*[279] aus dem Jahr 1993 stellt das BVerfG fest, dass die EU ein Staatenverbund, kein Staat sei. Wegen des Fehlens einer Kompetenz–Kompetenz der EU betrachtet es die Mitgliedstaaten als Herren der Verträge. Deswegen habe es die Zuständigkeit am Maßstab des GG zu prüfen, ob Rechtsakte der Gemeinschaft verfassungsmäßig seien. Prüfungsgegenstand dieser Aussage sei Art. 23 Abs. 1 i.V.m. Art. 79 Abs. 3 GG. Zum einen ermächtige Art. 23 Abs. 1 Deutschland seine Hoheitsrechte auf die zwischenstaatlicher Natur EU zu übertragen. Zum anderen sei diese Ermächtigung wegen Art. 79 Abs. 3 GG nicht grenzenlos.

Die verfassungsrechtliche Integrationsgrenze des BVerfG ist *gemeinschaftswidrig*. Im Rahmen der EV ist sie *verfassungswidrig*. Das Gericht hat die Funktionsfähigkeit der Gemeinschaft und damit die Pflicht Deutschlands, sie zu schützen, verkannt. Die Funktionsfähigkeit und das Vorrangprinzip lassen sich nicht in einer willkürlichen Auslegung der Verträge vom EuGH herleiten. Sie stützen sich auf die Überstaatlichkeit der Gemeinschaft. Das BVerfG hat deshalb keine Zuständigkeit, selbst zu prüfen, ob und inwieweit die Grundrechte in der EG geschützt werden. Gemäss Art. 177 EWGV (234 EGV) hat es die Pflicht, seine diesbezüglichen Sorgen zu äußern. Denn der EuGH sichert *lediglich* die Wahrung des Gemeinschaftsrechts (Art. 220 EGV, ex 164 EWGV). Darüber hinaus sind die Mitgliedstaaten verpflichtet, Streitigkeiten über die Auslegung oder Anwendung des Gemeinschaftsrechts nicht anders als im EGV vorgesehen zu regeln (Art. 292 EGV). Das Gemeinschaftsrecht sieht ferner vor, dass die Urteile des EuGH für die Mitgliedstaaten bindlich sind (Art. 228 EGV). Aus alledem ergibt sich, dass das BVerfG nicht selbst über die Ungül-

---

278 BVerfGE 73, 339.

279 BVerfGE, 89, 155.

tigkeit von Handlungen der Gemeinschaftsorgane befinden darf, um die Einigkeit des Gemeinschaftsrechts nicht zu gefährden.[280]

Das Gemeinschaftsrecht ist des weiteren durchsetzbar. Die EG/EU verfügt über von den Mitgliedstaaten unabhängige Organe. Sie übt Hoheitsgewalt aus. Sie verfügt über Rechtspersönlichkeit. Sie erlässt Verordnungen, die in jedem Mitgliedstaaten unmittelbar rechtsverbindlich sind. (Art. 249 EGV) Sie erlässt Richtlinien (Art. 249 EGV), die nach Ablauf der Umsetzungsfrist zugunsten des Unionsbürgers unmittelbar anwendbar sind, wenn sie hinreichende Bestimmtheit aufweisen.[281] Dies lässt aber den Mitgliedstaaten inhaltlich keinen größeren Gestaltungsspielraum bei der Umsetzung der Richtlinien; die meisten sind folgenreich bestimmt. Praktische Schwierigkeiten in den Mitgliedstaaten vermögen die Anwendung des Gemeinschaftsrechts allerdings nicht zu hindern.[282] Ein nationales Gericht muss bei der Anwendung des nationalen Rechts seine Auslegung soweit wie möglich am Wortlaut und Zweck der Richtlinie ausrichten, um das mit der Richtlinie verfolgte Ziel zu erreichen. So kommt es Art. 249 EGV nach.[283] Das Gemeinschaftsrecht wird durch die Mitgliedstaaten vollzogen. (Art. 10 EGV) Der Vollzug findet nach nationalem Recht statt. Das beeinträchtigt aber nicht die Tragweite oder die Wirksamkeit des Gemeinschaftsrechts.[284] Gemeinsame Vollzugsmaßnahmen können im Rahmen des europäischen Staates gelten. Aber die Beibehaltung nationaler Maßnahmen innerhalb eines Bundesstaates ist auch juristisch möglich, solange sie dem Bundesrecht nicht widersprechen. Die Mitgliedstaaten haften für die Verletzung von unmittelbar anwendbarem Gemeinschaftsrecht.[285] Sie haften auch für die Nichtumsetzung von Richtlinien.[286] Die EU ist ferner eine Rechtsgemeinschaft, deren Rechtssubjekte nicht nur die Mitgliedstaaten, sondern auch ihre *Bürger* sind.[287] Das Gemeinschaftsrecht verbürgt seit langem über einen umfassenden und hochstehenden richterlichen Grundrechtsschutz.[288] Die Grundrechte werden auch in Art. 6 EUV gewährleistet. Dadurch sowie durch die *Unionsbürgerschaft* des Art. 17 EGV ist jedes Individuum Grundrechtsberechtigter.[289] Der Unionsbürger d.h. unter allen anderen auch der *deutsche* Unionsbürger, darf wegen einer Verord-

---

280 EuGH, Rs 314/85, Photo – Frost/Hauptzollamt, Slg. 1987, 4199.

281 EuGH, Rs 148/78, Ratti, Slg. 1979, 1629.

282 EuGH, Rs C – 244/89, Slg. 1991, I – 163.

283 Beutler/Bieber/Pipkorn/Streil, a.a.O., S. 243.

284 EuGH, Rs 205 – 215/82, Milchkontor, Slg. 1983, 2633.

285 EuGH, Rs C – 46/93 und 48/93, Brasserie du Pecheur/Factortame, Slg. 1996, I - 1029.

286 EuGH, C – 6/90 und 9/90, Francovich, Slg. 1997, I – 5357.

287 EuGH, Gutachten 1/91, EuGRZ, 1992, S. 67 ff.

288 EP, EuZW 1998, S. 165.

289 Art. 17 beinhaltet die nachträgliche Aufnahme der richterlichen Fortbildung (Van Gend & Loos, Fn 16); s. Giegerich, a.a.O., S. 1070; Walter, a.a.O., S. 15.

nung eine Nichtigkeitsklage gegen die Gemeinschaftsorgane erheben. (Art. 230 EGV)[290] Dem steht ferner das Recht zu, eine Untätigkeitsklage gegen Unterlassen von Beschlussfassung durch Mitgliedstaaten, Organe der Gemeinschaft oder unmittelbar betroffene natürliche und juristische Personen anzubringen (Art. 232 EGV). Eine andere Möglichkeit für den Unionsbürger sein Recht durchzusetzen, besteht darin, einen Schadenersatzanspruch direkt beim EuG einzuklagen. (Art. 235 i.V.m. Artt. 228, 233 EGV)

Dem BVerfG kommt infolgedessen keine verfassungsrechtliche Prüfungskompetenz über das Gemeinschaftsrecht zu. Sein Recht und seine Pflicht ist es, das GG *gemeinschaftskonform*, nicht das Gemeinschaftsrecht *grundgesetzkonform* auszulegen.

b) *Bekräftigung* der Gemeinschaftswidrigkeit der deutschen Verfassungsrechtsprechung

Die verfassungsrechtliche Prüfungskompetenz des BVerfG über das Gemeinschaftsrecht ist weiterhin aus folgenden Gründen nicht zu rechtfertigen.

1) Ein Vorrang des GG vor dem Gemeinschaftsrecht wegen *Brechung* von Verfassungsprinzipien ist sinnlos: Eine solche Brechung von Gemeinschaftsorganen im Grundrechtsbereich wäre nur als Verletzung des *Kerninhalts* des Grundrechts zu begreifen. Eine solche Verletzung wäre aber vor allem *gemeinschaftsrechtlich* unzulässig. Falls der Gemeinschaftsgesetzgeber eine Verordnung oder Richtlinie erließe, die etwa die Arbeitnehmer in Eigentümer der Produktionsmittel der Unternehmen verwandelte, wäre sie gemeinschaftswidrig. Das BVerfG bräuchte in diesem Fall das Gemeinschaftsrecht überhaupt nicht grundgesetzkonform auszulegen, um das Eigentumsgrundrecht zu sichern. Er dürfte sogar selbst ohne Vorabentscheidungsersuchen diesen Rechtakt für gemeinschaftswidrig erklären. *Parallel* könnte es den Rechtsakt als grundgesetzwidrig erklären. Falls der Gemeinschaftsgesetzgeber aber eine Verordnung oder Richtlinie erließe, die das Grundrecht verhältnismäßig einschränkte oder ausweitete, ohne seinen Kerninhalt anzutasten, dann dürfte das BVerfG diesen Rechtsakt nicht als unanwendbar mit der Begründung beurteilen, dass der Schutzbereich des Grundrechtes gemäß dem GG breiter oder enger ist.[291]

2) Der *Anwendungscharakter* des Vorrangprinzips begründet ebenfalls kein Recht des BVerfG, das Gemeinschaftsrecht verfassungsrechtlich zu prüfen. Anwendungscharakter bedeutet, dass das nationale Recht gültig bleibt, aber wegen entgegenstehender Gemeinschaftsregelung unanwendbar ist. Rechtsfolge dieses Anwendungscharakters ist demzufolge, dass das nationale Recht als gel-

---

290 EuGH C–177/01, Jégo–Quéré, erwähnt von Ehlers, „Allgemeine Lehren", S. 337.

291 Vgl. EuGH, Rs 157/86, Murphy, Slg. 1988, 673.

tend nur in Bereichen anzuwenden ist, in denen keine Gemeinschaftsregelung besteht. Dies ist jedoch heutzutage die Ausnahme, die die Regel bestätigt.

3) Das *Subsidiaritätsprinzip* erweitert die Zuständigkeiten der EG/EU, nicht die der Mitgliedstaaten.[292]

4) Das Prinzip der *Einzelermächtigung* kann das Vorrangprinzip nicht beseitigen. Es wird durch die *Kompetenzabrundungsklausel* des Art. 308 EGV abgeschwächt.[293] Es handelt sich um eine Ausdehnungsklausel der Kompetenzen der Gemeinschaftsorgane, wodurch die bestehenden Lücken zwischen den Zielen der EG/EU und den Befugnissen ihrer Organe zu überbrücken sind.[294] Dazu kommt die Anerkennung ungeschriebener Gemeinschaftszuständigkeiten, die im Zusammenhang mit den geschriebenen den Vertragsvorschriften die größtmögliche Wirksamkeit verschaffen.[295] Anwendungsfälle der Kompetenzabrundungsklausel sind die unmittelbare Anwendbarkeit von Richtlinien sowie die Staatshaftung für Gemeinschaftsverletzungen.[296]

5) Die Union verfügt über eine *Kompetenz-Kompetenz*, die in ihrer heutigen nichtstaatlichen Phase nicht *staatlicher* Natur sein könnte. Die Unabhängigkeit der Gemeinschaftsorgane, die selbständige Gerichtsbarkeit des EuGH oder die Kompetenzabrundungsklausel bewähren sich statt dessen eher wegen des Umfangs der staatlichen Befugnisse der Gemeinschaft. Wichtige Teile des öffentlichen Wirtschaftsrechts der Mitgliedstaaten gehören dem Aufgabenbereich der EU an: Kohle, Stahl, Kernenergie, Handels–und Zollpolitik im weitesten Sinne, Wirtschafts-und Regionalpolitik, Landwirtschaft, Verkehr, freie Personen–Dienstleistungs–und Kapitalsverkehr, die Steuer–Wettbewerbs–Beschäftigungs- und die Sozialpolitik. Die Forschung, die Technologie, die Kultur, die Bildung und die Umweltschutzpolitik fallen in unterschiedlichem Umfang auch unter die Gemeinschaftskompetenz.[297] Bereits vor dem Inkrafttreten des Maastricht–Vertrages sind fast 80% aller Regelungen im Wirtschaftsrecht durch das EG–Recht und ungefähr 50% aller deutschen Gesetze festgelegt und veranlasst worden.[298] Die Kompetenz–Kompetenz der EU verstärkt weiterhin ihre finanzielle Selbständigkeit, Unvollendetheit und Dauerhaftigkeit. (Art. 312 EGV) Der allerwichtigste Beweis jedoch für die nahezu staatliche Kompetenz–Kompetenz der EU ist die *gemeinsame europäische Währung*. Die Geldhoheit ist die Grundlage der Staatshoheit. Sie wirkt auf die allgemeine Wirtschaftspolitik, die

---

292 Fn. 144.

293 Öhlinger/Potacs, a.a.O., S. 21.

294 Rossi, zu Art. 308 EGV, S. 2188.

295 EuGH 1955/56, 312, RS 8/55 – Fédéchar; Rs 281/85, Slg. 1987, 3203.

296 Fnn. 278, 282.

297 Oppermann, a.a.O., S. 337; vgl. auch Callies zu Art. 1 EUV in Callies/Ruffert, a.a.O., S. 13; Battis, *Europäische Integration*, 1995, S. 87.

298 Hesse, *Verfassungsgerichtsbarkeit*, 2000, S. 178.

Sicherheitspolitik oder auf die Polizeigewalt ein. Sie ist das erste Grundelement zur Staatswerdung der EU.[299] Sie ermöglichte den zweiten Schritt: die Europäische Verfassung.

6) Die Mitgliedstaaten können nicht als Herren der Verträge bezeichnet werden. Allein die Kompetenz–Kompetenz der Union genügt als Beweis dafür. Die Vertragsänderung gemäß Art. 48 EUV kann ausschließlich durch Initiative der Gemeinschaft erfolgen.[300] Das Änderungsverfahren beginnt nicht mit Vorlage eines Entwurfes durch einen Mitgliedstaat. Wegen des Vorrangprinzips sind die Mitgliedstaaten aber bei einer Vorlage verpflichtet, sich gemeinschaftskonform zu verhalten. Jede Vertragsänderung muss die Funktionsfähigkeit der EU verstärken, nicht abschwächen. Die Mitgliedstaaten müssen weiterhin die Funktionsfähigkeit der EU bewahren, selbst wenn sich einer von diesen in einem Notfall befindet. (Art. 297 EGV) Sie dürfen die Wettbewerbsfähigkeit der EU nicht dadurch beeinträchtigen, dass sie wegen wesentlicher Sicherheitsinteressen sich weigern, der EU Auskünfte zu erteilen. (Artt. 296, 297 EGV) Wegen der Kompetenz–Kompetenz hat dieses Recht kaum eine praktische Bedeutung. Es betrifft eine innere Souveränität der Mitgliedstaaten, die gemeinschaftsrechtlich eingebunden ist, selbst wenn die Staaten einen Entscheidungsspielraum behalten mögen.[301] Die Ratifizierung der Verträge gemäß ihren verfassungsrechtlichen Vorschriften (Art. 313 EGV) bestätigt keine völkerrechtliche Natur der EG/EU.[302] Eine solche Auslegung vertrüge sich weder rechtlich noch materiell mit der Funktionsfähigkeit der EU. Gegen eine solche Auslegung spricht auch Art. 313 EGV selbst, wonach der Vertrag jeweils nach der Hinterlegung der letzten Ratifikationsurkunde ohne Wenn und Aber in Kraft treten muss.[303]

c) *Gemeinschaftskonforme* Verfassungsabänderung

Die EU übt Hoheitsrechte aus, die ihr die Mitgliedstaaten übertragen haben. Dies legitimiert nicht die verfassungsrechtliche Begrenzung des Vorrangprinzips durch das BVerfG. *Die neuere Gewalt kommt unausweichlich aus der älteren Gewalt heraus*. Die Gründung des *deutschen Bundes* ist durch die *Übertragung der Hoheitsrechte* der *Länder* ermöglicht worden. Diese Gründung dient sogar der EU als Modell.[304] Die Gründerstaaten der Gemeinschaften haben bewusst eine überstaatliche Einrichtung geschaffen. Die Mitgliedstaaten wissen,

---

299 Wolf, Prozesualle Probleme, 1999, S. 250; Haverkate, Diskussionsbeitrag, 1994, S. 157.

300 Nicolaysen, a.a.O., S. 157; Giegerich, a.a.O., S. 723.

301 Giegerich, a.a.O., S. 333.

302 So Becker, zu Art. 313 EGV., 2000, S. 2431.

303 Vgl. Giegerich, a.a.O., S. 663, 664.

304 Möllers, Konstitutionalisierung, 2003, S. 14.

wem sie angehören. Mit ihrem Beitritt zur EU haben sie ihr ihre Hoheitsrechte friedlich bzw. freiwillig übertragen. Der Übertragungsumfang hing von ihnen ab. Wenn sie sich eine völkerrechtliche EU gewünscht hätten, waren sie in der Lage gewesen, die *Übertragungsintensität* einzuschränken. Stattdessen haben sie die Gemeinschaftskompetenzen besonders durch den Maastricht–Vertrag erweitert. In einer Erklärung der Konferenz von Maastricht vom 7. Februar 1992 haben die Mitgliedstaaten die Kommission sogar dazu aufgefordert, die Funktionsfähigkeit der EU einzuhalten. So erkannten sie selbst seit damals das Vorrangprinzip vor nationalem Recht an.[305]

Aufgrund des Vorrangprinzips ist also eine nationale Verfassung *gemeinschaftskonform* abzuändern. Das Gemeinschaftsrecht ist *nicht verfassungskonform* abzuändern. Art. 23 Abs. 1 stellt also eine gemeinschaftskonforme Abänderung des GG dar. Dadurch passt sich Deutschland den Anforderungen des Gemeinschaftsrechts an. Die Zustimmungsgesetze zur Integration des Landes dürfen nicht die gemeinschaftsrechtlichen Grundausrichtungen der EU außer Kraft setzen. Sie müssen so verabschiedet werden, dass sie die Grundausrichtungen der EU bewahren.[306] Ihre Verfassungskontrolle hat nämlich als Prüfungsgegenstand, ob sie *gemeinschaftsmäßig, nicht* ob sie *verfassungsmäßig.* Falls die Gemeinschaftskonformität nicht nötig wäre, diente der Integration Deutschlands allein Art. 24 i.V.m. Art. 25 GG.

Art. *25* GG bietet jedoch kein Mittel zur Eingliederung Deutschlands in die EU, weil er ausschließlich die völkerrechtliche Lage des Landes bestimmt. Er enthält die grundlegende Anordnung, dass die allgemeinen Regeln des Völkerrechts auch in Deutschland Geltung erlangen.[307] Entscheidend ist folglich nicht eine besondere inhaltliche Qualität der Norm, sondern ihre Allgemeinverbindlichkeit. Allgemeine völkerrechtliche Regeln sind diejenigen, die von der überwiegenden Mehrheit der Staaten auf der ganzen Welt als rechtsverbindlich angesehen und befolgt werden.[308] Diese Regeln können demzufolge von Staaten mit marktwirtschaftlicher und nicht marktwirtschaftlicher Ordnung anerkannt werden. Sie können ebenfalls von Staaten mit sozialer und völlig liberaler Marktwirtschaft befolgt werden. Solche Regeln haben Vorrang vor einfachem, nicht aber vor Verfassungsrecht.[309]

Art. *24* stellt den *ersten Schritt* zur Integration Deutschlands in die EG dar.[310] Er entspricht der früheren Entwicklung der EU, in der sich die Staatswerdung mehr als möglich als sicher ausnahm. Deshalb gestattet er die Übertragung ein-

---

305 Vgl. Streinz, a.a.O., S. 61.

306 A. A. Badura, *Supranationalität*, 1998, S. 76; König, Übertragung, 2001, S. 280.

307 Rojahn, *Art. 25 GG*, S. 241.

308 Rojahn, *Art. 24 GG*, 2000, S. 245; Hofmann, *Art. 25 GG*, 2002, S. 1565.

309 Rojahn, *Art. 25 GG.*, 2000, S. 269; Hofmann, *Art. 25 GG*, 2002, S. 1570 – 71.

310 Rojahn, *Art. 24 GG*, 2000, S. 182;

zelner Hoheitsrechten auf die EG und nicht die der gesamten Staatsgewalt.[311] Er verfügt deswegen über einen nicht so engen völkerrechtlichen Charakter im Gefüge des GG wie Art. 25, aber immerhin einen eher völkerrechtlichen Charakter.[312]

Art. *23 Abs. 1* GG ist der *zweite* Schritt zur Integration Deutschlands in die EU. Er entspricht ihrer späteren Entwicklung. Deshalb ermöglicht er die Übertragung der gesamten Staatsgewalt des Landes auf sie.[313] Beweis dafür ist der Maastricht - Vertrag selbst. Er ist am 7. Februar 1992 unterzeichnet worden. Art. 23 wurde durch Änderungsgesetz vom 21. Dezember 1992 ins GG eingefügt. Beim Abänderungsverfahren hatte die gemeinsame Verfassungskommission ihre Absicht geäußert, den Weg Deutschlands zur politischen Einigung Europas abzusichern.[314] Dabei überlegte sie sich, ob Art. 24 Abs. 1 GG eine geeignete Ermächtigungsgrundlage für die deutsche Teilnahme an *dieser* EU bietet oder ob durch Einfügung einer spezifischen *Europaartikels* ins GG eine *stabilere* Verfassungsgrundlage für die deutsche Integration geschaffen werden müsste.[315] Die Ratifikation des Maastricht–Vertrages ist nach der Einfügung des Art. 23 Abs. 1 GG erfolgt. Die Erfüllung der föderativen Grundsätze des Art. 23 Abs. 1 GG ist folglich keine Pflicht, die Deutschland den EU–Organen auferlegt. Sie ist hingegen eine Pflicht Deutschlands, um zum *Bundesland* des europäischen Staates werden zu dürfen. Der Verweis des Art. 23 Abs. 1 GG auf die *Unabänderungsklausel* des Art. 79 Abs. 3 GG kann dementsprechend als keine verfassungsrechtliche Schranke des Vorrangprinzips, sondern als eine *gemeinschaftsrechtliche* Schranke der deutschen Staatsgewalt verstanden werden.[316] Es wird jedoch die Ansicht vertreten, dass die deutsche Gerichtsbarkeit aufgrund Art. 79 Abs. 3 aufleben könnte, falls die EU die Grundrechte oder das Sozialstaatsprinzip des GG missachtete.[317] Ähnlich hat sich das BVerfG im Jahre 2000 geäußert: Verfassungsbeschwerden und Vorlagen von Gerichten, die eine Verletzung der Grundrechte des GG geltend machen, seien von vornherein unzulässig, wenn ihre Begründung nicht darlege, dass die europäische Rechtsentwicklung einschließlich der EuGH–Rechtsordnung nach Ergehen der Solange II–Entscheidung unter den erforderlichen Grundrechtsstandards abgesunken

---

311 Rojahn, *Art. 24 GG*, 2000, S. 212; vgl. auch Hofmann, *Art. 24 GG*, 2002, S. 1439; Lorenz, Übertragung, 1990, S. 96.

312 Vgl. König, a.a.O., S. 62 – 64.

313 A.A. Kirchhof, *Maastricht – Urteil*, 13; Oschatz, Diskussionsbeitrag,1994, S. 104; Vgl. auch Steinberger, Anmerkung zum Maastricht – Urteil, 1994, S. 28.

314 Giegerich, a.a.O., S. 1213.

315 Giegerich, a.a.O., S. 1215.

316 *Vgl. dazu die Funktionsfähigkeit der deutschen Verwaltung als Voraussetzung der zukünftigen staatlichen Funktionsfähigkeit der EU unter* „6. Kritik an der Kritik".

317 So Hirsch, *Gemeinschaftsgrundrechte*, 1998, S. 21, 22.

sei.[318] Obwohl diese Ansicht als *gemeinschaftsfreundlich* bezeichnet werden kann, ist sie in der Tat *gemeinschaftswidrig*. Eine Absenkung des Grundrechtschutzes oder des Sozialstaatsprinzips ist wegen des Vorrangprinzips nicht am GG sondern am EG–Recht zu messen.[319]

d) Europäische Bundesverfassung und nationale Länderverfassungen

Das **einzige** *Kriterium*, wonach eine Absenkung besteht, ist die *Funktionsfähigkeit* des europäischen Staates. Die Funktionsfähigkeit lässt sich ausschließlich durch ein ***Rangverhältnis*** zwischen *Bundesverfassung* und *Länderverfassungen* in der EU feststellen: Die europäische Bundesverfassung *bricht* die nationalen Länderverfassungen aufgrund des Vorrangprinzips. Der Vorrang des EG–Rechts findet seine Analogie im deutschen innerstaatlichen Bereich: Bundesrecht *bricht* Landesrecht. (Art. **31** GG)[320] Eine Brechung findet statt, wenn die Landesverfassung des Mitgliedstaates nicht an den *Grundprinzipien* der Bundesverfassung gebunden ist. Dies bedeutet: a) **Nur** die Bundesverfassung bestimmt die Grundprinzipien; **nie** die Landesverfassung und b) Die Landesverfassung erkennt deutlich durch einen entsprechenden Artikel oder stillschweigend durch ihre Teilnahme an dem Bund an, dass nur die Bundesverfassung die Grundprinzipien bestimmt. **Sie erkennt nämlich den *Vorrang der Bundesverfassung* an**. Wenn diese Anerkennung besteht, ist es sogar rechtlich unbedeutend, ob die Landesverfassung das Eigentumsgrundrecht womöglich verbietet oder das Sozialstaatsprinzip nicht verankert. Eigentumsgrundrecht oder Sozialstaatsprinzip gelten auch für die Landesverfassung. Falls die Landesverfassung diesen Vorrang mittelbar oder unmittelbar ablehnt, dann beansprucht sie Rechtsverbindlichkeit der Normen gegen das Eigentumsgrundrecht oder gegen das Sozialstaatsprinzip. In diesem Fall entsteht eine Bedrohung der Staatseinheit, die durch die bundesverfassungsrechtliche Durchsetzung des Vorrangs abzuwenden ist. Im deutschen innerstaatlichen Bereich wird diese Durchsetzung durch Art. **28 Abs. 1** GG vorgesehen.[321] Das Vorrangprinzip ist jedoch anwendbar, selbst wenn die Landesverfassung die inhaltsgleichen Grundprinzipien mit der Bundesverfassung verbürgt. In diesem Fall kann die Landesverfassung den Vorrang der Bundesverfassung *indirekt* ablehnen. Die BVerfGE 102, 147 stellt eine solche Ablehnung dar: Das Gericht redet von einer Absenkung unter den erforderlichen Grundrechtsstandards, obwohl das GG und das EG–Recht das Privateigentum und seine Sozialgebundenheit als *inhaltsgleiche*

318 BVerfGE 102, 147 – Bananenmarktordnung.

319 s. oben „b) *Bekräftigung* der Gemeinschaftswidrigkeit der deutschen Verfassungsrechtsprechung".

320 Lenz, Ausbau, 1991, S. 12; vgl. BVerfGE 36, 342.

321 s. oben „ERSTER TEIL - II. Das Sozialstaatsprinzip und seine Funktion in der Eigentumsdogmatik des GG".

Grundprinzipien verankern. Es redet also von einer Absenkung, die auf den *Umfang* des Eigentumsgrundrechtsschutzes im GG bezogen ist. Es handelt sich nicht um eine *Grund*absenkung, die das Verbot, den Kerninhalt des Eigentumsgrundrechts anzutasten, betrifft. Selbst wenn das der Fall wäre, erübrigte sich der Vorbehalt des BVerfG zugunsten des GG. Eine Grundabsenkung verstieße *sowieso* gegen das Unionsrecht selbst.[322] Das Gericht hat folglich mittelbar versucht, eine verfassungsrechtliche Grenze dem Vorrangprinzip des EG – Rechts zu setzen, um dadurch das Vorrangprinzip zugunsten das GG anzuwenden. Deshalb ist diese verfassungsrechtliche Grenze nochmals *gemeinschafts*–bzw. *bundesverfassungswidrig*. In einem föderativ gestalteten europäischen Bundesstaat können der Bundesverfassungs–und der deutsche Landesverfassungsbereich nebeneinander stehen. Soweit die Bundesverfassung für die Länderverfassungen keine Normativbestimmung gibt, können die Länder ihre Verfassungsgerichtsbarkeit selbst ordnen. Diese Selbstordnung erstreckt sich jedoch soweit, bis sie ihrer Struktur nach der europäischen Bundesverfassung verträglich ist. Bereits im Rahmen der EU sowie im Rahmen eines europäischen Staates kann das BVerfG Bundes–und deutsche Landesverfassungsgrundprinzipien *parallel*[323] anwenden, soweit Raum dafür besteht. Innerhalb des gleichen Wirtschaftssystems und der *gleichen Form* dieses Systems ergibt sich keine Kollision zwischen Bundesrecht und Landesrecht, selbst wenn die Normen der Landesverfassung im Vergleich mit den Normen der Bundesverfassung breiteren oder engeren Umfangs sind. Das kann nur passieren, wenn die Landesverfassung den Vorrang der Bundesverfassung verweigert. Die Funktionsfähigkeit des Staates fordert dann die Beseitigung dieser völlig unnötigen Kollision durch die Brechung der Landesverfassung.[324] Im *Grundrechtsbereich* darf keine Landesverfassung den Verlust von Marktanteilen der Marktbeteiligten als Eigentumsverletzung ansehen, wenn die Bundesverfassung es nicht zulässt.[325] Im *arbeitsrechtlichen Sozialbereich* darf die Landesverfassung die private oder die öffentliche Arbeitnehmermitbestimmung soweit schützen, wie die Bundesverfassung diesen Schutz bestimmt.

e) Die nationale Identität (Art. 6 § 3 EUV)

Die Achtung der nationalen Identität der Mitgliedstaaten von der EU bestätigt ihren Willen, jedes Kulturmerkmal jedes europäischen Volkes aufrechtzuerhal-

---

322 s. oben über die Verfassungs – und Gemeinschaftsmäßigkeit des deutschen privaten und öffentlichen Mitbestimmungsrechts i.V.m. Fn 316.

323 s. Fn 316.

324 Vgl. BVerfGE 96, 345; 1, 264 – Bezirksschornsteinfeger.

325 Vgl. EuGH, C – 280/93, Bananen – Marktorganisation, BRD gegen Rat der EU, Urteil vom 5.Oktober 1994, Slg. 1994, I – 04973; „v. Schutzbereich des Eigentumsgrundrechtes in der GRCh“; „Siebtes Ergebnis“.

ten. Die Sprache jedes Volkes, oder die Konfessionen werden beispielsweise überhaupt nicht als Hindernisse der europäischen Staatswerdung, sondern als ihre Dynamik aufgefasst. Die GRCh spricht von der Vielfalt der Kulturen.[326] Sie fordert nicht, diese zu vernachlässigen. Die EV achtet die nationale Identität.[327] Dies erteilt dem einfachen europäischen Gesetzgeber den Auftrag, sich um die Kulturvielfalt weiter im europäischen Staat zu kümmern.

Die Achtung der nationalen Identität stellt jedoch keine Rücksichtnahme bzw. keine *nationale* verfassungsrechtliche Grenze der gemeinschaftskonformen Auslegung des GG dar.[328] Die GRCh zählt nicht die nationalen Verfassungen zur nationalen Identität. Sie stellt die Kultur*vielfalt* den *gemeinsamen* Verfassungstraditionen gegenüber.[329] Hätte der europäische Verfassungsgesetzgeber beabsichtigt, dem Vorrang eine nationale Verfassungsgrenze zu setzen, hätte er ihn in der Bundesverfassung nicht, schon gar nicht als Grundprinzip verankert.[330] Wenn er darauf abgezielt hätte, hätte er die nationalen Verfassungen zur nationalen Identität gezählt. Stattdessen spricht er die nationale Identität in § 3 an, indem er Rücksicht auf die nationalen Verfassungen in den §§ 1 und 2 des Art. 6 EUV nimmt. Die nationale Identität wird ebenfalls getrennt in der EV verankert. Abs. 2 des Art. 1 spricht sie an. Sie wird nicht in Abs. 3 des Artikels, in dem die Rede von den gleichen Werten ist, oder besonders auch nicht in Art. 2 miteinbezogen, der die Werte der Union aufzählt.[331]

f) Die Verfassungsüberlieferungen

Die Verfassungsüberlieferungen der EuGH–Rechtsprechung und die Verfassungstraditionen der GRCh lassen sich identifizieren. Europäische Verträge und GRCh verbürgen *inhaltlich* das gleiche Eigentumsgrundrecht und das gleiche Sozialstaatsprinzip.[332] Somit sind sie Schritte zur europäischen Einigung. Diese Einigung entwickelt sich zur Staatswerdung der Union. Die nationalen Verfassungen sind der notwendige Ausgangspunkt der Verträge und der GRCh,[333] wovon sie sich wegen des Vorrangsprinzips verselbständigt haben. Genau deswegen handelt es sich um *Überlieferungen*: Die nationalen Verfassungen sind

---

326 s. oben „ERSTER TEIL – b) Die Eigentumsdogmatik der GRCh".

327 CONV 528/03 – Entwurf der Artikel 1 bis 16 des Verfassungsvertrags, Art.1 Abs. 2.

328 So Giegerich, a.a.O., S. 805; Nettesheim, a.a.O., S. 53.

329 s. oben „ERSTER TEIL - b) Die Eigentumsdogmatik der GRCh".

330 s. Fn 274.

331 s. Artt. im Verfassungsentwurf (Fn. 274).

332 Vgl. oben „*Verfassungsüberlieferungen*" unter „ERSTER TEIL – II. Das Eigentumsrecht in der EG/EU – 2. Konkretisierung des mittelbaren Eigentumsschutzes"; „*Verfassungstraditionen*" unter „ERSTER TEIL – b). Die Eigentumsdogmatik der GRCh".

333 s. oben unter "c) Gemeinschaftskonforme Verfassungsabänderung „*Die neuere Gewalt kommt unausweichlich aus der älteren Gewalt heraus*"

nämlich keine Rechtsquellen, sondern Rechts*erkenntnis*quellen, aus denen der EuGH als *Bundesverfassungsgericht* der *Union* ihre Interessen wahrnimmt.[334] Deutschland ist somit nicht mit den anderen Mitgliedstaaten durch Völkerrecht verbunden, innerhalb dessen das GG an der Spitze der Normenhierarchie bleibt. Es ist mit der EU verbunden. Das EG – Recht ist demzufolge kein völkerrechtlicher Vertrag. Es stellt deshalb keinen grundgesetzkonformen Überprüfungsgegenstand des BVerfG dar. Das hat als weitere Folge, da die *Zustimmungsgesetze* zum EG–Recht *gemeinschaftskonform* zu überprüfen sind.[335]

g) „Warnung vor einer Krise“

Die Prüfungsbefugnis des BVerfG ist als eine Warnung an der EU vor einer Krise erläutert und dadurch gerechtfertigt worden. Die Argumentation dieser Ansicht beruht wieder auf einer möglichen Grundabsenkung der Grundrechtsstandards innerhalb der EU, wie diese vom GG bestimmt werden. Falls eine solche Absenkung geschähe, übe das Gericht seine Gerichtsbarkeit aus.[336]

Aus den oben genannten Gründen ist diese Ansicht abzulehnen. Könnte aber eine Grundabsenkung vom BVerfG gemeinschaftsrechtlich nicht abgewendet werden,[337] dann würde es eine EU-Auflösung bedeuten. Es ginge tatsächlich um eine Krise. Aber nur im Falle einer EU–Auflösung könnten die nationalen Verfassungsgerichtsbarkeiten wieder *national* ausgeübt werden. Solange das nicht passiert, darf das BVerfG nicht mit diesbezüglichen Vermutungen operieren. Wegen des nicht völkerrechtlichen Charakters der Union, könnte sich ein Mitgliedstaat nicht auf den Wegfall der Geschäftsgrundlage (*clausula rebus sic stantibus)* berufen, um sich von der Union etwa im Extremfall zu lösen. Auch wenn dies möglich wäre, handelte es sich um eine politische Entscheidung, die das BVerfG nicht treffen darf.

h) Gemeinschaftswidrigkeit der *hellenischen* Verfassungsrechtsprechung

In der deutschen Literatur wird die Ansicht unterstützt, dass die hellenische Verfassung *nach herrschender Meinung* im Lande Vorrang vor dem EG–Recht genieße.[338] Es wird auch unterstützt, dass die hellenische Rechtsprechung die

---

334 Vgl. Hirsch., *Gemeinschaftsgrundrechte*, S. 11; Streinz, a.a.O., S. 134 ; s. auch oben da neunte Ergebnis in „ERSTER TEIL“ unter „3. Ergebnisse“.

335 s. oben „c) *Gemeinschaftskonforme* Verfassungsabänderung“; a A. Lanfermann – Chwolik, Grundrechtsschutz, S. 102.

336 König, a.a.O., S. 475.

337 s. Fn 321.

338 Grabenwarter, Unionsverfassung, 2003, S. 293, 294.

Verfassung als vorrangig anerkennt.[339] Diese Ansichten entsprechen nicht der Wirklichkeit. Der Vorrang des Gemeinschaftsrechts auch vor der Verfassung ist vor allem von der hellenischen Rechtsprechung und zwar von der höchstrichterlichen weitgehend anerkannt.[340] Einige *gemeinschaftswidrige* Entscheidungen sind jedoch ergangen. Die Gemeinschaftswidrigkeit einer Entscheidung bestand in einem Fall in der Weigerung des Staatsrats, Gemeinschaftsrecht anzuwenden, obwohl der EuGH im Rahmen des Vorabentscheidungsverfahrens, das den Rechtsstreit vor hellenischem Gericht betraf, dies gefordert hatte.[341] Die Gemeinschaftswidrigkeit dreier anderer Entscheidungen[342] bestand in der Auffassung des Verwaltungslandgerichts von Athen, die nicht erfolgte Umsetzung der Richtlinie 89/48[343] verstoße nicht gegen die gemeinschaftlichen Verpflichtungen des Staates. In diesem Fall hatte das Gericht die Verurteilung von Hellas wegen der nicht erfolgten Umsetzung der Richtlinie durch den EuGH nicht berücksichtigt.[344]

Die Basis der Entscheidungen des Verwaltungslandgerichts ist die Entscheidung *3457/1998* des Staatrats.[345] Diese ist die wichtigste gemeinschaftswidrige Entscheidung, weil sie die Verfassung dem Unionsrecht mittelbar als vorrangig erklärt. Rechtsstreitig war die Verweigerung der zuständigen hellenischen Stelle für die Anerkennung von Diplomen (DIKATSA), in Hellas Diplome von Hochschulen anderer Mitgliedstaaten anzuerkennen, für deren Erlangung ein Teil der Ausbildung in Hellas bei Zweigstellen der betroffenen Hochschulen absolviert worden war. Der Staatsrat hat der Verweigerung stattgegeben. So verstieß er gegen das Unionsrecht. Seine Begründung stützte sich auf Art. 126 EWG (Art. 149 EGV), den er aber selbst auslegte, ohne ein Vorabentscheidungsersuchen beim EuGH vorgelegt zu haben. Die Richtlinie 89/48 sowie Artt. 49, 57 und 66 EWG (Artt. 40, 47 und 55 EGV) wurden als nicht einschlägig beurteilt. Die Beurteilung beruhte auf Art. 16 h.Verf., der die Gründung privater Universitäten verbietet. Die Berufung auf die Verfassung hatte die unzuständige Auslegung des Gemeinschaftsrechts durch eine nicht zuständige Stelle ermöglicht.

---

339 Mayer, Kompetenzüberschreitung, 2000, S. 270.

340 APPE 3/97, D/NI/97, 539; 23/98, D/NI/98, 793; APE 13/2001, D/NI/2001, 1275; ESE 977/2000, DDIKI/2001, 795; AthOLGE 5975/2000, 1241; 771/1998, D/NI/98, 642.

341 StEE 1014/1999, ToS/99, S. 1129. Das EuGH – Urteil, das der Staatsrat übersehen hat, ist „ SETTG, C – 398/95, Slg. 1997, S. I – 3091".

342 AthVerwLGE 8240/99, 8241/99 und 8242/99 in Kommission der EG - Anhang VI: Anwendung des Gemeinschaftsrechts durch die Gerichte der Mitgliedstaaten, Teil VI, 16.7.2001.

343 Richtlinie 89 /48 / EWG des Rates vom 21. Dezember 1988 über eine allgemeine Regelung zur Anerkennung der Hochschuldiplome, die eine mindestens dreijährige Berufsausbildung abschließen (Abl. 1989, L 019, S. 16)

344 EuGH C – 365/93, Slg. 1995, S. I – 499.

345 StEPE 3457/1998, ARM/98, S. 125.

Darüber hinaus ist die Entscheidung gemeinschaftswidrig aus allen anderen oben genannten Gründen. Es lohnt sich jedoch zu erwähnen, dass diese Entscheidung mit elf Gegenstimmen ergangen ist.

i) *Gemeinschaftskonforme* Verfassungsauslegung

Artikel **28** h.Verf. regelt im Grunde genommen den Vorrang des *Völkerrechts* vor entgegenstehendem nationalem Recht. Zur Geltung der internationalen Verträge fordert er eine Ratifikation. Ihre Anwendung im Lande ist zusätzlich durch den *Gegenseitigkeitsgrundsatz* erlaubt. (Abs. 1) Er erkennt internationalen Einrichtungen Zuständigkeiten zu, wenn sie den nationalen Interessen dienen. Voraussetzung dafür ist ein Gesetz, das mit einer 3/5 Mehrheit verabschiedet wird. (Abs. 2) Er ermöglicht *Souveränitätsbeschränkungen* durch Zustimmungsgesetz, das mit absoluter Mehrheit aller Abgeordnete verabschiedet wird. Die Beschränkungen müssen den nationalen Interessen dienen. Sie dürfen nicht gegen das Demokratieprinzip und die Menschenrechte verstoßen. Zur Geltung des Zustimmungsgesetzes muss der Gegenseitigkeitsgrundsatz Anwendung finden. (Abs. 3)

Die Absätze *2* und *3* waren im Hinblick auf den Beitritt von Hellas zur EG verabschiedet worden. Am 12.Juni 1975 stellt Hellas den Antrag auf Aufnahme in die EG, also drei Tage nach der Verabschiedung der Verfassung und einen Tag nach ihrem Inkrafttreten. Obwohl die EG bereits damals keine völkerrechtliche Einrichtung war, bat Art. 28 das geeignetste Mittel zum *Beitritt* des Landes. Vor der letzten Verfassungsabänderung von 2001 war er aber nicht das geeignete Instrumentarium zur Anerkennung des Vorrangs des Gemeinschaftsrechts vor der Verfassung.[346] Der Artikel sieht im Allgemeinen begrenzte Souveränitätsbeschränkungen bzw. *begrenzte* Übertragungen von Hoheitsrechten auf *völkerrechtliche* Einrichtungen vor. Er fordert Gegenseitigkeit, die auch eine Hoheitsrechtsübertragung von einer internationalen Einrichtung oder von anderen Staaten bedeutet.[347] Er ermöglichte deshalb keine Beteiligung von Hellas an einem europäischen Bundesstaat, die eine *volle, einseitige* Übertragung von Hoheitsrechten fordert.[348] Die Anerkennung des Vorrangprinzips vor der Verfassung ist demzufolge der *gemeinschaftskonformen* Auslegung des Artikels von der Rechtsprechung zu verdanken. Diese Auslegung hat vor der Verfas-

---

[346] A.A. Papadimitriou, Europäische Integration, 1995, S. 180.

[347] EuGH, Costa/ENEL: „Diese Aufnahme der Bestimmungen des Gemeinschaftsrechts in das Recht der einzelnen Mitgliedstaaten und, allgemeiner, Wortlaut und Geist des Vertrages haben zur Folge, dass es den Staaten *unmöglich* ist, gegen eine von ihnen auf der Grundlage der *Gegenseitigkeit* angenommene Rechtsordnung nachträgliche einseitige Maßnahmen ins Feld zu führen“, S. 1270.

[348] Lorenz, a.a.O., S. 261.

sungsabänderung im Jahre 2001 stattgefunden.[349] Bei dieser Abänderung ist in Art. 28 eine Erläuterung eingefügt worden. Ihr gemäß ist Art. 28 h.Verf. die Grundlage zur Beteiligung des Landes am Integrationsverfahren. Der hellenische Verfassungsgesetzgeber hat anders als der deutsche keinen eigenständigen Europaartikel in die Verfassung eingefügt. Er hat eine *Europaerläuterung* bevorzugt. Immerhin bestätigt und bekräftigt sie die gemeinschaftskonforme Auslegung der Rechtsprechung. Sie ermöglicht nunmehr die Beteiligung von Hellas am europäischen Bundesstaat. Sie behält für die gemeinschaftswidrige Verfassungsrechtsprechung keine Möglichkeit, dem Unionsrecht verfassungsrechtliche Grenze zu setzen. Wegen der Europaerläuterung ist nicht die EU verpflichtet, das Demokratieprinzip und die Menschenrechte zu bewahren. Hellas ist im Gegenteil dazu verpflichtet, durch die nationale Verfassung, das Demokratieprinzip und die Menschenrechte zu schützen, um zum *Bundesland* des europäischen *Bundesstaates* werden zu dürfen.

j) Die Gemeinschaftstreue

Nach Art. 10 EGV (ex Art. 5 EWGV) haben alle Mitgliedstaaten die Aufgabe, alle allgemeinen und konkreten Maßnahmen zu treffen, um ihre aus den Verträgen hergeleitenden Verpflichtungen zu erfüllen. Ihre Aufgabe ist auch, alle Maßnahmen zu unterlassen, die die Verwirklichung der Ziele der Verträge gefährdeten.

Aus diesem Artikel ergibt sich das Prinzip der ***Gemeinschaftstreue***.[350] Der Inhalt des Prinzips ist einfach der Wortlaut des Artikels. Er bedarf keiner Auslegung. Er verdeutlicht und bestätigt den Vorrang des Bundesrechts der EU, durch welches sie bundesstaatlich organisiert wird, um sich vereinigen zu können.[351] Das Gemeinschaftstreueprinzip ist in das hellenische Recht durch Art. 5 des Gesetzes 945/1979[352] umgesetzt worden. Im deutschen Recht ist es als ***Bundestreueprinzip*** bekannt. Es stammt aus der Reichsverfassung von 1871.[353] Es ist ein ungeschriebener Grundsatz des GG, der einem eventuell bundesfeindlichen Verhalten der Bundesländer dem Bund gegenüber vorbeugt.[354] Deshalb kann das GG ohne es nicht bestehen.[355] Denn es trägt zur Wahrung des „Bünd-

---

349 APPE 3/97, D/NI/97, 539; 23/98, D/NI/98, 793; ESE 977/2000, DDIKI/2001, 795; AthOLGE 5975/2000, 1241; 771/1998, D/NI/98, 642.

350 Zuleeg, *Aufteilung*, 2000, S. 98; EuGH Rs C – 6/90 und 9/90, Francovich, Slg. 91, I – 5357; StEPE 2070/1999.

351 Vgl. Stern, *Staatsrecht*, Bd I, 2 Aufl., 1984, S. 676, 650.

352 G. 945/1979 – Über den Beitritt von Hellas zur EWG (FEK. A – 170).

353 Doerfert, Bundestreue, JuS 12/96, S. L 90.

354 Vgl. Hesse, *Grundzüge*, 1999, S. 40; BVerfGE 2, 380.

355 Vgl. Hesse, *Grundzüge*, 1999, S. 116.

nisses“ zwischen Bund und Bundesländern bei; im Grunde genommen verpflichtet sie die Bundesländer dazu, den *Wesen* dieses „Bündnisses“ bzw. die *deutsche Staatlichkeit* aufrechtzuerhalten.[356] Aufgrund des Gemeinschaftstreueprinzips bzw. des Bundestreueprinzips dem Unionsrecht gegenüber ist die oben dargelegte deutsche und hellenische verfassungsrechtliche Rechtsprechung rechtswidrig.

4. Ergebnis

Aus allen diesen Gründen ist jede nationale verfassungsrechtliche Integrationsgrenze nicht legitim. Das Vorrangprinzip erweist sich als *absoluter* Gestaltungsfaktor der EV. Somit erweist sich die dauernde Funktionsfähigkeit der EU als Grundlage ihrer Staatlichkeit. Der Kerninhalt des Eigentumsgrundrechts und des Sozialstaatsprinzips ist im Rahmen der obersten Gerichtsbarkeit des EuGH unwiderruflich zu bestimmen. Ihr Umfang ist ebenso unwiderruflich von ihm zu konkretisieren. Innerhalb eines europäischen Bundesstaates ist es für die Mitgliedstaaten möglich, ihre Staatsqualität weiterzubesitzen. Diese Staatsqualität spiegelt sich in ihrer Verfassungsautonomie wider. Es handelt sich aber eben um eine *Autonomie*, *nicht* um eine *Verfassungseigenständigkeit,* die die Herrschaft des Bundes über die Mitgliedstaaten zu beseitigen vermöchte.[357] Wenn aber der Vorrang des Unionsrechts absolut ist, stellt sich die Frage, ob die Staatlichkeit der Union keine Grenze kennt. Die Antwort darauf bezieht sich auf die EV selbst. Diese setzt den Rahmen bzw. die Grenze, innerhalb deren der europäische Bundesstaat rechtspolitisch zu realisieren ist. Das ist keine geschichtliche oder juristische Neuigkeit. Deutscher und hellenischer Staat üben primäre Gewalt aus, die in *ihren* Verfassungen vorgesehen ist. Die Grenze dieser Gewalt wird wieder in *ihren* Verfassungen vorgeschrieben. *Ihre* Verfassungen sind wieder diejenigen, die sie vor dem Zerfall schützen.

Wegen der föderativen Struktur des Landes ist dieser Schutz am Beispiel des GG leichter zu begreifen: Die deutschen Gliedstaaten behalten eine Staatsqualität bei. Als Bundesländer sind sie aber der Herrschaft des Bundes untergeordnet. Die Unterordnung lässt sich durch das *Vorrangprinzip des Bundesrechts* beweisen. Dieses geschriebene Prinzip ruft das ungeschriebene Bundestreueprinzip hervor. Dieses richtet geschriebenes und ungeschriebenes Verfassungsrecht auf die Funktionsfähigkeit des Staates aus. Dieses ermöglicht dem Bund, die verfassungsmäßige Ordnung der Länder zu gewährleisten. (Art. 28 Abs. 3 GG) Dessen Folge ist der *Bundeszwang* (Art. 37 GG), der anzuwenden ist, falls die Bundestreue übertreten wird. Der Vorrang legitimiert weiterhin die *Bundesaufsicht.* (Artt. 84 Abs. 3, 85 Abs. 4, 108 Abs. 3 GG)

---

356 Vgl. BVerfGE 1, 299; 12, 205.

357 Vgl. Jellinek, *Staatslehre*, 1914, S. 769.

Er stellt die Rechtssäule zur Kompetenzaufteilung zwischen Bund und Ländern dar: Alle Rahmenbedingungen zur *Durchsetzung* des *Wirtschaftssystems* (Währung, Maße und Gewichte, Zeit, Freizügigkeit und Verkehrssysteme) sowie die Außenvertretung, gehören den *ausschließlichen* Zuständigkeiten des Bundes (Artt. 71, 73 GG) an. Die *konkurrierenden* Zuständigkeiten der Länder (Artt. 72, 74 GG) sind *begrenzt* konkurrierend: Sie bieten den Ländern eine Gesetzgebungsmöglichkeit, aber *solange* und *soweit* der Bund nicht davon Gebrauch gemacht hat. Die Ausübung der Gesetzgebung der Länder darf außerdem nicht über den Vorrang des Bundesrechts hinausgehen.

Der Vorrangcharakter des Verhältnisses zwischen deutschem Bund und deutschen Gliedstaaten *oder* zwischen Unionsbund und Mitgliedstaaten fusst im **Arbeitsrecht**. Das lässt sich durch die *gemeinschaftsmäßige* Beurteilung des Mitbestimmungsrechts durch die nationalen Gerichtsbarkeit veranschaulichen.[358] Im Lichte dieser ist der ***Bund*** wie ein ***Arbeitgeber*** und die ***Bundesländer*** wie ein ***Arbeitnehmer***. Die ***Bundesländer*** haben ***Mitbestimmungsrechte***. Der ***Bund*** hat das ***Letztentscheidungsrecht***. Die Mitbestimmungsrechte und das Letztentscheidungsrecht müssen im Geiste der Zusammenarbeit ausgeübt werden. Dabei ist das Letztentscheidungsrecht des Bundes jedoch nicht anzutasten. Diese *Unantastbarkeitspflicht* lässt sich nicht bemerken, solange kein Notfall auftritt. Als *Notfall* sind Mitbestimmungsrechte zu verstehen, die bei ihrer Anwendung das Letztentscheidungsrecht zu beseitigen vermögen. Die Bundestreue verpflichtet freilich auch den Bund. Es handelt sich aber um eine Verpflichtung *innerhalb* seines Letztentscheidungsrechts: Sie schafft seine ausschließlichen Zuständigkeiten nicht ab; sie hebt sein Recht auf die Gesetzgebung der Länder nicht auf. Sie ist eine für die Funktionsfähigkeit des Bundes *nötige* Grenze. Der Bund hat Interesse daran, sich dieser Verpflichtung zu unterziehen. Dadurch bewahrt sein Direktionsrecht den Ländern gegenüber einen reibungslosen Charakter. Sonst würde er selbst einen Notfall auslösen. Diese Grenze ist ihm ferner auch nützlich. Sie lässt den Ländern eine beschränkte Kontrolle des Vorrangprinzips zu. Eine begrenzte Kontrolle ist aber vorteilhafter als gar keine.

Wegen der begrenzten Kontrolle müssten die Länder den Bundesvorrang weiter verteidigen, auch wenn der Bund selbst gegen die Bundestreue verstoßen würde. **Denn die Bundestreue ist eine Konkretisierung des Vorrangprinzips.** Als solche erteilt den Ländern einen weiteren Auftrag: Auch beim Verstoß des Bundes gegen sie, bleibt sie weiter in Kraft. Grund dafür ist das Fortbestehen des Staates. Die Gliedstaaten bleiben folglich verpflichtet, noch das Bundesrecht anzuwenden, statt es sofort durch ihr eigenes Recht abzulösen. Das Vorrangprinzip des Unionrechts ist inhaltsgleich: Zum einen muss es absolut

---

[358] s. oben: BVerfGE 9, 268 – Bremisches Personalvertretungsgesetz; 93, 37 – MBG Schl. – H.; 50, 90 – Mitbestimmungsurteil; 99, 367 – Montan Mitbestimmung; AthLGE 455/2000.

sein, um den europäischen Bundesstaat schaffen und bewahren zu können. Um dieses Ziel zu erreichen, muss es zum anderen Krisen vorbeugen, die sein absoluter Charakter verursachen könnte. Deswegen braucht es eine Grenze, die diesen Charakter mildert. Denn ein absolutes Recht ist durch eine absolute Ausübung langfristig nicht sicherzustellen.[359]

II. Der *Ursprung* der Europäischen Verfassung

1. Vorbemerkung

Auf der Tagung des Europäischen Rates in Thessaloniki wurde vom Präsidenten des Europäischen Konvents *Valéry Giscard D' Estaing* am 20. Juni 2003 die EV vorgelegt. Es handelt sich offiziell um einen Entwurf eines Vertrags über eine Verfassung für Europa.[360] Im Verfassungstext wird jedoch der Begriff „Verfassung" und nicht der Begriff „Vertrag" verwendet. Tatsächlich handelt es sich um eine Verfassung und nicht um einen völkerrechtlichen Vertrag.[361] Der Begriff „Vertrag" kann Anwendung nur in völkerrechtlichen Einrichtungen finden. Die EU ist eine überstaatliche Einrichtung, die allmählich zum Staat wird. Die Schaffung eines Staates ist in völkerrechtlichen Einrichtungen kein Ziel. Es fehlen ihnen deshalb die Rechtsmittel dazu. Ihr Recht genießt *keinen* Vorrang vor der Verfassung ihrer Mitglieder. So behalten sie die ausschließliche Ausübung der *suprema potestas*. In der EU ist genau das Gegenteil der Fall.[362]

2. Der materiell–normative Begriff der EV

a) Einleitung

Die Verfassung verkörpert das Verhältnis zwischen Wirtschaft, Recht und Politik in *Einigkeit*.[363] Einigkeit bedeutet nicht, dass in der Gesellschaft, in der die Verfassung entsteht und gilt, keine Spannungen herrschen. Einigkeit bedeutet vielmehr die Schaffung eines Rahmens, innerhalb dessen der Kern eines Wirtschaftssystems von den gesellschaftlichen Spannungen unangetastet bleibt. Schaffung dieses Durchsetzungs–und Schutzrahmens bedeutet Schaffung einer Verfassung. Die Verfassung besteht aus mehreren Elementen, die ihr Gefüge bilden. Dessen Erforschung und Verständigung setzt die Untersuchung des Ver-

---

359 Vgl.. oben „ZWEITER TEIL" unter „c) Stellungnahme" zur BVerfGE 50, 90 – *Mitbestimmungsurteil*; vgl. auch dazu Manessis, *Verfassungsrecht*, S. 74 – 77.

360 CONV 820/03 – 20.Juni 2003 unter www.eu.int/ArticlesTraites.asp?lang=DE

361 So aber Tsatsos, *Interview*, 2003.

362 s. oben „DRITTER TEIL" unter „I. Einführung"; vgl. auch Giegerich, a.a.O., S. 330, 331.

363 s. Fn 269.

fassungsbegriffs voraus. Der Begriff ist durch den *Ursprung* der Verfassung zu vermitteln. Die Vermittlung ist schwer.[364] Der Grund dafür ist folgender: Der Ursprung der Verfassung als rechtspolitisches Phänomen geht weit über die Herkunft jeder einzelnen Verfassung hinaus. **Ursprung** ist die ***gemeinsame, sich*** im Laufe der Geschichte ***nicht verändernde*** Räson jeder Verfassung, ***unabhängig*** von dem jeweils herrschenden Wirtschaftssystem. **Herkunft** ist die ***besondere, sich verändernde*** Räson jeder einzelnen entstehenden Verfassung innerhalb ***einer*** Periode der Geschichte, im Rahmen ***eines*** Wirtschaftssystems. *Der Ursprung wohnt der Herkunft inne.* Er ist der Kern ***aller*** Verfassungen ***aller*** Zeiten, von Anfang der Geschichte bis heute. Die Herkunft setzt verschiedene Rahmenbedingungen für die Funktion des Kerns, ohne ihn anzutasten. Die biologische Zeit des Menschen ist viel kürzer als die geschichtliche Zeit. Unter diesen Umständen ist klar, wieso man den Verfassungsursprung vermisst.

Zu seiner Vermittlung bietet sich als geeignetstes Mittel die ***hellenische Verfassung der Antike*** an. Sie allein überbrückt die verschiedenen historischen Epochen, weil ihre Lehre über den Verfassungsursprung sich in der *Wirtschaftsordnung der Antike*, des *Mittelalters* und des *freien Marktes* bewährt. Die herrschende „moderne" Verfassungsauffassung ignoriert diese Lehre. Damit schiebt sie die Entwicklungsgeschichte der abendländischen Staatslehre beiseite.[365] Die Verfassungseinigkeit der EU stellt ebenfalls einen Schutzrahmen des Kerns der marktwirtschaftlichen Ordnung dar. Diese These ist durch die hellenische Verfassungslehre der Antike zu beweisen, wenn man die EV als einen Teil der abendländischen Staatslehre betrachten will.

b) Die hellenische Verfassungslehre der Antike als Untersuchungsmaßstab des Verfassungsursprungs

aa) Vorwort

Gemäß der Literatur ist die *sogenannte* „moderne" Verfassung von der Verfassung der Antike zu unterscheiden. Schwerpunkte dieser Unterscheidung sind folgende:

a) Der moderne Staat entwickelte sich aus den Religionskriegen des 16. und 17. Jahrhunderts. Nach diesen wurde die Frage nach seiner planhaften, auf Prinzipien beruhenden Ordnung gestellt.[366] Die moderne Verfassung sei die Antwort auf die Frage, indem sie die Ordnung des modernen Staates sei. In dieser Ordnung seien die Menschen von dem positiven Gefühl durchdrungen,

---

364 Vgl. v. Humboldt., Denkschrift, 1903, S. 99.

365 Vgl. Jellinek, a.a. O., Nachdruck *1976*, S. 293, 299.

366 Stern, *Staatsrecht.*, S. 61.

durch die Grundrechte in einem umfassenden Sinne ihre Selbstbestimmung erringen zu können.[367]

b) *Nach* der nordamerikanischen und der französischen Revolution werde die Verfassung als die *höchste* rechtliche Grundordnung des Staates verstanden. Dies bedeute, dass die moderne Verfassung ein normativer *Sollensbegriff* sei. Die „Verfassung" der Antike sei im Gegenteil ein empirischer *Seinsbegriff*. Sie beinhalte keine höherrangigen subjektiven Rechte, sondern auf Einzelfälle zugeschnittene, vertraglich abgesicherte Bürgschaften, über die sich die Staatsgewalt hinwegsetzen konnte. Die moderne Verfassung sei der Begriff der guten und gerechten Ordnung. Sie weise eine Konsensfunktion auf, von der die politische Herrschaft abhängig gemacht werde.[368] Die „Verfassung" der Antike sei ein *deskriptiver* Begriff, zu dessen Inhalt die Politik als Ausdruck des dominierenden gesellschaftlichen Konflikts nicht gehöre.[369]

Die Unterscheidung zwischen „antiker" und „moderner" Verfassung ist abzulehnen. Jede als „modern" geltende rechtspolitische Verfassungsauffassung ist nicht dem Mittelalter, nicht der nordamerikanischen Revolution, nicht der französischen Revolution, sondern dem *antiken hellenischen Verfassungsrecht* zu entnehmen.[370] Diese wurde vom römischen Staat übernommen und verbreitet, wie die Römer selbst *ubi et orbi* bekanntgegeben haben.[371]

bb) Die Verfassung als rechtspolitisches Phänomen in antiker Hellas

aaa) Verfassungs*rahmen*

In der hellenischen Sprache bedeuten die Wörter a) „***Pólis***": die Gesamtbevölkerung einer ausgeweiteten Siedlung bzw. „Stadt" sowie „freier Staat", b) „***Po-***

---

367 Vgl. Hofmann, *Staatssoziologie*, 1999, S. 1069 ff; Stern, *Verbindung*, 1992, S. 119.

368 Stern, *Staatsrecht.*, S. 61, 62, 70, 71; ders., *Verfassungsstaatlichkeit*, S. 1003; Grimm, *Europa*; Vorländer, *Konsens*, 1981, S. 332 – 333.

369 Tsatsos, *Unionsgrundordnung.*, 2002, S. 20, 34.

370 Vgl. Jellinek, a.a. O., *1976*, S. 521, 522.

371 a) Iustinianus, *Institutiones* (C, b.): " Nam origo ejus juris ab institutis duarum civitatum, Athenarum stilicet et Lacedaemoniorum fluxisse videtur"; b) Titus Livius, *Historia Romana* (L. III. 31, 8): „Cum de legibus conveniret de latorem tantum discreperat, missi legati Athenas Spurius Postumius Albus, Aullus Manlius, Publius Sulpicius Camerunus; iussique inclitas leges Solonis describere et alliarum Graeciae civitatum instituta, mores jurasque noscere", c) ders.: „Decemviri creati....A. Manlius, P. Sulpicius, S. Postumius....legati tres Athenas ierant, simul ut pro legatime tam longi praemio esse honos, simul peritos legum peregrinarum ad coindenda nova jura usui fore credebant". d) Gaius Plinius Secundus, *Epistulae* (L. VIII, 24, 4): „ Habe ante oculos hanc esse terram, quae nobis miserit jura, quae leges non victis, sed petendibus dederit, Athenas esse, quas adeas, Lacedaemonem esse, quam regas..." Alle Quellen bei: Kyriakopulos: Antikes hellenisches Recht, (im hell.) 2003, S. 679 ff.

liteía“: das Ganze der Institutionen, die Regierungsart eines Landes, die Politik, die herrschende politische Gewalt und c) „***Sýntagma***“: gemeinsam aufbauen, sich einigen, alle *Grundgesetze* eines Landes.[372] Aus allen drei Begriffen bildet sich ein gemeinsamer Sinn heraus: *Staatsordnung* eines *Gemeinwesens* durch *rechtliche* Gestaltung. Mit einem Wort: **Verfassung** bzw. **Grundgesetz**. In diesem Sinn werden die Begriffe in der hellenischen Antike verbindlich miteinander verwendet.[373] Als *Grundgesetz* war die antike hellenische Verfassung demzufolge kein deskriptiver Begriff. Sie war hingegen die *höchstrangige Norm der Stadtstaatsordnung*. Das einfache Recht musste *verfassungsmäßig* sein.[374] Durch diesen ***Verfassungsmäßigkeitsgrundsatz*** war das Prinzip des Rechtsstaates in voller Klarheit verankert. ***Rechtsstaat*** war der dazu verpflichtende Staat, seine dem Einzelnen zugewandte Regierungstätigkeit *nur* Kraft Gesetzes und *innerhalb* der Schranken des Gesetzes zu vollziehen.[375] Jedem Athener Bürger stand das Recht zu, durch die *Illegalitätsschrift*, die *Staatsorgane* wegen Verabschiedung *verfassungswidrigen* Gesetzes zu verklagen. Missbräuchliche Ausübung dieses Rechts wurde strengstens bestraft. Festgestellte Verfassungswidrigkeit führte zur *Nichtigkeit* des Gesetzes. Mitglieder der Staatsorgane, die verfassungswidriges Gesetz verabschiedet hatten, wurden ebenfalls strengstens bestraft.[376]

Die ***Volkssouveränität*** war Verfassungsprinzip. Im spartanischen und athenischen Stadtstaat wurde sie als Recht des Volkes aufgefassst, den Staatsorganen gegenüber zu widersprechen, Gesetze vorzuschlagen und zu verabschieden, und

---

372 Tegopulos/Fytrakis: Hellenischer Wortschatz; Wejsman, D. A., Hellenisch – Russischer Wortschatz, 1899.

373 a) *Polybios aus Megalópolis:* “Staatsgestaltung” (πολιτείας σύστασιν}, b) *Issokrates*: „ Diese ist die Verfassung des Staates „ {το μεν ουν σύνταγμα της πολιτείας τοιούτον ην} [Areopag, 28 , c) *Aristoteles*: „Weil Staat die Gestaltung der Städte in bezug auf die Ausübung der Gewalt und die Gewaltenteilung, den Kern des Staates und das Ziel jeder Gesellschaft ist.“ {πολιτεία μεν γαρ εστί τάξις ταις πόλεσιν η περί τας αρχάς, τίνα τρόπον νενέμηνται, και τι το κύριον της πολιτείας και τι το τέλος εκάστης της κοινωνίας εστίν} [*Politik* Δ, 1289a], d) *Hippódamos*: „Über den Verfassungsstaat“ {Περί συνταγματικής πολιτείας}; alle Quellen bei: Kyriakopulos, a.a.O., S. 197; s. auch Aristoteles *Politik* in Gesamtwerke, Bd. 1, 1979.

374 Aristoteles, *Politik* Γ, [1282b, 11]: „die Gesetze müssen nach der Verfassung aufgestellt sein“ {δει προς την πολιτείαν κείσθαι τους νόμους}; Demosthenes, Rede gegen Timokrates, 33: „Verboten ist es gegen die vorhandenen Gesetze, Normen in Kraft zu setzen „ {εναντίον νόμον μη εξέστω τιθέναι των νόμων των κειμένων μηδενί}; *Andokides*, Über Mysterien, 87; Demosthenes, Rede gegen Aristokrates, 87: „Kein Beschluss weder des Parlaments noch der Volksversammlung darf vor der Verfassung Vorrang haben– Quelle bei: Kyriakopulos, a.a.O., S. 222.

375 Jellinek, a.a.O., *1976*, S. 306.

376 Kyriakopulos, a.a.O., S. 223, 497; Biscardi, Antikes hellenisches Recht, 2003, S. 128 (im hell.).

sie wurde in diesem Sinn verankert.[377] Die Gesetzgebung erfolgte nach dem ***Mehrheitsprinzip.***[378] Dieses Prinzip gilt im antiken hellenischen Stadtstaat als sein Wesensgehalt. Dieser steht als *Motto* in der Europäischen Verfassung.[379]

Die athenische Verfassung sah die *Gewaltenteilung* vor.[380] Die Kandidaten für die Ausübung öffentlicher Gewalt wurden zuerst geprüft. Wurden sie angenommen, musste ihr *Vermögen* mit einer Hypothek als ***Garantie verfassungsmäßigen Regierens*** belastet werden. Im Laufe ihres zeitlich begrenzten Amtes wurden die Staatsorgane alle 36 Tage geprüft. Falls sie die Gesetze verletzt hatten, wurden sie von der Volksversammlung abberufen. Nach Ablauf der Amtszeit mussten sie der Volksversammlung Rechenschaft ablegen.[381]

In antiker Hellas war der Rechtsschutz der Privatinteressen ausgebildet.[382] Das ***Recht auf Privateigentum*** war verfassungsrechtlich garantiert. Die wirtschaftliche Tätigkeit war besonders im athenischen Stadtstaat frei. Schutzbereich des Rechtes waren bewegliche und unbewegliche Sachen.[383] ***Kerninhalt*** des Rechtes waren die ***Privatnützigkeit*** und die ***Verfügungsbefugnis*** des Eigentums.[384] Der Stadtstaat war dazu verpflichtet, es zu bewahren. Deshalb galt das Privateigentum als ***in seinem Kerninhalt unantastbares Grundrecht***. Die

---

377 *Plutarch*, Lykurg – 1, 8 (Große Rhetra): "dem Volk das Widerreden und die Macht" {δάμω δ' αντιγορίαν και το κράτος}; *Andokides*, Über Mysterien, 96: „Das Parlament hat verabschiedet und das Volk hat zugebilligt..." {Έδοξε τη βουλή και τω δήμω} – Quellen bei: Kyriakopulos, a.a.O., S. 199, 224.

378 *Thukydides*, Perikles' Epitaph, II, 37: "Die Verfassung, die wir haben...heißt *Demokratie*, weil der Staat nicht auf wenige Bürger, sondern auf die Mehrheit ausgerichtet ist" {Χρώμεθα γαρ πολιτεία...και όνομα μεν διά το μην ολίγους αλλ' ες πλείονας οικείν δημοκρατία κέκληται}.

379 CONV 820/03 – 20.Juni 2003.

380 Aristoteles, *Politik* Δ, 1298a (s. auch Aristoteles, Fn 373): „drei sind die Teile aller Staaten...der legislative...der exekutive...der gerichtliche..." {έστι δη τρία μόρια των πολιτειών πασών... το βουλευόμενον...το άρχειν...το δικάζον}. *Weber - Fas* übersieht die Quelle, wenn das Gegenteil unterstützt in *Deutschlands Verfassung*, 1997, S. 180.

381 Kyriakopulos, a.a.O., S. 422 ff; Biscardi, a.a.O., S. 145 ff.

382 Vgl. Jellinek, a.a.O., *1976*, S. 309.

383 Aristoteles, *Rhetorik*, A, 1361a, 7: "Reichtumselemente ist der Überfluss an Münzen und das Eigentum an Grundstücken" {Πλούτου δε μέρη νομίσματος πλήθος, γης, χωρίων κτήσι}.

384 Aristoteles, *Rhetorik*, A, 1361k, 7: "Als Sicherung kann der Eigentumsbesitz auf solche Art und Weise definiert werden, daß die Eigentumsnutzung abgesichert wird. Unabdingbare Voraussetzung der Eigentumsnutzung ist das Recht auf Veräußerung des Eigentums, *ich meine, es zu verschenken oder zu verkaufen*" {όρος δε ασφαλείας μεν το ενταύθα και ούτω κεκτήσθαι ώστ' εφ' αυτώ είναι την χρήσιν αυτών. Του δε οικεία είναι όταν εφ' αυτώ ή απαλλοτριώσαι ή μη, *λέγω δε απαλλοτρίωσιν δόσιν και πράσιν*}.

Wirksamkeit dieses Schutzes lag in der ***Vertrauens***-und ***Bestandsgarantie***.[385] Der Schutz erstreckte sich auch auf das Eigentum der Einwanderer (Metöken), die in Athen wohnten, aber als nicht - geborene Athener am politischen Leben des Staates nicht teilnehmen durften.[386] Eine Reihe von Klagen und Verfahren zum Schutz des Privateigentums sah das einfache Recht vor.[387]

Der antike hellenische Staat verfügte folglich über eine Verfassung, wie sie man heutzutage versteht.[388] Sie war seine planhafte Ordnung. Sie war nicht einfach ein normativer Sollensbegriff, sondern ein normativer *Mussbegriff*. Sie beruhte auf *Prinzipien*. Die Staatsgewalt durfte sich darüber nicht hinwegsetzen. Die Verfassung beinhaltete eine *Konsensfunktion*, von der die politische Herrschaft abhing. Sie gewährleistete das *Eigentumsgrundrecht*, das *in seinem Kern inhaltsgleich* ist mit dem Recht, dass das Unionsrecht gewährleistet. Zum Schluss war sie auch kodifiziert: Sie stand in der Agora (Stadtmitte) in der Öffentlichkeit an Holztafeln geschrieben.[389]

Nach alldem sollte man zugeben, dass die EV entweder wenig „*modern*", oder, dass die „moderne" Verfassungsauffassung aus dem 18. Jahrhundert zu „*antiquiert*" ist.

bbb) Verfassungs*kern*

Obwohl die hellenische Verfassung der Antike demokratisch war, hat sie nicht zur Aufhebung jedweder Herrschaft geführt. Die Demokratie ist auch eine Art von Herrschaft von Menschen über Menschen.[390] Die *unmittelbare* Ausübung der Demokratie innerhalb des begrenzten Territoriums des Stadtstaates verlieh den Bürgern ein Selbstbestimmungsgefühl.[391] Es bestand aber keineswegs eine Identifizierung des Volkes mit dem Staat. Sonst hätte es keine Eigentumsgarantie gegeben. Als Volk und somit Bürger galten weiterhin die Gesamtbevölkerung an freien Menschen, die geborenen Athener waren oder den Titel des Ein-

---

385 Aristoteles, *Der Staat der Athener*, 2, 20: "Und der Archon, sobald er die Macht übernahm, verkündete als erstes: Alles, was *irgendeiner* hatte, *bevor* ich an die Macht gekommen bin, *gehört diesem alles und behält alles*, bis zum Ende meiner Macht" {και ο μεν άρχων ευθύς εισελθών πρώτον μεν κηρύττει, όσα τις είχεν *πριν* αυτόν εισελθείν εις την αρχήν, *ταύτ' έχειν και κρατείν* μέχρι αρχής τέλους}.

386 „*Irgendeiner*" heißt auch die Metöken, nicht nur die Bürger – Fn 385.

387 Biscardi, a.a.O., S. 321 ff; vgl. auch dazu Jellinek, a.a.O., *1976*, S. 309.

388 Vgl. Jellinek, a.a.O., *1976*, S. 506.

389 Jellinek erwähnt, dass eine geschriebene Verfassung fehlte (a.a.O., *1976*, S.507). Er kannte aber nicht die Quellen, die das Gegenteil bestätigen; s. dazu Kyriakopulos, a.a.O., S. 212, 221.

390 Vgl. Brandt / Gollwitzer / Henschel, a . a. O., S. 169.

391 Vgl. Kreisky, Politisches Denken, S. 6.

heimischen bekommen hatten. Das Volk bestand aus Klassen sowohl in der Praxis als auch gemäß der Verfassung.

Die *Klassenunterscheidung* wurde auf *Eigentumsverhältnisse* zurückgeführt. Die Eigentumsverhältnisse gingen auf die Arbeitsteilung innerhalb der Gesellschaft zurück. Keine Bürger, sondern *Eigentum,* waren die *Sklaven.*[392] Das *Wirtschaftssystem der Antike* war die Sklaverei. In mehr oder weniger demokratischer Form verbürgten die Verfassungen von Athen, Sparta und aller hellenischen Stadtstaaten dieses Wirtschaftssystem, genau wie die „modernen" Verfassungen das Wirtschaftssystem des freien Marktes in verschiedenen Formen verbürgen. Das lässt sich am Beispiel der athener Verfassung verdeutlichen:

Unter „**Athener Verfassung**" ist historisch die Verfassung von *Solon* zu verstehen. Als er sie einführte, hatte sich der lang hinziehende Übergang der griechischen Gesellschaft vom *Gemein* - zum *Privateigentum* bereits vollzogen.[393] Die athenische Gesellschaft war bereits vor Solon in Klassen aufgrund des Eigentums eingeteilt. Die Klassenteilung unter den Freien bestand innerhalb des Wirtschaftssystems der Sklaverei. Der athenische Staat war die rechtspolitische Widerspiegelung dieser Gesellschaft. Der *Adel* war *Großeigentümer.* Deshalb verfügte er über das *Entscheidungsrecht*: Durch das Kollegium der Archonten *regierte* er das Land. Um zu überleben, bauten die Familien der freien *Besitzlosen* die Felder des Adels an. Nach dem damals geltenden Recht mussten sie den größten Teil des Ernteertrages abgeben und mit dem Körper aller Familiemitglieder haften. Deshalb war die Ernährung schwer. Bei schlechter Ernte mussten sie sich beim Adel verschulden. Konnten sie die Schulden nicht bezahlen, wurden sie versklavt.[394] Deswegen haben sie einen Aufstand gemacht. Keine Seite konnte sich gegen die andere durchsetzen. Aus dem Grund haben beide Seiten Solon als Schiedsmann dazu aufgefordert, eine Verfassung aufzustellen.[395] Solons Aufgabe war also die *Eigentumsverhältnisse* umzugestalten und damit den *Staat* neu zu organisieren.

Die solonische Verfassung verbot die Versklavung der freien Besitzlosen wegen Verschuldung. Alle bestandenen Schulden wurden getilgt. Darüber hinaus ermöglichte sie jedem Bürger den Zugang zu den Gerichten wegen rechtswidrigen Verhaltens des Adels.[396] Das alles stellte eine *Demokratisierung* des Staates im Vergleich zur Vergangenheit dar. Diese Demokratisierung bahnte den Weg zur späteren wirtschaftlichen und rechtspolitischen Entwicklung des atheni-

---

392 Aristoteles, *Rhetorik,* A, 1361a, 7: "Reichtumselemente ist der Überfluss an Münzen und das Eigentum an Grundstücken, sowie an Möbeln, an Tieren und an *Sklaven*" {Πλούτου δε μέρη νομίσματος πλήθος, γης, χωρίων κτήσις, έτι δε επίπλων κτήσις και βοσκημάτων και *ανδραπόδων*}.

393 Biscardi, a.a.O., S. 298.

394 Aristoteles, *Der Staat der Athener*, 2, 10.

395 Aristoteles, *Der Staat der Athener*, V. 20.

396 Aristoteles, *Der Staat der Athener*, IX. 5.

schen Stadtstaates an. Diese Entwicklung fand ihre Krönung in der Errichtung der *Hegemonie* Athens über den hellenischen Mittelmeerraum. Die solonische Verfassung hat aber den *Kern* des Wirtschaftssystems der Antike *nicht* berührt. Die Sklaverei ist legitim geblieben. Ihre Beibehaltung hat den Staat vor dem Zerfall gerettet. Dadurch ist auch die Beibehaltung der Klassenteilung unter den Freien ermöglicht worden.[397] Diese hat das Wirtschaftssystem und den Staat im Rückblick betrachtet gerettet. Kriterium der Klassenabstufung war sowieso vor dem Aufstand das Einkommen jedes Einzelnen. Das ist auch nach dem Aufstand so geblieben. Es folgte demnach eine *Eigentumsumverteilung* unter den Freien, *teilweise* zugunsten der Besitzlosen: Sie wurden entknechtet. Dadurch wurde das Privateigentum "vergesellschaftet" bzw. verbreitet, weil mehrere Schichten der Bevölkerung lediglich für sich selbst arbeiten durften. Die verfassungsrechtliche Gewährleistung des Privateigentums *aller* Bürger und die daraus hergeleiteten Maßnahmen zur Handelsförderung zielten eben darauf ab.[398] Andererseits hat diese Umverteilung aber auch zugunsten des Adels stattgefunden. *Ihr Privateigentum wurde beschränkt, aber nicht beseitigt*. Die Staatsgewalt stand nunmehr unter der Bürgerkontrolle. Es war jedoch vom Umfang des Privateigentums abhängig, welchen Anteil der Macht jede Bürgerklasse ausüben durfte.[399] *Die Arbeitsteilung unter den Bürgern wurde insoweit reformiert, als die Sklaven Sklaven bleiben und die Bürger mit niedrigerem Einkommen nicht völlig an die Macht kommen können.*[400] Dieser *Ausgleich der Eigentumsverhältnisse* zwischen den Volksgruppierungen ließ die *Funktionsfähigkeit des Staates* aufleben. Die früher besitzlosen Bürger hatten nun das Recht, für sich selbst zu wirtschaften. Somit durften sie sich am politischen Leben beteiligen. Dieser Zustand war ein Fortschritt im Vergleich zu der Zeit des *monopolisierten* Privateigentumsrechts. Wegen der unmittelbaren Ausübung der Staatsgewalt hatte sich bei den meisten Bürgern der Eindruck allzu leicht aufgedrängt, dass sie einen größeren Gewaltsteil besitzen, als sie in der Tat besaßen. Deswegen hatten sie aber kein Interesse mehr daran, die *Eigentumsherrschaft* des Adels zu brechen. An Stelle dessen ist ein erweitertes Interesse an der Weiterführung des Wirtschaftssystems getreten. *Als Kleineigentümer brauchten die ehemaligen*

---

397 Aristoteles, *Der Staat der Athener*, 3, 15.

398 Vgl. Will, Polis, 1977.

399 Aristoteles, *Der Staat der Athener*, 3, 16 ff.

400 Aristoteles, *Politik* B, 1274a "weil es so aussieht, dass Solon auf das Volk nur die Macht übertrug, die absolut nötig war, nämlich die *Regierenden* zu wählen und bei ihm die Rechenschaft abzulegen. Weil wenn das Volk dieses Recht auch nicht hätte, würde es Sklave bleiben und wäre es *Feind* des *herrschenden politischen Zustandes*. Aber Solon hat im Gegenteil bestimmt, daß alle Gewalt von den Adligen und den Wohlhabenden ausgeht..." {επεί Σόλων γε έοικε την αναγκαιοτάτην αποδιδόναι τω δήμω δύναμιν, το τας αρχάς αρείσθαι και ευθύνειν (μηδέ γαρ τούτου κύριος ων ο δήμος δούλος αν είη και πολέμιος), τας δ' αρχάς εκ των γνωρίμων και των ευπόρων κατέστησε πάσας}.

Besitzlosen nun auch Sklaven. Der größte Teil des Wachstums des Stadtstaates wurde deshalb weiter von der *abhängigen* Arbeit der Sklaven an den staatlichen und privaten Produktionsmitteln hervorgebracht.[401] Weil die Sklaven als Eigentum galten, bestand laut Verfassung keine Fremdbestimmung zwischen den Herren und den menschlichen „Produktionsmitteln". In der Tat bestand sie aber. Die Demokratisierung des Staates war auf den Kern des damals herrschenden Wirtschaftssystems zugeschnitten.

3. Unterstützung des Verfassungskerns

Es ist ersichtlich, dass die antike hellenische Verfassung in sich zwei Funktionen vereinte: Die *Einschränkung* und die *Unantastbarkeit* des *Kerninhalts* des *Wirtschaftssystems.* Das Fortbestehen dieses Grundverhältnisses drückt sich durch das *Wohl der Allgemeinheit* aus. Vorschlag oder Inkraftsetzung eines verfassungswidrigen Gesetzes verstieß gegen das Wohl der Allgemeinheit und war strafbar.[402]

Aristoteles verteidigt den Verfassungskern durch seine verfassungsrechtliche Einschränkung: Er unterstützt die Ansicht, dass Gut sei, was alle sich wünschen. Darauf ziele jede Forschung ab.[403] Die richtigen Gesetze streben das allgemeine Interesse an.[404] Das Wohl der Allgemeinheit oder das allgemeine Interesse sei durch den *Ausgleich* der Eigentumsverhältnisse unter den Freien zu erreichen.[405] Die Sklaverei sei ein *Naturphänomen,* wie die Anziehungskraft zwischen Mann und Frau.[406] Der Sklave sei *beseeltes* Eigentum, ein *beseeltes Produktionsmittel. Seine „Zerstörung" stünde jedoch dem Interesse des Herrn entgegen.*[407] Das schrankenlose Sklaventum ermöglichte die Zerstörung des Wirtschaftssystems wegen eines Aufstandes. Das Wohl der Allgemeinheit wendet die Willkür der Staatsgewalt und des mächtigeren Privaten ab. Dadurch werden die Ungleichheiten im Stadtstaat gemildert; Sklaven und weniger wohlhabende Bürger werden vom Umsturz der Staatsordnung abgelenkt.

---

401 Nach offiziellen Angaben belief sich die Gesamtbevölkerung des athenischen Stadtstaates im Höhepunkt seiner Macht auf 400.000 Menschen. Davon waren Metöken 100.000, 100.000 Sklaven, 40.000 erwachsene Bürger und 160.000 Frauen und Kinder (in „Geschichte der Hellenischen Nation", Bd 3). Jedoch sollte die Anzahl der Sklaven größer gewesen sein. Sklaven hatten auch die Metöken, nicht nur die Bürger.

402 s. Kyriakopulos, a.a.O., S. 242, 243.

403 Aristoteles, *Nikomachische Ethik,* A – 1094..

404 *Nikomachische Ethik:* 2, 15.

405 s. Fn. 400.

406 *Politik* A, 1252a.

407 *Politik* A, 1253b, Γ, 1278b; s. auch Fn. 359.

4. Ablehnung des Verfassungskerns

Aristoteles würdigte in seinen Werken 158 Verfassungen. Diese waren verschiedener Form: Demokratisch, oligarchisch, aristokratisch, monarchisch oder Alleinherrschaften (Tyrannien). Alle gewährleisteten aber das gleiche Wirtschaftssystem. Alle ihre Abänderungen haben ihren gemeinsamen Kern nicht angetastet. Ohne die Sklaverei galt der Staat als nicht funktionsfähig.

Diese Funktionsfähigkeit war aber nicht vom ganzen hellenischen Denken akzeptiert. Die *Sophisten*[408] haben die Gesellschaft in den Mittelpunkt des Denkens gestellt. Das „Gerechte" oder das „Böse" bestehen *nicht* der Natur aus, sondern auf Grund *menschlicher Konventionen*. Die Unterschiede in der Gesellschaft entstehen mit deren *historischer Entwicklung*. Die *Sklaverei* wurde demzufolge als *„widernatürlich"* erkannt. Gegen Vorrechte und Verehrung des Adels wurde polemisiert.[409] Die Menschen unterscheiden sich als Freien und Sklaven *nur* nach dem Gesetz, *nicht* von Natur aus.[410] Die Sophisten haben keine andere Wirtschaftsordnung beschrieben.[411] Ihre Lehre wies aber auf eine *Notwendigkeit einer Überwindung* der Sklaverei hin.

Ein Versuch zur Überwindung hat sich einmal im athenischen Staat ereignet. Eine *illegale* Gruppe aus Mitgliedern der demokratischen Partei wollte gemeinsam mit Sklaven und wirtschaftlich schwachen Bürgern eine unmittelbare Demokratie ohne Sklaven–Arbeit durchsetzen. Der Versuch ist gescheitert.[412] Bemerkenswert dabei sind zwei Punkte: a) Das Ereignis hat nach dem peloponnesischen Krieg stattgefunden. Der athenische Stadtstaat machte auch wegen seiner Niederlage vom spartanischen Stadtstaat eine tiefe *wirtschaftliche* und *politische* Krise durch, b) Auch unter dieser Krise hat der athenische Stadtstaat das Fortbestehen der Wirtschaftsordnung verteidigt. Obwohl die *regierende* Partei die *demokratische* und nicht die aristokratische war, basierte sie ihre Macht auf der herrschenden Wirtschaftsordnung. Die oben genannte Gruppe stand jenseits der offiziellen Gewalt.

---

408 Wandernde Gelehrter und Lehrer, stammend aus verschiedenen Städten, die am Ort ihres jeweiligen Aufenthalts gegen Bezahlung Unterrichte in Rhetorik und Politik erteilten.

409 Sografu, Antignose (*Gegenerkenntnis*), 1981, S. 69 ff. (im hell.); Kreisky, a.a.O., S. 10 f.

410 *Alkidámas*: " Frei hat alle Gott gelassen; niemanden hat die Natur als Sklaven geschaffen" {Ελευθέρους αφήκε πάντας θεός, ουδένα η φύσις δούλον πεποίηκεν} [*Aristoteles, Rhetorik,* erwähnt bei: Kyriakopulos, a.a.O., S. 332; bei Kreisky, a.a.O., S. 9; bei Sografu, a.a.O., S. 72]; *Antiphón*: „denn von Natur sind wir alle in allen Beziehungen gleich geschaffen, Barbaren wie Hellenen", s. Sografu, S. 72, Kreisky, S.9.

411 Zumindest nach den bis heute vorhandenen Quellen.

412 Mawrias, Geschichte, 1981, S. 22.

Ein Hinweis auf die Überwindung der Sklaverei war ebenfalls die Philosophie der *Stoiker*.[413] Auch sie lehrten, dass die Menschen von Geburt aus gleich und frei sind. Aufgrund dieser Gleichheit nehmen alle an der Vernunftwelt teil, die neben dem realen Gemeinwesen existiert. Die Staatsvorstellung der Stoiker stützte sich auf die für alle Menschen gemeinsame Mitbürgerschaft. Dieseergibt sich aus einem gemeinsamen Leben und einer gemeinsamen Ordnung für alle Menschen.[414]

Die Lehre der Stoiker weist einen gemeinsamen Punkt mit dem Umsturzversuch in Athen auf. Sie wurde in einer Krisezeit entfaltet: Die Staatsordnung in der Form der Stadt erlebte ihren Niedergang. Eine Werterschaffung war nötig, die zu einer allgemein *menschenwürdigen* Stabilität führen würde. Diese Perspektive enthielt die Notwendigkeit einer Überwindung der Wirtschaftsordnung. Innerhalb des demokratischen Stadtstaates herrschte auch eine menschenwürdige Stabilität, weil der Staat demokratisch war. Jedoch hatte diese ihre Grenze an dem Kern seiner Wirtschaftsordnung. Die Stoiker haben im Grunde genommen durch ihre Staatsvorstellung eine neue Wirtschaftsordnung vorgeschlagen. Dass sie sie nicht im einzelnen beschrieben oder benannt haben, ändert nichts an der Rechtsbedeutung ihres Denkens.

Ihre Lehre weist diesen gemeinsamen Punkt auch mit der Lehre der Sophisten auf. Jedoch ist sie eine *Fortsetzung* der sophistischen Lehre. Denn die Sophisten sind die ersten, die die Wirtschaftsordnung ihrer geschichtlichen Zeit zu überwinden versucht haben. *Unzeitgemäßerweise* haben sie diese Notwendigkeit in einer Zeit gesehen, in der sich der Stadtstaat entwickelte, also einer Zeit, wo die Wirtschaftsordnung der Antike und ihre Staatsform unter einer verfassungsrechtlichen *Ewigkeitsgarantie* zu stehen schienen.

5. Die *Arbeit*: Ursprung des Verfassungskerns

Eigentumsverhältnisse bilden in der antiken Gesellschaft deren Wirtschaftssystem. Die Eigentumsverhältnisse bzw. das Wirtschaftssystem waren Folge der *Arbeit.* Die Arbeit ist ein Phänomen der *Vor*geschichte nicht der Geschichte. Der Mensch musste sich immer ernähren. Als Mittel zur besseren Versorgungslage entwickelte sich die *Arbeitsteilung.* Sie verbesserte die Wirtschaft. Dies führte allmählich zur *Mehrproduktion.* Diese verursachte *zusätzliche* Arbeit. Die Sklaverei war entstanden. Sie stellt die *erste Form abhängiger Arbeit* dar. Damit wurde die *Fremdbestimmung der Arbeit* manifest: Die Sklaven arbeiteten an Produktionsmitteln, die ihnen nicht gehörten. Die Unterwerfung der Sklaven benötigte einen *auf Dauer*[415] angelegten Mechanismus. Je mehr sich die Pro-

---

413 Ursprünglich aus dem Wort " Stoá " (Säulenhalle – Kolonnade).

414 Mawrias, a.a.O, S. 62, 63; vgl. auch Greiner, Schutz der Menschenwürde, S. 6.

415 Vgl. oben " *Ewigkeitsgarantie* ".

duktion entfaltete, desto komplexer wurde er. Der *Staat* ist entstanden. Somit beruht er ursprünglich auf einem *schrankenlosen Entscheidungsrecht* bezüglich der abhängigen Arbeit. Die Verfassung hat die abhängige Arbeit nicht abgeschafft. Sie hat ihre Fremdbestimmung verringert. Dadurch hat sie ihre Form demokratisiert. Diesen *Fortschritt* hat sie zugleich bewusst *idealisiert*: Die Verringerung der Fremdbestimmung wurde als volle Selbstbestimmung aller Gesellschaftsmitglieder hingestellt. Damit wird der wirtschaftliche Ursprung des schrankenlosen Entscheidungsrechts verdeckt. Es ergibt sich daher ein Konsens, der sich auf eine unbegrenzte Kontrolle des schrankenlosen Entscheidungsrechts zu stützen scheint. In der Tat handelt sich aber um eine begrenzte Kontrolle. Der Konsens beruht auf dem Bewusstsein, dass alle in der Gesellschaft mitentscheiden. *In der Wirklichkeit und in ihrer normativen Widerspiegelung geht es jedoch um eine* ***Mitbestimmungs-nicht um eine Letztenscheidungsrecht****.*[416]

6. Unveränderliche Geltung des Verfassungsursprungs

Die *Arbeit* schafft unaufhörlich Wirtschaftssysteme bzw. Eigentumsverhältnisse. Kernpunkt aller Wirtschaftssysteme ist von der Antike bis heute die Fremdbestimmung der Arbeit. Deshalb beruht jedes Wirtschaftssystem auf dem *Grundverhältnis* zwischen *Arbeitgeber* und *Arbeitnehmer*. Die Verfassung kann zuweilen den Übergang von einem Wirtschaftssystem zu einem anderen bedeuten. Solange ein Wirtschaftssystem besteht, kann die Verfassung verschiedene Formen dieses Systems verankern. Immerhin schützt sie die Fremdbestimmung der Arbeit. Dies bedeutet, dass die jeweiligen Eigentümer der Produktionsmittel prinzipiell stets *vorrangig* geschützt werden.[417] Keine Verfassung sagt das. Jede behauptet hingegen darauf, die Selbstbestimmung aller garantieren zu wollen. Es handelt sich um eine im Laufe der Geschichte *ununterbrochene Idealisierung des Verfassungsrechts*. Sie lässt sich durch eine vielfältige Berufung auf die Natur begründen:

Der athenische *Adel* legitimierte seine absolute Herrschaft durch eine „göttliche Abstammung". *Lykurg* und *Solon* beriefen sich auf Gott, um die Einführung

---

416 s. oben " ERSTER TEIL" und " ZWEITER TEIL " ; vgl. auch Manessis, *Verfassungsrecht*, S. 57, 60, 91 ff.

417 Thrassýmachos, erwähnt von *Platon* in: Der Staat, „Recht ist in allen Staaten das Interesse der herrschenden Gewalt " {εν απάσαις ταις πόλεσι ταυτόν είναι δίκαιον το της καθεστηκυίας αρχής συμφέρον}; *Platon*, Der Staat A, 338c, 338e, 339a: „ Jede Gewalt stellt die Gesetze je nach ihrem Interesse auf...sobald sie die Gesetze aufgestellt hat, bestimmt sie ihr Interesse als Recht für ihre Regierte und sie straft als illegal und ungerecht denjenigen, der es übertritt„ {Τίθεται δε γε τους νόμους εκάστη αρχή προς το αυτή συμφέρον...θέμεναι δε απέφηναν τούτο δίκαιον τοις αρχομένοις είναι, το σφίσι συμφέρον, και τον τούτου εκβαίνοντα κολάζουσιν ως παρανομούντα τε και αδικούντα} – Quellen bei: Manessis, a.a. O., S. 64 und Mawrias, a.a.O., S. 31.

der Verfassung zu erleichtern.[418] *Aristoteles* berief sich auf die Natur, um das Wirtschaftssystem der Sklaverei zu erklären.[419]

Im Zeitalter des *römischen Kaiserreichs* herrschte das gleiche Wirtschaftssystem in *anderer Staatsform*. Der Stadtstaat und die unmittelbare Demokratie waren schon vorher, seit der Zeit der Vereinigung von Hellas unter den Mazedoniern, des Imperiums Alexanders des Großen und der Reiche seiner Nachfolger überholt. Ein ausgedehnter Staat bedeutete Ausweitung des Wirtschaftssystems. Sein ständiges Bedürfnis an Funktionsfähigkeit ging einher mit der Anpassung an die neuen Gegebenheiten: Der absolute Monarch trat an die Stelle der Volksversammlung als *„beseeltes Gesetz“*.[420] *Dion* sieht in der absoluten Monarchie den Willen der Natur: das Glück des Menschen. Das Gesetz des Kaisers sei Dogma.[421] Die Sklaverei wird also Naturdogma und als solche als unüberwindbar hingestellt.

Die wirtschaftliche Erweiterung und der Niedergang der früheren Staatsform hat die Trennung zwischen *öffentlichem* und *privatem* Recht hervorgerufen. Diese bestand auch im hellenischen Recht. *Die Verfassung regelte Rechtsbeziehungen jeder Art*. Das Eigentumsgrundrecht *drittwirkte*.[422] Wegen aber des begrenzten Territoriums des Stadtstaates und der unmittelbaren, demokratischen Ausübung der Staatsgewalt herrschte der *Grundsatz der Identifizierung* zwischen öffentlichem und privatem Bereich. Im Rahmen eines Kaiserreichs war jedoch ein *Grundsatz der Differenzierung* notwendig. Dieser hat nicht nur das Wirtschaftssystem der Antike, sondern auch die späteren Wirtschaftsordnungen enorm geprägt. Dadurch wurde der sowieso in ihrem Kern absolute Charakter des Eigentumsgrundrechts vergöttlicht: Nunmehr selbständig wurde das *Privatrecht* als der Raum der *schrankenlosen* Tätigkeit des Eigentümers aufgefasst und entsprechend angewandt. Beispiel dafür bietet die Verschlechterung der juristischen Lage der Sklaven im römischen im Vergleich zum hellenischen Recht: Die Ermordung eines Sklaven wurde in Athen mit Exil bestraft, in Rom überhaupt nicht. Der Sklave war in Rom nicht einmal mehr beseeltes Produktionsmittel. Er war *nur* Produktionsmittel, ein *res*.[423] Der Abstand zwischen Regierenden und Regierten ist in der Praxis dadurch tiefer als im hellenischen Stadtstaat geworden. Der Grundsatz der Differenzierung war jedoch in Form

---

418 Manessis, *Verfassungsrecht*., S. 15.

419 s. oben "II. Der *Ursprung* der Europäischen Verfassung“ unter „3. Unterstützung des Verfassungskers.

420 Mawrias, a.a.O., S. 64.

421 Über Königtum Γ, 44M – Quelle bei: Mawrias, a.a.O., S. 78 f.

422 Fn. 383–387; s. auch *Demosthenes*, Rede gegen Aristogeiton: "Staatsgesetze...Gesetze über die eigenen Angelegenheiten“ {νόμοι πόλεως...νόμοι περί των ιδίω}; vgl. *Ulpianus*, Digesta–1,1,1:„Jus publicum est quod ad statum rei publicae spectat. Jus privatum est quod ad singulorum utilitatem pertinet" – Quelle bei: Kyriakopulos, a.a.O., S. 654.

423 Vgl. Biscardi, a.a.O., S. 160 ff.; Kyriakopulos, a.a.O., S. 706; Fn 407.

staatlicher Regelungen eingeführt worden. Das schrankenlose Eigentumsgrundrecht wurde durch das schrankenlose Imperium des Kaisers legitimiert. Demzufolge galt der Privateigentümer als *absoluter Kaiser* seiner eigenen Privatsphäre. Das absolute Recht wurde absolut ausgeübt. Soziale Folgen bei der Ausübung wurden rechtlich nicht berücksichtigt. Der Grundsatz der Differenzierung war im Grunde genommen ein Grundsatz der Identifizierung in neuer Form wegen der neuen Phase der Wirtschaftsordnung. Das Privatrecht regelte offiziell ein aus der Staatsgewalt abgegrenztes Gebiet. In der Tat war es öffentliches Recht in privater Form.[424]

Im Mittelalter herrscht das Wirtschaftssystem des Feudalismus. Der Leibeigener leistete abhängige Arbeit am Privateigentum des Feudalherrn. Ihr Verhältnis entsprach deswegen klar einem Grundsatz der Differenzierung. Er wurde durch Berufung auf den Gotteswillen legitimiert.[425]

Zur Bezweifelung und zum Umsturz des Feudalismus hat sich die Marktwirtschaft auf das *Natur*recht berufen. Die Berufung lehnt sich an das römische Recht an. Dadurch geht sie weiter auf die hellenische Verfassungslehre der Antike zurück.

7. Entstehung der Marktwirtschaft - *Wieder*entstehung der Verfassung

Wie jedes Wirtschaftssystem ist der freie Markt eine weitere Entwicklung des langen Prozesses der Ausgestaltung der Arbeit.[426] Die Entwicklung liegt aber nicht darin, dass er sich durch die Selbstbestimmung der Arbeit auszeichnet. Sie liegt vielmehr darin, dass er die Fremdbestimmung der Arbeit im Vergleich zu den vorher bestehenden Wirtschaftssystemen der Sklaverei und des Feudalismus auf marktwirtschaftlicher Basis auf Dauer stellt.

Die freie Marktwirtschaft ist aus dem Feudalismus hervorgegangen, wie dieser aus der Sklaverei: Schon im Zeitalter des athenischen Stadtstaates machten die Sklaven die überwiegende Mehrheit der Gesamtbevölkerung aus.[427] Ihre Arbeit konkurrierte folglich mit der selbständigen Arbeit der Kleineigentümer und der Handwerker. Die Konkurrenz hat sich im gigantischen Raum des römischen Staates verschärft. Zur Steuerung der konkurrierenden Arbeitskräfte wurden Teile großer Äcker um Rom herum an Freie oder Sklaven vermietet. Miete für den Eigentümer war ein Teil des Ernteertrages. An der Grenze des Kaiserreichs wurde freien Römern Land zum Bebauen unter der Aufsicht des Landeigentümers gegeben, um den Staat vor Einfällen zu verteidigen. Land wurde sogar Invasoren aus diesem Grund gegeben. So entstand allmählich eine *Landzer-*

---

424 Vgl. Kelsen, Demokratie und Sozialismus, 1967, S. 111, 112.

425 Manessis, *Verfassungsrecht.*, S. 39; Mawrias, a.a.O., S. 85 ff.

426 s. oben „3. Die *Arbeit* – Urspung des Verfassungskerns".

427 Fn 401.

splitterung. Nach dem Zusammenbruch des römischen Staates bot sie die Wirtschaftsbasis des *Feudalismus*.[428] Die abhängige Arbeit in diesem System bezog sich größtenteils auf den Ackerbau. Die *Leibeigenen* durften Land und bewegliche Sachen nicht verkaufen oder sie auf ihre Nachkommen übertragen. Der Handel war in den Feudalstaaten fast überflüssig. Er diente ab 500 bis 1.000 n.Chr. zur Beförderung von Luxusgütern für die *Feudalherren*.[429]

Aber auch das Treiben eines begrenzten Handels setzt *Kaufleute* voraus. Folglich waren sie Teil der Feudalgesellschaft. Innerhalb dieser waren darüber hinaus *Handwerker* tätig.[430] *Kaufleute und Handwerker bildeten den Kern der Marktwirtschaft innerhalb der noch bestehenden feudalen Wirtschaftsordnung*. Solange der Handel begrenzt blieb, ergab sich kaum ein Konflikt zwischen Kaufleuten und Feudalstaat. In der Zeitspanne zwischen 1000 und 1200 ist aber die Produktion gestiegen. Ein Mehrprodukt ist entstanden wie das erste in der primitiven Gesellschaft, die zur Sklaverei führte.[431] Das Mehrprodukt hat die Ausbreitung des Handels hervorgerufen. Kaufleute und Handwerker haben im Zuge dessen begriffen, dass das Herstellungs–und Verkaufsverfahren sich unabhängig von der feudalen Wirtschaft in den Städten entwickeln kann. Sie forderten deshalb, Geld für sich selbst, nicht für den Feudalherrn, zu erwirtschaften. So reagierten sie gegen das, was ihre Tätigkeit hemmte. Hierüber drei Beispiele: *1.)* Das feudale Recht verbot den Rohstoffkauf, wenn sich die Handwerker in die Stadt begaben, so dass keiner seine Produkte in geringerem Preis als andere verkaufen konnte. Käufer und Verkäufer durften nach dem Prinzip des *gerechten Preises*, nicht nach dem Prinzip *„Angebot- Nachfrage“*, handeln. Als gerechter Preis galt derjenige, der den wahren Produktswert widerspiegelte und ein gerechtes Entgelt für die Verkäuferarbeit (*stipendium laboris*) einbezog. Deswegen legte der Feudalstaat die Preise fest. *2.*) Die Machtzersplitterung in vielen Feudalstaaten verursachte die Verhängung vieler Zölle. Diese unterbanden die Handelsausbreitung. *3.)* Hindernis für Kaufleute und Handwerker waren auch die *arbeitsrechtlichen* Regeln. Falls ein Handwerker zwei Arbeiter beschäftigte, musste einen dem Handwerker vermieten, der keinen Arbeiter beschäftigte.[432] Die sich entfaltete Marktwirtschaft bedurfte infolgedessen eines *marktwirtschaftlichen* Rechts, um das feudale Recht zu beseitigen. Eine der Folgen der Landzersplitterung war auch die *Rechtszersplitterung*. Im Mittelalter wurden das feudale, das kanonische und das königliche Recht angewandt. Es gab auch ein gewisses Handelsrecht. *Die Handelsausbreitung bewirkte nun die Notwendigkeit der Rechtsvereinigung*. Rechtsanwälte, die die Interessen des

---

428 Tigar/Levy, Kapitalismus, 1981, S. 39, 40 (im hell.).

429 Tigar/Levy, a.a.O., S. 42, 45.

430 Tigar/Levy, S. 45, 101.

431 Tigar/Levy, S. 75 ; s. auch oben „3. Die *Arbeit* – Urspung des Verfassungskerns.“

432 Tigar/Levy, S. 128, 103, 115.

aufkommenden Bürgertums vertraten, nutzten dazu das römische Recht.[433] Dieses war praktisch das einzige Mittel: Erstens war es im *Corpus Juris Civilis* bereits kodifiziert. Zweitens enthielt es die Schrankenlosigkeit des Eigentumsgrundrechts,[434] die das Bürgertum zur Beseitigung der oben erwähnten Hemmnisse brauchte.

Die Schaffung eines marktwirtschaftlichen Rechts bedeutete aber nicht eine gleichzeitige Anwendungsmöglichkeit. Kaufleute und Handwerker haben deswegen Gemeinde gegründet, um sich vor dem Feudalstaat zu verteidigen. Dadurch haben sie eine Reihe aus wirtschaftlichen und politischen Rechten erkämpft. Diese wurden in Charten oder Verträgen festgeschrieben und auf dieser Basis angewandt.[435] Die Charten erkannten Kaufleute und Handwerker als eine *bürgerliche* Klasse an. Sie gewährleisteten die Anwendung ihres *eigenen* Rechts und ihre *innere Selbstverwaltung*. Sie verbürgten die *Einheit* und *Gleichheit* der Gemeindemitglieder. Die Gemeinde wurde zur *juristischen Person* erhoben.[436] *Die Verfassung entstand wieder*. Sie entstand zum zweiten Mal in der Geschichte als ein *Grundgesetz* einer Wirtschaftsordnung, um sie zu schützen wie in der Antike. Solange die feudale Wirtschaftsordnung noch existierte, stellte sie eine *Beschränkung* der entsprechenden Staatsgewalt dar wie die antike Verfassung. Der Unterschied zwischen beiden liegt darin, dass die antike Verfassung das Wirtschaftssystem nicht beseitigt hat. Dieser Unterschied betrifft aber nicht den Kern der Verfassung als rechtspolitisches Phänomen. Die antike Verfassung hätte den Übergang zu einem anderen Wirtschaftssystem auch bedeuten können, falls sich eine materielle Basis dazu in der antiken Gesellschaft wie in der mittelalterlichen herausgebildet hätte. Die frühbürgerliche Verfassung des Mittelalters erwies sich schließlich als Vorläuferin der spätbürgerlichen Verfassungen der französischen Revolution.

8. Die marktwirtschaftliche Fremdbestimmung der Arbeit und ihre idealisierte Verankerung in der Verfassung

Der Feudalismus und sein Recht wurden von der Marktwirtschaft und ihrem Recht umgewälzt. In den Städten wurde wegen Handelsausbreitung *Gewinn* angehäuft. Das *de facto* grenzenlose Streben nach Gewinnsanhäufung rief die Systematisierung der Produktion hervor. Die Systematisierung führte zur Entwicklung der Technologie.[437] Diese hat den Ackerbau bzw. die Wirtschaftsbasis des

---

433 Vgl. Tigar / Levy, S. 25; Johnston, Roman Institutions, S. 15, 1997; Gemtos, Kooperation, S. 48.

434 s. oben "6. Unveränderliche Geltung des Verfassungsursprungs"

435 Tigar/Levy, S. 104, 105.

436 Tigar/Levy, S. 105, 106, 132.

437 Vgl. Tigar/Levy, a.a.O., S. 209.

Feudalismus zerstört. In England wurde das Ackerland in Weide für die Schafzucht umgewandelt. Die Wollproduktion für Textilien konnte den Kaufleuten mehr Gewinn einbringen. Dazu mussten die Bauern keine Arbeit mehr für den Feudalherrn, sondern für den Eigentümer der Manifaktur leisten. Deswegen mussten sie das Land verlassen, um in die Städte zu wandern, wo sich das neue Produktionsmittel der Manifaktur befand. Das Verlassen wurde durch Einhegungen des Ackers–oder des Gemeindelandes aufgezwungen.[438] Dagegen konnte der Feudalstaat kaum Widerstand leisten. Ohnehin hing er von der wirtschaftlichen Macht des Bürgertums zunehmend ab. Die Wiederentstehung der Verfassung bezeugt diese Abhängigkeit. Es handelte sich um den Übergang zu den marktwirtschaftlichen Arbeitsverhältnissen.

Der Übergang zu der marktwirtschaftlichen Fremdbestimmung der Arbeit war folglich eine gesellschaftliche Realität. Diese wurde rechtlich durch die frühbürgerliche Verfassung des Mittelalters jedoch idealisiert wiedergegeben. In der Verfassung lässt sich der Konfliktscharakter des Übergangs nicht offenbar machen. Als Beschränkungsmittel der feudalen Gewalt bezog die Verfassung dem Bürgertum auch die Arbeiter mit ein. Dadurch wurde ein *Teil* der gesellschaftlichen Realität beiseitegeschoben, nämlich, dass die ehemaligen Leibeigener nunmehr als Arbeiter abhängige Arbeit, dieses Mal für den Eigentümer der Manifaktur, leisteten. Der Verfassung war nicht anzumerken, dass sie das marktwirtschaftliche Privateigentum garantieren wollte, dem die arbeitsrechtlichen Grenzen des Feudalrechts entgegenstanden.[439]

Darüber hinaus wies die Verfassung eine idealisierte Einigkeit und Gleichheit unter den verschiedenen Schichten des Bürgertums vor. Verfassungsrechtlich gab es keine reicheren und ärmeren Bürger. In der entstehenden Marktwirtschaft herrschte aber objektiv ein schrankenloser Wettbewerb. Dieser verursachte auch unter den Bürgern Eigentumsungleichheiten. Je größer der Umfang des Privateigentums einiger Bürger wurde, desto mächtiger wurden diese. Diese Macht konnten sie dem Gemeinderat aufdrängen. Dadurch war er langsam kein handgreifliches Mittel zur Gegenwehr aller Bürger gegen die feudale Herrschaft mehr. Er wandelte sich in ein Mittel zur Wehr der reicheren Bürger gegen den feudalen Staat, sowie gegen die ärmeren Bürger. Die Gemeinde ist eine juristische Person geblieben, die als solche nunmehr zur Abgrenzung zwischen Gewalt und Gewaltträgern diente.[440]

Der Übergang zu den marktwirtschaftlichen Arbeitsverhältnissen brachte eine entsprechende Auffassung über das Privateigentum mit sich. Diese wurde durch die frühbürgerliche Verfassung ebenfalls idealisiert dargestellt. Nach feudalem

---

438 Vgl. Tigar/Levy, S. 214, 217; Hill, Reformation, 1977, S. 54.

439 s. oben drittes Beispiel in „7. Entstehung der Marktwirtschaft - *Wieder*entstehung der Verfassung“ vgl. auch Politische Geschichte: Vom Feudalismus zum Kapitalismus in Europa.

440 Vgl. Tigar/Levy, a.a.O., S. 117, 132, 157, 158, 217.

Recht war das Privateigentum ein Grundrecht, dessen *Wesenskern* nicht nur die *Privilegien*, sondern auch die *Verpflichtung* war. Die Verpflichtung war als Einschränkung der Ausübung des Eigentumsgrundrechts angesehen. Der Rechtsgedanke hat seine Wurzeln in der hellenischen Verfassungslehre der Antike geschlagen. Die antike hellenische Verfassung ist selbst vor allem als Einschränkungsmittel des grenzenlosen Privateigentums des Adels entstanden.[441] Weiterhin beinhaltete sie Konkretisierungen der Sozialgebundenheit des Privateigentums,[442] ohne das Wirtschaftssystem der Sklaverei zu unterhöhlen. In der vorkaiserlichen Zeit des römischen Rechts herrschte die Doktrin der natürlichen Vernunft. Sie besagt, dass sich alle Völker gleich verhalten. Die Doktrin zielte darauf ab, dass das römische Recht durch die von Rom eroberten Völker angenommen wurde, so dass das Handelstreiben ermöglicht würde.[443] Vorbei war die Zeit, in der die Verpflichtung des Eigentumsgrundrechts im Sinne der Relativierung des absoluten Charakters des Eigentumsgrundrechts ausfiel.[444] Ohne das Wirtschaftssystem des Feudalismus überwinden zu wollen, hat die Kirche diese Doktrin zugunsten der wirtschaftlich Schwächeren ausgelegt. Dadurch hat sie den verfassungsrechtlichen Gedanken von Hellas mittelbar wieder ans Licht gebracht. Dieser Auslegung nach ist nicht nur das Privateigentum, sondern auch seine Einschränkung durch Naturrecht bzw. durch Gotteswillen legitimiert. So trat die Kirche für die Preisfestlegung und einen gewissen Schutz der abhängigen Arbeit ein. Sie gründete und verwaltete Krankenhäuser und Schulen. Beim Vertragsabschluß forderte sie gute Treue und Moral.[445] Die Verpflichtungsauffassung wurde ferner dem deutschen Staatsrecht überliefert. Die Herrschaft wird seit dem 15. und 16. Jahrhundert als ein von Gott übertragenes Amt gedeutet, das Pflichten auferlegt.[446] Die kirchliche Auslegung stand dem unbegrenzten marktwirtschaftlichen Privateigentum entgegen. Zur Legitimierung eines grenzenlosen Privateigentums benötigte das Bürgertum die Hervorhebung des absoluten Charakters des Grundrechts im römischen Recht. Diese absolute Auffassung hat es dann gleichzeitig den Bedürfnissen der Marktwirtschaft angepasst.

Die Doktrin der natürlichen Vernunft wurde dementsprechend ausgelegt: Gute Treue und Moral bestehen beim Vertragsabschluss nur dann, wenn die Par-

---

441 s. oben über die hellenische Verfassung der Antike unter „bbb) Verfassungs*kern*".

442 s. Kyriakopulos, a.a.O., S. 321, 409, 410, 413, 416, 669, 700; vgl. auch Katrugalos, Sozialstaat, 1998, S. 45, 46 (im hell.).

443 Tigar/Levy, a.a.O., S. 30.

444 s. oben „6. Unveränderliche Geltung des Verfassungsursprungs"; s. auch „ZWEITER TEIL" unter „B.II.3.c)".

445 Vgl. Tigar/Levy, a.a.O., S. 129, 233, 59.

446 So *Hartung* in Verfassungsgeschichte, zitiert bei: Belling, *Haftung*, 1990, S. 63.

teien nach den *Marktsitten* verhandeln.[447] *Folglich ist die Preisfestlegung abzulehnen. Die Arbeitsregelungen werden als Produktionskontrolle angesehen. Deshalb sind sie zu beseitigen.* Vorangestellt wurde das Recht auf Wettbewerb, dessen Träger das Individuum ist. Die wirtschaftliche Tätigkeit jedes Individuums wirkt sich positiv auf die Gesellschaft aus. Dies betont *Philippe de Beaumanoir* in seinem Rechtswerk aus den Jahren von 1280 bis 1283 *„Les Coutumes du Beauvaisis.“*[448] Die ***abstrakte*** Betonung des Individuums idealisierte die ***konkreten*** Interessen des Bürgertums. Dahinter steckte eben *nicht jedes Individuum*, sondern der *Arbeitgeber als Individuum*. Oberflächlich war nicht zu erkennen, dass die frühbürgerliche Verfassung unter anderem die Beseitigung der Arbeitsregelungen strebte. Zur Idealisierung trug auch das hellenische Denken der Antike bei. Philippe de Beaumanoir hob das Gebot des Naturrechts hervor, dass alle Menschen frei sind. *Alkidamas* und *Antiphon* hatten diese *natürliche Vernunft* längst verteidigt.[449] Zwischen diesen und jenem gab es aber einen Unterschied: Alkidamas und Antiphon unterstützten die Freiheit aller Menschen, um das Wirtschaftssystem der Sklaverei zu bekämpfen, ohne die Abhängigkeit der Sklaven mit einer anderen ersetzen zu wollen. Um die feudale Wirtschaftsordnung zu bekämpfen, unterstützte de Beaumanoir die Freiheit der Unternehmer. Den *Freiheitsinhalt* der Leibeigene bestimmte er nur als Befreiung ihrer Arbeit vom Feudalherrn. *In dem Sinne* waren die ehemaligen Leibeigenen als Arbeiter frei, ihre Arbeit nunmehr zur Verfügung des Unternehmers zu stellen.[450] Im Grunde genommen vertritt de Beaumanoir den Verfassungskern, wie er sich aus der hellenischen Verfassungslehre der Antike ableiten lässt. Der Unterschied liegt im Vergleich zur *aristotelischen* Verteidigung jedoch darin, dass Aristoteles die Notwendigkeit einer *Einschränkung* des Eigentumsgrundrechts hervorhebt.[451]

Gemäss dieser Rechtsauffassung war die Einhegung des Ackerlandes und das Vertreiben der Landsbevölkerung legitim. Krankenhäuser und Schulen der Kirche waren demzufolge fehl am Platz. Gefängnisse und Armenhäuser waren jetzt die Alternative, wenn man in den marktwirtschaftlichen Arbeitsverhältnissen nicht Platz fand.[452]

Die Entwicklung und Durchsetzung der marktwirtschaftlichen Fremdbestimmung der Arbeit bedurften ebenfalls einer entsprechenden *Vertragsauffassung.*

---

447 Tigar/Levy, a.a.O., S. 59.

448 Tigar/Levy, s. 142 ff.

449 Fn 402; Tigar/Levy, S. 167.

450 Vgl. Oppenheimer, Franz, Der Staat, S. 3 und 6.

451 s. oben „3. Unterstützung des Verfasungskerns“: „Der Sklave sei, so Aristoteles, *beseeltes* Eigentum, ein *beseeltes Produktionsmittel. Seine „Zerstörung“ stünde aber dem Interesse des Herrn entgegen.*“, Fn 407.

452 Vgl. Tigar/Levy, a.a.O., S. 233; Oppenheimer, Franz, a.a.O., S. 6.

Die Anwendung der guten Treue und des Moralprinzips nach marktwirtschaftlichen Kriterien[453] bedeutete die Ablösung des Versprechens von der *Causa.* Das Versprechen war die Rechtsgrundlage des feudalen Vertrags. Für Kaufleute und Handwerker war es aber *nudum pactum.* Das Versprechen diente einem beschränkten Handel. Seine Einhaltung beruhte teilweise auf Gemeindenregelungen und teilweise auf dem Glauben an seine Heiligkeit. Je mehr sich trotzdem der Handel ausbreitete, desto komplizierter wurden die Geschäfte. Ihre fortschreitende Kompliziertheit führte zu mehreren Vertragseinzelheiten, deren Erfüllung als Vertragsbedingungen die einfachere Normativität des Versprechens allmählich nicht garantieren konnte. Die Kausalität stellte hingegen eine handgreiflichere Rechtsbasis für Vertragsparteien und Dritte dar. Sie verkörperte für alle die Vertragshaftung im Falle einer Vertragsverletzung. *Haftung* bedeutete nunmehr *Einklagbarkeit.* Diese war von hervorragender Bedeutung besonders bei Handelsverträgen, deren Erfüllung in verschiedenen Ländern stattfand.[454] Die Absicherung der Vertragserfüllung stellte noch einen Schritt zur Durchsetzung der Marktwirtschaft dar. *Denn Recht ohne Durchsetzungsmöglichkeit ist kein Recht.* Diese hat dem Abbau des Feudalismus beigesteuert: Im feudalen Recht war die Diskriminierung zwischen Feudalherrn und Leibeigenem *offen* anerkannt. Deswegen bestand offiziell ein Unterwerfungsverhältnis, das als solches eine mächtige und eine schwache Partei voraussetzt. Der Umsturz des Verhältnisses war verboten. Aber die mächtige Partei hatte als solche die Pflicht, sich um die schwache zu kümmern.[455] Die Handelsausbreitung und die entsprechende Vertragsauffassung erodierten dieses Unterwerfungsverhältnis. Aus diesem Grund war die Arbeitskraft der Leibeigenen gefordert.[456] Dies folgte nicht durch die materielle Beseitigung der *Eigentumsungleichheiten* zwischen Unternehmern und Arbeitern, sondern durch die formale. Nach der Vertragsidealisierung waren die Vertragsparteien gleich. Rechtsgemäß bestand kein Unterwerfungsverhältnis mehr. Die Arbeiter wurden als gleichgewichtige Partei angesehen, die frei einen Arbeitsvertrag abschlossen. In der Praxis lief für sie die Vertragsfreiheit leer. *Sie verfügten über keine einklagbaren Rechte.*

Die Idealisierung des marktwirtschaftlichen Vertragsrechts signalisierte des weiteren den Übergang von der frühbürgerlichen Verfassung zur spätbürgerlichen Verfassung der englischen und französischen Revolution. Die frühbürgerliche Verfassung beschränkte die feudale Gewalt. Während ihrer Entstehung konnte das Bürgertum selbst den Umsturz des Feudalismus nicht vorhersehen. Die spätbürgerliche Verfassung hat die feudale Wirtschaftsordnung untergraben und die marktwirtschaftliche durchgesetzt. Die *revolutionäre* Verfassung

---

[453] s. Fn 445.

[454] Vgl. Tigar/Levy, S. 173, 175.

[455] s. oben über die Verpflichtungsauffassung, Fn 445 f.

[456] s. darüber Fn 439.

spricht von der Gleichheit aller. Die *frühbürgerliche* Verfassung bezweifelt nicht den Kern des Herrschaftsverhältnisses zwischen Feudalherrn und Bürgern. Einige Idealisierungsbeispiele der Übergangszeit sind folgende: a) Die Auffassung der Vertragsfreiheit und des Privateigentums als Einhaltung der Universumsordnung von den Radikalprotestanten in der Schweiz, Niederlande, Frankreich und England, b) *Domats* Werk (zwischen 1689 und 1697) *„Les Lois civiles dans leur ordre naturel*", nach dem das Eigentumsrecht unveränderliches Naturgesetz ist, c) Lord *Stairs* Werk aus dem 17. Jahrhundert *„The Institutions of the Law of Scotland*", das sich auf das Naturrecht beruft, d) *Zeillers* Werk *„Das Natürliche Privat – Recht*", e) *Pufendorfs* Werk aus dem Jahr 1722 *„Law of Nature and of Nations*", f) *Grottius* Werke über die freie Seefahrt und den freien Handel.[457]

Die ununterbrochene marktwirtschaftliche Idealisierung erreicht aber ihren Höhenpunkt mit der Intellektuellenbewegung der *Aufklärung*. Hierzu ist es zu erklären, dass die Aufklärung eine breite Bewegung war. Verschiedene Strömungen machten sie aus. Alle sahen das Privateigentum als Grundrecht an. Einige von diesen aber äußerten sich gegen die Grenzenlosigkeit des Rechts. Unter Idealisierung des marktwirtschaftlichen Eigentumsgrundrechts ist demzufolge diejenigen Aufklärungsströmungen zu verstehen, die auf verschiedene Art und Weise die *Grenzenlosigkeit* des Rechts legitimieren. Diese Strömungen haben sich als Idealisierungsbasis der Verfassungen der französischen und der nordamerikanischen Revolution durchgesetzt. Vertreter dieser Basis sind *Locke* und *Montesquieu.*

Locke greift das Privateigentum zuerst als Naturphänomen auf. Es sei natürlich, weil es sich aus der Arbeit und der Arbeitsteilung ergebe. Ursprünglich war sein Ausmaß begrenzt. Die Geldeinführung habe jedoch die Natur überholt. Das Geld habe zum unbegrenzten Eigentumsausmaß und deswegen zur großen Kluft zwischen Besitzern und Besitzlosen geführt. Diese ungleichen Eigentumsverhältnisse seien legitim, weil die Geldeinführung – und verwendung auf einer stillschweigenden Übereinkunft der Menschen beruhen.[458]

Lockes Denkweise ist *idealisierter Materialismus*. Arbeit, ausgedehnte Geldverwendung und Vertrag sind in der Marktwirtschaft Realität. Idealismus ist ihre Verbindung miteinander. Das Privateigentum an sich wird natürlich legitimiert. Seine Grenzenlosigkeit ist nicht natürlich, sondern vertraglich legitimiert. Aus welchem Grund haben sogar stillschweigend einige Menschen einen Vertrag abgeschlossen, der sie in Besitzlosigkeit und andere in Besitz versetzt oder mit welchen Kriterien einige zu Besitzlosen und andere zu Besitzern werden, ist bei Lock nicht erläutert. Vielleicht geht es bei ihm auf die Natur zurück, wer

---

[457] Tigar/Levy, S. 69.

[458] Vgl. Horvath, Entstehung, 1998.

besitzt und wer nicht besitzt, wie bei *Aristoteles*.[459] Immerhin betrachtete Locke die Sklaven als *Waren*, weil sie besitzlos waren.[460] Dementsprechend sind die Arbeitnehmer als freiwillige Sklaven anzusehen, die im Rahmen ihrer Vertragsfreiheit stillschweigend den Vertrag zur Geldeinführung abschlossen, die sie in den Sklavenzustand versetzt hat.

Montesquieu schlägt in seinem Werk „*De l' Esprit des Lois*" (1748) die Gewaltentrennung vor. Der Herrscher erhalte alle seine Macht vom Volk. Damit er sie nicht missbrauche – wie dies die fortdauernde Erfahrung bestätige[461] - müsse die Staatsgewalt nicht in seiner Person konzentriert, sondern geteilt sein. So könnte der Staat seine Aufgabe erfüllen, die der Schutz – unter anderem – des Naturrechts an Eigentum sei.

Die Wichtigkeit der Gewaltenteilung liegt genau in der „*expérience éternelle*". Sie hatte aber bei Montesquieu keine arbeitsrechtliche Dimension. Trotz der wirtschaftlichen, sozialen und politischen Übermacht des Arbeitgebers,[462] legitimierte er in diesem Fall keine Gewaltteilung. Als Anteilseigner der Gesellschaft von Indien betrachtete er hingegen einige Länder als Sklavenländer von Natur aus. „*Ohne die Sklavenarbeit wäre der Zucker zu teuer*" hatte er gemerkt.[463]

Die spätbürgerliche Revolutionsverfassung vom 26. August 1789 gewährte *abstrakt* im Art. 17 ein *konkretes* Privateigentum.[464] Die abstrakte Verteidigung des marktwirtschaftlichen Privateigentums hat eine große Rolle zur Durchsetzung der Marktwirtschaft schon im Rahmen des Feudalismus gespielt.[465] Die Abstraktion schließt die Konkretisierung ein. Sie lässt deshalb keine abstrakte Auslegung des Rechts zu: Bei Anwendung der abstrakten Norm taucht ihr Kern der auf. So zeigt sich, dass jede abstrakt abgefasste Norm ganz konkret ist.[466] Zum Schutz des marktwirtschaftlichen Eigentumsgrundrechts scheute die Verfassung nicht davor zurück, eine doppelte Terminologie zu verwenden: die ei-

---

459 s. Fn. 406: „Die Sklaverei sei, so Aristoteles, ein *Naturphänomen,* wie die Anziehungskraft zwischen Mann und Frau".

460 Bekanntlich herrschte der Sklavenhandel bis zur Mitte des 19. Jahrhunderts. Das Wirtschaftssystem der Sklaverei war vorbei. Trotzdem ist sie im Laufe der Entstehung und teilweise nach der Durchsetzung der Marktwirtschaft als Form abhängiger Arbeit wiederaufgelebt. Jedoch standen die Sklaven nicht unter dem marktwirtschftlichen Recht. Sie wurden juristisch als Eigentum im strengsten Sinne des römischen Rechts behandelt; s. auch Katrugalos, a.a.O., S. 71.

461 "C' est une expérience éternelle, que tout homme qui a du pouvoir est porté à ce qu'il trouve des limites" (*De l' Esprit des Lois)*, zitiert nach Belling, *Haftung*, S. 62.

462 Vgl. Belling, *Haftung*, S. 38.

463 Tigar/Levy, a.a.O., S. 282, 283.

464 " La propriété étant un droit *inviolable* et *sacré*..."

465 s. oben über die *marktwirtschaftliche* Auslegung der Dorktrin der *natürlichen Vernunft*.

466 Vgl. oben „ZWEITER TEIL" unter „6. Kritik an der Kritik".

gene und des feudalen Wirtschaftssystems. Sie redete von der *Unverletzlichkeit* und der *Heiligkeit* des Eigentums. Wenn das Privateigentum im allgemeinen unverletzliches und heiliges Recht wäre, bräuchte das Bürgertum keine verfassungsrechtliche Garantie für sein Privateigentum. Die vorgesehene Enteignung betraf nur das marktwirtschaftliche Privateigentum. Das feudale war durch die Revolution ohne Entschädigung beseitigt worden. Die Enteignung kann nicht als Ausübungseinschränkung des gewährleistenden Eigentums zugunsten der Arbeiter interpretiert werden. Eine solche Interpretation verstieße gegen die Unverletzlichkeit und die Heiligkeit des Grundrechts. Sie verstieße auch gegen Art. 1 der Verfassung, der die gesellschaftlichen Ungleichheiten durch das Gemeinwohl legitimiert.[467] Als Gemeinwohl wurde das Wohl des Bürgertums aufgefasst, da durch die Ungleichheiten sowieso die Besitzlosen benachteiligt waren.

Die Verfassung von 1791 sah sogar aktive und passive Bürger vor. Aktive waren diejenigen, die mehr als den Wert von 3 Arbeitstagen an Steuern zu bezahlen vermochten. Die aktiven bestimmten die Wahlmänner, die mehr als den Wert von 200 Arbeitstagen an Steuern bezahlen konnten. Der Staat wurde somit von 42980 Wahlmännern geleitet. So viele waren die Vermögenden jener Zeit.[468] Unter diesen Umständen verabschiedet die revolutionäre Nationalversammlung am 17. Juni 1791 das *verfassungsmäßige* Gesetz *„Le Chapelier"*. Durch dieses Gesetz wird den Arbeitern verboten, Verbindungen zu bilden, um Lohnerhöhungen zu beanspruchen.[469] *Demoulins* hat zutreffend gemerkt, dass die oben genannte Verfassung *Jesus* zu einem *passiven Bürger* macht.[470]

9. Staat und marktwirtschaftliche Arbeitsverhältnisse

Die Marktwirtschaft ist aus dem Feudalstaat entsprungen. Solange dieser noch bestand, musste sie ihn zu ihrer Entwicklung ausnutzen. So benutzt *de Beaumanoir*[471] das Feudalrecht, um die königliche Gewalt für das Bürgertum zu gewinnen: Da der König der höchste Feudalherr ist, unterliegt jeder anderer Feudalherr seiner gerichtlichen Zuständigkeit. Die königlichen Gerichte wandten aber als Recht die Sitten an, die marktwirtschaftlich waren.[472] Die Anwendung der Sitten rechtfertigte de Beaumanoir dadurch, dass der König im Rahmen des feudalen Unterwerfungsverhältnisses die Sitten seines Volkes zu respektieren

---

467 "Les hommes naissent et demeurent libres et égaux en droits. *Les distictions sociales ne peuvent être fondées que sur l' utilité commune*".

468 Die Französische Revolution, S. 6; vgl. Tigar/Levy, a.a.O., S. 275.

469 Vgl. „Die Französiche Revolution", S.5; Tigar/Levy, S. 278; Katrugalos, S. 75.

470 Die französische Revolution, S. 6.

471 s. Fn 448.

472 s. Fn 447.

hatte.[473] Unter Vorbehalt der Anwendung des Sittenrechts erstreckte de Beaumanoir die königliche Gewalt auf die Gesetzgebung.[474] Ohne die oberste Staatsgewalt des Königs wären die Einhegung des Landes und die durch Besitzlosigkeit erzwungene Abwanderung der Leibeigenen in die Manifakturen nicht zu verwirklichen gewesen.[475] Die Übernahme der wirtschaftlichen Macht und die Ablösung des Feudalstaates vom marktwirtschaftlichen Staat werden durch die frühbürgerliche Verfassung sichtbar. Den Ablösungsprozess haben die revolutionären Verfassungen vollzogen.

III. Ergebnis: Die ***Verfassungskerntheorie***

Sowohl die hellenische Verfassung der Antike als auch die „moderne" Verfassung garantieren ein konkretes Wirtschaftssystem; die erste der Sklaverei, die zweite des Marktes. Beide beruhen auf fremdbestimmter Arbeit. Die Fremdbestimmung der Arbeit in beiden Systemen ist auf den gemeinsamen Ursprung beider Verfassungen zurückzuführen: Die *Arbeitsteilung*, aus der *ungleiche Eigentumsverhältnisse* entstanden. Die Eigentumsverhältnisse und ihre Ungleichheit sind mithin derselbe *Kern* beider Verfassungen, *trotz der zwischen ihnen vergangenen Zeit*. Die marktwirtschaftliche Verfassung ist in diesem Sinne deshalb nicht modern. Als modern erweist sie sich aber in ihrem eigenen Rahmen genau so wenig. Wie die antike Verfassung ist sie eine Staatsordnung eines Gemeinwesens durch rechtliche Gestaltung; wie die antike Verfassung ist sie nämlich ein *Grundgesetz*. Die *Volkssouveränität*, das *Mehrheitsprinzip* und die *Gewaltenteilung* sind ebenfalls keine Leitprinzipien nur der marktwirtschaftlichen, sondern *zuerst* der hellenischen Verfassung der Antike. Das sichere Gefühl der Selbstbestimmung durch die *Verbürgung des Eigentumsgrundrechts* stammt ebenso aus der antiken Verfassung. Die marktwirtschaftliche Verfassung gilt als der Inbegriff der guten und gerechten Ordnung; die antike auch. Aus diesem Ordnungsverständnis hat sich ein *Konsens* entwickelt, nach dem alle in der Gesellschaft gleich mitentscheiden. In der Tat besteht jedoch ein Letztentscheidungsrecht, über welches der *jeweilige* Arbeitgeber verfügt.[476] Dieses *Grund*recht verbürgt sowohl die „antike" als auch die „moderne" Verfassung. *Deshalb ist jede Verfassungsnorm ausschließlich im Lichte des Verfassungskerns auszulegen.*

Durch die Verfassungsidealisierung wird die Aufmerksamkeit des Bürgers vom Verfassungskern abgelenkt. Ein Grund dafür ist das Streben nach Dauer-

---

473 s. Fn 455.

474 Vgl. Tigar/Levy, S. 150 f.

475 s. oben Fn 438, 452.

476 s. Fn. 416.

haftigkeit[477] des gewährleisteten Wirtschaftssystems. Eine *idealisierte* Wirtschaftsordnung gilt im gesellschaftlichen Bewusstsein als *„ausgehend von der Natur“* und damit als *„ewig“*. „Antike“ und „moderne“ Verfassung sind jedoch der rechtspolitische Ausdruck eines konkreten Wirtschaftssystems, das sich in der Gesellschaft nicht als Plan einiger weniger, sondern unabhängig vom menschlichen Willen entsteht.[478] Der menschliche Willen kann aber bei der Entwicklung des Wirtschaftssystems eine große Rolle spielen: Während seiner Entwicklung bilden sich vielfältige Arbeitsbeziehungen heraus, in denen wegen der Fremdbestimmung Spannung schwelt. Ein *Spannungsausbruch* der wirtschaftlich überholten Arbeitbeziehungen ist wünschenswert für das neue Wirtschaftssystem, um seine eigenen Arbeitsbeziehungen durchzusetzen. Eine Spannung schwelt aber aus dem gleichen Grund auch in seinen Arbeitsbeziehungen, schon bevor diese rechtspolitisch verankert werden. Die Idealisierung verbirgt diese Spannung, deren Ausbruch die Durchsetzung der neuen Arbeitsbeziehungen gefährden würde. Die Verfassungsidealisierung verhüllt die Spannung auch nach der Durchsetzung. Dadurch ist die Ewigkeitsgarantie[479] der Wirtschaftsordnung in der Verfassung wieder zu erkennen.

Die hellenische Verfassung der *Antike* ist folglich die *Grundlage* der *zeitgenössischen* Verfassung. Aus diesem Ergebnis lässt sich folgender *Verfassungsbegriff* ableiten: **Verfassung** ist die *rechtliche* Abbildung der *Geschichte*. Die Geschichte bildet eine Reihe *politischer* Ereignisse aus. Die *Politik* beruht auf der *Wirtschaft*. Die Wirtschaft entsteht aus *ungleichen Eigentumsverhältnissen*. Diese sind Folge der *Arbeitsteilung*. Bei der Verankerung des jeweiligen Wirtschaftssystems regelt die Verfassung somit Arbeitsverhältnisse. Das Verfassungsrecht ist in seinem Kern ***Arbeitsrecht***.[480] Von diesem Begriff ausgehend ist die Verfassungs*einigkeit* oder Verfassungs*einheit* auf den Schutz des Verfassungskerns ausgerichtet.

Gleiches gilt auch für die **EV**: Sie ist auch Arbeitsrecht: Sie gewährt Eigentumsverhältnisse, die auf die Fremdbestimmung der Arbeit innerhalb eines *kon*

---

477 Jellinek spricht von *jedem dauernden* Verband, der einer Ordnung bedarf, die *Verfassung* heißt (*Staatslehre*, S. 505); s. auch Fn 415.

478 Über die Vorgegebenheit des Eigentumsinhalts in der Gesellschaft siehe Fn. 21; s. noch die Gesamtanalyse über den Verfassungsbegriff.

479 s. Fn 415, 477.

480 Vgl. oben „4. Ergebnis“, worunter hervorgehoben wird, dass der Kerninhalt des Vorrangprinzips sowohl im nationalen als auch im Uniosrecht im Arbeitsrecht wurzelt.

kreten Wirtschaftssystems beruhen.[481] Aufgrund des *Vorrangprinzips*[482] ist sie *Grundgesetz*. Zwar ist sie dem europäischen Bundesstaat vorausgegangen. Darin liegt ein Unterschied zur hellenischen Verfassung der Antike, weil bei ihrer Schöpfung der athenische Staat bereits bestand. Die frühbürgerliche Verfassung entstand innerhalb eines Staates, der jedoch nicht marktwirtschaftlich war. Die spätbürgerliche Verfassung signalisierte die endgültige Zerstörung des Feudalstaates und die Errichtung des marktwirtschaftlichen. Es ist also nicht wichtig, ob der Staat die Voraussetzung der Verfassung oder die Verfassung die Voraussetzung des Staates ist.[483] Wegen der *Unveränderlichkeit des Verfassungsursprungs* ist hingegen die Erkenntnis wichtig, dass *Verfassung* und *Staat* voneinander nicht zu trennen sind.[484] Deswegen sind sie weder *„Stereotypen"* noch *„definitorisches Schubladendenken."*[485] Deswegen kann die EV auch nicht jenseits dieser Verflechtung vorhanden sein. Ganz im Gegenteil. Aus folgenden, sich bedingenden Gründen trägt sie sogar zur Schaffung des *europäischen Bundesstaates* bei: Als Grundgesetz ist sie ohnehin *Staatsgrundlage*.[486] Sie vollzieht die Gemeinschafts*supranationalität*, die den Weg zur fortschreitenden rechtspolitischen Einigung Europas bestimmt hat.[487] Sie ist die Krönung der *unmittelbaren Durchsetzbarkeit* der EG/EU-Rechts.[488] Sie ergibt sich aus der *Kompetenz–Kompetenz* der Union und befestigt sie.[489] Sie vollendet die EuGH–*Staatswerdungs*rechtsprechung.[490] Als höchstrangiges Rechtsmittel ist sie darauf ausgerichtet, die *Unionsstaatlichkeit* aufrechtzuerhalten.[491]

Ihre Verknüpfung mit der hellenischen Verfassung der Antike bestätigt die EV durch die Phrase von *Thukydides-Motto*.[492] Dadurch signalisiert sie mittel-

---

481 s. oben „EINLEITUNG", „ERSTER TEIL - C. DIE BESTIMMUNG DES WIRTSCHAFTSSYSTEMS DER EG/EU" - 1. Die Grundrechtscharta: Vorbereitung auf die Europäische Verfassung", „ZWEITER TEIL - D. DIE ARBEITNEHMERMITBESTIMMUNG NACH DEM GEMEINSCHAFTSRECHT".

482 s. oben „DRITTER TEIL" unter „2. Das *Vorrangsprinzip* als Gestaltungsfaktor der EV".

483 Darüber Pernice, *Beitrag*, 2001, mit Nachweisen auf *Isensee* und *Häberle*; Pauly/Siebinger, Verfassungsstaat.

484 s. Fn 373; vgl. auch Stern, *Staatsrecht*, 1984, S. 10, 20, 23.

485 So Hirsch, *Staat*, 2000, S. 46.

486 Vgl. „1. Wirtschaftliche und rechtspolitische *Herkunft* der Europäischen Verfassung: "*Die Verfassung an sich ist das Grundgesetz eines Staates*".

487 s. Fn 265.

488 s. Fn 272.

489 s. oben: „b) *Bekräftigung* der Gemeinschaftswidrigkeit der deutschen Verfassungsrechtsprechung".

490 s. Fn. 275.

491 s. Fn. 270, 271 i. V. m. Fnn. 272, 273.

492 s. Fnn. 378, 379.

bar ihre Verbindung mit dem Verfassungsursprung. Dieses Signal und seine Bestätigung enthalten ferner das Hauptanliegen jedes Wirtschaftssystems, jeder Form, jeder Zeit, an dauerhafter Funktionsfähigkeit.[493] Durch dieses Hauptanliegen des gleichen Wirtschaftssystems zeigt sich die EV mit der spätbürgerlichen Verfassung verbunden.[494] Das gleiche Beispiel bietet das GG: Obwohl es demokratisch ist, hat sie das Bundestreueprinzip vom Reichsverfassung 1871 übernommen.[495] Weiterhin hat das EG/EU–Recht selbst das Gemeinschaftstreueprinzip entwickelt.[496] Die rechtspolitische Modernität der EV ist demzufolge nicht in der falschen Unterscheidung zwischen „antiker" und „moderner" Verfassung aufzufinden. Sie lässt sich hingegen in der *friedlichen* Art der Einsetzung ihres Einigungszweckes sehen. Sie ist zusätzlich in ihrem Versuch der Handhabung der Globalisierung durch *Staatswerdung* statt durch *Völkerrecht* zu sehen. Somit erweist sich nicht das Staatssystem *in abstracto* als ein überholtes Instrument zur Lösung der Globalisierungsprobleme,[497] sondern *in concreto* das System des Nationalstaates.[498] Diese Wende konnte aber durch anderes anders als von den Nationalstaaten in Gang gesetzt und innerhalb der EGKS, EWG, EG und EU entsprechend kontrolliert durchgeführt werden.[499] Wenn man diese Wende nicht sieht, kann man das Verhältnis zwischen national–und Unionsrecht als Gegenläufigkeit missverstehen.[500] Wenn man diese Wende nicht sieht, kann man die EV als völkerrechtlichen Vertrag bezeichnen. Von diesem falschen Gesichtspunkt aus kann man sich für eine gemeinschaftsfreundliche statt für eine gemeinschaftskonforme Auslegung der Nationalverfassung aussprechen.[501] Wenn man aber im Gegenteil zutreffend die Ansicht vertritt, dass die Mitgliedstaaten nicht nur keine Herren der Verträge, sondern auch *keine Herren ihrer eigenen Verfassungen* sind, dann ist es ein widersprüchlich, in diese Ansicht einzuschließen, dass zwischen National – und Unionsrecht keine Hierarchie, sondern ein gleichgewichtiges Verhältnis bestehe.[502] Die EU lässt sich in die Begriffskategorien „Verfassung" und „Staat" eben aus

---

493 Vgl. oben "bbb) Verfassungs*kern*".

494 s. „6. Unverändreliche Geltung des Verfassungsursprung" ff.

495 s. Fn. 353.

496 s. oben „j) Die Gemeinschaftstreue".

497 Dieser Ansicht Dorau, Verfassungsfrage, 2001, S. 51.

498 Vgl. Pernice, *Implications.*, 2000, S. 18, 21, 22, 35.

499 s. ab Einführung dritten Teils.

500 Wie Kirchhof, *Gewaltenbalance*, 2000, S. 38.

501 So Tsatsos, *Revisionsproblematik*, 2000, S. 119, 120, 128; s. auch Fn 359; ders. *Unionsgrundordnung*, 2002, S. 23.

502 So Pernice, *Vision*, 1999, S. 83 f.

dem Grund einfangen, weil diese *klassisch* und deswegen *nicht* veraltet sind.[503] Das Klassische ist mit dem Ewigen freilich nicht zu verwechseln. Was sogar jahrhundertlang gilt, kann eines Tages nicht mehr gelten. *Jedoch drückt das Klassische eine sich im Laufe der geschichtlichen Zeit in ihrem Kern bestätigende Realität aus.* Deren Bestandteile werden der Staat und die Verfassung bleiben, solange die gesellschaftliche Entwicklung diesen kontinuierlich bestehenden Realitätskern nicht verändert. Die EV ist zwangläufig ein Stück in diesem noch nicht abgespaltenen Kern. Wegen der Globalisierung ordnet sie die nationale Staatssouveränität der europäischen Staatssouveränität unter. Dabei kristallisiert sich jedoch kein im Vergleich zum vorliegenden neuer materiell – normativer Verfassungsbegriff heraus.

C. DIE EINHEIT DER EUROPÄISCHEN VERFASSUNG IM LICHTE IHRES KERNS

I. Problemstellung

Globalisierung ist die weltweite Ausbreitung des *schrankenlosen* Privateigentums. Die Schrankenlosigkeit ist geschichtlich dadurch zu erklären, dass die Marktwirtschaft alle rechtspolitischen Institutionen des Feudalismus zu zertrümmern hatte, um ihre durchsetzen zu können. Die Schrankenlosigkeit wurde aber auch über die Zerstörung des Feudalismus hinaus als *natürlich legitimierte* und damit als *einzige* Politik angewandt. Die Folge war die Verelendung der Arbeitnehmerschaft. Demgegenüber wurde das schrankenlose Eigentumsgrundrecht abstrakt als Freiheit aller hingestellt. Die *spätbürgerliche* Verfassung war die *abstrakte* bzw. *idealisierte* Formulierung einer *konkreten* Wirtschaftsordnung in *schrankenloser* Form. Diese Form hat seit dem 18. bis ungefähr zur Mitte des 20. Jahrhunderts gedauert. Die Gegenreaktion hat allmählich zum Schutz der abhängigen Arbeit geführt.[504] Der marktwirtschaftliche Staat hat durch das *Sozialstaatsprinzip* und seine *arbeitsrechtliche* Konkretisierung die Übermacht des Arbeitgebers beschränkt. Die Beschränkung hat die Funktionsfähigkeit des Staates gesichert.[505] Sie hat des weiteren die gesellschaftliche Legitimierung des Staates enorm erweitert: Nach dem Zweiten Weltkrieg wurde er fast ausschließlich als sozial begriffen. Die Globalisierung trat in eine *sozialstaatliche Phase* ein. Die *Nachkriegszeit-Verfassungen* der Gründer der EGKS und der EWG bringen auf *nationaler* Ebene diese Globalisierungsphase noch

---

503 *Pernice* sieht die EU als eine revolutionäre Konstruktion an, deren revolutionäres Element nicht in diesen *alten* und *klassischen* Begriffskategorien zu erkennen sei (*Vision*, S,. 84); vgl. Fn 493.

504 Vgl. Brox/Rüthers, a.a.O., 1999, S. 2; Belling, *Haftung*, S. 38.

505 Vgl. oben „bbb) Verfassungs*kern*“, “3. Unterstützung des Verfassungskerns“.

jetzt zum Ausdruck. Das EG/EU – Recht drückt diese Phase auf *übernationaler* Ebene aus. National – und Gemeinschaftsrecht waren eine *abstrakte* bzw. *idealisierte* Formulierung einer *konkreten* Wirtschaftsordnung in *sozialstaatlicher* Form. An diesem Punkt stellt sich folgendes Problem: Kernpunkt für das sich noch ausdehnende Privateigentum bleibt der Gewinn. Wie vor 200 Jahren fordert es eine Herabsetzung der Produktionskosten.[506] Auch aus diesem Grund bedarf es stets der Marktsausweitung, wozu die prinzipielle Unbeschränktheit der Technologie beisteuert. Deswegen *tendiert* das Privateigentum *ständig* dazu, den verfassungsrechtlichen *Ausgleich, den die Nachkriegszeit* zwischen ihm und seinen Einschränkungen geleistet hat, zu beseitigen. Besonders seit den 90en Jahren wird diese Tendenz dadurch bekräftigt, dass die marktwirtschaftliche Globalisierung nicht mehr unter dem Konkurrenzdruck der Gesellschaftssysteme steht.[507] Der marktwirtschaftliche Wettbewerb hat sich verschärft. Die Folge ist starker Zweifel an der sozialstaatlichen Globalisierungsphase. Man argwöhnt einen Abbau des Sozialen des marktwirtschaftlichen Staates der Nachkriegszeit.[508] Ein Abbau wäre trotzdem rechtspolitisch nicht *evident* zu verwirklichen. Die breite Legitimierung, die die marktwirtschaftliche Ordnung wegen des Sozialstaatsprinzips gewann, hat den Schutz der abhängig erbrachten Arbeit als *Baustein* und *Teilbereich* dieser Wirtschaftsordnung einsichtig werden lassen.[509] Eine Deregulierung des Arbeitsrechts hätte, wenn überhaupt, allmählich und mittelbar zu folgen. Die Frage ist aber, ob ein Zurücktreten oder sogar eine Deregulierung des Sozialstaatsprinzips verfassungsrechtlich legitimiert ist. Die Antwort ist vielseitig: Sie kommt darauf an, ob das Sozialstaatsprinzip zum Verfassungskern gehört; ob die Sozialgebundenheit des Eigentumsgrundrechts ein *unlösbarer Bestandteil des Kerninhalts des Grundrechts* ist oder, ob sie für die marktwirtschaftliche Verfassung schlechthin einen *Kompromiss* der Nachkriegszeit darstellt, dessen Existenzgrund unter höheren Wettbewerbserfordernissen nicht mehr gilt[510] Hier kommt es darauf an, ob das Sozialstaatsprinzip über seinen eigenen Kern verfügt. Nur dann ist zu beurteilen, ob dieser Kern durch die Gesetzgebung angetastet wird und, ob dies verfassungsmäßig oder verfassungswidrig ist. Fraglich ist, ob die Phrase „Flexibilisierung des Arbeitsmarktes“ gleichgewichtig für Arbeitgeber und Arbeitnehmer gilt. Schließlich ist zu untersuchen, ob Eigentumsgrundrecht und Sozialstaatsprinzip gleichrangig sind.

---

506 Vgl. Theocharis, Analyse, 1983, S. 140.

507 Habermas, Globalisierung, 1997; vgl. auch Döhring, Defensive, 1995, S. 12; Pitschas, Wandel, 1998, S. 760.

508 Vgl. Schuppert, Folke, a.a.O., 1987, S. 187 ff.; Rodrik, Desintegration, 2000, S. 13.

509 Vgl. Brox/Rüthers, a.a.O., S. 4, 6.

510 Vgl. Habermas, a.a.O.; Panajotopulos, Vortrag, 2001 (im hell.); Kapstein, Weltwirtschaft, 1995, S. 204..

Als marktwirtschaftliches Grundgesetz ist die EV einerseits mit der spätbürgerlichen Verfassung verbunden. Sie garantiert den Wettbewerb und trägt somit in sich seine Tendenz zur Schrankenlosigkeit. Andererseits geht sie aus der sozialstaatlichen Globalisierungsphase des Gemeinschaftsrechts hervor. Daraus ergäbe sich kein Problem, tendierte das Eigentumsgrundrecht nicht dahin, seine Schrankenlosigkeit zurückzugewinnen. **Die EV entsteht folglich in einer Zeit des Konflikts zwischen den zwei Formen der Marktwirtschaft**. Das Ergebnis des Konflikts könnte der Umsturz der verfassungsrechtlichen Ausgewogenheit der Nachkriegsperiode sein. Die EU setzt die Produktionsfaktoren *Gewinnsteigerung* und *Arbeitsbedingungen* als *globale* Ziele um.[511] Die EV bestimmt die *marktwirtschaftliche* Form, in der diese Ziele zu erreichen sind. Mit der verankerten Form hängt es zusammen, ob sich die EV als ein Grundgesetz des Ausgleichs oder der Polarisierung erweist.

II. Das Gefüge der EV

1. Erstes Grundelement: Der Verfassungs*vorrang*

Die Rechtsentwicklung der EU vom Nicht–Staat zum Staat[512] teilt sich in zwei Perioden ein: In die ***vorverfassungsrechtliche*** und in die ***verfassungsrechtliche***. In der ersten Periode war durch die Verträge die *Marktwirtschaft* als *Wirtschaftssystem* der EG in *sozialer Form* inhaltlich bestimmt und verankert. Die EuGH–Rechtsprechung hat dementsprechend Eigentumsgrundrecht und Sozialprinzip *ausgewogen* geschützt.[513] Der Entstehungsgrund der EG, die auf ihn ausgerichteten Verträge und die auf ihnen beruhte Rechtsprechung des EuGH ließen die Möglichkeit zur Fortführung der *sozialen Marktwirtschaft* innerhalb eines europäischen Bundesstaates offen.[514] In der zweiten bereits durchlaufenen Periode bringt das Gefüge der EV diese Möglichkeit nahe an ihre Verwirklichung:

Der ***Titel III*** des **ersten Teils** der Verfassung bestimmt die *Zuständigkeiten der Union.* ***Kernnorm*** unter diesem Titel ist Art. **I–10 Abs. 1**. Er legt das *Rangverhältnis* des Unionsrechts gegenüber dem Recht der Mitgliedstaaten dem ***Vorrangprinzip*** zugrunde. Dem gemäß haben die Verfassung und das von den

---

511 Vgl. oben „EINLEITUNG – A. MARKTWIRTSCHAFT UND ABHÄNGIGES ARBEITSVERHÄLTNIS", „1 *Societas Europaea*", „1. Wirtschaftliche und rechtspolitische *Herkunft* der Europäischen Verfassung"; s. auch Blazizek, a.a.O., S.42.

512 s. oben „ 3. Gemeinschaftswidrigkeit der nationalen verfassungsrechtlichen Grenze des Vorrangsprinzips".

513 s. oben „C. DIE BESTIMMUNG DES WIRTSCHAFTSSYSTEMS DER EG/EU".

514 s. oben „1. Wirtschaftliche und rechtspolitische *Herkunft* der Europäischen Verfassung" sowie „ERSTER TEIL" unter "C. DIE BESTIMMUNG DES WIRTSCHAFTSSYSTEMS DER EG/EU".

Organen der Union in Ausübung der ihnen zugewiesenen Zuständigkeiten gesetzte Recht *Vorrang* vor dem Recht der Mitgliedstaaten. Es handelt sich um eine wiederholte Formulierung des Art. 9 Abs. 1 im Vorentwurf der EV.[515] Die Wiederholung im offiziellen Verfassungstext bestätigt *endgültig* den Vorrang des Unionsrechts auch *vor* den nationalen Verfassungen. Damit wird der Vorrang endgültig als verfassungsrechtliches *Grundprinzip* anerkannt, dessen Kerninhalt die dauernde Funktionsfähigkeit der EU ist.[516] Jeder unmittelbare oder mittelbare Verstoß gegen das Grundprinzip durch die *Verwaltung* sowie durch die *Gerichtsbarkeit jedweden Ranges* der Mitgliedstaaten ist nunmehr unumstritten verfassungswidrig.[517]

Die ***Kompetenzaufteilung*** zwischen EU und Mitgliedstaaten erfolgt nach diesem Grundprinzip. Die Union hat *ausschließliche Kontrollzuständigkeit* über den Wettbewerb innerhalb ihres Territoriums. (Art. I–12 Abs. 1 EV) Sie legt *ausschließlich* die gemeinsame Handelspolitik und die Zollunion fest. (Art. I–12 Abs. 1 Sp. 2, 3 EV) In die Ausübung der ausschließlichen Zuständigkeiten dürfen sich die Mitgliedstaaten gesetzgeberisch nur unter Ermächtigung der Union einmischen. (Art. I–11, Abs. 1) Somit steht der Union das *Letztentscheidungsrecht* über die *gesamte Funktion* der *Marktwirtschaft* in allen Mitgliedstaaten zu. Trotz Sp. 1 des Artikels erstreckt sich die Zuständigkeit nicht nur auf die Mitgliedstaaten, die den Euro eingeführt haben. Die Perspektive ist, dass er allmählich in jeden Mitgliedstaat eingeführt wird. Dies setzt eine Anwendung des Unionsrechts im Handels–und Zollbereich auch in den Mitgliedstaaten voraus, die eine Zeit lang ihre eigene Währung behalten. Nach den *geteilten* Zuständigkeiten haben die Mitgliedstaaten in den vorgesehenen Bereichen (Art. I–13, Abs. 2 EV) nur einen *Mit*gestaltungsspielraum, *keinen Allein*gestaltungsspielraum. Eine Abweichung vom Unionsrecht ist folglich verfassungswidrig. Sie lässt sich nicht einmal formal begründen, wie das der Fall im GG ist.[518] Die Zuständigkeiten der Mitgliedstaaten werden als „geteilte", nicht als „konkurrierende" bezeichnet. Verfassungsgemäß üben weiterhin die Mitgliedstaaten die geteilten Zuständigkeiten nur aus, wenn die Union diese nicht ausgeübt oder entschieden hat, sie nicht auszuüben. (Art. I–11 Abs. 2 EV) Die Bestimmung wird vom *GG* bekannt (Artt. 72, 74), nach dem die Länder über ein Gesetzgebungsrecht verfügen, *solange* und *soweit* der Bund nicht davon Gebrauch gemacht hat.[519] Dadurch stellen sich die Union als ***europäischer Bund*** und die Mitgliedstaaten als ***Bundesländer*** auf. Ein solches Verhältnis kann materiell–

---

515 Fn. 276.

516 s. oben "2. Das *Vorrangsprinzip* als Gestaltungsfaktor der EV"

517 s. oben „3. Gemeinschaftswidrigkeit der nationalen verfassungsrechtlichen Grenze des Vorrangsprinzips"

518 s. oben "4. Ergebnis".

519 s. oben "4. Ergebnis".

normativ nur durch den Vorrang des Bundes geprägt sein, weil es im Grunde genommen arbeitsrechtlich ist.[520] **Vorrang herrscht in jeder *öffentlichen* oder *privaten* Beziehung zwischen zumindest zwei Parteien, unter denen einer von diesen ein *Letztentscheidungsrecht* zusteht**. Jede solche Beziehung ist durch *Arbeits*–bzw. *Eigentumsrecht* legitimiert.[521] Die grundlegende Legitimierung des Eigentums als Grundrecht und der daraus entstehenden Verhältnisse erfolgen immer durch eine Verfassung, die deswegen nie neutral sein kann. Legitimierung und Anwendung der Eigentumsverhältnisse sind staatsorganisiert. Verfassungsrechtlich verankerte Eigentumsverhältnisse bestehen im breiteren und im engeren Sinne auch innerhalb des Staates. Eigentumsverhältnisse im *breiteren* Sinne bestehen zwischen dem Staat und den Beschäftigten bei Staatsunternehmen. Der Staat verfügt über das *Direktionsrecht* dieser Unternehmen, weil er Privateigentümer ihrer Produktionsmittel ist. Er ist von einem privaten Arbeitgeber nicht zu unterscheiden. Eigentumsverhältnisse im *engeren* Sinne bestehen aber auch zwischen zwei Staatsinstitutionen, wie dem Bund und den Ländern oder der EU und den Mitgliedstaaten. Der Staat strebt seine Effektivität in Wirtschafts – und Verwaltungsbereich gleichermaßen an. Eine Funktionsunfähigkeit des einen wirkt sich negativ auf den anderen aus. Die Staatsgewalt dient somit als Effektivitätsmittel auch innerhalb der Staatsverwaltung. Aber ohne Letztentscheidungsrecht hätte der Staat keine Gewalt. Deswegen ist die Staatsgewalt schließlich eine *eigentumsgleiche* Position.[522] Gleichermaßen ist die EU als *staatswerdende* Einrichtung vor allem heutzutage in ihrer verfassungsrechtlichen Periode *Privateigentümerin* im engeren Sinne.

Als ***Bund*** stellt sich die Union zuallererst in **Art. I–1 Abs. 1** des ersten Titels der EV auf. Dem gemäß wird durch die Verfassung die Union begründet, um die *ihren* Zielen *dienende* Politik zu *koordinieren* und die ihr von den Mitgliedstaaten übertragenen Zuständigkeiten auszuüben. Die *Koordinierungssaufgabe* weist auf die ausschließlichen aber auch auf die geteilten Zuständigkeiten der Artt. I–12 Abs. 1, I–13, Abs. 2 EV hin. Da die Union Bund ist, ist das **Unionsrecht** als ***Bundesrecht*** zu betrachten. Die **EV** ist ***Bundesverfassung***. Als solche hat sie Vorrang in zweierlei Hinsicht: In Kollisionsfällen bricht sie das einfache Unionsrecht sowie das einfache sowie das Verfassungsrecht der Mitgliedstaaten.[523] Aufgrund des Vorrangprinzips ist der Koordinierungsaufgabe die Bedeutung einer ausschließlichen Zuständigkeit beizumessen. Diese Bedeutung bestätigt sich durch Art. I–11 Abs. 3 EV; danach ist die Union zuständig im Hinblick

---

520 s. oben "4. Ergebnis".

521 Vgl. oben „ZWEITER TEIL" unter „6. Kritik an der Kritik", „3. Stellungnahme – *Das Staatsprivateigentum*".

522 Vgl. oben „4. Stellungnahme – *Das Staatsprivateigentum*", „6. Kritik an der Kritik", "4. Ergebnis", sowie „II. Der *Ursprung* der Europäischen Verfassung".

523 Vgl. oben, Internationale Handelsgesellschaft, Fn. 274; „d) Europäische Bundesverfassung und nationale Länderverfassungen„.

auf die Förderung und Gewährleistung der Koordinierung der Wirtschafts - und Beschäftigungspolitik der Mitgliedstaaten. Durch Art. I–14 Abs. 1, 3 und 4 EV hat die Union *Bundes*zuständigkeiten wahrzunehmen: Zur Koordinierung der Wirtschaftspolitik der Mitgliedstaaten trifft sie Maßnahmen und arbeitet die Grundzüge ihrer Wirtschaftspolitik aus. Sie arbeitet die Leitlinien ihrer Beschäftigungspolitik aus. Ihr steht das Recht zu, Initiative zur Koordinierung der Sozialpolitik der Mitgliedstaaten zu ergreifen. Die Mitgliedstaaten koordinieren ihre Wirtschaftspolitik *innerhalb* der Union. Sie haben also die Pflicht, eine Wirtschafts – oder Beschäftigungspolitik nach den von der Union bestimmten Grundzügen durchzuführen. Ihre Initiativen bewahren diese. Eine Abweichung von diesen gälte als Verstoß gegen das ***Wohl der Union***. Sie würde die Wirksamkeit der EV beeinträchtigen und den Zusammenhalt der Union gefährden.[524] Im Bereich der *Sozialpolitik* haben die Mitgliedstaaten einen breiteren Initiativenraum, *solange* sie die EV beachten. Diese Politik wird sowieso von der Koordinierungsaufgabe der Union erheblich beeinflusst werden. Darüber hinaus aber behält sich die Union das Recht vor, auch in diesen Bereich einzugreifen. Das ist bezüglich einer *Gefährdung ihrer Funktionsfähigkeit* bzw. in *Kollisionsfällen* zu erwarten. Ein solcher Fall entsteht, wenn das *nationale* Recht in **Ermangelung** einer Norm oder anlässlich eines **gleichen, breiteren** *oder* eines **engeren** Schutzbereichs vorrangige Anwendung vor dem *Unions*recht beansprucht.[525] Solange das nicht geschieht, ist die Ermangelung oder das Bestehen eines gleichen, breiteren oder engeren Schutzbereichs *entweder in der Bundes - oder in der Landesverfassung* nicht problematisch: Die nationale Verfassung lässt sich als Landesverfassung auf jeden Fall im Lichte der EV als Bundesverfassung interpretieren. Nützliche Beispiele dazu bietet die *deutsche* Verfassungslehre:

Die *HmbVerf* beinhaltet gar keine Grundrechtsnormen. Das GG gewährleistet das Eigentumsgrundrecht. Aufgrund des Vorrangprinzips zwischen GG und HmbVerf, ist deshalb das Eigentum als Grundrecht auch in Hamburg geschützt. Die HmbVerf. erkennt durch Art. 3 Abs. 1 den Vorrang des GG an. Die Anerkennung des Vorrangs besteht aber sowieso nur durch die Teilnahme des Landes am Bund. Solange die Verwaltung oder die Gerichtsbarkeit jedweden Ranges des Landes diesen Vorrang nicht anzweifelt, kann keine Kollision zwischen Bundes-und Landverfassung nur wegen des Mangels an Grundrechtsnormen entstehen.

Die *BremVerf.* gewährleistet in Art. 13 Abs. 1 das Eigentum als Grundrecht. Aber im Vergleich zum GG macht sie die Gewährleistung des Rechts von seinem sozialen Gebrauch abhängig, während Art. 14 GG die Gewährleistung des Rechts voranstellt und dann hinzufügt, dass Eigentum *zugleich* verpflichtet. Art.

---

524 Vgl. EuGH RS 4/73, *Nold*, Fn. 95; EuGH RS 44/79, *Hauer*, Fn. 96.

525 Vgl. oben "d) Europäische Bundesverfassung und nationale Länderverfassungen„.

13 Abs. 1 BremVerf. gewährleistet das Recht, *vorausgesetzt* es verpflichtet. Ferner garantiert sie in Art. 8 ein Recht auf Arbeit. Ein solches Recht wird im GG gar nicht garantiert. Diese *engere* Gewährleistung des Privateigentums und der Mangel des GG an einem Recht auf Arbeit sind jedoch nicht unabhängig vom GG auszulegen: Das Eigentumsgrundrecht wird im Land Bremen nicht weniger geschützt, als das GG es fordert. Die Bürger in Bremen dürfen keinen Anspruch auf Arbeitsplatz vor Landgericht oder vor Bundesgericht erheben. Wegen des durch Art. 152 BremVerf. anerkannten Vorrangprinzips, sind Artt. 13 und 8 BremVerf. im Lichte der Inhalts–und Schrankenbestimmung der Artt. 14 und 20 GG zu interpretieren, nicht umgekehrt. Wie also das Rangverhältnis zwischen GG und Landesverfassungen funktioniert, so funktioniert es zwischen EV und GG oder zwischen EV und h.Verf. Beide, das *GG* durch Art. **23 Abs. 1** und die *h.Verf.* durch Art. **28** erkennen den Vorrang der EV an. Ohnehin erkennen sie ihn durch ihre Teilnahme an der Union an.[526] Die in Art. I–1 Abs 1 EV erwähnte Zuständigkeitsübertragung ist infolgedessen nicht als Abhängigkeit der Union von den Mitgliedstaaten zu interpretieren. Es handelt sich um die unausweichliche Entstehung der bundesstaatlichen Kompetenz–Kompetenz aus der mitgliedstaatlichen Kompetenz–Kompetenz, die im Fall der EU bewusst, friedlich und freiwillig ist.[527]

Zur weiteren Absicherung ihrer Funktionsfähigkeit befestigt die EV ihren Vorrang durch das ***Bundestreueprinzip***. Das Prinzip ergibt sich aus einer Reihe allgemeiner Vorschriften: Art. *I-5 Abs. 2 Satz 1* spricht den ***Grundsatz*** der **loyalen** *Zusammenarbeit* an. Danach achten und unterstützen sich Union und Mitgliedstaaten bei der Erfüllung ihrer *verfassungsrechtlichen* Aufgaben gegenseitig. Nach *Abs. 2* Satz 2 des Artikels erleichtern die Mitgliedstaaten der Union die Erfüllung ihrer Aufgabe und unterlassen alle Maßnahmen, welche die Verwirklichung der in der Verfassung genannten Ziele gefährden könnten. Nach *Art. I–10 Abs.* 2 ergreifen die Mitgliedstaaten alle geeigneten Maßnahmen allgemeiner oder besonderer Art zur Erfüllung der Verpflichtungen, die sich aus der *Verfassung* oder aus Handlungen der *Organe der Union* ergeben. Nach *Art. I–28 Abs. 1* Satz 2 schaffen die Mitgliedstaaten die *erforderlichen Rechtsbehelfe*, damit ein wirksamer Rechtsschutz auf dem *Gebiet des Unionsrechts* gewährleistet ist. Nach Art. *I–31 Abs. 4* üben die Mitglieder des Wirtschafts–Sozial- und des Ausschusses der Regionen ihre Tätigkeit in *voller Unabhängigkeit* zum ***allgemeinen Wohl der Union*** aus. Nach Art. I-43 Abs. 1 Satz 1 besteht die Möglichkeit zur Begründung einer verstärkten Zusammenarbeit zwischen den Mitgliedstaaten im Rahmen der nicht ausschließlichen Zuständigkeiten der U-

---

[526] Vgl. oben "c) *Gemeinschaftskonforme* Verfassungsabänderung"; Fn. 305; „c) *Gemeinschaftskonforme* Verfassungsauslegung".

[527] Vgl. oben, „1. Wirtschaftliche und rechtspolitische *Herkunft* der Europäischen Verfassung"; "c) *Gemeinschaftskonforme* Verfassungsabänderung", sowie „III. Ergebnis: Die *Verfassungskernstheorie*".

nion. Nach *Abs. 1* Satz 2 des Artikels ist die verstärkte Zusammenarbeit darauf ausgerichtet, die Verwircklichung der Ziele der Union zu fördern, ihre Interessen zu schützen und ihren Integrationsprozess zu stärken. Nach *Art. III–322* achtet sie die Verfassung und das Recht der Union. Sie darf den Binnenmarkt nicht beeinträchtigen.

Das Bundestreueprinzip wird im Abs. 2 des Art. I–10 gleich formuliert, wie in Artt. 10 EGV und 5 EWGV, denen das Gemeinschaftstreueprinzip zu entnehmen war.[528] Dessen Inhalt war die Verdeutlichung und Bestätigung des Vorrangprinzips. Deshalb wird das Bundestreueprinzip in der *Kernnorm*[529] des Art. I–10 EV sofort nach dem Grundprinzip des Vorrangs festgeschrieben. Das Bundestreueprinzip erlegt somit den Mitgliedstaaten die Pflicht auf, jedes unionsfeindliche Verhalten zu unterlassen, weil dieses der Vereinigung Europas entgegenstehen würde.[530] Dem Schutz der rechtspolitischen Vereinigung Europas dient folglich die *Unterlassungspflicht* der Mitgliedstaaten im Abs. 2 Satz 2 des Art. I–5 EV. Dieses Ergebnis bestätigt sich ferner dadurch, dass die Unterlassungspflicht mit der Erfüllung der Unionsaufgabe verbunden ist: Die Mitgliedstaaten müssen die Koordinierungssaufgabe der Union bzw. die Ausübung ihres verfassungsrechtlich legitimierten Letztentscheidungsrechts über die gesamte Funktion der Marktwirtschaft erleichtern.[531] So lassen sich sowohl die Loyalität der Mitgliedstaaten im Rahmen des Grundsatzes der Zusammenarbeit mit der Union als auch das allgemeine Wohl der Union konkret mit einbeziehen.[532] Unter „erforderlichen Rechtsbehelfen" sind des weiteren bundestreue Maßnahmen der Mitgliedstaaten zu verstehen. Als Inhalt der verstärkten Zusammenarbeit erweist sich nicht ein engeres Zusammenwirken zwischen den Mitgliedstaaten zum eigenen Wohle. Der Inhalt ist ein größeres Bemühen der Mitgliedstaaten, unter besonderen Umständen, die Marktwirtschaft in der Union zu fördern. Die Bundestreue erstreckt sich auch auf Extremfälle: Bei innerstaatlichen Störungen der öffentlichen Ordnung eines Mitgliedstaates müssen alle Mitgliedstaaten die Beeinträchtigung der Unionswirtschaft verhindern. (Art. III–16 EV)

Das Bundestreueprinzip stellt wohl eine Pflicht für die Union selbst dar. Um bei ihrer Koordinierungsaufgabe loyal zu sein, muss die Union auf die Mitgliedstaaten Rücksicht nehmen. Es handelt sich aber um eine Verpflichtung *innerhalb* ihres Letztentscheidungsrechts: Sie hebt ihre Koordinierungsaufgabe nicht auf; sie hebt ihr Recht auf Eingreifen in die Zuständigkeiten der Mitgliedstaaten nicht auf. Die Bundestreue ist eine für die Funktionsfähigkeit der Union

---

528 s. oben „j) Die Gemeinschaftreue", Fn. 350.

529 s. oben „II. Das Gefüge der EV - 1. Erstes Grundelement: Der Verfassungs*vorrang*".

530 s. oben „j) Die Gemeinschaftreue", Fnn. 351, 354, 356.

531 s. oben „II. Das Gefüge der EV - 1. Erstes Grundelement: Der Verfassungs*vorrang*".

532 s. oben „II. Das Gefüge der EV - 1.. Erstes Grundelement: Der Verfassungs*vorrang*".

nötige Grenze. Die Union hat ein Interesse daran, sie nicht zu überschreiten. Dadurch ermöglicht sie eine solche Milderung des absoluten Charakters des Vorrangprinzips, dass sie ihr Direktionsrecht den Mitgliedstaaten gegenüber reibungslos ausüben und dauerhaft behalten kann. Anderenfalls würde sie selbst das Vorrangprinzip in Bezweifelung geraten lassen. Die Folge wäre ein unionsfeindliches Verhalten, das allmählich zum Unionszerfall führte.[533] Demgegenüber impliziert das Recht auf eine begrenzte Kontrolle des Vorrangprinzips das Fortbestehen der Union auf unbegrenzte Zeit. Denn die Kontrolle liegt darin, dass die Mitgliedstaaten die Union ermahnen, falls diese sie ignoriert und darin gegen die Bundestreue verstößt. Die Mitgliedstaaten sind infolgedessen auch in diesem Fall dazu verpflichtet, das Unionsrecht anzuwenden, statt es sofort durch ihr eigenes abzulösen.[534] Darüber hinaus ist nicht außer Acht zu lassen, dass die EU keine völkerrechtliche Einrichtung ist.[535] Deswegen darf sich kein Mitgliedstaat auf den Wegfall der Geschäftsgrundlage (*clausula rebus sic stantibus)* berufen, um sich von der Union im Extremfall zu lösen.[536] Den nicht völkerrechtlichen Charakter der EU bestätigt außerdem inzwischen ihre Verfassung durch die Verankerung ihres Vorrangs vor nationalem Recht jedes Ranges.

Das Vorrangprinzip wird zusätzlich durch die Verankerung der *Unabhängigkeit* der *Europäischen Kommission* von den nationalen Regierungen (Art. I–25 Abs. 4 EV) bekräftigt. Wie früher hat sie *Koordinierungs–Exekutiv*–und *Verwaltungs*funktionen auszuüben. Die *Supranationalität* der ersten vorverfassungsrechtlichen Periode der EU[537] bleibt deswegen in der zweiten verfassungsrechtlichen Periode erhalten und bekommt einen erweiterten Sinn: Die Supranationalität zeigte in der ersten Periode hauptsächlich die Unabhängigkeit einer *Gemeinschaft* von ihren Mitgliedstaaten auf. In der zweiten Periode hebt sie durch die Verfassung die Unabhängigkeit einer *staatswerdenden Union auf internationaler Ebene* hervor.

Diese innere und äußere Unabhängigkeit der Union wird nochmals in der Geschichte durch das *Recht* durchgesetzt.[538] Die Kommission hat die Anwendung des Unionsrechts unter der Kontrolle des *EuGH* zu überwachen (Art. I–25 Abs. 1 EV). Denn der EuGH ist dafür zuständig, die *Verfassungsmäßigkeit* der *Unionsgesetzgebung* zu prüfen und zu wahren **(TITEL VI–ARBEITSWEISE DER UNION–KAPITEL I**, insb. **Artt. III–267 Abs. 1, III-270 Abs. 1, III-**

533 Vgl. oben " 4. Ergebnis", „3. Unterstützung des Verfassungskerns", Fn. 407.

534 Vgl. oben " 4. Ergebnis".

535 Vgl. oben, „1. Wirtschaftliche und rechtspolitische *Herkunft* der Europäischen Verfassung".

536 s. oben „g) „Warnung vor einer Krise".

537 s. oben „1. Wirtschaftliche und rechtspolitische *Herkunft* der Europäischen Verfassung", Fnn. 265, 266.

538 s. oben „II. Der *Ursprung* der Europäischen Verfassung".

274 EV). Diese Prüfungszuständigkeit gewährleistet einen wirksamen Rechtsschutz auf dem Gebiet des Unionsrechts. Deshalb müssen sie die Mitgliedstaaten durch die Schaffung erforderlicher Rechtsbehelfe erleichtern (**Art. I–28 Abs. 1 Satz 1 EV**). Angesichts des bundesstaatlichen Charakters der EV[539] und seiner Prüfungszuständigkeit lässt sich der EuGH darin als der **EuBVerfGH** einbürgern. Somit erweist er sich als die ***oberste Gerichtsbarkeit auf Unionsterritorium***. Er entscheidet deshalb jede Rechtsstreitigkeit *unwiderruflich*. Ihm allein steht das Recht zu, unwiderruflich den *Kerninhalt* und den *Umfang* des *Eigentumsgrundrechts* und des *Sozialstaatsprinzips* verfassungsrechtlich zu bestimmen und zu konkretisieren.[540] Verfassungsgerichte oder verfassungsähnliche Gerichte der Mitgliedstaaten haben die Pflicht, seine Entscheidungen anzuwenden. Falls das nicht geschieht–also in Kollisionsfällen–sind *Landes*–und *Oberlandessgerichte* der Mitgliedstaaten dazu verpflichtet, sich nach den Entscheidungen des EuBVerfGH zu richten. Ein *extremer* Kollisionsfall im Sinne einer Bestimmung des Kerninhalts des Eigentumsgrundrechts oder des Sozialstaatprinzips durch den EuBVerfGH, die sich von der obersten Gerichtsbarkeit der Mitgliedstaaten unterscheidet, ist nicht zu erwarten: Der Kerninhalt des Eigentumsgrundrechts und des Sozialstaatsprinzips ist in der Union und in den Mitgliedstaaten gleich, weil sowohl die EV als auch die nationalen Verfassungen die marktwirtschaftliche Ordnung gewähren und schützen.[541] Falls jedoch der EuBVerfGH durch eine Entscheidung den Kerninhalt des Eigentumsgrundrechts oder des Sozialstaatsprinzips antasten würde, läge dann ein Verstoß *in erster Linie* gegen die EV vor. Die nationale Gerichtsbarkeit würde in diesem Fall weder die Entscheidung des EuBVerfGH übernehmen wäre zwangsläufig das Unionsrecht durch das nationale Recht beseitigt. Aufgrund des Bundestreueprinzips müsste sie sich als EuBVerfGH verhalten und das Unionsrecht nach den Beurteilungskriterien der EV wiederherstellen.[542]

Zum Verfassungsgefüge gehören ferner die *Grundprinzipien* der *begrenzten Einzelermächtigung* sowie die *Subsidiarität*. Diese widersprechen nicht dem Vorrangprinzip und allen seinen bereits oben erwähnten Ober-und Unterspezifizierungen, die als Rechtsmittel zu seiner Verwirklichung dienen (*Kompetenzaufteilung, Bundescharakter der Union, Bundestreueprinzip, loyale Zusammenarbeit, Wohl der Union, Verstärkte Zusammenarbeit, Unabhängigkeit der Kommission, Oberste Gerichtsbarkeit der Union*). Beide Grundprinzipien werden in Art. I-9 Abs. 1, 2, 3 EV vorgeschrieben. ***Abstrakt*** erfasst, dienen sie zur Abgrenzung und Ausübung der Zuständigkeiten der Union: Nach dem Grund-

---

539 s. oben „II. Das Gefüge der EV - 1. Erstes Grundelement: Der Verfassungs*vorrang*".

540 Vgl. „4. Ergebnis".

541 s. ausführlich darüber alle drei Teile der Abhandlung.

542 Vgl. das neunte Ergebnis der Nold – Entscheidung in „ERSTER TEIL" unter „C. DIE BESTIMMUNG DES WIRTSCHAFTSSYSTEMS DER EG/EU - 3. Ergebnisse"

prinzip der begrenzten Einzelermächtigung wird die Union innerhalb der Grenzen der Zuständigkeiten tätig, die ihr von den Mitgliedstaaten in der Verfassung zur Verwirklichung der in ihr niedergelegten Ziele zugewiesen werden. Nach dem Subsidiaritätsgrundprinzip wird die Union in den Bereichen, die nicht in ihre ausschließliche Zuständigkeiten fallen, nur tätig, soweit die zur Erreichung bestimmter Ziele in Betracht gezogenen Maßnahmen von den Mitgliedstaaten weder auf zentraler noch auf regionaler oder lokaler Ebene ausreichend erreicht werden können, sondern vielmehr wegen ihres Umfangs oder ihrer Wirkungen auf Unionsebene besser erreicht werden können. ***Konkret*** erfasst, verstärken die Grundprinzipien aber das Vorrangsgrundprinzip: Das Prinzip der begrenzten Einzelermächtigung wird durch die ***Flexibilitätsklausel*** des **Art. I – 17 Abs. 1 EV** abgeschwächt. Danach *erlässt* der *Ministerrat* der *Union* die geeigneten Vorschriften, wenn ein *Tätigwerden* der Union im Rahmen der in Teil III der Verfassung festgelegten Politikbereiche *erforderlich* erscheint *aber* die hierfür erforderlichen *Befugnisse* in der Verfassung *nicht* vorgesehen sind. Die Flexibilitätsklausel greift auf die *Kompetenzabrundungsklausel* des Art. 308 EGV zurück. Ihr Zweck war, durch Ausdehnung der Zuständigkeiten der EG, die bestehenden Lücken zwischen ihren Zielen und den Befugnissen ihrer Organe zu überbrücken.[543] Der Teil III der EV betrifft den *Kern des Vereinigungsprozesses*: Die *Verwirklichung des Binnenmarkts*. Die Flexibilitätsklausel ist somit ein Rechtsmittel *höchsten Ranges* zur *Vermeidung* einer möglichen *Stagnation* des *Vereinigungsprozesses* wegen seiner *Kompliziertheit* zumal in seiner verfassungsrechtlichen Periode. Es liegt auf der Hand, dass bei der Verwirklichung dieses komplizierten Prozesses Schwierigkeiten auftauchen, die der Unionsgesetzgeber nicht vorhersehen kann. Aus diesem Grund könnten sie wahrscheinlich nur durch die gemäß EV bestehenden Zuständigkeiten der Union nicht überwunden werden. Sie könnten sich deshalb zur Ursache oder sogar zum Anlass endloser Streitigkeiten innerhalb der Union entwickeln. Es entstünden unzählige Auslegungsprobleme des Unionsrechts. Diese wären vom EuBVerfGH zu lösen. Jedoch könnten Verfassungsbeschwerden aus dem sehr wichtigen Grund erhoben werden, dass die Union verfassungsrechtlich nicht legitimiert ist, zusätzliche Gewalt *rückwirkend* auf sich zu nehmen. Deswegen ist eine verfassungsrechtlich verankerte Vorsorge von größter Bedeutung. Durch die Flexibilitätsklausel erwirbt die Union zusätzliche, ungeschriebene Zuständigkeiten. Im Zusammenhang mit den geschriebenen wird die Union notfalls rückwirkend in der Lage sein können, unvorhersehbare Rechtslücken auszufüllen, die den Vereinigungsprozess bestenfalls verzögerten und schlechten falls in Frage stellten.

---

543 s. oben "b) *Bekräftigung* der Gemeinschaftswidrigkeit der deutschen Verfassungsrechtsprechung".

Das Subsidiaritätsprinzip erweitert ebenfalls die Zuständigkeiten der Union.[544] Es stellt ein Recht der Union dar, das zur Überwindung erwartbarer Schwierigkeiten bei der Verwirklichung des Vereinigungsprozesses anzuwenden ist.

Außer den oben genannten Grundprinzipien wird in Art. I–9 Abs. 1 EV auch das *Verhältnismäßigkeitsprinzip* verankert. Sein Anwendung dient auch zur Verstärkung des Vorrangprinzips. Wie die Bundestreue stellt es eine Grenze der Union bei der Ausübung ihrer Zuständigkeiten dar. Dadurch wird der absolute Charakter des Vorrangprinzips nicht aufgehoben, sondern gemildert.[545] Abstrakt erfasst, bedeutet die Verhältnismäßigkeit, dass die Maßnahmen der Union inhaltlich wie formal nicht über das für die Erreichung der Ziele der Verfassung erforderliche Maß hinausgehen dürfen. (Abs. 4 des Art. I–9 EV sowie Bestimmung 4 des der EV beigefügten Protokolls über die Anwendung der Grundsätze der Subsidiarität und der Verhältnismäßigkeit) Konkret erfasst, bedeutet sie, dass wenn der Unionsgesetzgeber den nationalen Gesetzgebern Einschränkungen auferlegt, muss er die am wenigsten belastenden wählen, wenn ihm mehrere geeignete Einschränkungen zur Verfügung stehen.[546] Dadurch werden Konflikte zwischen der Union und den Mitgliedstaaten vermieden. Ihr unionskonformes Verhalten wird sichergestellt. Die Erreichung der Ziele der Union wird erleichtert.

2. Zweites Grundelement: Die Verfassungs*idealisierung*

Im Lichte der Verfassungskerntheorie[547] reicht der Vorrang zur Sicherung der Marktwirtschaft in der EU[548] in sich selbst nicht aus. Er entsteht aus dem Letztentscheidungsrecht, dass der Kern des Rechtsverkehrs ist.[549] Der Kern tritt nur in Konfliktsfällen hervor. Es ist deshalb vorteilhafter, wenn Konflikte vermie-

---

544 s. oben "b) *Bekräftigung* der Gemeinschaftswidrigkeit der deutschen Verfassungsrechtsprechung".

545 s. oben „DRITTER TEIL" unter „II. Das Gefüge der EV" sowie „III. Die verfassungsrechtliche Bestimmung des Wirtschaftssystems der Europäischen Union".

546 Vgl. oben das achte Ergebnis der Nold – Entscheidung „ERSTER TEIL" unter „C. DIE BESTIMMUNG DES WIRTSCHAFTSSYSTEMS DER EG/EU - 3. Ergebnisse"; „2. Kriterien zur Abwägung zwischen Kerninhalt und Kernschranke des Eigentums" unter „A. DIE VERFASSUNGSRECHTLICHE BESTIMMUNG DES WIRTSCHAFTSSYSTEMS IN DEUTSCHLAND"; „2. Kriterien zur Abwägung zwischen Kerninhalt und Kernschranke des Eigentums" unter „B. DIE VERFASSUNGSRECHTLICHE BESTIMMUNG DES WIRTSCHAFTSSYSTEMS VON HELLAS".

547 s. oben "III. Ergebnis: Die *Verfassungskerntheorie*".

548 Vgl. oben den Verfassungsbegriff i.V.m. der EV.

549 Vgl. oben „II. Das Gefüge der EV - 1.. Erstes Grundelement: Der Verfassungs*vorrang*".

den werden. Dazu dient die Verfassungsidealisierung: Sie stellt die Wirtschaftsordnung als *Wertordnung* hin. Dadurch verursacht sie Konsens.[550] Aber der geschaffene Konsens ist Realität.

Die EV spricht zuerst seine ***Werteordnung*** in ihrer Präambel an: Diese weist als Grundlage den *Humanismus* auf. Die Grundlage besteht aus folgenden Werten: *Gleichheit der Menschen*, *Freiheit*, *Geltung der Vernunft*, *zentrale Stellung des Menschen* in dieser Ordnung, *Unverletzlichkeit* und *Unveränderlichkeit* seiner *Rechte* und *Vorrang des Rechts* in der Gesellschaft. Weiterhin bezeichnet die EV die *Demokratie* und die *Transparenz* als *Wesenszüge* des öffentlichen Lebens in der EU. Die EV verbindet ihre Werten mit dem Wohlstand aller Bewohner der Union. Sie erkennt an, dass in der Gesellschaft schwächere und ärmere Menschen leben, die vom Wohlstand nicht auszuschließen sind. Darüber hinaus erwähnt sie die Begriffe des „*sozialen Fortschritts*" der „*Gerechtigkeit*" und der „*Solidarität*". Wohlstand, sozialer Fortschritt, Gerechtigkeit und Solidarität werden als Ziele der Union angesprochen, deren Erreichung die Union als Vorbild in der Welt durchzusetzen hat.

In **Art. I–2** wird die Werteordnung bekräftigt: Die Union gründet sich auf der *Achtung der Menschenwürde*, der *Freiheit*, der *Demokratie*, der *Gleichheit*, der *Rechtsstaatlichkeit* und der *Wahrung der Menschenrechte.* Diese sind Werte der europäischen Gesellschaft, die sich durch *Pluralismus*, *Toleranz*, *Gerechtigkeit*, *Solidarität* und *Nichtdiskriminierung* auszeichnen. In **Art. I–3 Abs. 1** wird als *Hauptziel* der Union die Förderung des *Friedens*, ihrer *Werte* und des *Wohlergehens* ihrer Völker festgelegt. **Abs. 2** des Artikels sieht den ***freien*** und ***unverfälschten Wettbewerb*** als Mittel zur Schaffung der Freiheit, der Sicherung und des Rechts innerhalb der Union ein. **Abs. 3** des Artikels verbindet das Ziel einer ***nachhaltigen*** Entwicklung mit der Grundlage eines ***ausgewogenen*** Wirtschaftswachstums innerhalb einer hochwettbewerbsfähigen ***sozialen*** Marktwirtschaft. Dabei werden soziale Gerechtigkeit und sozialer Schutz gefördert. **Abs. 4** des Artikels garantiert den Schutz der Werte der Union, sowie des Friedens, der Sicherheit und der nachhaltiger Entwicklung in ihren Beziehungen zur übrigen Welt. In **Art. I–4 Abs. 1** werden die *freie Personen-Waren-Dienstleistungs–und Kapitalverkehr* sowie die *Niederlassungsfreiheit* als ***Grundfreiheiten*** der EU gewährleistet.

Durch Artt. I–2 und I–4 übernimmt die EV die Grundsätze und die Grundfreiheiten der EG, die in Art. 6 EUV Abs. 1 festgeschrieben wurden.[551] Die Gemeinschaft wandelt sich in eine Union. Ihre Werteordnung bleibt aber unverändert. Das bezieht sich darauf, dass *Gemeinschaftsverträge* und *Unionsverfassung* das *gleiche Wirtschaftssystem* gewährleisten. Das Eigentumsgrundrecht

---

550 Vgl. oben „III.. Ergebnis: Die *Verfassungskernstheorie*".

551 s. oben „ERSTER TEIL" unter „II. Das Eigentumsrecht in der EG/EU – 1.Mittelbarer Eigentumsschutz im EUV/EGV".

der *Unternehmer* hat in *erster Linie* die EG und die EU geprägt.[552] Demzufolge übernimmt die EV die gleiche Idealisierung. Im Art. IV – 2 der EV (Allgemeine und Schlussbestimmungen) steht fest, dass beim Inkrafttreten der Verfassung die Verträge aufgehoben werden. Der Artikel signalisiert den Übergang der EU zu ihrer verfassungsrechtlichen Periode. Er räumt keine Übergangsmöglichkeit zu einem anderen Wirtschaftssystem ein, in dem eine andere Verfassungsidealisierung erforderlich wäre. Außerdem erklärt sich die EU deutlich als *Rechtsnachfolgerin* der EG auch in allen ihren *internen* Rechten und Pflichten. (Art. IV–3 EV) Wegen des Fortbestehens der Marktwirtschaft zeichnet sich die EU folglich durch eine **Rechtskontinuität** aus, wodurch das Fortbestehen der Marktwirtschaft garantiert wird.

III. Die verfassungsrechtliche Bestimmung des Wirtschaftssystems der Europäischen Union

1. Das Privateigentum: *Unantastbarer Verfassungskern*

a) Gewährleistung durch Verfassungsidealisierung

Das Wirtschaftssystem der staatswerdenden Union ist der wettbewerbsfähige, offene Markt.[553] Kern dieses Wirtschaftssystems ist auch das Privateigentum an Produktionsmitteln.[554] Folge sowie Voraussetzung des Privateigentums ist die Fremdbestimmung der an den Produktionsmitteln leistenden Arbeit.[555] Deshalb ist das Privateigentum *Kern* der EV und wird entsprechend gewährleistet. Die Gewährleistung ist vielfältig: Als erstes findet sie durch die *Verfassungidealisierung* statt: Die Werteordnung ist abstrakt formuliert. Ihre Zusammenfassung im Begriff „Humanismus" macht den Eindruck, dass sie über dem in der Gesellschaft herrschenden Privateigentum und der Fremdbestimmung der Arbeit

---

552 Vgl. oben "EINLEITUNG"; „C. DIE BESTIMMUNG DES WIRTSCHAFTSSYSTEMS DER EG/EU – I. Einführung", Fnn. 74, 75; „ERSTER TEIL – bb). Die Inhaltsbestimmung des Eigentumsgrundrechts in der CRCh" ff; Blazizek, a.a.O., S.42; Fn. 84.

553 s. oben "EINLEITUNG – A. MARKTWIRTSCHAFT UND ABHÄNGIGES ARBEITSVERHÄLTNIS".

554 Vgl. oben "EINLEITUNG – A. MARKTWIRTSCHAFT UND ABHÄNGIGES ARBEITSVERHÄLTNIS"; „DRITTER TEIL - II. Der *Ursprung* der Europäischen Verfassung".

555 Vgl. oben "EINLEITUNG – A. MARKTWIRTSCHAFT UND ABHÄNGIGES ARBEITSVERHÄLTNIS"; „ZWEITER TEIL–A. DIE ARBEITNEHMERMITBESTIMMUNG IN DEN UNTERNEHMEN", „DRITTER TEIL - 6. Unveränderliche Geltung des Verfassungsursprungs; 7. Entstehung der Marktwirtschaft - *Wieder*entstehung der Verfassung; 8. Die marktwirtschaftliche Arbeitsfremdbestimmung und ihre idealisierte Verankerung in der Verfassung".

steht. So wird Konsens herbeigeführt. Sie ist aber Idealisierungsgegenstand einer konkreten Wirtschaftsordnung. Deshalb ist sie im Lichte dieser Wirtschaftsordnung und ihrer Rechtskontinuität konkret und nicht abstrakt auszulegen:[556] In Art. I–3 Abs 2 EV wird der freie und unverfälschte Wettbewerb als Grundsatz der Wirtschaftspolitik der EU angesprochen.[557] Die Grundfreiheiten des Art. I–4 Abs. 1 sind wirtschaftliche Grundrechte.[558] Ohne Privateigentum und Fremdbestimmung der Arbeit ist folglich keine Freiheit (Präambel, Artt. I–2, I–3 Abs. 2 EV) vorhanden. Es handelt sich deswegen **kerninhaltlich** um die Freiheit des Arbeitgebers, die Arbeit der Arbeitnehmer zu bestimmen. Aus dieser Freiheit entsteht infolgedessen ein Direktionsrecht. Dieses Recht ist nicht zu verletzen und nicht zu verändern. (Präambel EV) Die Sicherung des Rechts (Artt. I–3 Abs. 2 EV) ist deshalb durch die Unantastbarkeit des Direktionsrechts zu erringen. Demokratie und Rechtsstaatlichkeit werden somit mit der ungehinderten Ausübung des Privateigentums *grundlegend* verbunden. Falls dem Arbeitgeber das Privateigentum entzogen wird, wird seine Menschenwürde verachtet. Eine Gleichheit zwischen Arbeitgeber und Arbeitnehmer als Menschen (Präambel) durch eine Eigentumsgleichheit ist verfassungsrechtlich nicht zulässig.[559] Die Geltung der Vernunft bezieht sich auf die Unverletzlichkeit und vor allem auf die Unveränderlichkeit des Privateigentums. Hierin greift der Inhalt dieses Verfassungswertes auf die Doktrin der natürlichen Vernunft zurück.[560]

b) Gewährleistung durch allgemeine Anerkennung des Gesamtsystems der Grundrechte

Nach Art. **I–7 Abs. 1 EV** erkennt die Union die Rechte, Freiheiten und Grundsätze an, die in der *Charta der Grundrechte* als dem Teil II der Verfassung enthalten sind. Nach Abs. 3 des Artikels gehören die *Grundrechte* zu den *allgemeinen Grundsätzen des Unionsrechts*, wie sie in der EKMR gewährleistet sind und wie sie sich aus den gemeinsamen *Verfassungsüberlieferungen* der Mitgliedstaaten ergeben.

---

556 Vgl. oben DRITTER TEIL - "8. Die marktwirtschaftliche Fremdbestimmung der Arbeit und ihre idealisierte Verankerung in der Verfassung"; "III. Ergebnis: Die *Verfassungskerntheorie*".

557 Vgl. Fn. 85.

558 s. oben „ERSTER TEIL" unter „2. Das Eigentumsrecht in der EG/EU – 1. Mittelbarer Eigentumsschutz im EUV/EGV".

559 Vgl. Döhring, Defensive, 1995, S. 12; s. auch oben „ZWEITER TEIL - B. DIE MITBESTIMMUNG NACH DEM DEUTSCHEN RECHT; C. DIE ARBEITNEHMERMITBESTIMMUNG NACH DEM HELLENISCHEN RECHT; D. DIE ARBEITNEHMERMITBESTIMMUNG NACH DEM GEMEINSCHAFTSRECHT".

560 s. oben „DRITTER TEIL - "8. Die marktwirtschaftliche Fremdbestimmung der Arbeit und ihre idealisierte Verankerung in der Verfassung".

Art. I–7 EV ist eine allgemeine Anerkennung des Gesamtsystems der Grundrechte. Dadurch gewährleistet er mittelbar das Privateigentum als Grundrecht in der EV. Trotz seiner Stellung im Gesamtssystem hat jedoch das Privateigentum als Grundrecht im Vergleich zu den anderen Grundrechten eine besondere Bedeutung. In der Werteordnung der Verfassung wird *nur* es durch **Artt. I-3 Abs. 2 und I–4 Abs. 1** von allen Grundrechten als *natürliches*, *unveränderliches*, *unantastbares* Recht dargestellt, an das *Demokratie* und *Rechtsstaatlichkeit* gebunden sind. Diese Darstellung hat damit zu tun, daß nur das *Privateigentum* **Kern** der EV ist.[561] Art. I–7 EV Abs. 1 ist deswegen ein Hinweis darauf, dass das Privateigentum nicht als ein mit allen Grundrechten gleichrangiges, sondern als ***vorrangiges Grundrecht*** in die EV aufzunehmen ist. Im Lichte der hellenischen Verfassungslehre der Antike und der daraus ableitbaren Verfassungskerntheorie ist es folglich anzunehmen, dass innerverfassungsrechtliche *Rangsunterschiede* nicht nur zwischen antastbaren und unantastbaren Vorschriften,[562] *sondern auch zwischen **unantastbaren** Vorschriften bestehen.* Rechtsfolge dieses Vorrangs ist die Durchsetzung des Privateigentumsgrundrechts, falls bei einem Konflikt zwischen ihm und einer anderen unantastbaren Verfassungsvorschrift sein Zurücktreten das Fortbestehen des ganzen Wirtschaftssystems gefährden würde. In dieser Weise erschütternd wären z.B. die Auswirkungen auf die marktwirtschaftliche Ordnung, falls die **BVerfGEE 9, 268** und **93, 37** der Arbeitnehmermitbestimmung das Letztentscheidungsrecht zuerkannt hätten.[563]

Art. I–7 Abs. 1 und 3 gewährt das Privateigentum als Grundrecht weiterhin durch die Eingliederung der entsprechenden *Rechtsprechung des EuGH* in die EV. Die Anerkennung der Grundrechte als Grundsatz des Unionsrechts (Abs. 3) knüpft an die EuGHEE *Stauder* und *Internationale Handelsgesellschaft* an. Wie sich der EuGH damals verpflichtet sah, ist der EuBVerfGH auch heutzutage aufgrund der verfassungsrechtlich verankerten Rechtskontinuität[564] dazu verpflichtet, das Privateigentum zu wahren und zu sichern. Durch die allgemeine Anerkennung der Grundrechte, den Verweis des Abs. 1 auf die GRCh sowie durch die Inkorporierung der GRCh in die EV verwirklicht die Union den Hinweis des EuGH, die anerkannten Grundrechte in ihre Struktur und Ziele einzufügen. Die Einfügung ist von herausragender Bedeutung: Der Grundrechtschutz

---

561 Vgl. Fnn. 53 und 19.

562 So Weber - Fas, a.a.O., 1997, S. 164.

563 s. oben "ZWEITER TEIL – 2. Urteil vom 27. April 1959 über das Bremische Personalvertretungsgesetz (BVerfGE 9, 268); 3.. Der Beschluss vom 24. Mai 1995 zum Mitbestimmungsgesetz von Schleswig – Holstein (BVerfGE 93, 37); 4. Stellungsnahme – Das *Staatsprivateigentum*; 6. Kritik an der Kritik".

564 s. oben „II. Das Gefüge der EV - bb. Zweites Grundelement: Die Verfassungs*idealisierung*".

ist erforderlich für die Einheit des Unionsrechts.[565] Die Einheit betrifft nach dem EuGH das Gesamtsystem der Grundrechte, das mit dem Aufbau der Wirtschafts – und Rechtsordnung der EU verknüpft ist. Somit betrachtet das Gericht in der vorverfassungsrechtlichen Periode der EU das Gesamtsystem der Grundrechte als den Kern der EV. Das ist nicht zu bestreiten. Jedes Grundrecht hat seinen eigenen Kerninhalt, den die einfache Norm im Schutzbereich des jeweiligen Grundrechts nicht antasten darf. Das hebt aber die Feststellung nicht auf, dass Kollisionen auch zwischen unantastbaren Normen auftauchen können. Das ist auch unter Grundrechten möglich. Dabei ist im Gesamtsystem der Grundrechte dem Eigentum vorrangige Bedeutung beizumessen, weil nur es das grundlegende Rangverhältnis zwischen Arbeitgeber und Arbeitnehmer[566] ursprünglich festigt. Wenn also die Grundrechte den Kern der EV bilden, dann ist das Eigentumsgrundrecht der *Kern des Kerns*.

Abs. 1 und 3 des Artikels weisen weiterhin auf die Verfassungsüberlieferungen, auf die GRCh und mithin auf die Verfassungstraditionen der Mitgliedstaaten hin. Dadurch wird in erster Linie die in nationalen Verfassungen und im Unionsrecht *gemeinsame* Bestimmung des Kerninhalts des Eigentumsgrundrechts hervorgehoben.[567] Diese Gemeinsamkeit ist ausschließlich auf das gemeinsame Wirtschaftssystem beider Rechtskategorien zurückzuführen. Ferner handelt es sich um eine *Respektsanerkennung* der EU in Bezug darauf, dass die nationalen Verfassungen die Herkunft der EV sind. Die nationalen Verfassungen sind vom EuBVerfGH deshalb als Rechts*erkenntnis*quellen zur Wahrnehmung der Unionsinteressen zu berücksichtigen.[568] Der Artikel beinhaltet keine verschleierte Hervorhebung der Nationalität, die mittelbar zur Aufhebung des Vorrangprinzips führen dürfte.

2. Die Grundrechtscharta – *Vollendung* des Verfassungskernsschutzes

a) Einführung

Die **hellenische Verfassungslehre der Antike** vermittelt folgendes:
1) **Kern** der Beziehungen in der Gesellschaft ist das **Eigentum an der *Arbeit* bzw. an den Produktions–oder Wirtschaftsmitteln.**[569] Die verrichtete Arbeit wird folglich vom Eigentümer ihrer Mittel bestimmt. Weil der Eigentümer nicht die gleiche Person mit der ist, die mit den Produktionsmitteln arbeitet, wird die

---

[565] s. oben „ERSTER TEIL – 2. Das Eigentumsrecht in der EG / EU – B. Konkretisierung des mittelbaren Eigentumsschutzes".

[566] s. oben „DRITTER TEIL - 5. Die *Arbeit* – Ursprung des Verfassungskerns; 6. Unveränderliche Geltung des Verfassungsursprungs".

[567] *Nold* – Entscheidung, Zweites Ergebnis unter "ERSTER TEIL – 3. Ergebnisse".

[568] s.oben „DRITTER TEIL – f) Die Verfassungsüberlieferungen".

[569] s. oben „DRITTER TEIL – 5. Die *Arbeit* – Ursprung des Verfassungskerns".

Arbeit ***fremdbestimmt***. *Kerninhaltlich* besteht deswegen in der Gesellschaft unter verschiedenen Umständen und Formen praktisch nur ein ***Rangverhältnis***[570] zwischen Arbeitgeber und Arbeitnehmer. Im Rahmen dieser verfügt der jeweilige Arbeitgeber über das *Grund*recht bzw. das *Vorrangs*recht. Diesen Kern gibt rechtlich die **Verfassung** als Grundgesetz bzw. **Vorrangsgesetz** einer ***staatsorganisierten*** Gesellschaft wieder.
2) **Der Verfassungskern ist in allen Zeiten unverändert geblieben.**
3) Deswegen ist der Verfassungskern **Ursprung** aller Verfassungen sowie der Ursprung **Verfassungskern** aller Verfassungen im Laufe der Geschichte seit der Antike bis heute.
4) Dadurch wird der *Ursprungsbegriff* bestätigt[571] Durch den Ursprungbegriff wird der *Verfassungsbegriff* geschaffen.[572]
5) Das Bestehen dieses Ursprungs verursacht und bestätigt das Bestehen der Ungleichheit zwischen Arbeitgeber und Arbeitnehmer.
6) Der Ursprung löst wegen der Ungleichheit Spannungen in der Gesellschaft aus. Aus diesem Grund bedarf er eines Schutzrahmens, innerhalb dessen er fortbestehen kann.
7) Den nötigen Schutzrahmen setzen vielfältige Verfassungselemente zusammen. In dieser *gemeinsamen* Aufgabe der vielfältigen Elementen liegt die „**Verfassungseinigkeit**“ *oder* „**Verfassungseinheit.**“ Das bedeutet, dass jedes Verfassungselement und gleichzeitig alle, so auszulegen sind, damit der Verfassungskern unangetastet bleibt.
9) Dadurch wird der Verfassungseinigkeitsbegriff bestätigt.[573]
10) Die **Grundelemente** der Verfassungseinheit sind zwei: Das Vorrangprinzip und die Idealisierung dieses Prinzips. Als Grundelement ist der Vorrang unvermeidlich: Er kennzeichnet die im Grunde genommen einzige Gesellschafts-und Rechtsbeziehung. Ohne ihn wird kein Staat und keine Verfassung gegründet. *Er* ist der Staat und die Verfassung. Seine Idealisierung ist grundelementar, weil sie den Konsens der schwächeren Partei im Rangverhältnis hervorbringt. Dadurch wird ein Spannungsausbruch vermieden.

Die oben genannten Vermittlungen fassen die **Verfassungskerntheorie** zusammen. Durch dieses Untersuchungsmittel wird die These bestätigt, dass die Einigkeit der EV ebenso einen Schutzrahmen ihres Kerns unter marktwirtschaftlichen Umständen darstellt.[574]

---

570 s. oben „DRITTER TEIL - 6. Unveränderliche Geltung des Verfassungsursprungs“; Fn.521.

571 s.oben „DRITTER TEIL – 2. Der materiell - normative Begriff der EV – a) Einleitung“; “DRITTER TEIL – III. Ergebnis: Die *Verfassungskerntheorie*”.

572 s. oben wie in Fn. 571.

573 s. oben wie in Fn 571.

574 s. oben wie in Fn 571.

Das Vorrangprinzip, die Werteordnung der EV sowie Art. I-7 EV haben diesen Schutzrahmen gebildet. Durch die GRCh wird das Eigentum als Grundrecht in die Mitte des Schutzrahmens gestellt. Dem dient der Umstand, dass der vollständige Wortlaut der GRCh *schließlich* in die EV als ihr **zweiter Teil** aufgenommen wird.[575] Dadurch wandelt sich die GRCh in den ***Grundrechtsabschnitt*** der Verfassung einer staatswerdenden Union um. Als Grundrechtsabschnitt ist sie nun vollgültiges Verfassungsrecht. Aufgrund dieser Rechtsverbindlichkeit *höchsten Ranges* vollendet sich der *qualitative Schritt*[576] der EU zum Schutz der marktwirtschaftlichen Ordnung. Deshalb stellt die Präambel der Charta keine einfache Wiederholung der verfassungsrechtlichen Werteordnung dar. Ihre Aufnahme in den *Kern*teil der EV wertet ihren Inhalt auf: *Dadurch wird es proklamiert, dass in der EU keine andere Wirtschaftsordnung als die des freien Marktes zulässig ist.*[577]

b) Die *Inhaltsbestimmung* des Eigentumsgrundrechts in der EV

Das Privateigentum wird in **Artt. 16 und 17 GRCh** nunmehr als Grundrecht der EV gewährleistet. Die Wortlautswiederholung der Artikel ist überflüssig.[578] Es ist deshalb sofort die Feststellung zu treffen, dass die Gewährleistung eine Objektivität enthält. Diese ***Objektivität des Grundrechts*** setzt sich aus drei Elementen zusammen: Aus der fortbestehenden Fremdbestimmung der Arbeit, aus dem fortbestehenden marktwirtschaftlichen System[579] und aus der darauf beruhenden Rechtskontinuität zwischen nationalen Mitgliedstaaten, überstaatlicher Gemeinschaft und Unionsbundesstaat. Sie besteht darin, dass das marktwirtschaftliche Privateigentum *vor* seiner Aufnahme in die EV das herrschende Wirtschaftssystem in der europäischen Gesellschaft gilt. Deshalb ist sein Kerninhalt in der Gesellschaft auch vorgegeben. Durch die Aufnahme des Grundrechts hat die EV folglich keinen Eigentumskerninhalt zu erfinden.[580] Sie beinhaltet ihn bereits. Damit beinhaltet sie auch den Begriff des Eigentümers. Schließlich schützt sie beide, weil sie beide mit höchstrangiger Geltungskraft ausstattet.

Kerninhalt des Eigentums ist die **Privatnützigkeit**. Diese enthält unabdingbar die ***Veräußerungs***-bzw. die **Verfügungsbefugnis**. Art. 17 Abs. 1 GRCh be-

---

575 Vgl. „ERSTER TEIL – 1. Die Grundrechtscharta: Vorbereitung auf die Europäische Verfassung – a). Einführung".

576 Fn. 575.

577 Vgl. Fn. 133.

578 s. ihren Wortlaut in „ERSTER TEIL – b) Die Eigentumsdogmatik der GRCh – bb) Die Inhaltsbestimmung des Eigentumsgrundrechts in der GRCh"

579 s. oben „DRITTER TEIL - 7. Entstehung der Marktwirtschaft - *Wieder*entstehung der Verfassung".

580 Vgl. Fnn. 73, 21.

stimmt: Privatnützigkeit ist das *Grund*recht jedes Menschen einen Gegenstand zu seinem Gunsten zu nutzen und logischerweise zu veräußern. Veräußerung ist die legitimierte Freiheit den Gegenstand zu verschenken oder zu verkaufen. Die EV schützt demnach, was der Mensch sich durch eigene Leistung nämlich durch eigene Arbeit erworben hat.[581] Die EV erkennt infolgedessen als Eigentümer den Menschen an, der mit den Gegenständen ungehindert nach Belieben verfährt. Konkreter: Nach der EV ist Eigentümer derjenige, der den *Gebrauch* der Gegenstände *bestimmen kann*, weil er sie durch **eigene Arbeit** erworben hat. Als „eigene Arbeit" legitimiert die EV ein **konkretes** *Handeln*, wodurch die Gegenstände erworben werden und somit ihre Gebrauchsbestimmung ermöglicht wird. Wegen der auch in der Marktwirtschaft fortbestehenden Fremdbestimmung der Arbeit ist dieses Handeln nicht die Arbeit an den Gegenständen. Welches es ist, lässt sich durch Art. 16 GRCh feststellen. Der Artikel enthält ebenfalls eine objektive Dimension der herrschenden Wirtschaftsordnung: Als Arbeitgeber tritt seit dem 19. Jahrhundert immer mehr die juristische Person des Unternehmens und immer weniger die einzelne, natürliche Person ein.[569] Die unternehmerische Tätigkeit ist somit keine von der Freiheit des Arbeitgebers eigenständige Freiheit mit eigenständigem Kerninhalt. Art. 16 GRCh ist die besondere Gewährleistung des Eigentumsgrundrechts in seiner wichtigsten Ausübungsform in einer globalisierten Marktwirtschaft. Dadurch wird kerninhaltlich bestimmt, dass unter dem Begriff „Eigenleistung" bzw. „eigene Arbeit" sowohl vor der Ausweitung der Märkte als auch heutzutage **weltweit** der **Kapitaleinsatz** zu verstehen ist.[570]

Die Gewährleistung des Eigentumsgrundrechts enthält weiterhin eine **Objektivierung**. Die Objektivität beweist, dass das marktwirtschaftliche Privateigentum als *Kernverfassungswert* sozial sanktioniert ist. Aber die Verfassungsidealisierung ist darauf ausgerichtet, die soziale Sanktionierung zu befestigen. Durch die *Unveränderlichkeit* des Eigentumsgrundrechts gewährt die EV die Marktwirtschaft nicht als eine historisch vorläufige, sondern als eine Ordnung, die historisch ewig gelten soll. Diese **Ewigkeitsgarantie** befindet sich in der *athenischen* Verfassung und in der *spätbürgerlichen* Verfassung. Die rechtsverbindliche Unveränderlichkeit des marktwirtschaftlichen Privateigentums kennt als ihre Vorläuferin die im Mittelalter rechtsverbindliche Heiligkeit des feudalen Privateigentums.[571] Jede Verfassung schützt ein Wirtschaftssystem. Deswe-

---

581 Vgl. Aristoteles – Fn. 384 und BVerfG – Fn. 26, 27.

569 Vgl. Fnn. 261, 262, 552, 2.

570 s. oben „ERSTER TEIL – bb). Die Inhaltsbestimmung des Eigentumsgrundrechts in der GRCh".

571 s. darüber „DRITTER TEIL – 4. Ablehung des Verfassungskerns; III. Ergebnis: Die *Verfassungskernstheorie*; 8. Die marktwirtschaftliche Fremdbestimmung der Arbeit und ihre idealisierte Verankerung in der Verfassung".

gen betrachtet sie sich nicht als ein Teil der Geschichte, sondern als ihr Zentrum, um das sich die Geschichte dreht.

Der Unionsgesetzgeber bestätigt also durch Artt. 16 und 17 Abs. 1 GRCh seine Entscheidung, den Markt als Wirtschafts-und Sozialordnung der EU zu gewährleisten. Diese Grundentscheidung ist **unabänderbar**: Sie ist durch eine andere Entscheidung *höchsten* oder *minderen* Ranges des Unionsgesetzgebers nicht zu ersetzen oder zu durchbrechen. Die EV erteilt ihm den *ständigen* Auftrag, Gesetze in Kraft zu setzen, die die Freiheit der *Privatnützigkeit* des Eigentums bewahren.[572] Der gleiche Auftrag wird durch das Vorrangprinzip dem nationalen Gesetzgeber erteilt. Unions–und Nationalgesetzgeber sind nur ermächtigt, durch einfaches Recht, Besonderheiten des Eigentums in jedem Einzelfall zu regeln. Wenn jedoch dabei die Privatnützigkeit aufgehoben wird, ist die Regelung wegen Verfassungswidrigkeit nichtig. Unwiderruflich entscheidet der EuBVerfGH.[573] Wie jedes Gericht hat er dabei die Pflicht, die Verfassungseinigkeit als höchstes Interpretationsmittel anzuwenden.[574] Als Interpretationsmittel wird sie aber angewandt, wenn sie als ein logisch–teleologisches Sinngebilde nicht einer abstrakten, sondern einer konkreten Wirtschaftsordnung aufgefasst wird.[575] Zu dieser Konkretisierung gehört die Vorrangigkeit des Eigentumsgrundrechts auch bezüglich anderer Grundrechte. Notfalls ist sie auch anwendbar.[576] Das BVerfG hatte am 23. Oktober 1951 mit Recht unterstrichen, dass *jede* GG-Bestimmung so ausgelegt werden muss, dass sie mit den *elementaren* Verfassungsgrundsätzen der **Demokratie**, der **Bundesstaatlichkeit** und der **Rechtsstaatlichkeit** vereinbar ist.[577] Diese stellen ebenfalls die Grundsätze der EV dar. Sie sind aber an den Verfassungskern gebunden.[578] Genau diese Gebundenheit wird in jeder Verfassung seit der Antike verankert.[579] Deshalb sind die elementaren Verfassungsgrundsätze keine normativ offenen Begriffe. Daher müssen sie auch im Lichte des Verfassungskerns ausgelegt werden. Eben

---

572 Vgl. „ERSTER TEIL – I. Artikel 14 GG – I. Artt. 17 Abs. 1, 2 und 5 Abs. 1 h.Verf".

573 s. über die oberste Gerichtsbarkeit des EuBVerfGH unter „DRITTER TEIL – II. Das Gefüge der EV – 1. Erstes Grundelement: Der Verfassungs*vorrang*".

574 Fn. 565.

575 Vgl. BVerfGE 19, 206 – Kirchenbausteuer; „DRITTER TEIL – 2. Die Grundrechtscharta – *Vollendung* des Verfassungskernsschutzes – a) Einführung"

576 Fnn. 563, 562; s. auch „2. Die Grundrechtscharta – *Vollendung* des Verfassungskernsschutzes – a) Einführung".

577 BVerfGE 1, 14 – Südweststaat.

578 s. über die Gebundenheit des Demokratie – und Rechtsstaatsprinzips an das Eigentumsgrundrecht unter: „DRITTER TEIL – b) Gewährleistung durch allgemeine Anerkennung des Gesamtsystems der Grundrechte"; s. auch über das bundesstaatliche Prinzip und seinen Vorrangcharakter in der EV unter: „DRITTER TEIL – II. Das Gefüge der EV – 1. Erstes Grundelement: Der Verfassungs*vorrang*".

579 Vgl. oben „DRITTER TEIL – aaa) Verfassungs*rahmen* – bbb) Verfassungs*kern*".

das haben das BVerfG sowie das Ath.LG durch ihre 9, 268, 93, 37 und 455/2000 *Mitbestimmungsentscheidungen* getan.[580]

c) Schutzbereich des Eigentumsgrundrechts in der EV

Unter den Eigentumsschutz bzw. den Schutz der Privatnützigkeit fallen in erster Linie die dinglichen Rechte an Sachen. (Artt. 17 Abs. 1, 16 und 52 Abs.2 und 3 GRCh) Zu den Sachen gehören die Arbeitsmittel. Die Unternehmen sind Sachen,[581] weil sie aus Arbeitsmitteln bestehen. Sie sind Sachen von grundlegender Bedeutung: Sie stellen Räume dar, in denen die Arbeit in größter Menge konzentriert und höchst organisiert ist. Da befinden sich als Arbeitsmittel nicht nur die Maschinen. Es befindet sich auch alles, was zur Funktion der Maschinen nötig ist, wie Grundstücke mit Gebäuden oder Rohstofflagern; es befindet sich alles, was sich aus der Funktion der Maschinen ergibt, wie Patente, Warenzeichen, Geschäftsgeheimnisse, Forderungen. Arbeitsmittel sind somit im weiteren Sinne alles; als solche sind sie Sachen. Daher unterliegen sie dem Privatnützigkeitsschutz entweder direkt als Sachen durch die dinglichen Rechte oder indirekt d. h. nicht als Sachen, sondern als sogenannte eigentumsfähige Positionen.

Das primäre Arbeitsmittel ist im Unternehmen die menschliche Arbeit an den Arbeitsmitteln. Sie unterliegt dem Eigentumsschutz als Eigentum des Arbeitgebers und nicht als Eigentum des Arbeitnehmers. Die Person des Arbeitgebers und des Arbeitnehmers fallen nicht zusammen. Der Arbeitgeber ist der Eigentümer der Arbeitsmitteln, weil er durch Kapitaleinsatz in der Lage ist, die Funktion der Arbeitsmittel zu bestimmen. Der Arbeitnehmer arbeitet an den Arbeitsmitteln. Er gilt aber nicht als ihr Eigentümer, weil er kein Kapital einsetzt. Deshalb bestimmt er nicht die Funktion der Arbeitsmittel. Dadurch ist er nicht in der Lage die Arbeit zu bestimmen, die er an diesen leistet. Diese Fremdbestimmung der Arbeit wird verfassungsrechtlich geschützt.[582] Daher steht dem Arbeitnehmer kein Recht zu, gerichtlich unmittelbar oder mittelbar geltend zu machen, dass die von ihm geleistete Arbeit sein Eigentum ist. Wenn die EV ihm dieses Recht bescherte, dürfte er besonders durch Mitbestimmungsrechte zumindest teilweise im Unternehmen über das Letzentscheidungsrecht verfügen. So was würde das Privateigentum als Verfassungskern antasten. Der Arbeitgeber hat hingegen das Recht, die Bestimmung der Arbeit des Arbeitnehmers gerichtlich zu verteidigen. Die EV beinhaltet jedoch Normen, die die Privatnützigkeit der menschlichen Arbeit, *nicht* als direktes Recht an Sachen zu betrach-

---

580 s. oben „ERSTER TEIL – 4. Stellungnahme – *Das Staatsprivateigentum*; 6 Kritik an der Kritik; 3. Stellungnahme- *Das Staatsprivateigentum*".

581 Vgl. im ersten Teil, *Hauer* – Entscheidung, Viertes Ergebnis.

582 s. oben „DRITTER TEIL – 2. Die Grundrechtscharta – *Vollendung* des Verfassungskernsschutzes - b) Die *Inhaltsbestimmung* des Eigentumsgrundrechts in der EV".

ten zulässt. Diese beruhen auf dem **Sozialstaatsprinzip**, dessen Inhalt sie ***konkretisieren***.

Ferner lautet Art. II–52 *Abs. 4* GRCh, dass soweit in dieser Charta Grundrechte anerkannt werden, wie sie sich aus den *gemeinsamen* Verfassungsüberlieferungen der Mitgliedstaaten ergeben, werden sie im *Einklang* mit diesen *Überlieferungen* ausgelegt. Gemäß Abs. 6 des Artikels ist den *einzelstaatlichen* Rechtvorschriften und Geflogenheiten in vollem Umfang Rechnung zu tragen, wie es in dieser Charta bestimmt ist. Dieser parallele Hinweis bereitet keine Auslegungsschwierigkeit bezüglich des Schutzbereichs des Eigentumsgrundrechts. Die Verfassungsüberlieferungen bieten einen klaren Blick auf die Gemeinsamkeit des Wirtschaftssystems in der Union und in den Mitgliedstaaten.[583] Eine Auslegung des Eigentumsgrundrechts der EV im Einklang mit dem gleichen Recht der nationalen Verfassungen ist deshalb kerninhaltlich sinnlos. Es gibt gar keinen Fall, dass der Kern der EV angetastet werden dürfte, weil dieser beispielsweise im GG oder in der h.Verf. angetastet werden dürfte.[584] Außerdem wäre in diesem rechtspolitisch völlig unerlaubten Extremkonfliktfall die EV als Bundesverfassung durchsetzbar. Das gleiche gilt für Abs. 6 des Artikels. Das gleiche gilt in jedem Kollisionsfall.[585] Abs. 4 und 6 des Artikels sind deshalb im Hinblick auf das Verhältnismäßigkeitsprinzip anzuwenden: Sie beugen Reibungen zwischen der Union und den Mitgliedstaaten vor. So bleibt das Vorrangsgrundprinzip gewahrt.[586]

Der Schutzbereich des Eigentumsgrundrechts in der EV ist weiterhin mit dem der EMRK *kerninhaltlich* identisch: Die globale Wirtschaftsordnung ist die des marktwirtschaftlichen Privateigentums. Unabhängig davon, ob es in schrankenloser oder sozialstaatlicher Form herrscht, ist es *weltweit* als *Grundrecht* verankert. Damit ist als sein **Kerninhalt** das **Privatnützigkeitsrecht aufgrund Kapitaleinsatzes** gewährt. Ein Konflikt zwischen beiden Rechtsordnungen ist deshalb ausschließlich in Bezug auf die in ihnen verankerte *Ausübungsform* des Grundrechts möglich.[587] Ein solcher Konflikt würde sich durch die Vorrangigkeit des Unionsrechts auflösen lassen: Die EU hat zur EMRK noch nicht beigetreten. Nach Art. I–7 EV *Abs. 2* strebt sie den Beitritt aber unter *Vorbehalt* an. Es steht fest, der Beitritt wird *nicht* die in der EV festgelegten Zuständigkeiten der Union ändern. Nach Art. II–52 *Abs. 3* GRCh haben die in ihr enthaltenen Rechte die gleiche Bedeutung und Tragweite, wie sie ihnen in der EMRK ver-

---

583 s. oben „b) Gewährleistung durch allgemeine Anerkennung des Gesamtsystems der Grundrechte", besonders Fnn. 567, 568.

584 Fn. 541.

585 s. oben „DRITTER TEIL – II. Das Gefüge der EV – 1. Erstes Grundelement: Der Verfassungs*vorrang*".

586 s. oben wie in Fn. 585.

587 s. oben „DRITTER TEIL – C. DIE EINHEIT DER EUROPÄISCHEN VERFASSUNG IM LICHTE IHRES KERNS – I. Problemstellung".

liehen wird, *soweit* sie den durch die EMRK und Grundfreiheiten garantierten Rechten entsprechen. Dieser Bestimmung steht nicht entgegen, dass das Unionsrecht einen weitergehenden Schutz gewährt.

Wie bewiesen wurde, ist die Kompetenzaufteilung zwischen der EU und den Mitgliedstaaten dem Grundprinzip des Vorrangs zugrundegelegt.[588] Dadurch schützt die Union ihr Letztentscheidungsrecht innerhalb ihrer Normenhierarchie. Als einziges Anliegen der Union erweist sich dementsprechend der ungehinderte Schutz der Marktwirtschaft: Sie muss imstande sein, mögliches unionsfeindliches Verhalten der Mitgliedstaaten abwenden zu können. Es handelt sich deswegen um den Schutz der *Marktwirtschaft* als *Wirtschaftssystem* eines bereits aufziehenden *europäischen Bundesstaates* auf globaler Ebene.[589] Durch die oben erwähnten *Vorbehalt*vorschriften erstrebt die Union ihre Eigenständigkeit auf der Weltbühne. Um diese zu erreichen, muss sie wettbewerbsfähig sein können, und zwar so, wie sie sich selbst diese Wettbewerbsfähigkeit vorstellt, sei es durch schrankenlosen, sei es durch sozialgebundenen Wettbewerb. Die *Vorbehalt*vorschriften deuten aber eher auf einen sozial ausgerichteten Wettbewerb, wenn man die Eigentumsrechtsprechung des EGMR und des EuGH vergleicht: Des EGMR tendiert zur Schrankenlosigkeit, des EuGH erkennt die Sozialgebundenheit des Eigentumsgrundrechts an.[590]

d) Rechtsträger und Adressaten des Eigentumsgrundrechts in der EV

Artt. 17 Abs. 1, 16 sowie 51 Abs. 1 GRCh bestimmen als Rechtsträger des Eigentumsgrundrechts natürliche und juristische Personen innerhalb der EU. Private sowie öffentliche Unternehmen werden als Träger des Verfassungskerns gleichgestellt. Zu Recht unterscheidet die EV nicht zwischen Privatsektor und öffentlichem Dienst.[591] Der Staat ist ebenso Privateigentümer, weil er die in den öffentlichen Unternehmen zu leistende Arbeit zu bestimmen vermag.[592] Eine abweichende Regelung des nationalen Rechts ist wegen des Vorrangs der EV unzulässig. Die Beachtung des Subsidiaritätsprinzips darf nicht zur Brechung der EV durch das nationale Recht führen.[593] Die entsprechende Differenzierung im EMRK–Recht ist zur Zeit nicht anwendbar.[594] Angesichts der Vorbehaltvor-

---

588 s. oben „DRITTER TEIL – II. Das Gefüge der EV – 1. Erstes Grundelement: Der Verfassungs*vorrang*“, S. 234.

589 s. erste Hinweise darauf im ersten Teil: *Hauer* – Entscheidung, Neuntes Ergebnis.

590 s. Fnn. 140, 141.

591 *Nold* – Entscheidung, Fünftes Ergebnis; vgl. auch Fn. 142.

592 Fn. 563; s. auch “ERSTER TEIL – ff) Rechtsträger und Adressaten in der GRCh“.

593 Vgl. Fnn. 544, 144.

594 Fn. 143.

schriften der EV ist es möglich, dass diese auch nach dem Beitritt der EU zur EMRK nicht anwendbar bleibt.

Adressaten des Eigentumsgrundrechts sind die EU und die Mitgliedstaaten. (Art. 51 Abs. 1 GRCh) Dem steht nicht entgegen, dass sie auch Berechtigte des Grundrechts sind. Berechtigte sind sie ausschließlich in Bezug auf die in den öffentlichen Unternehmen und in der Staatsverwaltung Beschäftigten. Die Arbeitnehmer im öffentlichen Dienst könnten z.B. Mitbestimmungsrechte beanspruchen, durch die sie das Direktionsrecht übernehmen würden.[595] Wie aber eine solche Übernahme in der Privatwirtschaft verfassungswidrig wäre, wäre sie gleichfalls innerhalb des Staates als verfassungswidrig zu verwerfen.

Adressaten sind sie allen anderen natürlichen oder juristischen Personen gegenüber. Der „Mustererwägungsgrund" der vorverfassungsrechtlichen Periode[596] der EU wird in der verfassungsrechtlichen Periode durch den ständigen Auftrag an den Gesetzgeber darauf ersetzt, die Ausübung der Privatnützigkeit nicht nur formal, sondern auch materiell zu ermöglichen.[597]

e) Unabänderbarkeit des Eigentumsgrundrechts in der EV

Art. II–54 verbietet jede Auslegung der Normen der Charta, die eine Abschaffung des Gesamtsystems der Grundrechte begründen würde. Das Verbot bezieht somit jede evidente oder nicht evidente Beseitigung des Eigentumsgrundrechts ein. Es bindet die Gesetzgebung, die vollziehende Gewalt und die Rechtsprechung der EU, d.h. der Union an sich und ihrer Mitglieder. Demzufolge ist die EV auch vom Verfassungsgesetzgeber nicht als neutrales Recht auszulegen, das die Einführung eines dem Verfassungskern entgegenstehenden Wirtschaftssystems in die EU möglicherweise zuließe.[598]

IV. Die soziale Funktionsgarantie der Marktwirtschaft in der Europäischen Verfassung

1. Einführung

Die Bestimmung des Marktes als das Wirtschaftssystem der Union bliebe ohne die Garantie seiner Funktion unvollendet. In *durchdringender* Einheit[599] legt

---

595 Vgl. Fn. 593; „ERSTER TEIL – ff) Rechtsträger und Adressate in der GRCh".

596 Fn. 145.

597 Fn. 585.

598 Vgl. „DRITTER TEIL – 2. Die Grundrechtscharta – *Vollendung* des Verfassungskernsschutzes – b) Die *Inhaltsbestimmung* des Eigentumsgrundrechts in der EV"; „ERSTER TEIL - 5. Das „Neutralitätsprinzip" des GG".

599 s. „2. Die Grundrechtscharta – *Vollendung* des Verfassungskernsschutzes a) Einführung".

deswegen die EV in ihrem *ersten Teil* die Beziehungen zwischen der Union und den Mitgliedstaaten einem ***bundesstaatlichen Vorrangprinzip*** zugrunde. Im *zweiten Kernteil*[600] bestimmt sie die ***Marktwirtschaft*** als das Wirtschaftssystem ***der Union***. Im *dritten Teil* legt sie die ***Funktion*** der Marktwirtschaft fest, die die Union aufgrund des Vorrangprinzips zu bestimmen hat:

Die Funktion liegt in der ***Verwirklichung des Binnenmarktes*** der Union (**Art. III–14 Abs. 2 EV**). *Kerninhalt des Binnenmarktes* sind die *Grundfreiheiten* des Art. I–4 Abs. 1 EV. Ohne diese würde die materielle Ausübung des Eigentumsgrundrechts *besonders der Unternehmehr* leerlaufen. Art. III–14 Abs. 2 EV bestimmt jedoch, dass die Grundfreiheiten nicht eigenständig von jedem Mitgliedstaat zu realisieren sind. Sie werden hingegen von der Union und allen Mitgliedstaaten gemeinsam unter der ausschließlichen Kontrollezuständigkeit[601] einer unabhängigen europäischen Verwaltung[602] ausgeübt. So ist *Art. III–331 EV* auszulegen, wonach die Verfassung die Eigentumsordnung in den verschiedenen Mitgliedstaaten unberührt lässt. Inhalt dieser Vorschrift ist nicht die Freiheit jedes Mitgliedstaates, eine Wirtschaftsordnung zu behalten, die der Marktwirtschaft entgegensteht. Alle nationalen Verfassungen verbürgen kerninhaltlich das Privateigentum. Es ist auch nicht die Freiheit jedes Mitgliedstaates, die Marktwirtschaft durch die Zentralplanwirtschaft abzuschaffen. **Inhalt der Vorschrift ist es, dass keinem Mitgliedstaat erlaubt ist, die wegen des gleichen Wirtschaftssystems ohnehin gemeinsamen Grundfreiheiten zu Lasten der Unionsmarktwirtschaft auszuüben.**[603] Die Mitgliedstaaten müssen die Grundfreiheiten zum Wohl der Union ausüben.[604] Wenn sie dagegen verstoßen, steht der Union das Recht zu, sie aufzuhalten. Zum Wohl der Union trägt außer dem Wettbewerb und das Sozialstaatsprinzip bei: Es stellt die verfassungsrechtliche Grundlage aller Normen dar, die die abhängige Arbeit bei der Verwirklichung der Grundfreiheiten schützen. Daraus ergibt sich die Notwendigkeit einer Inhaltsbestimmung des Sozialstaatsprinzips aus der EV, wodurch eine sozialverstoßende Gesetzgebung als in der Tat eigentumsverstoßende Gesetzgebung in der EU nicht angewandt werden dürfte.

---

600 s. oben „2. Die Grundrechtscharta – Vollendung des Verfassungskernsschutzes – Ia) Einführung“.

601 Vgl. oben „DRITTER TEIL – II. Das Gefüge der EV – 1. Erstes Grundelement: Der Verfassungs*vorrang*“.

602 Vgl. Artt. I – 25 Abs. 4 und III – 304 Abs. 1 EV.

603 Vgl. im ersten Teil “4 – Stellungnahme“ zu Art. 295 EUV (222 EWGV); s. auch im ersten Teil darüber: „3. Art. 295 EUV in der Rechtsprechung“.

604 Fnn. 524, 532, 531, 529; s. auch über das Bundestreueprinzip unter „II. Das Gefüge der EV –1.. Erstes Grundelement: Der Verfassungs*vorrang*“.

2. Das Sozialstaatsprinzip in der EV

a) Verankerung durch Verfassungsidealisierung

Der Verfassungspräambel ist zu entnehmen, dass das Sozialstaatsprinzip zum Kern der Verfassungswerte nicht gehört. Trotzdem ist es Bestandteil der Verfassungsidealisierung, weil es die Werteordnung der EV begleitet: Begriffe wie „sozialer Fortschritt", „Gerechtigkeit" und „soziale Marktwirtschaft" werden bei der *Einhaltung* der Werteordnung mitberücksichtigt. Eine Sozialgebundenheit des Eigentumsgrundrechts lässt sich dadurch erkennen, dass der Wohlstand aller Bewohner der Union mit den Verfassungswerten verbunden wird. Die EU sieht ferner eine nachhaltige Entwicklung im *Wettbewerb* und *sozialer Gerechtigkeit* an. Wettbewerb und soziale Gerechtigkeit müssen deshalb gesetzgeberisch in Ausgewogenheit gebracht werden. Bezüglich der Sozialstaatlichkeit der EU geht die EV im Vergleich zur spätbürgerlichen Verfassung sowie zu den Nationalverfassungen einen Schritt weiter: Sie erkennt an, dass in der Gesellschaft Ungleichheit herrscht. Deshalb garantiert sie den Schwächeren und Ärmeren ein Teilhaberecht am bestehenden und angestrebten Wohlstand der Union.[605]

Die Verankerung des Sozialstaatsprinzips durch die Verfassungsidealisierung weicht vom Verfassungskern nicht ab: Wegen des verfassungsrechtlichen Vorrangs des Eigentumsgrundrechts wird das Prinzip in die Werteordnung nicht miteinbezogen.[606] Es steht aber dem Verfassungskern ganz nah. Das zeigt das Anliegen der EU auf, den gesellschaftlichen Konsens der Nachkriegszeit nicht in die Brüche gehen zu lassen.[607]

b) Verankerung durch die GRCh

Als Garantie der Funktionsfähigkeit des Eigentumsgrundrechts wird das Sozialstaatsprinzip im Kernteil der EV verankert: Die **Schranke des öffentlichen Interesses** in **Art. 17 Abs. 1 GRCh** verbietet eine schrankenlose Ausübung des Eigentumsgrundrechts.[608] Die EV nimmt damit von der spätbürgerlichen Verfassung Abstand. Das verfassungsmäßige Wirtschaftssystem der EU ist nicht schlechthin die Marktwirtschaft,[609] sondern die Marktwirtschaft in ihrer sozial-

---

605 s. oben „DRITTER TEIL – II. Das Gefüge der EV – 2. Zweites Grundelement: Die Verfassungs*idealisierung*".

606 s. oben „DRITTER TEIL – b) Gewährleistung durch allgemeine Anerkennung des Gesamtsystems der Grundrechte".

607 Vgl. oben wie in Fn.605.

608 s. oben „ERSTER TEIL – cc) Die Schrankenbestimmung des Eigentumsgrundrechts in der GRCh".

609 Vgl. Fn 577.

staatlichen Form. Die Durchsetzung einer schrankenlosen Marktwirtschaft ist unzulässig.

c) Unabänderbarkeit des Sozialstaatsprinzips in der EV

Die Unabänderbarkeit des Eigentumsgrundrechts durch Art. II–54 GRCh verbietet jede Auslegung der Normen der Charta, die eine Abschaffung oder eine *stärkere Einschränkung* des Gesamtsystems der Grundrechte begründen würde. Aus sozialstaatlichen Verfassungsnormen ergeben sich somit keine Rechte, die in den Kerninhalt des Eigentumsgrundrechts direkt oder indirekt eingreifen. Ferner dürfen sozialstaatliche Rechte nicht so angewandt werden, dass sie den Kerninhalt des Eigentumsgrundrechts antasten. Verboten ist aber durch Art. 17 Abs. 1 GRCh eine missbräuchliche Ausübung des Eigentumsgrundrechts. Obwohl das Sozialstaatsprinzip mit dem Eigentumsgrundrecht nicht gleichrangig ist, ist es als verfassungsrechtliche Garantie seiner Funktion unabänderbar.

d) Konkretisierungen des Sozialstaatsprinzips

Die GRCh ist nicht nur der Grundrechtsabschnitt der EV sondern auch ihr *Sozialrechtsabschnitt*. Unter „Titel IV: Solidarität" enthält sie eine Reihe *arbeitsrechtlicher Normen*, die das Sozialstaatsprinzip materialisieren.[610] Foglich gelten sie als Sozialrechte, deren Träger die Arbeitnehmer und Adressaten die staatlichen und privaten Arbeitgeber sind.

Die Geltung solcher Rechte ist legitim, weil die EV das Sozialstaatsprinzip als Faktor zum Schutz der Marktwirtschaft auffasst. Im Prinzip bringen die Sozialrechte die marktwirtschaftliche Ordnung nicht in Gefahr, solange sie nicht durch verfassungswidrige Auslegung[611] den Vorrang des Verfassungskerns bezweifeln. Unter ständiger Berücksichtigung des Verfassungskerns lassen sie sich in die Eigentumsdogmatik-wie die Sozialrechte der *deutschen Landesverfassungen* oder wie das soziale Recht auf Arbeit der *h. Verf.*-reibungslos eingliedern.[612] Die verfassungsrechtliche Garantie der sozialen Funktion des Marktes ist geschichtlich, wirtschaftlich und politisch erforderlich: Sie dient zur Förderung der Grundfreiheiten. Gemäß Art. III–18 Abs. 1 haben die Arbeitnehmer der Mitgliedstaaten das Recht, sich innerhalb der Union zu bewegen. Dabei dürfen sie nicht von den Arbeitgebern bezüglich der Beschäftigung, Entlohnung

---

610 In der vorverfassungsrechtlichen Formulierung der GRCh "Kapitel IV – Solidarität"; s. „ERSTER TEIL – 2. Arbeitsrechtliche Konkretisierung des Sozialstaatsprinzips in der GRCh".

611 s. oben „DRITTER TEIL – 2. Die Grundrechtscharta – *Vollendung* des Verfassungskernsschutzes – e) Unabänderbarkeit des Eigentumsgrundrechts in der EV".

612 s. oben „DRITTER TEIL – II. Das Gefüge der EV - 1. Erstes Grundelement: Der Verfassungs*vorrang*"; „ERSTER TEIL – 3. Das Recht auf Arbeit".

und sonstiger Arbeitsbedingungen unterschiedlich behandelt werden. (Art. III–18 Abs. 2) Bei der Ausübung des Freizügigkeitsrechts wird den Arbeitnehmern die Zusammenrechnung aller nach den verschiedenen innerstaatlichen Rechtsvorschriften Leistungsansprüche garantiert. (Art. III–21 Abs. 1, 2) Der Personenverkehr ist eine Grundfreiheit für den Arbeitgeber: Sie erleichtert die Grundfreiheit des Kapitalverkehrs bzw. die Mobilität seines Eigentums. Diese setzt die Herstellung eines Freizügigkeitsrechts voraus. Das kann von den Arbeitnehmern als *ihr* Recht betrachtet werden, wenn ein *menschenwürdiger Mindestschutz* der von ihnen abhängig erbrachten Arbeit in allen Mitgliedstaaten verbürgt wird.[613]

Die Garantie der sozialen Funktion des Eigentumsgrundrechts erstreckt sich ferner wegen der ausgedehnten unternehmerischen Tätigkeit (Art. 16 GRCh) auf den Industriebereich. Die Union will die Wettbewerbsfähigkeit der europäischen Industrie durch strukturelle Veränderungen in den Unternehmen vorantreiben. (Art. III–180 EV) In Anknüpfung an Art. Artt. II-17 Abs. 1 GRCh, an die Sozialrechte (II–27 bis II–36 GRCh) und an Art. III–14 Abs. 2 EV ist dieses Ziel nach Art. III–180 EV durch die *Erhaltung des Schutzes der abhängigen Arbeit* zu erreichen.

V. Inhaltsbestimmung des Sozialstaatsprinzips in der Europäischen Verfassung

1. Die *Komponenten*

a) Zum Inhalt der sozialen Gerechtigkeit

Hinsichtlich des Inhalts der sozialen Gerechtigkeit herrscht die Auffassung des Spannungsverhältnisses zwischen *Rechts*staats – und *Sozial*staatsprinzip. Es wird deshalb die Meinung vertreten, dass die Rechtswissenschaft bis jetzt keine konkreten Aussagen über den Inhalt der sozialen Gerechtigkeit gefunden habe, weil er unbestimmt sei.[614] Wegen dieser behaupteten Unbestimmtheit wird die soziale Gerechtigkeit als eine demagogische, eigentumsfeindliche Vorstellung betrachtet.[615] Darüber hinaus wird die Ansicht vertreten, dass sie dem gesellschaftlichen Wandel unterworfen sei. Ihre verfassungsrechtliche Gewährleistung führe deswegen zur Abwertung des Verfassungstextes.[616] Das Entfallen der Systemkonkurrenz und angewachsene Probleme der Marktwirtschaft stellen

---

613 Vgl. Böttcher, Solidarität, S. 315; Gerken/Märkt/Schick/Renner, Föderation, 2002, S. 55, 57.

614 Vgl. Fn. 51; Butzer, Sozialstaatlichkeit, 1999, S. 69; Uhle, Sozialstaatsprinzip, 1996, S. 99; Bieback, Inhalt, 1987, S. 229; Fas, a.a.O., 213; Manitakis, *Rechtsstaat*, S. 267.

615 Leisner, Eigentum, 1996, S. 46.

616 Vgl. Fas, a.a.O., S. 210; Isensee, Verfassung, S. 371 ff.

den gesellschaftlichen Wandel dar, der die Unbestimmtheit des Sozialstaatsprinzips verschärfe. Das verursache eine andere Bestimmung seines Inhalts.[617]

Die Ansicht der Unbestimmtheit des Sozialstaatsprinzips wird durch die *materielle Gerechtigkeitslehre* der hellenischen Verfassung der Antike korrigiert: Die Inhaltsbestimmung der Gerechtigkeit ist ständig vom Verfassungskern abhängig: Sie ist eigentumsgeprägt.[618] Die fortbestehende Ungleichheit der Eigentumsverhältnisse zwischen den Menschen in jedem Wirtschaftssystem legt eine gemeinsame Gerechtigkeitsauffassung fest: Die ***Güterverteilung*** ist die **Urform** der Gerechtigkeit.[619] *Aristoteles* sieht die Güterverteilung als Bestandteil der Gerechtigkeit ein. Die Gerechtigkeit als Ganzes erfasst er als soziale Tugend. Eine soziale Tugend betrifft die Gesellschaft. Die Güterverteilung ist somit Bestandteil der sozialen Tugend. Ergebnis dieses Denkens ist es, dass die Gerechtigkeit ausschließlich als Anknüpfung an den Anderen zu verstehen ist. **Die Gerechtigkeit kann deswegen nur sozial sein.**[620] Das Bestehen oder Nichtbestehen von Gerechtigkeit ist folglich daran zu messen, wie die Staatsgewalt in der Gesellschaft ausgeübt wird.[621] Daraus bildet sich der Begriff der gerechten Gesellschaft heraus: **Als gerechte Gesellschaft darf diejenige bezeichnet werden, in der sich der Staat um eine gerechte Güterverteilung kümmert**. Gerecht ist die Verteilung der Güter auch an die arbeitenden Menschen. Aristoteles betrachtet die soziale Gerechtigkeit *innerhalb* und *nicht außerhalb* des *Wirtschaftssystems*. Sie ist die nötige Einschränkung des Verfassungskerns zum Fortbestehen seiner Unantastbarkeit.[622]

Die Güterverteilung ist deshalb der historisch bewährte **Kerninhalt** der gerechten Sozialordnung. Verfassungsgemäß ist sie jedoch *stets* insoweit zu verwirklichen, soweit sie, durch die Gesetzgebung ausführlicher ausgeführt, den Kerninhalt des Eigentumsgrundrechts nicht verletzt.[623] Wie der Gesetzgeber bei jeder spezifischen Eigentumsregelung den Kerninhalt des Eigentumsgrundrechts nicht verändern darf, so darf er den Kerninhalt der sozialen Gerechtigkeit bei jeder spezifischen Regelung nicht verändern. Man darf sich auf den Wandel der gesellschaftlichen Verhältnisse nicht berufen, um Veränderungen des Kern-

---

617 Vgl. Döhring, a.a.O., S. 12; Hanau, Peter, Arbeitsrecht, 1984, S. 243.

618 s. oben „2. Die Grundrechtscharta – *Vollendung* des Verfassungskernsschutzes – a) Einführung".

619 Hanau, Hans, Individualautonomie, 1994, S. 78, 79.

620 *Nikomachische Ethik* E, 1129b – 17, *Politik* Γ 1283a – 28; Wesel, Recht, 2003, S. 207; Manessis, *Verfassungsrecht*, S. 40 ff.

621 *Nikomachische Ethik* E, 1130a.

622 s. oben „DRITTER TEIL – 3. Unterstützung des Verfassungskerns".

623 Vgl. „ERSTER TEIL – II. Das Sozialstaatsprinzip und seine Funktion in der Eigentumsdogmatik des GG – 3. Art. 20 Abs. 1 GG; „ERSTER TEIL – II. Das Sozialstaatsprinzip und seine Funktion in der Eigentumsdogmatik der h. Verf. – 3. Das Recht auf Arbeit.

inhalts der sozialen Gerechtigkeit vom Gesetzgeber *in beliebiger Weise* zu begründen.[624] Dies ermöglichte eine nicht evidente Anwendung der schrankenlosen Marktwirtschaft, die sozial dann nur im Namen wäre. Die Annahme dieser Ansicht führte eine materielle Verfassungsabänderung am unabänderbaren Sozialstaatsprinzip herbei. Richtig ist deshalb das Gegenteil: Wie der Eigentumskerninhalt in der Verfassung vom gesellschaftlichen Wandel *unabhängig* gilt, so gilt die soziale Gerechtigkeit unter jedem Gesellschaftswandel als *unabänderbares Recht der Arbeitnehmer auf die Güterverteilung*. Wenn der Gesellschaftswandel den Kern des herrschenden Wirtschaftssystems nicht berührt, besteht der Kerninhalt der sozialen Gerechtigkeit im Rahmen des entsprechenden Verfassungskerns weiter. Wenn der Gesellschaftswandel einen anderen Eigentumskerninhalt durchsetzt, bleibt die Güterverteilung als Kerninhalt der sozialen Gerechtigkeit wieder unberührt. Sie lässt sich aber im Lichte des anderen Verfassungskerns materialisieren.

Die EV spricht offen über eine soziale Marktwirtschaft. Sie spricht über Gerechtigkeit. Sie erwähnt den sozialen Fortschritt. Sie spricht die soziale Gerechtigkeit an. Sie verbindet sie vollgültig mit der Güterverteilung auch den Ärmeren und den Schwächeren: Sie gewährleistet *im marktwirtschaftlichen Rahmen* die Teilhabe dieser am gegenwärtigen und zukünftigen Wohlstand. Sie garantiert unumstoßend den Schutz der abhängig leisteten Arbeit als Förderungsfaktor der *arbeitgeberischen* Grundfreiheiten. Die EV rückt von der Schrankenlosigkeit des Eigentumsgrundrechts, nicht vom Eigentumsgrundrecht ab. Aber dadurch schützt sie ihren Kern effektiver als eine marktwirtschaftliche Verfassung schrankenloser Form. Sie gründet eine **soziale Marktwirtschaft**, weil die *Sozialgebundenheit* ihres *Kerns* zur immer noch **geltenden *aristotelischen* Vernunft**[625] gehört: In ihrer Präambel betrachtet sie den Humanismus als eine im Laufe der Jahrhunderte ausgebildete Erfahrung. Die EV beauftragt den Unions–und Nationalgesetzgeber, daran festzuhalten: Die *solonische* Einschränkung des Privateigentums hat seine Abschaffung abgewandt. Sie verschaffte ihm Konsens, der zur *wettbewerbsfähigsten Demokratie* der Antike führte.[626] Die schrankenlose Form des globalen Liberalismus darf sich nicht als modern darstellen. Im 18., 19. und bis zur Mitte des 20. Jahrhunderts führte sie das *bellum omnium contra omnes*,[627] das schließlich das Privateigentum weltweit aufs Spiel gesetzt hat. Seine Sozialgebundenheit hat seine Wettbewerbsfähigkeit gesteigert. Sie hat den innen–und zwischenstaatlichen Frieden in Europa länger als je zuvor gesichert. Der Frieden hat die Gründung und Entwicklung der EU

---

[624] So Ossenbühl, Gleichheit, 1984, S. 683.

[625] s. oben „DRITTER TEIL – II. Das Gefüge der EV - 2. Zweites Grundelement: Die Verfassungs*idealisierung*" i.V.m. Fn. 635.

[626] s. oben „DRITTER TEIL – 2. Der *Ursprung* der Europäischen Verfassung – bbb) Verfassungs*kern*".

[627] So Gierke, zitiert bei Belling, *Günstigkeitsprinzip*, 1984, S. 27.

ermöglicht.[628] Ein Rückkehr zur Schrankenlosigkeit wäre für Europa praktisch ein Rückkehr zur Knechtschaft.[629]

b) Zum Inhalt des Rechtsstaatsprinzips

Der Rechtsstaat ist *nicht* in der Neuzeit entstanden. In der Neuzeit ist er unter **marktwirtschaftlichen** Umständen *neu*entstanden. Der Rechtsstaat ist mit allen seinen heute geltenden Merkmalen erstmals in der Geschichte im Altertum durch die **athenische Verfassung** gegründet worden.[630] Die athenische Verfassung hat die Einschränkung des Privateigentums in das damals herrschende Wirtschaftssystem eingeführt. Sie setzte die *sozialstaatliche* Form der *Fremdbestimmung der Arbeit der Antike* durch. Dank der Güterverteilung hat die Verfassung das Privateigentum in breiteren Volksschichten als Mittel breiteren Wohlstandes und größerer Selbstbestimmung legitimiert.[631] Deswegen galt es im gesellschaftlichen Bewusstsein *de facto* und *de jure* als ***Grundrecht***. Die soziale Gerechtigkeit hat zum Anstieg der Wettbewerbsfähigkeit des Stadtstaates geführt. Sie hat die materielle Basis zur Entwicklung der rechtstaatlichen Merkmalen geschaffen. Das Bestehen oder Nichtbestehen von Rechtsstaatlichkeit ist folglich damit verbunden, ob die Staatsgewalt sozial ausgeübt wird.[632]

Dies alles beweist aber, dass das Rechtsstaatsprinzip nicht unabhängig von dem jeweils geltenden Verfassungskern zu bestimmen ist. Der hellenische Rechtsstaat der Antike rückte vom Kern des herrschenden Wirtschaftssystems nicht ab. Er war ein Kampfbegriff nur gegen die schrankenlose Form desselben. Nicht nur der moderne Staat–wie *Jellinek* bemerkt[633]–sondern auch der demokratische antike Staat erkannte jedem Individuum und Verband verfassungsrechtlich eine begrenzte Freiheit von seiner Gewalt zu. Zufolge seines Wesens vermag er nicht ein *völlig* selbständiges Herrschaftsrecht anzuerkennen, das das *ursprüngliche Rangverhältnis* zwischen den Menschen und ihren Institutionen übersteigen würde.[634] Im hellenischen Stadtstaat war der Abstand zwischen Regierenden und Regierten kleiner als in der überwiegender Mehrheit der Staaten

---

628 Vgl. oben „DRITTER TEIL – I. Einführung - 1. Wirtschaftliche und rechtspolitische *Herkunft* der Europäischen Verfassung"

629 Vgl. Rodrik, Desintegration, 2000, S. 86; Belling, *Günstigkeitsprinzip*, S. 18; Fn. 263.

630 Ausführlich darüber oben : „DRITTER TEIL – bb) Die Verfassung als rechtspolitisches Phänomen in antiker Hellas – aaa) Verfassungs*rahmen*".

631 Ausführlich darüber oben „DRITTER TEIL – bb) Die Verfassung als rechtspolitisches Phänomen in antiker Hellas – bbb) Verfassungs*kern*".

632 Fn. 634.

633 a.a.O., *1976*, S. 431.

634 Fnn. 570, 644.

in allen Zeiten. Das bedeutet aber gar nicht, dass es keinen gab.[635] Wenn also das Rechtsstaatsprinzip als ein nach den sachlichen Gegebenheiten konkretisierungsbedürftiger Verfassungsgrundsatz aufgefasst wird,[636] bedeutet das nicht, dass es über keinen Kerninhalt verfügt. Im Gegenteil: Es verfügt über einen solchen, den der Gesetzgeber zu beachten hat. **Kerninhalt des Rechtsstaatsprinzips** ist die Verpflichtung des Gesetzgebers, die marktwirtschaftliche Fremdbestimmung der Arbeit durch wirksame Bekämpfung ihrer Schrankenlosigkeit zu schützen.

Diesen Kerninhalt bringt die EV zum Ausdruck: Die EU bekennt sich zum *sozialen Rechtsstaatsprinzip* zuerst durch Art. I–2 EV.[637] Es folgt der zweite Kernteil: Unter Beibehaltung des Vorrangs des Verfassungskerns werden Grund–und Sozialrechte gemeinsam in der GRCh verankert.[638]

c) Zum Inhalt des demokratischen Staates

Die athenische Verfassung hat den Stadtstaat durch die Durchsetzung der sozialstaatlichen Form des Eigentumsgrundrechts demokratisiert. Die Demokratsierung des Staates ist ebenfalls auf den Schutz des Verfassungskerns zugeschnitten.[639] Dadurch beweist sich, dass die Rechtsordnung des Staates die Interessen der Regierten wahrnehmen muss, um die Interessen der Regierenden wahrnehmen zu können.[640] Ein Wirtschaftssystem kann schrankenlos nicht langfristig herrschen. Dazu braucht es den Konsens der Regierenden.[641] **Kerninhalt des demokratischen Staates** ist demzufolge der Schutz des Verfassungskerns in sozialgebundener Weise. Dieser setzt eine *demokratische* Auffassung des Eigentumsgrundrechts voraus, die der *absolutistischen* Auffassung des Eigentumsgrundrechts der spätbürgerlichen Verfassung entgegensteht: Die spätbürgerliche Verfassung gewährleistete eine schrankenlose Marktwirtschaft. Durch

---

635 So Jellinek; wie er aber in einem ähnlichen Fall selbst betont (a.a.O., *1976*, S. 307), bedeutet das nicht, dass in antiker Hellas kein Privatrecht bestand, weil *Platon* davon nichts wusste; s. auch oben „DRITTER TEIL – bb) Die Verfassung als rechtspolitisches Phänomen in antiker Hellas – 4. Ablehnung des Verfassungskerns".

636 BVerfGE 49, 148.

637 s. oben „DRITTER TEIL – II. Das Gefüge der EV – 1. Zweites Grundelement: Die Verfassungs*idealisierung*".

638 Vgl. oben „IV. Die soziale Funktionsgarantie der Marktwirtschaft in der Europäischen Verfassung - 2. Das Sozialstaatsprinzip in der EV - d) Konkretisierungen des Sozialstaatsprinzips".

639 Ausführlich darüber oben „DRITTER TEIL – bb) Die Verfassung als rechtspolitisches Phänomen in antiker Hellas – bbb) Verfassungs*kern*".

640 Vgl. Jellinek, a.a.O., 1976, S. 367 – 371; Manessis, *Verfassungsrecht*, S. 64, 98, 99, 103.

641 Vgl. Manessis, *Verfassungsrecht*, S. 74 – 77; Fn. 650.

eine formal gleichgewichtige Vertragsfreiheit[642] schloss sie die *Arbeitnehmer* von der *realen Erwerbsfreiheit* aus. Verfassungsrechtlich ***konkret***[643] war das Privateigentum ein reales Abwehrrecht nur für den einzelnen *Arbeitgeber* gegen willkürliche Eingriffe des Staates. Der einzelne *Arbeitnehmer* wurde so niedrig bezahlt, dass er kein Privateigentum erwerben konnte. Deshalb war er selber nicht imstande, das Eigentumsgrundrecht auszuüben. Die spätbürgerliche Verfassung hat einen demokratischen Rechtsstaat des Bürgertums anstelle des totalitären Staates des Feudalismus errichtet. Im Inneren war er aber ein absolutistischer Staat. Ihm fehlte die Gerechtigkeit im Sinne der Rücksichtnahme auf die Erwerbsfreiheit der Arbeitnehmer.[644]

Die *zeitgenössischen Verfassungen der Nachkriegszeit* haben durch die Verankerung der Sozialpflichtigkeit des Eigentumsgrundrechts darauf Rücksicht genommen. Nach dem *althellenischen Vorbild* haben sie den *bürgerlichen* Staat demokratisiert. Durch den Schutz der abhängigen Arbeit schützen sie die reale Erwerbsfreiheit des Arbeitnehmers.[645] Dadurch ergänzen sie das Demokratieprinzip und schützen effektiver die arbeitgeberische Freiheit.

Die EV verbreitet diese demokratische Auffassung über das Eigentumsgrundrecht auf globaler Ebene.

d) Zum Inhalt der Menschenwürde

Art. I–1 GRCh lautet: „Die Würde des Menschen ist unantastbar. Sie ist zu achten und zu schützen". Durch die *Würdegarantie* werden Unions – und Nationalgesetzgebung dazu verpflichtet, den Menschen gegen Eingriffe sowohl durch den Staat als auch durch Private zu bewahren.[646] Als *höchstrangiges Arbeitsrecht der staatsorganisierenden europäischen Gesellschaft*[647] schreibt die EV durch diese Verpflichtung eine menschliche Lebensform fest,[648] deren Kerninhalt vom Verfassungskern bestimmt wird: **Menschenwürde** bedeutet **Selbstbestimmung.**[649] Selbstbestimmung bedeutet das Recht des Menschen **„für sich zu**

---

642 Vgl. Belling, *Günstigkeitsprinzip*, S. 16, 18; ausführlich darüber „DRITTER TEIL – II. Der Ursprung der Europäischen Verfassung – 7. Entstehung der Marktwirtschaft – *Wieder*entstehung der Verfassung – 8. Die marktwirtschaftiliche Fremdbestimmung der Arbeit und ihre idealisierte Verankerung in der Verfassung", darunter besonders Fnn. 468, 469, 470.

643 Fnn. 464, 465, 466.

644 Fnn. 632, 633, 634.

645 Vgl. „ERSTER TEIL – 3. Art. 20 Abs. 1 GG – 1. Artt. 25 Abs. 1, 2, 3, 106 Abs. 2 und 1 h. Verf.".

646 Vgl. Schmidt – Bleitreu/Klein, a.a.O., S. 133.

647 s. Fnn 480, 482, 569, 570.

648 A.A. v. Mangoldt/Klein, a.a.O., S. 42.

649 v. Mangoldt/Klein, a.a.O., S. 39; Schmidt – Bleitreu/Klein, a.a.O., S. 141.

sein", **„sich selber zu gehören**".[650] Selbstbestimmung **aller** in einer Gesellschaft, wo Fremdbestimmung der Arbeit herrscht, ist aber nicht möglich. Sich selbst zu bestimmen vermag der Mensch–*Arbeitgeber*, weil er die Arbeit an den Produktionsmitteln bestimmen darf.[651] In einer schrankenlosen Marktwirtschaft lässt die Fremdbestimmung der Arbeit dem Menschen–*Arbeitnehmer* keine Selbstbestimmung zu. In einer sozialen Marktwirtschaft lässt sie ihm eine begrenzte Selbstbestimmung zu. Diese Begrenztheit ist nicht zu missverstehen: Sie bedeutet nicht, dass der Arbeitnehmer sich selber gehört, wenn er einfach nicht verhungert. Sie bedeutet freilich auch nicht, dass seine Arbeit nicht als Vermögen sondern als sein Eigentum gewährleistet wird.[652] Sie bedeutet dennoch, dass ein wirksamer Schutz seines Vermögens sichergestellt wird, der ihm tatsächlich erlaubt, erwerbsfrei zu sein. Erwerbsfrei *nicht*, weil er seine Arbeit an den Produktionsmitteln *gleichrangig* mitbestimmen kann. Erwerbsfrei, weil er durch einen erwerbsfähigen Lohn, außerhalb des Arbeitsplatzes über das Letztentscheidungsrecht verfügt, Lebensbedingungen zu gestalten, unter denen er sich selber gehört.

Die Voranstellung der Menschenwürde in der EV–wie im GG oder in der h.Verf.–deutet demzufolge auf keinen *abstrakten* Vorrang des Menschen und seiner Würde gegenüber der Staats–und Privatmacht hin. Es handelt sich nicht um einen *abstrakt* höchsten Verfassungswert. Der *Mensch* steht nicht im Mittelpunkt der Werteordnung der Verfassung *abstrakt* als Mensch.[653] Arbeitgeber und Arbeitnehmer sind Menschen. Sie verhalten sich aber eben in erster Linie innerhalb dieses *konkreten* Rangverhältnisses zwischen Arbeitgeber und Arbeitnehmer. Die *unantastbare Menschenwürde des Arbeitgebers* fordert die Fremdbestimmung der Arbeit des Arbeitnehmers. Der *Menschenwürde des Arbeitnehmers* ist verfassungsrechtlich verboten, sich auf die Selbstbestimmung seiner Arbeit zu erstrecken. Die Menschenwürde des Arbeitgebers hat im *Konfliktfall* **Vorrang** vor der Menschenwürde des Arbeitnehmers. Die *unantastbare Menschenwürde des Arbeitnehmers* fordert auf der anderen Seite einen *durchsetzbaren* Schutz gegen die Fremdbestimmung seiner Arbeit. Der unantastbare Vorrang der Erwerbsfreiheit des Arbeitgebers darf die unantastbare Erwerbsfreiheit des Arbeitnehmers nicht aushöhlen. Im Konfliktfall zwischen Arbeitgeber-und Arbeitnehmer-Menschenwürde hat wegen des Verfassungskerns prinzipiell die arbeitnehmerische zurückzutreten. Ob das zu geschehen ist oder nicht, lässt sich unter Berücksichtigung der falltypischen Gestaltung und der besonderen Umstände des Einzelfalles entscheiden. Bei der Prüfung der besonde-

---

650 BVerfGE 35, 202 – Lebach.

651 s. oben „DRITTER TEIL – 2. Die Grundrechtscharta – *Vollendung* des Verfassungskernsschutzes – c) Schutzbereich des Eigentumsgrundrechts in der EV".

652 s. oben „ERSTER TEIL – 3. Das Recht auf Arbeit"; Fn. 595.

653 Vgl. BVerfGE 7, 198 – Lüth; 35, 202 – Lebach; 31, 58 – Spanier – Beschluss.

ren Umstände hat aber das Gericht die ständige Pflicht, den Verfassungskern zu beachten. Wenn es also dabei feststellt, dass die verfassungsrechtlich schwächere Menschenwürde des Arbeitnehmers den verfassungsrechtlich verankerten Vorrang der Menschenwürde des Arbeitgebers nicht antastet, hat die arbeitgeberische Menschenwürde zurückzutreten. Dabei ist und bleibt die arbeitnehmerische Menschenwürde verfassungsgemäß schwächer, die arbeitgeberische vorrangig. Genau das lässt sich aus dem **BVerfGE 50, 290-Mitbestimmungsurteil** herleiten.[654] Wenn das Gericht bei der Prüfung der besonderen Umstände feststellt, dass die Menschenwürde des Arbeitnehmers die Menschenwürde des Arbeitgebers antastet, ist die arbeitnehmerische einzuschränken. Dass sie ohnehin schwächer ist, bedeutet nicht, dass sie grenzenlos beschränkt werden darf. Sie darf soweit eingeschränkt werden, dass die Erwerbsfreiheit des Arbeitnehmers erhalten bleibt und dadurch die Wettbewerbsfähigkeit des Unternehmens nicht ausgehöhlt wird. Genau das lässt sich aus den **BVerfG und Ath.LG 9, 268, 93, 37 und 455/2000 Mitbestimmungsentscheidungen** ableiten.[655] Die Wirkkraft des Verfassungskerns löst schließlich Rangsunterschiede nicht nur zwischen unantastbaren Normen,[656] sondern auch innerhalb der gleichen Norm aus. **Kerninhalt der Menschenwürde** ist somit der Schutz des Eigentumsgrundrechts des Arbeitgebers durch den Schutz des Eigentumsgrundrechts des Arbeitnehmers. Der Schutz des arbeitgeberischen Eigentumsgrundrechts ist vorrangig. Wegen aber seiner Sozialgebundenheit muss der Vorrang leicht sein. Der *leichte Vorrang* des Arbeitgebers ist inhaltlich das *leichte Übergewicht* des Arbeitgebers: Im Konfliktfall behält er die alleinige Zuständigkeit für die Grundlagenentscheidungen im Unternehmen.[657] Aber alle seine Grundentscheidungen dürfen nicht das leichte in ein schweres Übergewicht verwandeln.

e) Zum Inhalt des Mindestschutzes der abhängigen Arbeit

Der Mindestschutz der fremdbestimmten Arbeit ist die Grenze, worüber hinaus die Gestaltung von Arbeitsverhältnissen verfassungsrechtlich und völkerrechtlich verboten ist. Der Mindestschutz schränkt die Vertragsfreiheit des Arbeitgebers ein. Einschränkungsgrund ist, dass in der Marktwirtschaft eine real gleichgewichtige Vertragsfreiheit gesellschaftlich und verfassungsrechtlich unmöglich und unzulässig ist. Jedoch reicht eine Einschränkung der Vertragsfreiheit

---

654 s. oben „ZWEITER TEIL – B. DIE MITBESTIMMUNG NACH DEM DEUTSCHEN RECHT – 3. Der Mitbestimmungseinfluss auf die Leitung der deutschen AG – b) *Gemeinschaftsmäßige* Verfassungsgrenze des Mitbestimmungsrechts in den Großunternehmen der Privaten Hand – c) Stellungnahme".

655 Vgl. Fnn. 563, 593; BVerfGE 35, 202 – Lebach; 28, 243 – Dienstpflichverweigerung.

656 s. oben „bb) Gewährleistung durch allgemeine Anerkennung des Gesamtsystems der Grundrechte".

657 BVerfGE 50, 290 – Mitbestimmungsurteil.

nicht aus, um soziale Gerechtigkeit herzustellen. Es handelt sich nicht um ein Sozialstaatsprinzip, wenn dieses die Vertragsfreiheit begrenzt, ohne sie gleichzeitig zu bestimmen.[658] Die Bestimmung bezieht sich auf Mindestschutznormen, deren Wirkkraft in einer real sozialen Marktwirtschaft die Wirkkraft der international geltenden Mindestschutznormen übertrifft. Das Recht auf Vereinigungsfreiheit, auf Kollektivverhandlungen, die Abschaffung der Zwangsarbeit, die Beseitigung der Diskriminierung in Beschäftigung und Beruf und das Verbot der Kinderarbeit sind solche internationale *Kernnormen.*[659] Trotz ihrer Wichtigkeit ist aber nicht jeder Staat als Sozialstaat zu bezeichnen, wenn er diese ohne spezifische Ausprägungen anwendet.[660] Denn durch diese lässt sich würdigen, *ob* und *wie* die *Güterverteilung* stattfindet; ob nämlich der Vorrang des arbeitgeberischen Eigentumsgrundrechts *tatsächlich* leicht ist. Der Gewährleistung von Mindestlöhnen in einem Land kommt beispielsweise kaum eine Bedeutung zu, wenn der Arbeitnehmer dadurch praktisch aus der Hand in den Mund lebt. **Echt *sozialer* bzw. *gerechter*[661] Mindestlohn** ist hingegen derjenige, der dem Arbeitnehmer ein Minimum an *ökonomischer* bzw. *Erwerbsfreiheit* sichert. Dazu gehört eine Normalversorgung mit Ernährung, Kleidung und Wohnung.[662] Unter guten Wirtschaftsbedingungen ist der Mindestlohn die Motivation zur höheren Produktivität. Unter schlechten Wirtschaftsbedingungen ist er die Sicherung gegen die Verarmung und die Motivation zur wirtschaftlichen Ankurbelung. Eine tatsächlich soziale bzw. gerechte Marktwirtschaft strebt in erster Linie an, den Wohlstand und die Teilhabe der Arbeitnehmer an ihr zu mehren.[663] Sie schützt die Arbeitnehmer vor der Armut, weil diese die reale Freiheit mindert und zerstört.[664] Wenn sich aber der wirtschaftliche Zustand ausgesprochen stark verschlechtert, garantiert sie den Arbeitnehmern ein *Existenzminimum*, das ihre Wettbewerbesfähigkeit erhält und ihren Zusammenbruch abwendet.[665]

Die Garantie einer Abfindung wegen ungerechtfertigter Entlassung des Arbeitnehmers ist deshalb von sich aus als sozialstaatlich nicht zu bezeichnen. **Echt *soziale* bzw. *gerechte* Abfindung** ist tatsächlich diejenige, die dem Arbeitnehmer den Zugang zum neuen Arbeitsplatz, d.h. den Zugang zur Erwerbsfreiheit wieder ermöglicht.

---

658 Vgl. BVerfGE 8, 274 – Preisgesetz.

659 Sautter, Sozialstandards, S.4.

660 So Runggaldier, Sozialstaat ?, 1994, S. 280.

661 s. Fn. 633.

662 Vgl. Kirchhof, *Armut*, 1998, S. 326.

663 Vgl. Kirchhof, *Armut*, S. 331.

664 Kirchhof, *Armut*, S. 323.

665 Fn. 407.

Ebenso wenig ist das Bestehen eines Sicherungssystems von sich aus kein sozialstaatliches Kennzeichen. Die Privatversicherung ist beispielsweise sowohl in der schrankenlosen als auch in der sozialen Marktwirtschaft legitimiert. Die Staatsversicherung auch. In der schrankenlosen Marktwirtschaft ist die Staatsversicherung jedoch eine niedrige Sozialhilfe für den bereits verarmten und deshalb völlig erwerbsunfähigen Arbeitnehmer. Sie stellt seine Erwerbsunfähigkeit auf Dauer. So versperrt sie ihm den Weg zur Selbstbestimmung und verletzt dadurch seine Menschenwürde. In der sozialen Marktwirtschaft ist der Arbeitnehmer erwerbsfähig und muss so bleiben. Staats-oder Privatversicherung dürfen für ihn nicht die einzige Möglichkeit sein. Eine evidente oder nicht evidente Gesetzgebung, die den Arbeitnehmer ausschließlich auf die Privatversicherung verweisen würde, verstieße unverhältnismäßig gegen seine Erwerbsfreiheit. Er wäre dann den wirtschaftlichen Schwankungen mehr ausgesetzt als ihm die Abhängigkeit seiner Arbeit erlaubte. Er würde sich selber nicht gehören können. Es läge ferner ein Verstoß gegen seine Erwerbsfreiheit wegen Besteuerung vor: Die von ihm zu zahlenden Steuer verpflichten den Gesetzgeber dazu, einen leistungsfähigen Staatssicherungssystem aufzubauen und aufrechtzuerhalten. **Kerninhalt des Mindestschutzes der abhängigen Arbeit** ist folglich die Erhaltung und die Steigerung der Wettbewerbsfähigkeit des Arbeitnehmers durch den Schutz seiner Erwerbsfreiheit in der jeweiligen konjukturellen Lage.

Die EV gewährt einen ***sozialstaatlichen*** **Mindestschutz**. Sie enthält die internationalen Kernnormen. Sie erweitert aber ihre Wirkkraft mit Normen, die die nachhaltige Wettbewerbsfähigkeit des Marktes durch die nachhaltige Erwerbsfreiheit der Arbeitnehmer sicherzustellen suchen:

Sklaverei und Zwangsarbeit werden verboten. (Art. II–5 GRCh) Die Diskrimninierung jeder Art ist verfassungswidrig. (Artt. II–21 und II–23 GRCh) Das Verbot ist Verwirklichung des *Gleichheitsprinzips*. (Art. II–20 GRCh) *Kerninhalt des Prinzips ist keine ökonomische Gleichheit*. Normengleichheit in gesellschaftlicher Ungleichheit ist nicht realisierbar.[666] Sein Kerninhalt ist die Gleichbehandlung aller im Rahmen des Verfassungskerns. Arbeitgeber und Arbeitnehmer werden mithin ökonomisch nicht gleichgestellt. Das Rangverhältnis zwischen ihnen besteht fort. (Artt. 16 und 17 GRCh) Aber es wird gesichert, dass Geschlecht, Rasse, Hautfarbe, ethnische oder soziale Herkunft, Religion, politische oder sonstige Anschauung, Vermögen usw. keine materiell-normativen Kriterien zur Austragung einer zwischen ihnen bestehenden Rechtsstreitigkeit darstellen. So ist es z.B. verboten, aufgrund dieser Verschiedenheiten entweder des Arbeitgebers oder des Arbeitnehmers zu entscheiden, ob konkrete Mitbestimmungsrechte das Eigentumsgrundrecht verletzen oder nicht.

Ferner gewährleistet die EV das Recht auf Kollektivverhandlungen und Kollektivmaßnahmen. (II–28 GRCh) Die *verfassungsrechtliche* Wirkkraft des

---

666 Vgl. Manessis, *Verfassungsrecht*, S. 57; Gemtos, a.a.O., S. 55.

Rechts geht über den völkerrechtlichen Mindestschutz hinaus: Es gehört zu den Sozialrechten. Es fördert die Zusammenarbeit zwischen Arbeitgebern und Arbeitnehmern durch Verhandlungen zum Abschluss von *Tarifverträgen*. Dadurch wird der soziale Frieden befördert. Die Arbeitgeber sind dazu verpflichtet, Verhandlungen mit der Arbeitnehmerseite aufzunehmen. Dies mindert die Gefahr missbräuchlicher Ausübung der Vertragsfreiheit, die den leichten Vorrang des arbeitgeberischen Eigentumsgrundrechts in einen schweren umwandeln würden. Die Verhandlungen müssen auf den geeigneten Ebenen aufgenommen werden. Dadurch verbindet sich das Recht auf Kollektivverhandlungen und Kollektivmaßnahmen mit dem *Sozialrecht auf Mitbestimmung* (II–27 GRCh).

Die Arbeitnehmerseite wird weiterhin vor ungerechtfertigter Entlassung geschützt (Art. II–30 GRCh). Die Einfügung eines so materiellen Schutzes in die EV als Sozialrecht legt einen *sozialstaatlichen* Mindestschutz fest. Im deutschen oder hellenischen Arbeitsrecht ist dieser Schutz eine nachträgliche Konkretisierung des Sozialstaatsprinzips. Er ist kein eigenständiges Verfassungsrecht. Daraus leitet der Arbeitnehmer ein direktes Mindestschutzrecht ab. Die Norm steigt dadurch die Intensität des einfachen Rechts. Aufgrund des Vorrangprinzips fordert die EV von den Mitgliedstaaten die Erhaltung eines wirksamen Schutzes gegen missbräuchliche Entlassungen.[667]

Die EV schreibt darüber hinaus fest, welche Arbeitsbedingungen als *gerecht* und *angemessen* zulässig sind. (Art. II–31 GRCh) Die Norm belangt sowohl öffentliche als auch private Unternehmen an. Öffentlicher und privater Arbeitgeber muss sich durch gesetzlich bestimmte, geeignete Maßnahmen um die Gesundheit des Arbeitnehmers im Unternehmen sowie um seine Sicherheit im Laufe des Arbeitstages kümmern. Überbelastung der Arbeitskraft ohne Festlegung von Höchstarbeitszeit, tägliche und wöchentliche Ruhezeiten sowie ohne bezahlten Jahresurlaub ist verboten. Weil die Norm die mindest gerechten und angemessen Arbeitbedingungen nennt, ist der Unions – und Nationalgesetzgeber beauftragt, sie nicht nur zu erhalten, sondern auch auszubauen.

Die EV garantiert schließlich den Arbeitnehmern ein staatliches Sicherungssystem. (Artt. II–34, II–35 GRCh) Diese *Sicherungsgarantie* schließt die private Tätigkeit in dem Bereich nicht aus. Zweck der Norm ist die *ausgewogene Koexistenz* beider Sektoren. Die Privaten sind frei, ihre Tätigkeit in einem Bereich zu entfalten oder nicht zu entfalten. Diese positive und negative unternehmerische Freiheit verbürgt ihnen ohnehin der demokratische Rechtsstaat. Um vollkommen demokratisch und rechtsstaatlich zu sein, muss er aber auch gerecht sein. Aus dem Sozialstaatsprinzip ergibt sich die Pflicht des Staates, den Arbeitnehmern die Gesundheitsvorsorge und die ärztliche Versorgung zugäng-

---

667 Über die *Erhaltung des Schutzes der abhängigen Arbeit* vgl. Artt. II - 17 Abs. 1 GRCh, III – 14 Abs. 2 EV sowie III – 180 EV unter „IV. Die soziale Funktionsgarantie der Marktwirtschaft in der Europäischen Verfassung - 2. Das Sozialstaatsprinzip in der EV - d) Konkretisierungen des Sozialstaatsprinzips“; s. auch Fn. 626.

lich zu machen. Dem entspringt seine Pflicht, Arbeitnehmerinnen und Arbeitnehmer bei Mutterschaft, Krankheit, Arbeitsunfall, Pflegebedürftigkeit oder bei Verlust des Arbeitsplatzes zu unterstützen. Die Sicherungsgarantie ist somit ein Recht auf Sicherheit, wie diese bereits in der EV grundlegend konkretisiert wird. Eben diese Konkretisierungen begründen ihren Pflichtcharakter. Dieser ist darauf ausgerichtet, die Verarmung der Arbeitnehmer zu vermeiden und ihre Erwerbsfreiheit zu bewahren. Der Staat ist folglich verpflichtet, *menschenwürdige* Mindestdienste anzubieten. Dadurch kann sich der Arbeitnehmer Einkommen sparen und sich die Privatversicherung leisten. Dadurch gefährdet er seine Existenz nicht, falls die Privatversicherung seine Bedürfnisse nicht mehr befriedigen kann.

Der Pflichtcharakter des Sicherungssystems betrifft auch den Privatsektor. Erbringung unversicherter abhängiger Arbeit würde ihren Schutz beseitigen.

2. Das Ergebnis

Zur Inhaltsbestimmung des Sozialstaatsprinzips empfiehlt sich als methodischer Ansatz[668] die hellenische Verfassungslehre der Antike: Die Verfassung schützt das Eigentumsgrundrecht als Kern des jeweils herrschenden Wirtschaftssystems am effektivsten, wenn sie es in der Gesellschaft verbreitet. Deshalb ist das Sozialstaatsprinzip der EV kein unbestimmtes Postulat. Es ist vollgültiges Verfassungsrecht mit greifbarem Kerninhalt. Dieser lässt sich aus jedem Kerninhalt jeder Komponente des Prinzips herleiten: **Kerninhalt des Sozialstaatsprinzips** ist folglich die *vorrangige* Sicherung des Eigentumsgrundrechts des Arbeitgebers durch die *leicht nachgeordnete* Sicherung des Eigentumsgrundrechts des Arbeitnehmers unter sich ständig wechselnden Umständen.

Diese Sicherung kann durch einen *wirksamen Schutz* seiner Arbeit am Eigentum des Arbeitgebers erreicht werden. Wirksamer Schutz bedeutet *ausreichendes* Entgelt zum *Erwerb von Gütern.* Das ausreichende Entgelt ergibt sich aus der Güterverteilung. Diese setzt Güterbeschaffung voraus. In einer sozialen Marktwirtschaft obliegt die Güterbeschaffung dem Markt und die Güterverteilung dem Staat.[669] Die Übernahme dieser Verantwortung von der staatswerdenden Union gehört zum Demokratie-und Rechtsstaatsprinzip des modernen Staates. *Modern* ist der *bürgerliche* Staat der *sozialen* Marktwirtschaft im Vergleich zum bürgerlichen Staat der schrankenlosen Marktwirtschaft. Der moderne bürgerliche Staat sieht zutreffend das schrankenlose Privateigentum als einen *Funktionsverlust* für die Marktwirtschaft. Um diesen Verlust zu vermeiden, greift er auf die *solonisch-aristotelsche verfassungsrechtliche Vernunft*[670] zu-

---

668 Auf der Suche danach Schnapp, Sozialstaatsprinzip, JuS 1996, S. 847.

669 Vgl. Igl, Sozialrecht, 1998, S. 281; Döhring, a.a.O., S. 14.

670 Fn. 638.

rück: Durch das Sozialstaatsprinzip schützt er die abhängige Arbeit als vermögensrechtliche Position des Arbeitnehmers. Dadurch schützt er sein Recht auf Erwerb.[671] Das Eigentumsgrundrecht betrifft nun auch den Arbeitnehmer.[672] Das hat seine Feindlichkeit gegen die Fremdbestimmung seiner Arbeit zum zweiten Mal in der Geschichte seit der hellenischen Epoche durch den Konsens abgelöst. Der Arbeitnehmer ist zum *Rechtssubjekt* der marktwirtschaftlichen Ordnung geworden. Er kann die entsprechende Rechtsordnung in seinem Interesse in Bewegung setzen.[673] Durch seine Rechtssubjektivierung wurde er vom Untertan zum Bürger erhoben.[674] Der bürgerliche Staat wurde selbst dem Rechtszwang unterstellt: Mit den Verfassungsprinzipien der Demokratie und des Rechtsstaates ist das Sozialstaatsprinzip vereinbar, weil es rückwirkend zum Schutz des Eigentums an den Produktionsmitteln beiträgt. Unter diesem Vorbehalt ist es unvereinbar mit dem Demokratie und dem Rechtsstaatsprinzip, wenn es zwar der überwiegenden Mehrheit der Bürgern, die abhängige Arbeit leistet,[675] erlaubt ist, die Staatsmacht mitzugestalten, wenn ihr aber hinsichtlich ihrer Existenz keine Rechte zuerkannt werden.[676]

Soziale Gerechtigkeit ist die Anknüpfung an den Anderen innerhalb des jeweils herrschenden Wirtschaftssystems.[677] Im Rahmen des bürgerlichen demokratischen Staates[678] ist sie folglich *bürgerliche Gerechtigkeit.* Im Rahmen des absolutistischen bürgerlichen Staates war keine bürgerliche Gerechtigkeit vorhanden. Es fehlte eben die Anknüpfung an die *wettbewerbsfördernde* Menschenwürde des Arbeitnehmers.[679]

Die bürgerliche Gerechtigkeit ist wegen des Attributs „sozial" mit *sozialistischer* Gerechtigkeit *nicht* zu verwechseln: Der Sozialismus fasst die soziale Gerechtigkeit als Güterverteilung durch die Abschaffung des Privateigentums und die Errichtung des Gemeineigentums auf. Der soziale Kapitalismus fasst die soziale Gerechtigkeit als Güterverteilung durch die Beibehaltung des Privateigentums auf. Der Sozialismus ist an der Abschaffung des Privateigentums gescheitert. Der schrankenlose Kapitalismus ist daran gescheitert, dass er keine Güterverteilung anstrebte. Wenn demzufolge gegen die soziale Gerechtigkeit plädiert wird, wird gegen die Marktwirtschaft plädiert.

---

671 Vgl. BVerfGE 53, 257.

672 Vgl. Manessis, *Verfassungsrecht*, S. 63, 104.

673 Vgl. Jellinek, a.a.O., *1976*, S. 371, 418;

674 Vgl. Wesel, a.a.O., S. 233; Jellinek, a.a.O., *1976*, S. 419.

675 BVerfGE 53, 257; 50, 290 – Mitbestimmungsurteil; Fn. 55.

676 Vgl. BVerwGE 1, 159.

677 s. oben: „a) Zum Inhalt der sozialen Gerechtigkeit".

678 s. oben: „c) Zum Inhalt des demokratischen Staates".

679 s. oben: „d) Zum Inhalt der Menschenwürde".

VI. Die sozialstaatliche Einklagbarkeit

„Une Constitution est un corps des lois obligatoires, ou ce n' est rien".[680] Die Verneinung der *sozialstaatlichen Einklagbarkeit*[681] entkleidet das Prinzip von seiner Rechtsverbindlichkeit. Die Bezeichnung des Sozialstaatsprinzips als „Programmsatz" oder „Staatsziel"[682] verneint ebenfalls seine Einklagbarkeit und dadurch verletzt seine Rechtsverbindlichkeit. Beide Behauptungen werden aus der Argumentation über die Unbestimmtheit des Sozialstaatsprinzips und über seine Unterwerfung den gesellschaftlichen Wandlungen hergeleitet. Dieser Argumentation entsprechend sind sie vielfach irreführend:

Zunächst übersehen sie, dass die Gesetzgebung von unbestimmten Rechtsbegriffen und allgemeinen Regeln nur so wimmelt. Grund dafür ist die Vielfalt der Lebensverhältnisse. Der Gesetzgeber ist deshalb nicht imstande, dieser Vielfalt mit Spezialnormen Herr zu werden, um den Weg zur rechtlichen Differenzierung zu erschließen, die der Einzelfall fordert.[683] Der Verfassungsgesetzgeber zielt darauf ab, die Lebensverhältnisse *im ganzen* zu regeln. Dazu braucht er aber keine mit Spezialnormen überlastende Verfassung. Das ist darauf zurückzuführen, dass jeder Einzelfall dem im Grunde genommen einzigen Rangverhältniss entspringt.[684] Die Verfassung ist Grundgesetz eben deswegen: Sie enthält den Kerninhalt der Grundnormen in Einigkeit, d.h. im Rahmen eines hierarchischen Bezugssystems. Dieses ergibt sich einerseits aus den Beziehungen zwischen den Verfassungsnormen und dem einfachen Recht und andererseits aus den Beziehungen zwischen den Verfassungsnormen. Die *Spezialnormen* gehören zum einfachen Recht, wodurch die Lebensverhältnisse nach den Besonderheiten des Einzelfalles geregelt werden. Aber die Verabschiedung und Anwendung der Spezialnormen richtet sich **stets** nach dem Kerninhalt der Verfassungsnormen **innerhalb** ihres Hierarchiesystems. Der Kerninhalt muss vom Gesetzgeber *unter allen Umständen* unangetastet bleiben.[685] Wie das Eigentumsgrundrecht, hat das Sozialstaatsprinzip demzufolge seinen eigenen Kerninhalt, den der Unions–und Nationalgesetzgeber jedeweden Ranges innerhalb der Verfassungshierarchie immer beachten muss.[686] Aus diesem Kerninhalt entstehen einklagbare Rechte, die je nach dem Einzelfall zu bestimmen sind. Und

---

680 Abba Sieyès zitiert nach Katrugalos, a.a.O., S. 507.

681 s. Fas, a.a.O., S. 216.

682 Vgl. Pestalozza, Verfassungen, 2001, S. XXXV, XLVI, XLVII, XLIX.; Manitakis, *Rechtsstaat*, S. 226 ff; Tsatsos, *Grundrechte*, S. 206 ff.

683 Vgl. BVerfGE 3, 225 – Gleichberechtigung.

684 s. oben "2. Die Grundrechtscharta – *Vollendung* des Verfassungskernsschutzes –. a) Einführung".

685 Vgl. „2. Die Grundrechtscharta – *Vollendung* des Verfassungskernsschutzes – a) Einführung; a) Zum Inhalt der sozialen Gerechtigkeit; d) Zum Inhalt der Menschenwürde".

686 s. oben „3. Das Ergebnis".

wenn sie bestimmt werden, konkretisieren sie den Kerninhalt. Sie zeigen nämlich die *Handgreiflichkeit* des Prinzips auf. Dass die einklagbaren Rechte vor dem Entstehen des Einzelfalles unbestimmt sind, stellt keinen Beweis dafür dar, dass es keine gibt. So etwas würde bedeuten, dass die Grundnornen über keinen Kerninhalt verfügen. Von einer anwendbaren Unionsverfassung könnte dann nicht die Rede sein.

Die Behauptungen verleugnen des weiteren, dass das Sozialstaatsprinzip die soziale Funktionsgarantie der Marktwirtschaft darstellt.[687] Ohne einklagbare Rechte läuft diese Garantie leer. Das leichte Übergewicht des Arbeitgebers verwandelt sich dann zwangsläufig in ein schweres Übergewicht. Die Verwirklichung der Grundfreiheiten und mithin die Wettbewerbsfähigkeit der EU gerät in Gefahr. Diese materielle Durchsetzung der schrankenlosen Marktwirtschaft führte eine unzulässige Abänderung der EV herbei.[688] Sie würde auch gegen den demokratischen Rechtsstaat verstoßen.[689]

Die Betrachtung des Sozialstaatsprinzips als „*Programmsatz*" oder „*Staatsziel*" rechtfertigt ferner keine Ablehnung seiner Einklagbarkeit. Sein Kerninhalt darf von wirtschaftlichen und gesellschaftlichen Umständen nicht angetastet werden. In schlimmster konjukturellen Lage müssen dem Arbeitnehmer geeignete einklagbare Rechte zukommen, durch die er einen *Kernbestand realer Erwerbsfreiheit* erhalten kann.[690] Darüber hinaus begründet die Aufnahme in eine Verfassung des Rechts auf Arbeit oder seine Ableitung aus dem Sozialstaatsprinzip ebenfalls keine Ablehnung seiner Einklagbarkeit. Denn ist es jedem Arbeitnehmer bekannt, dass er durch dieses Recht *auch im idealsten Wirtschaftszustand* weder den Staat noch seinen Arbeitgeber zur Arbeitsvermittlung verpflichten kann. In einer Marktwirtschaft darf ein solcher Anspruch **nie** einklagbar sein: Er steht ihrem Kerninhalt entgegen. Aus diesem Grund ist das Recht auf Arbeit–in die Verfassung aufgenommen oder aus der Verfassung abgeleitet–nicht als „Staatsziel" oder als „Programmsatz" zu bezeichnen. Jedoch ist es im Hinblick auf den Kerninhalt des Sozialstaatsprinzips unumstößlich einklagbar: Das Direktionsrecht des Arbeitgebers darf nicht missbräuchlich ausgeübt werden. Die Erwerbsfreiheit des Arbeitnehmers muss fortbestehen.[691]

---

687 s. oben „IV. Die soziale Funktionsgarantie der Marktwirtschaft in der Europäischen Verfassung".

688 s. oben „IV. Die soziale Funktionsgarantie der Marktwirtschaft in der Europäischen Verfassung – c) Unabänderbarkeit des Sozialstaatsprinzips"; vgl. auch a) Zum Inhalt der sozialen Gerechtigkeit".

689 s. oben: „3. Das Ergebnis".

690 Vgl. oben: „d) Zum Inhalt der Menschenwürde"; e) Zum Inhalt des Mindestschutzes der abhängigen Arbeit"; vgl auch BVerfGE 93, 121; 87, 153.

691 Vgl. "ERSTER TEIL – B. DIE VERFASSUNGSRECHTLICHE BESTIMMUNG DES WIRTSCHAFTSSYSTEMS IN HELLAS – 3. Das Recht auf Arbeit; „DRITER TEIL – II. Das Gefüge der EV – 1. Erstes Grundelement: Der Verfassungs*vorrang*".

Nur im Rahmen des Verfassungskerns kann das Sozialstaatsprinzip–wie jede Grundnorm-als „Staatsziel“ oder als „Programmsatz“ betrachtet werden. Ziel des demokratischen Rechtsstaates ist demzufolge nicht, durch das Sozialstaatsprinzip eine materielle Gleichheit zu erreichen.[692] Sein Ziel ist es hingegen, durch echt soziale Gesetzgebung, je nach den Umständen, den Schutz der abhängigen Arbeit unablässig in menschenwürdigem Niveau zu erhalten und auszubauen. Zum Ziel gehört somit die effektivere Beibehaltung der materiellen Ungleichheit. Damit aber das Staatsziel keine leere Formel bleibt und misslingt, muss der Arbeitnehmer ebenso unablässig mit einklagbaren Rechten ausgestattet sein.

Ohne Einklagbarkeit wird das Sozialstaatsprinzip in ein *Almosen*–oder *Ethik*prinzip verwandelt. Eine echt soziale Marktwirtschaft zeichnet sich durch solche Prinzipien nicht aus.[693] Im besonderen heißt das: Das **Sozialstaatsprinzip** bedeutet eine Anwendung einer Gesetzgebung, die den Wohlstand vermehrt, um die ökonomische Ungleichheit **hinter** der *Schranke des leichten Übergewichts* zu halten. Sozialstaatlich ist deshalb eine Gesetzgebung, die ausgewogen den Wohlstand und die Teilnahme der Bevölkerung daran mehrt und erweitert. Das Sozialstaatsprinzip zielt folglich *vorwiegend* darauf ab, die Verarmung der Bevölkerung vorzubeugen. Wenn das nicht gelingt, **garantiert** es ihr ein ***echtes*** Existenzminimum.[694] Das ist der Kernbestand realer Erwerbsfreiheit,[695] die den Rückkehr der Betroffenen zum Arbeitsmarkt ermöglicht. Eine solche Gesetzgebung ist jedoch ohne einklagbare Rechte nicht zu verwirklichen. Das Fehlen der Einklagbarkeit des Sozialstaatsprinzips ist deshalb mit dem demokratischen Rechtsstaat nicht verträglich. Damit diese Einklagbarkeit gesichert wird, ist ein echtes Sozialstaatsprinzip ***verfassungsrechtlich*** zu gewährleisten.

Das **Almosenprinzip** bedeutet hingegen eine Anwendung einer Gesetzgebung, die die Einbuße an realer Freiheit der abhängig arbeitenden Bevölkerung wegen Verarmung als unausweichliche Folge der Marktwirtschaft legitimiert. Ohne Armut kann es kein Almosen geben. Die entsprechende Gesetzgebung betrifft deswegen bereits verelendete Arbeitnehmer. Das Almosen setzt ferner das freie Ermessen des Barmherzigen über den Umfang seiner Hilfe voraus. Der Gesetzgeber ist deshalb legitimiert, für die Verelendeten ein so niedriges Existenzminimum festzulegen, das sie praktisch lebenslang vom Arbeitsmarkt ausschließt. Dadurch entzieht er ihnen die Erwerbsfreiheit. Dadurch verbietet er ihnen praktisch die Minderung ihrer Fremdbestimmung. **Das Almosenprinzip ist das Prinzip des *schrankenlosen* Privateigentums**: Das „freie“ Ermessen des Gesetzgebers ist nicht dem Rechtszwang zu unterstellen. Aus einem Almo-

---

[692] Fn. 679.

[693] Vgl. „e) Zum Inhalt des Mindestschutzes der abhängigen Arbeit“.

[694] Vgl. wie in Fn 693.

[695] Fn. 702.

senprinzip können sich keine einklagbaren Rechte ergeben. *Der „barmherzige" Gesetzgeber ist völlig frei, die abhängige Arbeit* ***nicht*** *zu schützen.* Und wenn aus diesem Grund die Arbeitnehmer in **Erwerbslosigkeit** geraten, liegt es in seinem „freien" Ermessen, ob er sie wirtschaftlich unterstützt und wie oder ob er sie nicht unterstützt. Deshalb wird das Almosenprinzip verfassungsrechtlich nicht verankert. Eine solche Verankerung würde den Widerspruch zwischen einem verfassungsrechtlich verankerten politischen Gleichheitsprinzip und einer ökonomischen Ungleichheit entlarven. Der Widerspruch würde die Verfassungsidealisierung schädigen. Die Verankerung eines Sozialstaatsprinzips würde andererseits der Schrankenlosigkeit des Eigentumsgrundrechts zuwiderlaufen. Eine solche Verankerung würde die Erhöhung des Schutzes der abhängigen Arbeit und somit einklagbare Rechte für noch tätige Arbeitnehmer mit sich bringen.

Das **Ethikprinzip** ist vom Almosenprinzip zu unterscheiden. Die Ethik unterschätzt die schutzbedürftigen Menschen nicht. Sie akzeptiert nicht ihre gesellschaftliche Ausgrenzung. Andererseits aber kann sie sie im Vergleich zum Staat nicht so effektiv bekämpfen,[696] obwohl ihr Beitrag zur Minderung der Armut nicht unterschätzt werden darf.[697] Er ist aber nur *subsidiär*: Das Ethikprinzip beruht auf der Freiwilligkeit und nicht auf dem Rechtszwang. Es vermag deshalb keine Güterverteilung durchzusetzen. Eine freiwillige Güterverteilung hat nie so breite Bevölkerungsschichten wie eine unter Rechtszwang umfasst. Die Ethik ist weiterhin kein der Verfassung übergeordnetes Recht. Wäre sie das, müsste sie wieder durch den Zwang der Einklagbarkeit angewandt werden. Das Ethikprinzip steht nicht über der Verfassungseinheit. Seine Umsetzung in die Rechtspraxis ist vom Verfassungskern abhängig. Gesetzgeber, Gerichte und Verwaltung dürfen es nicht *freiwillig* anwenden.[698] Ein Beispiel: Eine Ethikauffassung, die die weitere Anwendung des MBG Schl.–H. trotz festgestellter Verfassungswidrigkeit förderte, dürfte vom BVerfG nicht durchgesetzt werden. Eine Ethikauffassung, die die Nichtigkeit des MitbestG vom 4. Mai 1976 trotz festgestellter Verfassungsmäßigkeit förderte, dürfte ebenso wenig vom BVerfG nicht durchgesetzt werden. Das AthLG dürfte gleichfalls auch nicht aufgrund dieser oder jener Ethikauffassung die Klage gegen die Präsidialverordnung 57/85 stattgeben oder sie abweisen. Der EuGH dürfte schließlich nicht die Eigentumsordnung der Union je nach seiner Ethikauffassung gestalten.

Wie bereits hervorgehoben wurde, verkennt die Behauptung auf die Unbestimmtheit des Sozialstaatsprinzips, dass die Spezialnormen nach dem Kerninhalt der Grundnormen zu gestalten sind. Als logische Folge dieser *Verkennung* wird das Bedürfnis des Sozialstaatsprinzips zur Konkretisierung als ein breiter

---

[696] Vgl. Döhring, a.a.O., S. 14; a.A. Rodrik, a.a.O., S. 13; Belling, *Haftung*, S. 134

[697] Vgl. Katrugalos, a.a.O., S. 232.

[698] Vgl. Gemtos, a.a.O., S. 52.

Gestaltungsspielraum des Gesetzgebers aufgefasst. Kernpunkt dieser Auffassung ist es, dass das Sozialstaatsprinzip nur das „Was" bestimme. Für das „Wie" lasse alle Wege offen.[699] Der breite Gestaltungsspielraum darf jedoch nicht als schrankenloser Gestaltungsspielraum missverstanden werden. Dies würde eine Gewaltenverwirrung auslösen: Der Gesetzgeber ist alleinzuständig, Gesetze in Kraft zu setzen. Der Arbeitnehmer darf also nicht aufgrund des Sozialstaatsprinzips den Gesetzgeber gerichtlich dazu zwingen, bestimmte Gesetze einzuführen. Die vom Gesetzgeber verabschiedete Gesetze dürfen jedoch nicht den Kerninhalt der Verfassungsnormen verletzen. Es kommt dem Arbeitnehmer infolgedessen das Recht zu, vor Gericht geltend zu machen, dass ein Gesetz seine aus dem Sozialstaatsprinzip sich ableitenden Rechte verletzt. Die Prüfung dieser Rüge gehört ausschließlich der gerichtlichen Zuständigkeit an. Deshalb wird durch das Sozialstaatsprinzip das „Was" und mittelbar auch das „Wie" bestimmt. Dem Arbeitnehmer kommt das Recht zu, gerichtlich prüfen zu lassen, ob das ausgewählte „Wie" dem „Was" nachkommt, weil das „Wie" auf sein Leben ein – und sich auf es auswirkt. Klagebegehren wird die Aufhebung dieser konkreten Ein–und Auswirkungen und nicht die Aufhebung der gesetzgebenden Gewalt sein. Zusammenfassend gesagt: Das „Was" ist die Aufrechterhaltung des leichten Übergewichts des Arbeitgebers sowie die Verhinderung seiner Umwandlung in ein schweres Übergewicht. Das „Wie" ist die Art und Weise, die der Erfüllung des „Was" dienen muss. Das ist der *aufsuchende*[700] **sozialstaatliche Kern**, den dem Gesetzgeber eine demokratische Rechtsverfassung als Grenze seiner Verfügungsmacht setzt. Deswegen ist es möglich zu beurteilen, ob der Gesetzgeber die Breite seines Gestaltungsspielraums, d.h. seine Gewalt, missbraucht hat,[701] so dass das Sozialstaatsprinzip in ein Almosenprinzip umgewandelt wird.

Die Verneinung der sozialstaatlichen Einklagbarkeit bedeutet ferner **Deregulierung des Arbeitsrechts** in doppelter Hinsicht: erstens der Verfassung, weil sie kerninhaltlich Arbeitsrecht ist;[702] zweitens des Arbeitsrechts an sich. Das Arbeitsrecht selbst stellt in seinem ganzen Umfang die *Kernkonkretisierung des Sozialstaatsprinzips* dar. Demzufolge ist es eine vielseitige Konkretisierung in die Richtung darauf, *was* **und** *wie* zwischen Arbeitgeber und Arbeitnehmer zu regeln ist, damit die freiheitliche Ordnung durch Gerechtigkeit[703] tatsächlich freiheitlich ist und bleibt. Aus dem Arbeitsrecht ergeben sich viele einklagbare

---

699 Forsthoff, a.a.O., Fn. 52; Butzer, a.a.O., S. 69 – 70; Tsatsos, *Grundrechte*, S. 206 ff; BVerfGE 22, 180 – Jugendhilfe; 59, 231 – Freie Mitarbeiter; 18, 257; 29, 221; 50, 57; 51, 115; 65, 182; 75, 348; StEPE 3096/2001.

700 Auf der Suche danach Kremalis, Verfassungsschutz, 1998, S. 443

701 Über die Gefahr eines allmächtigen Gesetzgebers s. Jellinek, a.a.O., *1976*, S. 362.

702 s. oben „DRITTER TEIL – III. Ergebnis: Die *Verfassungskerntheorie* ; 2. Die Grundrechtscharta – *Vollendung* des Verfassungskernsschutzes – a) Einführung".

703 s. über das Ziel des Arbeitsrechts Belling, *Einführung*, 1999, S. 14.

Rechte des Arbeitnehmers. Ein Arbeitsrecht ohne sie wäre kein Arbeitsrecht. Ein Sozialstaatsprinzip ohne Arbeitsrecht wäre kein Sozialstaatsprinzip.

Die Entblößung des Sozialstaatsprinzips von seiner Einklagbarkeit verstößt schließlich gegen die bürgerliche Gerechtigkeit.[704] Deren Bestandteil ist das Arbeitsrecht: In einer Marktwirtschaft wird das Arbeitsverhältnis in der Verfassung und folgend im BGB marktwirtschaftlich festgesetzt.

VII. Die Sozialpolitik der Europäischen Union

Nach der Durchleuchtung der Inhaltsbestimmung des Sozialstaatsprinzips, ist die Sozialpolitik der EU besser zu verstehen. Die EV widmet ihr den zweiten Abschnitt ihres **dritten** Teils. In den **Art. III–103** normiert sie die **Ziele** dieser Politik: *Förderung* der Beschäftigung, Verbesserung der *Lebens* – und *Arbeitsbedingungen*, um auf dem Wege des Fortschritts die *Angleichung* zu ermöglichen, einen *angemessenen* sozialen Schutz, den sozialen Dialog, die Entwicklung des Arbeitskräftepotentials im Hinblick auf ein *dauerhaft* hohes Beschäftigungsniveau und die Bekämpfung von Ausgrenzungen.

Der Artikel sieht weiter vor, dass zu diesem Zweck die Union und die Mitgliedstaaten bei ihrer Tätigkeit der Erhaltung der einzelstaatlichen Geflogenheiten und der Wettbewerbsfähigkeit der Wirtschaft Rechnung tragen müssen. Die Ziele sind im Rahmen des Binnenmarkts und nach den Bestimmungen der EV zu verwirklichen.

Art. III–104 EV geht auf die Mittel zur Verwirklichung der Ziele ein. Es handelt sich um einen umfangreichen Schutzbereich für die Arbeitnehmer. Darunter fallen unter anderen der Schutz ihrer Gesundheit, die Arbeitsbedingungen, die soziale Sicherheit und der soziale Schutz der Arbeitnehmer, ihre Unterrichtung und Anhörung, ihre kollektive Vertretung und die Modernisierung der Systeme des sozialen Schutzes.

Die Sozialpolitik wird folglich durch die Verfassung als ein *Staatsziel* der EU festgelegt. Man könnte sie auch als „Programmsatz" oder „Zielsetzung" bezeichnen. Unabhängig davon, welche die Bezeichnung sein mag, ist sie *rechtsverbindlich*. Zuerst aufgrund ihrer *Verankerung an sich* in der EV; zweitens aufgrund der *Rechtskontinuität* der sozialen Marktwirtschaft von der vorverfassungsrechtlichen bis in die verfassungsrechtliche Periode der Union hinein;[705] drittens aufgrund des *Unantastbarkeitsverbots des Kerninhalts des Sozialstaatsprinzips*; viertens aufgrund der *Einklagbarkeit des Sozialstaatsprinzips*; fünftens aufgrund der *Anlehnung* der Verwirklichungsmittel der Ziele an die *Sozialrechte*.

---

704 s. oben „3. Das Ergebnis"; vgl. Fn. 699.

705 Darüber oben "DRITTER TEIL – II. Das Gefüge der EV – 2. Zweites Grundelement: Die Verfassungs*idealisierung*". s. auch Fn. 120.

Die Sozialrechte gelten im ganzen EU–Territorium. Die Angleichung der Lebens–und Arbeitsbedingungen des Art. III–103 EV ist die *Garantie der Erhaltung und des Ausbaus* des Schutzniveaus der abhängigen Arbeit in *jedem* Mitgliedstaat. Dadurch wird ein *durchschnittlich* **hohes** Schutzniveau innerhalb des Binnenmarktes erreicht. Die *Garantie des angemessenen Schutzes* lässt sich durch das Sozialrecht an gerechten und angemessenen Arbeitsbedingungen konkretisieren.[706] Im Hinblick auf den Kerninhalt des Sozialstaatsprinzips darf als angemessen auch ein Zurücktreten des Schutzes betrachtet werden, wenn es leicht ist; wenn es also nicht zu Beeinträchtigungen der Arbeitnehmer führt, die zu dem angestrebten Zweck erkennbar unverhältnismäßig stehen. Das wird dadurch verdeutlicht, dass die Modernisierung der Systeme des sozialen Schutzes die soziale Sicherheit und den sozialen Schutz nicht erheblich beeinträchtigen darf. (Art. III–104 Abs. 1 Sp. k und c EV) Das betrifft aber alle genannten Verwirklichungsmittel der Ziele der Sozialpolitik. Das Unantastbarkeitsverbot des Kerninhalts des Sozialstaatsprinzips durchdringt die ganze Verfassung.

Bei der Gestaltung der Sozialpolitik verfügen die Mitgliedstaaten über einen breiten, jedoch über keinen grenzenlosen Spielraum. Grenze ihrer sozialen Gesetzgebung ist der Kerninhalt des Sozialstaatsprinzips, wie ihn die EV aufgrund des Grundprinzips des Vorrangs und seiner spezifischen Ausprägungen[707] vorschreibt. Es handelt sich außerdem um keinen Zufall, dass die Sozialpolitik in den dritten Teil der EV eingegliedert wird. Regelungsgegenstand des dritten Teils ist die Verwirklichung des Binnenmarktes, d.h. der Kern des Vereinigungsprozesses. Die Sozialpolitik ist mithin Bestandteil dieses Prozesses. Das Sozialstaatsprinzip ist Bestandteil der Sozialpolitik.[708]

VIII. Problemlösung: *Das Prinzip des nachhaltigen Sozialstaates und das Grundrecht auf nachhaltige Erwerbsfreiheit als sein Kerninhalt*

Der Kerninhalt des Sozialstaatsprinzips ist darauf ausgerichtet, das Privateigentum des Arbeitgebers an den Produktionsmitteln aufrechtzuerhalten. Trotzdem gehört das Sozialstaatsprinzip nicht zum Verfassungskern.[709] Es ist nicht zu übersehen, dass diese Aufrechterhaltung das Vorrangsverhältnis zwischen dem Arbeitgeber und dem Arbeitnehmer voraussetzt, nach dem der Arbeitgeber die

---

706 s. oben „e) Zum Inhalt des Mindestschutzes der abhängigen Arbeit".

707 *Kompetenzaufteilung, Bundescharakter der Union, Bundestreueprinzip, loyale Zusammenarbeit, Wohl der Union, Verstärkte Zusammenarbeit, Unabhängigkeit der Kommission, oberste Gerichtsbarkeit der Union*; ausführlich darüber unter „DRITTER TEIL – II. Das Gefüge der EV – 1. Erstes Grundelement: Der Verfassungs*vorrang*".

708 Vgl. oben " „IV. Die soziale Funktionsgarantie der Marktwirtschaft in der Europäischen Verfassung" sowie „V. Inhaltsbestimmung des Sozialstaatsprinzips in der Europäischen Verfassung".

709 So aber Häberle, Verfassung, 1996, S. 401.

Arbeit des Arbeitnehmers bestimmen darf. Und dieser Vorrangverhältnis ist gemäß der Verfassung unantastbar.

Trotzdem ist es keine widersprüchliche Behauptung, dass das Sozialstaatsprinzip sich im Laufe der Nachkriegszeit zu einem unlösbaren Bestandteil des Verfassungskerns entwickelt hat. Das ist darauf zurückzuführen, dass die nationalen Verfassungen und das EG–Recht durch den realen Schutz der abhängigen Arbeit die Erwerbsfreiheit der Arbeitnehmer gesichert haben. Deshalb ist es in ihrem Bewusstsein *auch* als *ihr* Grundrecht legitimiert. Dies trug zur Steigerung ihrer Produktivität und damit zum Fortbestehen des Vorrangs der Erwerbsfreiheit der Arbeitgeber bei. Die heutzutage wieder aufgelebte absolutistische Auffassung über das Eigentumsgrundrecht will dieses erfolgreiche *Wachstums–und Verfassungsmodell* der Wirtschaft der Nachkriegszeit beseitigen.[710] Sie benutzt das Argument der Kostensenkung als *Vorwand*, um die gescheiterte Schrankenlosigkeit des Marktes als Wettbewerbsfaktor darzustellen, von dem „alle“ profitieren. Sie will ignorieren, dass die durch das Sozialstaatsprinzip erhöhte Wirtschaftlichkeit zu besseren Technologien bzw. Arbeitsorganisation führt, wodurch eine Kostensenkung erreicht wird.[711] Sie vermeidet zu konkretisieren, wer unter „allen“, die profitieren werden, zu verstehen ist. Grund dafür ist, dass sie die Arbeitnehmer am Wachstum nicht teilhaben lassen kann. Eine solche Teilhabe fordert eine Güterverteilung bzw. soziale Gerechtigkeit. Diese treibt die Herstellung demokratischen Rechtszwangs durch den Staat voran. Diese setzt Einklagbarkeit von Arbeitrechten voraus. Dies bedeutet Schutz der abhängigen Arbeit. Und dieser Schutz ist für ihre Existenz keine zu tolerierende Grenze. Wenn die Arbeitnehmer von einem schrankenlosen Wettbewerb letztlich hätten profitieren können, wäre das im 19. oder zumindest bis zur Mitte des 20. Jahrhunderts geschehen. Würden aber auch die Arbeitgeber **nachhaltig** davon profitieren können, hätten sie die heftige Bezweifelung und die Abschaffung ihres Eigentumsgrundrechts nicht erleben müssen.

Die EU will dieses Erfahrung nicht wiederholen. Sie will deshalb das erfolgreiche Wachstums–und Verfassungsmodell durch eine *demokratische Rechtsverfassung* weiterentwickeln: In Art. I-3 Abs. 3 ihres ersten Teils, in dem der **Bundescharakter** der EU fundiert wird, legt die EV die *Staatsaufgabe* der *nachhaltigen Entwicklung* fest. Durch den gleichen Artikel legt sie die nachhaltige Entwicklung dem *ausgewogenen* Wirtschaftswachstum zugrunde. Anschließend erwähnt sie die Wettbewerbsfähigkeit und die soziale Gerechtigkeit. Dadurch benennt sie das *Privateigentum* und das *Sozialstaatsprinzip* als die Komponenten des *ausgewogenen* Wirtschaftswachstums. In Bezug darauf gewährt sie in Art. II-17 Abs. 1 GRCh ihres zweiten Kernteils das Privateigentum als Grundrecht und verbindet dieses mit seiner Sozialgebundenheit. Aus dieser

---

710 Vgl. Döhring, a.a.O., S. 43, 44.

711 Vgl. Maier, Handel, 2002, S. 1.

Verbindung ergibt sich die Unabänderbarkeit des Sozialstaatsprinzips. Aus seiner Unabänderbarkeit ergibt sich die *Grundpflicht* des Unions–und des Nationalgesetzgebers, sozialwidrige Eigentumsnutzungen zu unterbinden. Aus möglichen Verletzungen dieser Grundpflicht ergibt sich die Einklagbarkeit des Sozialstaatsprinzips. Einklagbarkeit bedeutet also das Recht des Arbeitnehmers, sozialwidrige Eigentumsnutzungen des Arbeitgebers anzufechten. Solche sind Gesetze, durch die die Erwerbsfreiheit des Arbeitnehmers *unangemessen* beschränkt wird. Unangemessen ist die Beschränkung, wenn der Schutz des Vermögens des Arbeitnehmers, d. h. seiner abhängigen Arbeit unter die Schranke des leichten Übergewichts fällt. **Durch die *Sozialrechte* macht die EV klar, welche Schranke dies ist und wie sie zu erkennen ist.**

Die verankerte Staatsaufgabe der nachhaltigen Entwicklung verweist auf das *„sustainable development"–Prinzip*. Rechtspolitisch handelt es sich um das künftig dominierende Konzept der *internationalen* Umweltpolitik und um die Leitnorm des Umweltvölkerrechts. Es dient der Durchsetzung eines neuen Wachstumsmodells. Als seine Grundlagen werden die Anwendung umweltfreundlicher Technologie und die damit zusammenhängende Umstrukturierung der Industrie bezüglich eines „vernünftigen" Umgangs mit den natürlichen Ressourcen angesehen.[712] In Hinsicht auf den Willen der Union zur Weiterentwicklung des Wachstums–und Verfassungsmodells und im Hinblick auf das Staatsziel der Sozialpolitik verankert die EV das **Prinzip des nachhaltigen Sozialstaates**. Als **Verfassungsrecht** ist es rechtsverbindlich. Es bindet die Unions– und die Nationalgesetzgebung in *„Ewigkeit"*: Solange die EU und ihre Verfassung bestehen, dürfen ihre Mitgliedstaaten den sozialstaatlichen Kern nicht antasten. Als Verfassungsrecht setzt das Prinzip des nachhaltigen Sozialstaates demzufolge aktuelle Maßnahmen voraus, die sich auf die Zukunft als materiell–normative Basis der Sozialpolitik auswirken können. In dem Sinne handelt es sich die nachhaltige Entwicklung des Art. I–3 Abs. 3 EV um eine **Staatsaufgabe zur Erhaltung und Entwicklung des Staatsziels der Sozialpolitik**. Dem Art. 17 Abs. 1 EV lässt sich demnach das **sozialgebundene Privateigentum** als *Verwirklichungsmittel* der Staatsaufgabe entnehmen. Hieraus leitet sich ab, dass *Zweck* der nachhaltigen Entwicklung der effektivste Schutz des Eigentumsgrundrechts durch seine Verbreitung in der europäischen Gesellschaft ist.[713] Das Prinzip des nachhaltigen Sozialstaates setzt die soziale Marktwirtschaft als **globales Recht** um.

Die EV gewährleistet infolgedessen das **Grundrecht des Arbeitgebers und des Arbeitnehmers auf *nachhaltige* Erwerbsfreiheit unter Beachtung seiner inneren Hierarchie**: Es handelt sich um das Grundrecht sowohl des Arbeitgebers als auch des Arbeitnehmers auf Privateigentum. Kerninhalt des Grund-

---

712 Patronos, Ansatz, 1996, S. 158.

713 Vgl. oben „3. Das Ergebnis".

rechts bleibt für beide der gleiche: Die Privatnützigkeit. Was sich aber daran ändert ist der *Rang der Privatnützigkeit*: Der Arbeitgeber darf die Produktionsmittel privat nutzen. Der Arbeitnehmer darf alle Gegenstände privat nutzen, die er sich durch sein Einkommen erwirbt. Er darf nicht die Produktionsmittel erwerben. Um diese **konkrete** Erwerbsfreiheit **nachhaltig**[714] im Einklang gewährleisten zu können, verankert und schützt die EV durch das Prinzip des nachhaltigen Sozialstaates nicht nur das „Was", sondern auch das „Wie".[715] Sie lässt nicht alle Wege offen für das „Wie", weil nicht alle Wege geeignet sind, den sozialstaatlichen Kern zu bewahren. Was gleich und ungleich, sachgerecht oder sachwidrig ist, muss daran gemessen werden.[716] Die EV untersagt dem Gesetzgeber dadurch nicht, das „Wie" zu gestalten. Sie untersagt ihm dabei die Erwerbsfreiheit des Arbeitnehmers erheblich zu gefährden oder zu verschlechtern.[717] Hierzu einige Beispiele:

Ein evidentes oder nicht evidentes Entlassungsverbot würde in die Erwerbsfreiheit des Arbeitgebers eingreifen. Sein Letztentscheidungsrecht wäre ihm entzogen. Ein Abfindungsverbot trotz ungerechtfertigter Entlassung oder ein Recht auf Abfindung, die den regelmäßig steigenden Lebenshaltungskosten nicht entspricht,[718] würde in die Erwerbsfreiheit des Arbeitnehmers eingreifen. Ein evidentes oder nicht evidentes Privatversicherungsverbot würde die Erwerbsfreiheit des Arbeitgebers beiseiteschieben. Ein evidentes oder nicht evidentes Sozialversicherungsverbot hätte für den Arbeitnehmer das gleiche Ergebnis.

Was ihren Ursprung anbelangt, stellt die EV keine Neuheit dar. Sie bestimmt und schützt ein konkretes Wirtschaftssystem, das wie alle andere auf der Fremdbestimmung der Arbeit beruht. Was ihre Herkunft anbelangt, weicht sie davon nicht ab. Wie die nationalen Verfassungen Deutschlands und Hellas, verankert sie die sozialstaatliche Form dieses Systems. Aber sie geht einen Schritt weiter: Sie lässt sich deutlich dahingehend auslegen, dass das Sozialstaatsprinzip ständig anwendbar ist: Seine Anwendung steht nicht unter der auflösenden Bedingung eines Endes eines Kompromisses zwischen Eigentumsgrundrecht und Arbeitnehmerinteressen. Dadurch wird das damit zusammenhängende Deregulierungsrecht der abhängigen Arbeit[719] abgesagt. Sie verankert dauerhafte

---

714 Vgl. dazu die *Ewigkeitsgarantie* der EV unter „2. Die Grundrechtscharta: *Vollendung* des Verfassungskernsschutzes – b) Die *Inhaltsbestimmung* des Eigentumsgrundrechts in der EV".

715 Darüber unter „VI. Die Sozialstaatliche Einklagbarkeit".

716 Vgl. *Sondervotum* der Richterin Rupp von Brünneck in BVerfGE 36, 237.

717 Vgl. *Sondervotum* der Richter Sakellariu und Karamanof in StEPE 3096/2001.

718 Vgl. BVerfGE 82, 60.

719 s. oben "C. DIE EINHEIT DER EUROPÄISCHEN VERFASSUNG IM LICHTE ICHRES KERNS–I. Problemstellung; vgl. auch Messner, Weltmarktwirtschaft, 2000, S. 98.

wirtschaftliche, politische und Rechtsstabilität.[720] Sie legitimiert eine Flexibilität, die an die Vernunft der historischen Erfahrung anknüpft. Durch das Prinzip des nachhaltigen Sozialstaates hebt sie hervor, dass nicht nur die schrankenlose Form der Marktwirtschaft sondern auch die sozialstaatliche Form der Marktwirtschaft globalisiert werden kann. Die EV erweist sich somit als das **Grundgesetz des globalen Ausgleichs**.

D. DAS SOZIALRECHT AUF MITBESTIMMUNG IN DER EUROPÄISCHEN VERFASSUNG

I. Einführung

Das *Sozialrecht auf Mitbestimmung* (**Art. II–27 GRCh**) lässt sich im Lichte der vorliegenden Analyse interpretieren. Ihr gemäß ist es *vollgültiges* Verfassungsrecht *im Rahmen* des Verfassungskerns. Es ist die *Anwendungsgarantie* des Prinzips des nachhaltigen Sozialstaates *innerhalb* der Unternehmen und der Betriebe der Union. Es handelt sich also um ein Verwirklichungsmittel sozialer Gerechtigkeit direkt am Arbeitsplatz. Es gehört somit zum Rechtsstaatsprinzip. Es ist ein demokratisches Gebot. Es bildet ein globales Vorbild sozialer Marktwirtschaft. Aus allen diesen Gründen ist es unabänderbar.

II. Auslegung des Rechts

Art. II-27 GRCh trägt den Titel „Recht auf Unterrichtung und Anhörung der Arbeitnehmerinnen und Arbeitnehmer im Unternehmen“. Sein Wortlaut lautet: „Für die Arbeitnehmerinnen und Arbeitnehmer oder ihre Vertreter muss auf den geeigneten Ebenen eine rechtzeitige Unterrichtung und Anhörung in den Fällen und unter den Voraussetzungen gewährleistet sein, die nach dem Unionsrecht und den einzelstaatlichen Rechtsvorschriften und Geflogenheiten vorgesehen sind“.

Zunächst ist zu bemerken, dass Art. II–27 GRCh den Begriff „Mitbestimmung“ nicht verwendet. Art. III–104 EV spricht „Unterrichtung”, „Anhörung“ und „Mitbestimmung“ der Arbeitnehmer getrennt an. Trotzdem verankert die EV ein Sozialrecht der Arbeitnehmer auf Mitbestimmung in Unternehmen und Betrieben. Die Unterrichtung und die Anhörung sind die Grundlagen zur Ausübung des Mitbestimmungsrechts. Das lässt sich durch die Rechtskontinuität zwischen dem EG–Recht und der Verfassung der EU begründen:

Der Schutzbereich des Art. III–104 EV knüpft an den Schutzbereich des Art. 137 EGV an. Dieser betrachtet die Mitbestimmung als Wahrnehmung der Arbeitnehmerinteresse. Die Funktion der Mitbestimmung stellt er auf ein Unter-

---

[720] s. oben „II. Der *Ursprung* der Europäischen Verfassung – 2. Der materiell–normative Begriff der EV – a) Einleitung“.

richtungs–und Anhörungsverfahren ab.[721] Die Richtlinie 2001/86/EG spricht ferner von Beteiligungsrechten der Arbeitnehmer in der SE. Es handelt sich ebenso um Mitbestimmungsrechte, weil ihr Zweck der Einfluss der Arbeitnehmerseite bei der Beschlussfassung in der SE durch ihre Unterrichtung und ihre Anhörung ist.[722] Dem gleichen Zweck dient das vorgesehene Unterrichtungs– und Anhörungsverfahren auch in den Richtlinien 94/45/EG und 2002/14/EG.[723]

Die Auswahl des Verfassungsgesetzgebers, das Sozialrecht auf Mitbestimmung nicht so, sondern Unterrichtungs – und Anhörungsrecht zu benennen, bedeutet folglich keine Ablösung eines Rechts höheren Schutzes der abhängigen Arbeit durch ein anderes Recht niedrigeren Schutzes. Diese Formulierung verschafft vielmehr größere rechtliche Klarheit über den Inhalt der Norm: Sie erleichtert die Nachprüfung dem, *wie* die Mitbestimmung kein leeres Formel bleibt; *ob* und *wie* sie verletzt wurde.[724] Genau durch *diese* Formulierung wird deutlich die *Pflicht* der Arbeitgeberseite begründet, die Arbeitnehmer ***vor*** Beschlussfassung darüber zu informieren und ihre Meinung ***bei*** der Beschlussfassung zu berücksichtigen. Das Sozialrecht auf Mitbestimmung ist keine Verzögerungsbarriere der Entscheidungsfreiheit des Arbeitgebers.[725] Zwar wird er durch Unterrichtung und Anhörung nicht gehindert, sein Letztentscheidungsrecht auszuüben.[726] Bei dessen Ausübung muss er sich aber im rechtlichen Raum bewegen, der sich zwischen dem „*Vor*“ und dem „*Bei*“ erstreckt. Das wird durch die Hervorhebung einer *rechtzeitigen* Unterrichtung und Anhörung bestätigt. So darf der Arbeitgeber ohne Kontaktaufnahme mit der Arbeitnehmerseite prinzipiell keine Entscheidung treffen. Darin fundiert ein allgemeines *einklagbares* Recht der Arbeitnehmer auf *Wiederherstellung des Sozialrechts auf Mitbestimmung*, das sich je nach dem Einzelfall konkretisieren lässt.[727] Der Arbeitgeber darf also letztlich entscheiden, ob die Beachtung des Grundrechts auf nachhaltige Erwerbsfreiheit durch die Wahrnehmung der Arbeitnehmerinteressen abgesichert wird. Das Sozialrecht auf Mitbestimmung verzahnt sich dadurch mit dem *Sozialrecht auf Kollektivverhandlungen und Kollektivmaßnahmen* (Art. II–28 GRCh) in durchdringender Einheit.[728]

---

[721] s. oben „ERSTER TEIL – IV. Das Sozialprinzip und seine Funktion in der Eigentumsdogmatik der EG/EU“.

[722] s. oben „ZWEITER TEIL – II. Gesellschaftsrecht der Gemeinschaft . 1. *Societas Europaea.* c) Die Arbeitnehmermitbestimmung in der SE“

[723] s. oben „ZWEITER TEIL – 2 Die Arbeitnehmermitbestimmung in den Unternehmen (Richtlinie 94/45/EG)“; „3. Die Richtlinie 2002/14/EG“.

[724] s. oben „e) Zum Inhalt des Mindestschutzes der abhängigen Arbeit“; „VI. Die sozialstaatliche Einklagbarkeit“.

[725] Vgl. Riedel, Solidarität, 2003, S. 345

[726] BVerfGE 52, 283 - Tendenzbetrieb

[727] Vgl. EuGH Urteil des 29. März 2001, C – 62/99

[728] s. oben „e) Zum Inhalt des Mindestschutzes der abhängigen Arbeit“

Träger des Sozialrechts auf Mitbestimmung sind die Vertreter der Arbeitnehmer. Aber Art. II–27 GRCh ermöglicht die Ausübung des Rechts auch auf *individueller* Ebene. Wie bereits dargelegt wurde, sieht die Norm eine rechtzeitige Unterrichtung und Anhörung für die Arbeitnehmervertreter *oder* für die Arbeitnehmer selbst vor. Diese *Unterscheidung* zwischen Arbeitnehmern und Arbeitnehmer*vertretern* ist von grundlegender Bedeutung für die Einhaltung und den Ausbau eines wirksamen Schutzes der abhängigen Arbeit: Sie behält im Auge, dass wegen der Gemeinschaftsbezogenheit der Arbeitsverhältnisse eine arbeitgeberische *und* arbeitnehmerische Kollektivität unausweichlich ist. Daraus entsteht jedoch eine Machtkonzentration. Gegen Missbrauch dieser Machtkonzentration verbietet Art. II–27 GRCh die praktische Abschaffung der Gerechtigkeit für den *ursprünglich* Schutzbedürftigen und mithin für den *ursprünglichen* Träger des Sozialrechts auf Mitbestimmung, d.h. für den einzelnen Arbeitnehmer.[729] Der Arbeitnehmer hat die Bestimmung seiner Arbeit auf den Arbeitgeber nicht übertragen. Dies ist objektiv im Laufe der gesellschaftlichen Entwicklung geschehen.[730] Den Schutz seiner Arbeit angesichts dieser Fremdbestimmung hat er aber auf seine Vertreter übertragen. Die Arbeitnehmervertreter haben somit ein *Privatamt*[731] übernommen, das gleichzeitig zutiefst sozialbezogen ist.[732] Dieses Amt dürfen sie nach eigenem Ermessen führen, solange sie durch ihr Handeln oder Nichthandeln die Fremdbestimmung des Arbeitnehmers abmildern.[733] Sie dürfen diese Fremdbestimmung durch eine *arbeitgeberähnliche* Amtsführung nicht verschärfen. Ob und wie das geschieht, kann der Arbeitnehmer nur durch die Kontrolle der Amtsführung feststellen.[734] Der Arbeitnehmer darf folglich das Recht auf Wiederherstellung des Sozialrechts auf Mitbestimmung nicht nur gegen den Arbeitgeber, sondern auch gegen seine Vertreter richten. Dies hat vorrangig nach Unionsrecht und sodann nach den nationalen Vorschriften zu erfolgen.[735] Solange kein Unionsrecht in dieser Richtung besteht, sind die nationalen Vorschriften anwendbar. Diese müssen aber wegen des Vorrangprinzips *unionskonform* ausgelegt werden.[736]

---

729 Vgl. Belling, *Haftung*, S. 115, 116.

730 Fn. 569.

731 Belling, *Haftung*, S. 120, 374.

732 Vgl. BVerfGE 53, 257; Euro – Beschluss vom 31.März 1998; Fnn. 14, 55

733 Vgl. Fn. 175.

734 Vgl. Belling, *Haftung*, S. 370.

735 Dazu ausführlich Belling, *Haftung*.

736 Über die Pflicht der *unionskonformen* Auslegung des nationalen Rechts ausführlich unter „DRITTER TEIL – 2. Das *Vorrangprinzip* als Gestaltunsfaktor der EV – 3. Gemeinschaftswidrigkeit der nationalen verfassungsrechtlichen Grenze des Vorrangsprinzips“ ff.

III. Nachprüfung der Verfassungsmäßigkeit des deutschen, hellenischen und EG – Mitbestimmungsrechts im Lichte des Art. II – 27 GRCh

1. Nachprüfung des deutschen Mitbestimmungsrechts

Es wurde nachgewiesen, dass das deutsche Mitbestimmungsrecht *kerninhaltlich* gemeinschaftsmäßig ist.[737] Im Lichte der EV ist es verfassungsmäßig: Sein Kernpunkt befindet sich in der Aufrechterhaltung eines leichten Übergewichts des Arbeitgebers.[738] Die deutsche Mitbestimmung ist einfaches Recht, das aus dem Sozialstaatsprinzip des GG ausfliesst. (Artt. 14 Abs. 1 und 20 Abs. 1) Als geschriebenes Sozialrecht ist sie in das GG nicht aufgenommen. Deswegen sieht das GG im Vergleich zur EV ein engeres Sozialstaatsprinzip vor. Die EV hingegen schreibt ein breiteres fest: Das Prinzip des nachhaltigen Sozialstaates ist die *Fortentwicklung* des nationalen Sozialstaatsprinzips auf *paneuropäischer* Ebene. Daraus ergibt sich eine Verstärkung der Wirkkraft des Prinzips. Die EV weist dadurch das Argument der Unbestimmtheit des Prinzips zurück, die mittelbar den Weg zum schrankenlosen Privateigentum öffnet.[739] Das *geschriebene* Sozialrecht auf Mitbestimmung stellt die klare Schranke dar, die das Sozialstaatsprinzip vom Almosenprinzip unterscheidet.[740] Sie erleichtert die Feststellung, ob der Kern des Sozialstaatsprinzips durch nationale Maßnahmen angetastet wird. Ein Eingriff in diesen Kern würde die Verwirklichung des Binnenmarktes und zwangsläufig die Globalisierung der sozialen Marktwirtschaft gefährden.[741]

Trotz des einmal breiteren, einmal engeren Sozialstaatsprinzips ist keine Kollision zwischen der EV und dem GG zu erwarten. Aufgrund des Vorrangprinzips ist das GG unionskonform auszulegen: Obwohl es kein geschriebenes Sozialrecht auf Mitbestimmung beinhaltet, gilt nun das deutsche Mitbestimmungsrecht als geschriebenes, unmittelbares Verfassungsrecht, weil die EV die Mitbestimmung so verbürgt. Zwischen der EV und dem GG herrscht die gleiche Beziehung, wie zwischen dem GG und der HmbVerf oder der BremVerf.[742] Eine

---

737 s. oben „ZWEITER TEIL – B. DIE MITBESTIMMUNG NACH DEM DEUTSCHEN RECHT “.

738 BVerfGE 50, 290 – Mitbestimmungsurteil.

739 Fnn. 728, 732.

740 s. oben “VI. Die sozialstaatliche Einklagbarkeit” i.V.m. „VIII. Problemlösung: Das Prinzip des nachhaltigen Sozialstaates“.

741 s. oben “VII. Die Sozialpolitik der Europäischen Union”.

742 s. oben . „DRITTER TEIL – II. Das Gefüge der EV – 1. Erstes Grundelement: Der Verfassungs*vorrang*“ i.V.m.DRITTER TEIL – 2. Das *Vorrangprinzip* als Gestaltunsfaktor der EV – 3. Gemeinschaftswidrigkeit der nationalen verfassungsrechtlichen Grenze des Vorrangprinzips“ – c) *Gemeinschaftskonforme* Verfassungsabänderung“.

Kollision könnte ausschließlich entstehen, falls das GG vorrangige Anwendung seines engeren Sozialstaatsprinzips beanspruchen würde.

Die EV verstärkt die Wirkkraft des Sozialstaatsprinzips schließlich auch durch die Gewährung des Individualrechtsschutzes der Arbeitnehmer vor Verletzungen des Sozialrechts auf Mitbestimmung von Arbeitnehmervertretern und entsprechenden Gremien. Solange Haftungslücken im einfachen Unionsrecht vorhanden sind, werden deutsche Haftungsregelungen unionskonform angewandt. Wenn aber andererseits das deutsche Mitbestimmungsrecht hinsichtlich der Haftung der Arbeitnehmervertreter lückenhaft ist,[743] gebietet Art. II–27 GRCh die klare Anspruchsgrundlage, woraus die deutsche Rechtsordnung die notwendige Konsequenz leichter ziehen kann.

2. Nachprüfung des hellenischen Mitbestimmungsrechts

Dass das hellenische Mitbestimmungsrecht das EG–Recht kerninhaltlich nicht verletzt, ist bereits nachgewiesen worden.[744] Im Lichte der EV erweist es sich ebenso als verfassungsmäßig: Es weist für den Arbeitgeber einen Beratungscharakter nach Unterrichtung und Anhörung der Arbeitnehmer auf. Telos des Unterrichtungs–und Anhörungsverfahrens ist die Berücksichtigung vom Arbeitgeber der Arbeitnehmerinteressen bei der Ausübung des Letztentscheidungsrechts. Kernpunkt des hellenischen Mitbestimmungsrechts ist folglich die Aufrechterhaltung eines leichten Übergewichts des Arbeitgebers.

Das Mitbestimmungsrecht ergibt sich aus dem Recht auf Arbeit (Art. 22 Abs. 1 h.Verf.), das eine Konkretisierung des Sozialstaatsprinzips (Artt. 25 Abs. 1, 2, 3, 106 Abs. 2 und 1 h.Verf.) darstellt.[745] Das Recht auf Arbeit ist ein Sozialrecht der h.Verf.,[746] das die EV nicht beinhaltet. Das Sozialrecht auf Mitbestimmung ist in die h.Verf. nicht aufgenommen. Die Arbeit weist unterschiedliche Aspekte auf.[747] Sie alle, darunter die Mitbestimmung, stellen die Sozialrechte der EV dar. Diese klare Aufstellung und Verbürgung der Arbeitsaspekte in der EV verstärken die Wirkkraft des Rechts auf Arbeit in der h.Verf. Aufgrund des Vorrangprinzips ist es nicht mehr national auszulegen. Fragen danach, welcher der Kerninhalt des Rechts auf Arbeit und wie er zu bewahren ist, sind gemäss der

---

743 Vgl. Belling, *Haftung*, S. 375.

744 s. oben „ZWEITER TEIL – C. DIE ARBEITNEHMERMITBESTIMMUNG NACH DEM HELLENISCHEN RECHT".

745 s. oben „ERSTER TEIL – II. Das Sozialstaatsprinzip und seine Funktion in der Eigentumsdogmatik der h. Verf."

746 Fn. 69.

747 Riedel, a.a.O., S. 339.

EV zu beantworten. Die Mitbestimmung ist nun für die h.Verf. unlösbarer Bestandteil des nachhaltigen sozialstaatlichen Kerns.[748] Ihre evidente oder nicht evidente Abschaffung ist aufgrund einer angeblich unbestimmten gesetzgeberischen Verfügungsbefugnis unzulässig.

Im Lichte des Art. II–27 GRCh findet deshalb das Recht auf Zugang zu den Gerichten (Art. 20 Abs. 1 h.Verf.) breitere Anwendung.[749] Davon ausgehend kann das allgemeine Klagebegehren zur Wiederherstellung des Mitbestimmungsrechts prinzipiell wegen *zweier Hauptverletzungen* erhoben werden: wegen Weigerung des Arbeitgebers, die Mitbestimmung in Unternehmen oder Betrieb einzuführen, und wegen seines Verstoßes gegen das mit den Arbeitnehmervertretern Vereinbarte. Die Spezifizierung des Klagebegehrens ist nach dem hellenischen Haftungssystem zu erfolgen, solange keine entsprechende Unionsregelung gilt.

Im einzelnen: Entlassungen ohne Unterrichtung des Arbeitsrats nach Art. 13 Abs. 1 MitbestG. 1767/88[750] zieht als erste gerichtlich durchsetzbare Rechtsfolge die zeitweilige Aufkündigung der Entlassungen bis zur Unterrichtung nach sich. Keine Unterrichtung trotz Aufforderung des Arbeitsrats nach Art. 13 Abs. 2 MitbestG. 1767/88 kann als Rechtsfolge die Nichtigkeit des vom Arbeitgeber abgeschlossenen Rechtsgeschäfts nach sich ziehen, obwohl das Gesetz die Gültigkeit des Rechtsgeschäfts von der Unterrichtung nicht abhängig macht.[751]

Zur Einklagbarkeit der Mitbestimmungsrechte nach Art. 12 Abs. 4[752] des MitbestG 1767/88 ist folgendes auszuführen: Die schriftliche Vereinbarung zwischen dem Arbeitsrat und dem Arbeitgeber über diese ist schuldrechtlicher Natur mit normativer Kraft. Der Arbeitsrat darf den Schlichtungsausschuss berufen, wenn der Arbeitgeber sich weigert, mit ihm Verhandlungen zur Vereinbarung aufzunehmen. Die Berufung des Schlichtungsausschusses ist eine Art von Einklagbarkeit: Sie bezweckt die Durchsetzung des Mitbestimmungssozialrechts. Sie verletzt die EV nicht, weil der Schlichtungsausschuss eine von den

---

748 s. oben „DRITTER TEIL – V. Inhaltsbestimmung des Sozialstaatsprinzips in der Europäischen Verfassung" ff.

749 Vgl. oben „ZWEITER TEIL – C. DIE ARBEITNEHMERMITBESTIMMUNG NACH DEM HELLENISCHEN RECHT – 3. *Gemeinschaftsmäßige* Verfassungsgrenze des Mitbestimmungsrechts in den Großunternehmen der privaten Hand".

750 s. oben „ZWEITER TEIL – C. DIE ARBEITNEHMERMITBESTIMMUNG NACH DEM HELLENISCHEN RECHT – II. Das MitbestG. 1767/88 – 1. Schwerpunkte".

751 s. verschiedene Ansichten im hellenischen Schrifttum unter „Fn. 761"; s. aber auch die Rechtsprechung des EuGH – Fn. 740.

752 s. oben „2. Das MitbestG. 1767/88 - A – Schwerpunkte".

Parteien unabhängige Instanz darstellt.[753] Ist jedoch die Vereinbarung unterschrieben worden, dann ist der Arbeitgeber dazu verpflichtet, ihre Bedingungen einzuhalten. Falls er beispielweise die Gesundheits–und Sicherheitsregeln (Art. 12 Abs. 4) nicht erfüllt oder übertritt, begeht er einen Mitbestimmungsverstoß. Der Arbeitsrat darf nach nationalem Recht eine Erfüllungs–oder eine Unterlassungsklage gegen ihn erheben.[754] Das Recht der unerlaubten Handlungen (Art. 914 hBGB) ist bei Mitbestimmungsverletzungen vom Arbeitgeber auch einzufordern.[755]

Die Einklagbarkeit des hellenischen Mitbestimmungsrechts erstreckt sich jedoch im Lichte des Art. II–27 GRCh auch auf den Arbeitsrat. Nach Art. 2 Abs. 3 MitbestG. 1767/88 ist er Stellvertreter der Arbeitnehmer. Als solcher hat er die *Erwerbsfreiheit jedes einzelnen Arbeitnehmers* dem Arbeitgeber gegenüber zu verteidigen. Die Erwerbsfreiheit jedes einzelnen Arbeitnehmers stützt sich auf seine Arbeit bzw. auf sein Vermögen. Die Stellvertretung jedes einzelnen Arbeitnehmers vom Arbeitsrat ist deswegen schuldrechtlicher Natur.[756] Ein Schuldverhältnis löst immer sanktionierte und einforderbare Bindungen aus.[757] Je wichtiger das Schuldverhältnis ist, desto größer ist die auszulösende Haftung.[758] Das Schulverhältnis zwischen Arbeitnehmern und ihren Vertretern ist noch wichtiger als dieses zwischen den Arbeitnehmern und dem Arbeitgeber: Der Arbeitgeber kann wohl die Arbeitnehmerinteressen nicht außer acht lassen, ohne die EV zu verletzen. Aber die Fremdbestimmung der Arbeit der Arbeitnehmer von seiner Seite ist verfassungsrechtlich zulässig. Die Verschärfung dieser Fremdbestimmung durch ihre Vertreter ist verboten.[759] Denn durch die Übernahme ihres Privatamtes[760] bekommen die Arbeitnehmervertreter genug Macht,[761] um sich von den Arbeitnehmern distanzieren zu können.[762] Deshalb das Amt *verpflichtet.*[763] Und das Ausmaß der Verpflichtung steht im engen Zu-

---

753 s. oben „ZWEITER TEIL – C. DIE ARBEITNEHMERMITBESTIMMUNG NACH DEM HELLENISCHEN RECHT – 3. *Gemeinschaftsmäßige* Verfassungsgrenze des Mitbestimmungsrechts in den Großunternehmen der privaten Hand“, S. 111, 112.

754 Kardaras, a.a.O., S. 151.

755 Vgl. dazu Dassios, Zivilprozessordnung, Bd. A/I, !996, §§ 76^{α}, 346, 434 (im hell.); APE 1780/98, EEN/2000, 313; 981/93, DEN/94, 566; AthOLGE 4702/98, D/NI/98, 1376.

756 Vgl. APPE 40/98, NoW/99, 753.

757 Belling, *Haftung*, S. 134.

758 Vgl. Belling, *Haftung*, S. 49 - 50, 99.

759 Fn. 746.

760 Fn. 744.

761 s. oben „D. DAS SOZIALRECHT AUF MITBESTIMMUNG IN DER EUROPÄISCHEN VERFASSUNG – II. Auslegung des Rechts“; s. auch dazu Fnn. 634, 461.

762 Vgl. Bellimg, *Haftung*, S. 47 m.w.N.

763 Fnn. 633, 446.

sammenhang mit dem Wesensgehalt und der sozialen Funktion des Amtes.[764]

Wenn folglich der Arbeitsrat Entlassungen ohne seine Unterrichtung hinnimmt, verletzt er Art. 13 Abs. 1 MitbestG. 1767/88. Als *originären*[765] Träger des Mitbestimmungssozialrechts stehen den Arbeitnehmern dann zwei parallele einklagbare Forderungen zu: eine gegen den Arbeitsrat hinsichtlich der Erfüllung der Unterrichtung, die andere gegen den Arbeitgeber, die Entlassungen bis zur Unterrichtung aufzuschieben. Der Arbeitgeber ist parallel zu verklagen, weil der Arbeitsrat kein Betriebseigentümer ist, der Entlassungen aufschieben dürfte. Hinsichtlich der Bertriebsvereinbarung nach Art. 12 Abs. 4 des MitbestG 1767/88 ist folgendes auszuführen: Die Arbeitnehmer dürfen den Schlichtungsausschuss anstelle des Arbeitsrats berufen, wenn er diese Pflicht unterlässt. Beim Inkrafttreten der Betriebsvereinbarung ist der Arbeitsrat dazu verpflichtet, deren Einhaltungsbedingungen zu überwachen. Falls der Arbeitgeber wegen *Vorsatzes* oder *grober Fahrlässigkeit* des Arbeitsrats[766] das Vereinbarte nicht erfüllt oder übertritt, begehen beide einen Mitbestimmungsverstoß. Die Arbeitnehmer dürfen nach nationalem Recht eine Erfüllungs–oder eine Unterlassungsklage gegen den Arbeitgeber anstelle des Arbeitsrats erheben. Parallel und unabhängig von der Stattgabe oder der Abweisung dieser Klage haben sie gegen den Arbeitsrat einen Schadenersatzanspruch. Das Recht der unerlaubten Handlungen ist bei Mitbestimmungsverletzungen vom Arbeitsrat auch einzufordern.

Die Arbeitsrats*mitglieder* haften durch eigenes Vermögen. Ohne ihre persönliche Haftung könnten sie ihr Amt als *Arbeitnehmer*vertreter *schrankenlos* führen.

Der Individualrechtsschutz des Art. II–27 GRCh in Verbindung damit, dass die hellenischen Gewerkschaften die Mitbestimmungsrechte ausüben dürfen,[767] räumt schließlich den Arbeitnehmern entsprechende einklagbare Rechte auch gegen sie ein.

---

764 Fnn. 633, 634, 745.

765 Belling, *Haftung*, S. 109, 115.

766 Vgl. Belling, *Haftung*, S. 381.

767 s. oben „ZWEITER TEIL – C. DIE ARBEITNEHMERMITBESTIMMUNG NACH DEM HELLENISCHEN RECHT – 3. *Gemeinschaftsmäßige* Verfassungsgrenze des Mitbestimmungsrechts in den Großunternehmen der privaten Hand“.

3. Nachprüfung des EG – Mitbestimmungsrechts

a) Zur Verfassungsmäßigkeit der Richtlinie 2001/86/EG

Es ist bereits festgestellt worden, dass diese Richtlinie durch ihre Mitbestimmungsvorschriften das Letztentscheidungsrecht des Arbeitgebers nicht antastet.[768] Sie verletzt demzufolge nicht das Eigentumsgrundrecht des Arbeitgebers. Nachzuprüfen ist deshalb, ob sie das Eigentumsgrundrecht der Arbeitnehmer verletzt, ob nämlich ihre Mitbestimmungsvorschriften dem Arbeitgeber ein leichtes Übergewicht verschaffen, wie Art. II–27 GRCh i.V.m. Art. II–17 GRCh gebieten.

Die Frage ist zu bejahen: Die Richtlinie dient der Globalisierung der europäischen *sozialen* Marktwirtschaft. Sie führt die Arbeitnehmermitbestimmung in die SE ein.[769] Die SE überschreitet die Grenze zwischen den Mitgliedstaaten, damit sich die EU als *Einheit* auf dem Weltmarkt durchsetzt.[770] Das Fehlen eines einheitlichen Mitbestimmungsmodells[771] steht dem Sozialrecht auf Mitbestimmung nicht entgegen. Von grundlegender Bedeutung ist es, dass die Richtlinie bei der Gründung einer SE das Bestehen der Mitbestimmung absichert. Es handelt sich um ein echtes Bestehen. Die vorgesehenen und so genannten Beteiligungsgsrechte der Arbeitnehmer stimmen mit denen des Art. II–27 GRCh völlig überein.[772] Diese sind einklagbar. Ihre Träger sind die Arbeitnehmer durch ihre Vertretungen. Adressaten sind der Arbeitgeber und die Vertreter der Arbeitnehmer.

Die Anwendung nationalen Gesellschaftsrechts in der SE ist zulässig, solange das Mitbestimmungssozialrecht beachtet wird. Das nationale Gesellschaftsrecht bezweckt die Aufrechterhaltung des Direktionsrechts des Arbeitgebers zum *Wohl der Union*,[773] worin das Wohl des Mitgliedstaates besteht. Es stellt keinen Anhaltspunkt zur Abwertung der Mitbestimmungsrechte dar.

---

768 s. oben „ZWEITER TEIL – D. DIE ARBEITNEHMERMITBESTIMMUNG NACH DEM GEMEINSCHAFTSRECHT - 4. Stellungnahme – a) Zur Verordnung 2157/2001 und Richtlinie 2001/86/EG „.

769 s. oben „ZWEITER TEIL – IV. DIE ARBEITNEHMERMITBESTIMMUNG NACH DEM GEMEINSCHAFTSRECHT – c) Die Arbeitnehmermitbestimmung in der SE„.

770 s. oben „ZWEITER TEIL – IV. DIE ARBEITNEHMERMITBESTIMMUNG NACH DEM GEMEINSCHAFTSRECHT - II. Gesellschaftsrecht der Gemeinschaft– 1. *Societas Europaea*„.

771 Fn. 244.

772 s. oben „D. DAS SOZIALRECHT AUF MITBESTIMMUNG IN DER EUROPÄISCHEN VERFASSUNG – II. Auslegung des Rechts“. vgl. Bezzenberger, AktG, JURA, 4/2003, S. 230.

773 s. dazu unter „DRITTER TEIL – II. Das Gefüge der EV – 1) Erstes Grundelement: Der Verfassungs*vorrang*„.

Das Verbot erstreckt sich ferner auf die Einklagbarkeit der Mitbestimmungsrechte. Wo das nationale Recht sie ignoriert, bleibt es nicht anwendbar.

b) Zur Verfassungsmäßigkeit der Richtlinie 94/45/EG

Die Richtlinie ist verfassungsmäßig. Sie garantiert mit Art. II – 27 GRCh kerninhaltlich gleiche Unterrichtungs - und Anhörungsrechte. Sie bietet die Basis zur Anwendung der Richtlinie 2001/86/EG: Sie setzt die Arbeitnehmermitbestimmung innerhalb der EU durch.[774]

Die Festsetzungsmöglichkeit des Mitbestimmungsniveaus zwischen den Arbeitnehmervertretern und dem Arbeitgeber[775] erfährt zwei Beschränkungen: die Unantastbarkeit des Eigentumsgrundrechts am Unternehmen des Arbeitgebers und die Unantastbarkeit seines leichten Übergewichts, in bezug auf die Erwerbsfreiheit des Arbeitnehmers. Hierzu zwei Beispiele:

1) *Kirchhof* geht zutreffend davon aus, dass der Markt sozial sein kann, wenn der Einkommenserwerb *verallgemeinert* wird.[776] Dazu schlägt er folgendes vor: Der Arbeitslohn sollte von der Finanzkraft des arbeitgebenden Unternehmens abhängig sein. Statt in einem der Summe nach fixierten Anspruch festgeschrieben zu sein, sollte er seiner Höhe nach als Teilhabe am jeweiligen Jahreserfolg des Unternehmens gestaltet sein. Der Arbeitnehmer sollte sich also mit *begrenztem* Risiko am Gewinn und Verlust des Unternehmens beteiligen. Dadurch entstünde innerhalb des Unternehmens eine Erwerbsgemeinschaft, die den Gegensatz von Kapital und Arbeit weiter entschwinden ließe.[777]

Kirchhof schlägt im Grunde genommen eine *Einkommensumverteilung* vor. In seinem Gedanken lassen sich insofern die athenische Verfassung und das damit verknüpfte Prinzip des nachhaltigen Sozialstaates der EV erkennen.[778] Die Art der Einkommensumverteilung läuft jedoch dem Kern beider Verfassungen zuwider. Die Einkommensumverteilung der athenischen Verfassung zielte darauf ab, den Gegensatz zwischen Bestimmung und Leistung der Arbeit im damaligen Wirtschaftssystem der Sklaverei zu entschärfen, nicht ihn zu entschwinden.[779] Das Sozialstaatsprinzip ist in einer Marktwirtschaft ebenso[780]

---

774 s. oben „ZWEITER TEIL - 2. Die Arbeitnehmermitbestimmung in den Unternehmen (Richtlinie 94/45/EG)„.

775 s. oben „ZWEITER TEIL – 4. Stellungnahme – b) Zur Richtlinie 94/45/EG".

776 *Armut*, S. 340.

777 *Armut*, S. 341.

778 s. oben „DRITTER TEIL – II. Der *Ursprung* der Europäischen Verfassung – bbb) Verfassungs*kern*; „VIII. Problemlösung: *Das Prinzip des nachhaltigen Sozialstaates und das Grundrecht auf nachhaltige Erwerbsfreiheit als sein Kerninhalt*".

779 s. oben „DRITTER TEIL – II. Der *Ursprung* der Europäischen Verfassung – aaa) Verfassungs*kern*„.

darauf ausgerichtet, den Gegensatz zwischen Kapital und Arbeit zu entschärfen, nicht zu entschwinden. Eine Entschwindung bedeutet Aufhebung des Gegensatzes. Diese setzt die Abschaffung des Privateigentums an den Arbeitsmitteln voraus und somit die Beseitigung der marktwirtschaftlichen Fremdbestimmung der Arbeit. Dazu führte eine vereinbarte Beteiligung der Arbeitnehmer am Unternehmensrisiko anlässlich der Richtlinie 94/45/EG. Sie setzte die Übertragung des Letztentscheidungsrechts auf sie voraus. Dadurch würden sie in die Position des Miteigentümers der Produktionsmittel versetzt werden.[781]

2) Eine Herabsetzung des Arbeitslohns wegen außerordentlichen Umständen ist ohne Unterrichtung und Anhörung des EBR unwirksam. Der Arbeitgeber muss die Umstände beweisen können. Auch in diesem Fall darf die Höhe des Arbeitslohns nicht unter den geltenden Mindestlohn absinken. Falls der Arbeitslohn ohne Unterrichtung und Anhörung herabgesetzt wird, falls der Arbeitgeber die außerordentlichen Umstände nicht beweist, falls der Lohn unter den geltenden Mindestlohn absinkt, ist der Arbeitgeber zu verklagen. Vereinbarung zwischen ihm und den Arbeitnehmervertretern, die die gerichtliche Prüfung seiner Entscheidungen ausschließen würde, wäre verfassungswidrig.

c) Zur Verfassungsmäßigkeit der Richtlinie 2002/14/EG

Der zweite Teil dieser Abhandlung wurde mit der Erörterung der Problematik abgeschlossen, ob genau *diese* Richtlinie von allen Rechtsakten der EG den Weg zur Abschaffung der sozialen Form der Marktwirtschaft in der EU eröffnet.[782] Diese Problematik war der Untersuchungsansatz zur EV im dritten Teil der vorliegenden Abhandlung.[783] Nach deren Vollendung lässt sich nun im Rahmen einer Nachprüfung feststellen, dass die EV die *sozialkonforme* Auslegung dieser Richtlinie gebietet: Die Einführung einer schrankenlosen Marktwirtschaft im Bundesstaat der EU ist verboten.

Die Festlegung eines Unterrichtungs–und Anhörungsverfahrens als *Mindenstmitbestimmungsniveau* überall in der EU stimmt mit dem Gebot des Art. II–27 GRCh überein. Aus der Definition der Begriffe „Unterrichtung“ und „Anhörung“ ergibt sich ferner die Pflicht des Arbeitgebers, die Arbeitnehmervertreter *vor* einer Beschlussfassung zu informieren. Es besteht aber auch eine Pflicht der Arbeitnehmervertreter gegenüber den Arbeitnehmern, Auskünfte einzuholen, die *vor* Beschlussfassung behandelt werden. Den Beschluss hat der

---

780 s. oben „2. Die Grundrechtscharta – *Vollendung* des Verfassungskernsschutzes – a) Einführung“.

781 Vgl. „ZWEITER TEIL – 4. Stellungnahme – b) Zur Richtlinie 94/45/EG“.

782 s. oben „ZWEITER TEIL – 4. Stellungnahme – c) Zur Richtlinie 2002/14/EG“.

783 s. oben „DRITTER TEIL - A. DIE ARBEITSRECHTLICHE DIMENSION DER EUROPÄISCHEN VERFASSUNG - I. Einführung - 1. Wirtschaftliche und rechtspolitische *Herkunft* der Europäischen Verfassung“.

Arbeitgeber nach Berücksichtigung der Arbeitnehmerinteressen zu fassen. Zum ersten Mal wird die Einklagbarkeit der Verpflichtungen des Arbeitgebers und der Arbeitnehmervertreter betont. Die Richtlinie verweist dazu zwar auf die nationale Gerichtsbarkeit. Deren Pflicht ist es aber die Richtlinie im Lichte des Art. II–27 GRCh auszulegen.

Die Flexibilisierung der Arbeitsorganisation[784] wird in der Richtlinie nicht definiert. Die Richtlinie fordert jedoch mittelbar von den Arbeitnehmern, sie anzunehmen. Daraus lässt sich ein Recht des Arbeitgebers begründen, im Unternehmen oder im Betrieb Maßnahmen einzuführen, die die Arbeitsbedingungen verschlechtern könnten. Durch die Annahmeforderung wird die Legitimierung dieser Maßnahmen durch die Mitbestimmung erreicht. Prinzipiell ist eine solche Flexibilisierung verfassungsmäß: Als Unternehmenseigentümer verfügt der Arbeitgeber über das Letztentscheidungsrecht. Aufgrund der Anwendungsgarantie des Prinzips des nachhaltigen Sozialstaates am Arbeitsplatz[785] ist jedoch dieses Recht nicht schrankenlos. Sein Missbrauch ist unzulässig. Die *Unterminierung* des Mitbestimmungsrechts in ein bloßes *„Zustimmungsrecht“* jeder arbeitgeberischen Entscheidung durch ein typisches Unterrichtungs – und Anhörungsverfahren unterläuft die EV. (Art. II–27 GRCh i.V.m. Art. II–17 GRCh) Eine Verschlechterung der Arbeitsbedingungen kann deshalb angenommen werden, wenn zuerst festgestellt worden ist, dass sie das leichte Übergewicht des Arbeitgebers nicht in ein schweres Übergewicht verändert.

Die Richtlinie begründet weiterhin ein Recht des Arbeitgebers auf Verzicht auf die Mitbestimmung, wenn sie dem Betrieb oder dem Unternehmen schwerwiegenden Schäden zufügt.[786] Dieses *Verzichtrecht* ist verfassungswidrig: Nur ohne Unterrichtung und Anhörung der Arbeitnehmer kann es ausgeübt werden. So könnte sich der Arbeitgeber willkürlich auf schwerwiegende Schäden berufen, um die Berücksichtung der Arbeitnehmerinteressen zu vermeiden.

IV. Zusammenfassung

Die Verfassungsmäßigkeit des deutschen, hellenischen und EG–Mitbestimmungsrechts besteht in ihrer Übereinstimmung mit dem Art. II–27 GRCh. Unterrichtung und Anhörung der Arbeitnehmer sind überall in der EU rechtsverbindliche Mittel zur Kontrolle der arbeitgeberischen Übermacht. Sie sind gleichzeitig die Garantie für die Kontrolle, ob die Interessen der Arbeitnehmer von ihren Vertretern tatsächlich wahrgenommen werden oder ob sie durch ein

---

784 s. oben „ZWEITER TEIL – 4. Stellungnahme – c). Zur Richtlinie 2002/14/EG“.

785 s. oben „D. DAS SOZIALRECHT AUF MITBESTIMMUNG IN DER EUROPÄISCHEN VERFASSUNG – I. Einführung“.

786 Fn. 260.

arbeitgeberähnliches Verhalten die arbeitgeberische Übermacht mittelbar verstärken.

Das Mitbestimmungssozialrecht ist durch Art. II-27 GRCh in jedem Mitgliedstaat unverzichtbar. Verfassungswidrig können in allen nationalen Rechtsordnungen sowie in der Unionsrechtsordnung Vorschriften sein, durch die die Mitbestimmung in ein bloßes „Zustimmungsrecht" umgewandelt und somit ausgehöhlt wird.

Das Mitbestimmungssozialrecht trägt zur Verwirklichung des Binnenmarkts bei. Der Binnenmarkt stellt die Globalisierung der europäischen Wirtschaft dar.

E. Niederlassungsfreiheit und Sozialrecht auf Mitbestimmung

Kennzeichen der globalisierten Marktwirtschaft ist die weltweite Mobilität des Privateigentums. *Verfassungsrechtlich* gesehen bedeutet das die *weltweite Mobilität des Eigentumsgrundrechts*. Wirtschaftlich ist diese Globalisierung in Unternehmen, rechtlich durch das *Gesellschaftsrecht* organisiert. Kurz und bündig heißt dieses Phänomen **„Kapitalverkehr"**. Dieser hängt mit der **Niederlassungsfreiheit** der *Unternehmen* zusammen. Kapitalverkehr und Niederlassungsfreiheit sind *Grundfreiheiten* der EV.[787] Sie gelten auch als *wirtschaftliche Grundrechte*.[788] Immerhin sind sie beide *Entfaltungsformen* des Eigentumsgrundrechts in einer wirtschaftsrechtlich *ununterbrochenen* Kette.[789] Als solche stellen sie den Kerninhalt des Binnenmarktes dar. In der Verwirklichung des Binnenmarktes liegt die Funktion der EU.[790] Kapitalverkehr und Niederlassungsfreiheit sind der **Funktionsfähigkeitskern** der Union.

Die Niederlassungsfreiheit erleichtert den Kapitalverkehr als *Recht der Unternehmen* auf Marktzugang. Deshalb versteht der EuGH die Niederlassungsfreiheit seit geraumer Zeit zutreffend nicht mehr als ein reines Diskriminierungs, sondern als ein *Beschränkungsverbot*:[791] Jede Vorschrift des Unions–und des nationalen Rechts, aus der *wesentliche Behinderung des Marktzugangs* und

---

787 s. oben „DRITTER TEIL – II..Das Gefüge der EV – 2. Zweites Grundelement: Die Verfassungs*idealisierung*".

788 Fn. 558.

789 s. oben zur kerninhaltlich gleichen „ununterbrochenen Legitimationskette" des BVerfG unter „ZWEITER TEIL – 3. Der Beschluß vom 24. Mai 1995 zum Mitbestimmungsgesetz von Schleswig – Holstein (BVerfGE 93, 37)" ff. i.V.m. der im dritten Teil entwickelten *Verfassungskerntheorie*.

790 s. oben „IV. Die soziale Funktionsgarantie der Marktwirtschaft in der Europäischen Verfassung - 1. Einführung".

791 EuGH v. 15.1.2002 – Rs. C – 439/1999 – Kommission/Italien, Slg. 2002, I – 305; v. 30.11.1995 – Rs. C – 55/1994 – „Gebhard", Slg. 1995, I – 4165; v. 15.12. 1995 – Rs. C – 415/1993 – "Bosman", Slg. 1995, I – 4921; v. 31.3.1993 – Rs. C – 19/1992 – „Kraus"; vgl. dazu Schanze/Jüttner, „*Inspire Art*", AG 12/2003, S. 666 f.

damit der Verwirklichung des Binnenmarkts ergibt, beschränkt die Niederlassungsfreiheit. Mithin ist sie verfassungswidrig.

Zur Absicherung des Marktzugangs hat der EuGH den im Rahmen der Warenverkehrsfreiheit entwickelten *Grundsatz der gegenseitigen Anerkennung* auf die Niederlassungsfreiheit übertragen: Ist eine Gesellschaft ihrem nationalen Gründungsrecht nach existent, so darf sie sich in jedem Mitgliedstaat niederlassen, auch wenn die „qualitativen Vorgaben" des Herkunftsrechts von jenen des Niederlassungsrechts abweichen.[792] Beim Zuzug der ausländischen Gesellschaft ist ihr gesamtes „*Gründungstatut*"[793] bzw. alle ihren „*Subjekteigenschaften*"[794] vom Zuzugsstaat anzuerkennen. Unter „Gründungsstatut" oder „Subjekteigenschaften" sind alle organisationsrechtlichen Eigenschaften der zuziehenden Gesellschaft zu verstehen.[795] Zu diesen gehört auch das Gesellschaftsrecht, dem diese Gesellschaft im Zuzugsstaat unterliegen werden wird. Dass sie dem Gesellschaftsrecht des Zuzugsstaates unterliegt, ist somit nicht erforderlich.[796] Die sich niederlassende Gesellschaft darf das Gesellschaftsrecht auswählen, das ihrer Abschätzung nach für ihre Tätigkeit im Zuzugsstaat vorteilhafter ist. Aufgrund größerer Freiheit stellt die Rechtswahl keine Umgehung des Niederlassungsrechts dar.[797] Bis dahin erweist sich die EuGH – Rechtsprechung im Lichte der EV als verfassungsmäßig. (Artt. I–4 Abs. 1, II–16 GRCh, II–17 GRCh, III–14 Abs. 2 EV)

In der Rechtsprechung ist jedoch offen geblieben, ob die Arbeitnehmermitbestimmung eine wesentliche Behinderung des Marktzugangs darstellt oder nicht. Diese Lücke lässt sich nun im Lichte der EV und insbesondere des Art. II–27 GRCh schließen:

In der vorverfassungsrechtlichen Periode der EU könnte Ziel der Auswahl des vorteilhafteren Gesellschaftsrechts nicht nur die Umgehung des Gesellschaftsrechts, sondern auch die Umgehung des Mitbestimmungsrechts des Zuzugsstaates sein. Die Erstreckung beispielsweise des deutschen Mitbestimmungsrechts auf eine in die BR zugezogene englische Gesellschaft Ltd könnte als ein Eingriff in ihre Organisationsstruktur und somit als eine Beschränkung der Niederlassungsfreiheit betrachtet werden. Ohne darauf ausführlich eingegangen zu sein, schloss der EuGH jedenfalls nicht aus, dass der Schutz der Arbeitnehmer als *zwingender Grund des Gemeinwohls* unter *bestimmten Umständen* und unter

---

792 EuGH v. 20.2.1979 – Rs. 120/1978 – REWE – Cassis de Dijon, Slg. 1979, 649; Schanze/Jüttner, a.a.O., S. 666.

793 Kersting/Schindler, "*Inspire Art*", RdW – 11/2003, Art. – Nr. 539, S. 621.

794 Schanze/Jüttner, a.a.O., S. 666.

795 Schanze/Jüttner, a.a.O., S. 666.

796 Vgl. Kersting/Schindler, a.a.O., S. 621.

797 EuGHE v. 9.3.1999, C – 212/97 - "Centros"; EuGHPE v. 30.9.2003, Rs. C – 167/2001 – "Inspire Art".

Beachtung bestimmter Voraussetzungen eine Beschränkung der Niederlassungsfreiheit rechtfertigen könnte.[798] Diese bestimmten Umstände und Voraussetzungen stellen laut EV das Prinzip des nachhaltigen Sozialstaates und das Sozialrecht auf Mitbestimmung dar:

Niederlassungsfreiheit und Sozialrecht auf Mitbestimmung sind im Gefüge der EV zwar nicht gleichrangig. Als besondere Entfaltungsform des Eigentumsgrundrechts bzw. des Kerns der EV genießt die Niederlassungsfreiheit Vorrang gegenüber dem Sozialrecht auf Mitbestimmung.[799] Aufgrund des Prinzips des nachhaltigen Sozialstaates muss er aber *nachhaltig* leicht sein.[800] Dies bedeutet aber, dass die Arbeitnehmer **nur** eine *beweisbare* und *vorläufige* Verschlechterung ihrer Arbeitsbedingungen nicht verhindern dürfen. Es bedeutet keinesfalls, dass der Arbeitgeber auf die Mitbestimmung verzichten darf. Das Sozialrecht auf Mitbestimmung ist unantastbar, weil das Prinzip des nachhaltigen Sozialstaates unantastbar ist.

Art. II–27 GRCh gilt überall in der EU. Dadurch wird jeder sich niederzulassenden Gesellschaft die Rechtswahl des vorteilhafteren Gesellschaftsrechts nicht entzogen. Diese betrifft nun aber lediglich die Umgehung des nachteiligeren Gesellschaftsrechts. Die zuziehende Gesellschaft darf sich nun nicht mehr auf die Rechtswahl berufen, um das Sozialrecht auf Mitbestimmung zu umgehen. Bei dem Zuzug sowie bei ihrer unternehmerischen Tätigkeit im Zuzugsstaat ist jede Gesellschaft dazu verpflichtet, das Sozialrecht auf Mitbestimmung zu praktizieren. Welchem Gesellschaftsrecht sie dabei unterliegt, ist irrelevant. Die verfassungsrechtliche Durchsetzbarkeit der Mitbestimmung verwirklichen die zuvor erörterten Richtlinien:

Die Einführung der Mitbestimmung in die SE ist obligatorisch. Durch die SE tritt zusätzlich das *Mitbestimmungssozialrecht* als *Instrumentarium* der EU zur *Mitgestaltung* der *Globalisierung* auf.[801] Der Auftritt wird durch die obligatorische Anwendung des Rechts innerhalb der EU unterstützt.[802] Es wird gleichzeitig gesichert, dass es sich dabei um keines bloßes „Zustimmungs-" , sondern um ein vollgültiges Mitbestimmungsrecht handelt: Unterrichtung und Anhörung der Arbeitnehmer sind die *unabdingbaren Mindestvoraussetzungen* für die Aus-

---

798 EuGHPE v. 5.11.2002 – Rs. C - 208/2000–"Überseering", Slg. 2002, I – 9919.

799 s. ausführlich dazu unter „III. Die verfassungsrechtliche Bestimmung des Wirtschaftssystems der Europäischen Union- 1. Das Privateigentum: *Unantastbarer Verfassungskern*".

800 s. ausführlich dazu unter „IV. Die soziale Funktionsgarantie der Marktwirtschaft in der Europäischen Verfassung".

801 s. oben „3. Nachprüfung des EG – Mitbestimmungsrechts –a) Zur Verfassungsmäßigkeit der Richtlinie 2001/86/EG".

802 s. oben „3. Nachprüfung des EG – Mitbestimmungsrechts –b) Zur Verfassungsmäßigkeit der Richtlinie 94/45/EG".

übung des Rechts in jedem Mitgliedstaat, unabhängig vom Mitbestimmungsmodell.[803]

Aus alldem lässt sich noch einmal folgendes bestätigen: Die EV verankert das Prinzip des nachhaltigen Sozialstaates als Funktionsgarantie des Marktes. Deswegen darf es in den Verfassungskern nicht eingreifen. Demzufolge stellt das Soziarecht auf Mitbestimmung keine Behinderung des Marktzugangs dar. Es stellt vielmehr eine Konkretisierung der Garantie für die soziale Funktion des Marktes dar, wodurch die Niederlassungsfreiheit gefördert wird.[804]

F. Europäische Verfassung und *Realismus*

Die EV ist ein *realistisches* Grundgesetz. Zunächst vollzieht sie den Binnenmarkt. Dadurch globalisiert sie die europäische Marktwirtschaft. Kein Mitgliedstaat kann alleine seine Interessen europa–und weltweit wahrnehmen.[805] Ihr Realismus besteht jedoch darüber hinaus in der *Globalisierung des Kapitals* durch die *Globalisierung seiner Sozialgebundenheit*. Er besteht in der **Globalisierung des Ausgleichs**.[806] Dem lässt sich nicht entnehmen, dass die Fremdbestimmung der Arbeit und die daraus entstehende Ungleichheit abzuschaffen sind.[807] Dem lässt sich entnehmen, dass der Markt Konflikte nicht nur verursachen, sondern auch *gerecht* entschärfen kann.[808]

Die Schaffung des Binnenmarktes realisiert Effizienzsteigerung: Einerseits fallen protektionistische Maßnahmen zwischen den Mitgliedstaaten aus. Die Kapitalmobilität steigt innerhalb der EU. Andererseits können aufgrund des großen, heimischen Marktes protektionistische Maßnahmen Konkurrenten angedroht werden, die zu Kapitalattrahierungen führen.[809] Der Binnenmarkt bestätigt weiterhin, dadss die EU keine Freihandelszone, sondern eine Zollunion ist. Das veranlässt multinationale Unternehmen Produktionsstätten in der EU zu errichten. Denn in einer Zollunion wird das Protektionsniveau erhöht, das zur Sicherung von Absatzmärkten beiträgt.[810]

Die Schaffung eines *sozialen* Binnenmarktes trägt zur Realisierung von Effizienzsteigerung in der EU bei. Der Arbeitnehmerschutz dient zur Kapitallen-

---

803 Art. II – 27 GRCh i.V.m. Richtlinie 2002/14/EG und Fn. 784.

804 Vgl. oben „DRITTER TEIL – 2. Das Sozialstaatsprinzip in der EV –d) Konkretisierungen des Sozialstaatsprinzips".

805 Vgl. Verheugen, Außenpolitik, 2001, S. 237, 240; Fn. 268.

806 s. oben „VIII. Problemlösung: *Das Prinzip des nachhaltigen Sozialstaates und das Grundrecht auf nachhaltige Erwerbsfreiheit als sein Kerninhalt*"

807 Vgl. Mises, Zitate; Thurow, Zukunft, 1996.

808 Vgl. Sen, Development, S. 96; Staff, Aktualität, S. 26.

809 s. Gerken/Märkt/Schick/Renner, a.a.O., S. 104.

810 s. Gerken/Märkt/Schick/Renner, a.a.O., S. 109, 110.

kung, weil seine Vorteile seinen Kosten gegenüberstehen: Die Produktivität steigt. Die Streikhäufigkeit wird reduziert. Politische und Rechtsstabilität senken das Unternehmensrisiko.[811]

Der Binnenmarkt sowie der Markt im allgemeinen ist außerdem von Verkäufen, Ab–und Aufspaltungen, Fusionen, Konzernbildungen, Umwandlungen sowie Zusammenschlüssen von Unternehmen gekennzeichnet. Alle diese *täglichen* bzw. von der Konjukturlage unabhängige *Umstrukturierungen* wirken sich unaufhaltsam auf die Arbeitsbeziehungen aus.[812] Ohne eine tägliche Wahrnehmung der Arbeitnehmerinteressen wird also die Funktion des Binnenmarktes gefährdet. Das Prinzip des nachhaltigen Sozialstaates vermehrt die Funktionsfähigkeit des Binnenmarktes durch den Schutz der Erwerbsfreiheit der Arbeitnehmer. Deshalb gestaltet die EV das Sozialrecht auf Mitbestimmung in geeigneter Weise, so dass die Arbeitnehmer bei den Umstrukturierungen aktiv ihr Einkommen schützen können: Sie misst ihm Geltung in der ganzen Union bei. Sie bestimmt als *einheitliche Mindest*voraussetzungen seiner Ausübung die Unterrichtung und Anhörung der Arbeitnehmer. Sie verankert diese auf jeder geeigneten Ebene in Betrieben und Unternehmen in der Union. Sie schützt Unterrichtung und Anhörung vor Vernachlässigung und Umgehung: Diese müssen *rechtzeitig* stattfinden, sodass die Arbeitnehmerinteresse bei der arbeitgeberischen Beschlussfassung tatsächlich berücksichtigt worden sind.[813] Die Verankerung einer rechtzeitigen Unterrichtung und Anhörung in Unternehmen und Betrieben deutet auf einen breiten Informationsbereich hin. Die Arbeitnehmervertreter sind deswegen legitimiert, umfassende Auskünfte über die aktuelle wirtschaftliche Lage des Unternehmens sowie über seine geplante Entwicklung zu verlangen. Die Informierung über die aktuelle wirtschaftliche Lage des Unternehmens ist von grundlegender Bedeutung für die Erwerbsfreiheit der Arbeitnehmer: Sie betrifft beispielsweise geringfügige Änderungen in der Arbeitsorganisation oder die Feststellung vermehrter oder verringerter Investitionstätigkeit, die die ersten Anzeichen für grundlegende Veränderungen im Unternehmen sein können.[814]

Der Schutz der Arbeitnehmer im täglichen Arbeitsleben wird noch durch die Haftung ihrer Vertreter wegen Verstöße gegen das Mitbestimmungsrecht verstärkt. Es gehört zum Realismus der EV, dass sie der „expérience éternelle“[815] *jeden* Machtmissbrauchs Rechnung trägt.

---

811 Vgl. Gerken/Märkt/Schick/Renner, a.a.O., S. 241; Fn. 733.

812 Vgl. Gahleitner, Arbeitnehmerrechte, WRM, 2003, S. 2; s. auch „EINLEITUNG – A. MARKTWIRTSCHAFT UND ABHÄNGIGES ARBEITSVERHÄLTNIS“.

813 Vgl. Gahleitner, a.a.O., S. 20.

814 Vgl. Gahleitner, a.a.O., S. 20.

815 Fn. 461.

Dieser realistischer Ausgleich der EV wird schließlich dadurch hervorgehoben, dass sie eben Grundgesetz und kein völkerrechtlicher Vertrag ist. Als Grundgesetz führt sie zur Schaffung des europäischen Bundesstaates. Nur in diesem kann der soziale Binnenmarkt fortdauernd funktionieren. Der Staat ist nicht überholt. Er steht immer noch im Zusammenhang mit der Verfassung und der Wirtschaft. Nur seine Größe ändert sich je nach dem Wirtschaftsvolumen. Und die Verfassung verankert seine Größe. Die Wirtschaftsglobalisierung hebt diesen Zusammenhang nicht auf. Sie *intensiviert* ihn.[816] Die Staatlichkeit der EU erhöht sowohl im Inland als auch im Ausland ihre rechtspolitische Akzeptanz. Ihr gelingt es dadurch, globalen Bewusstsein über die Durchsetzbarkeit der *sozialen* Marktwirtschaft zu schaffen. *Denn nur aufgrund des Ausgleichs zwischen arbeitgeberischer und arbeitnehmerischer Erwerbsfreiheit kann sich die EU als globaler Akteur erkennbar machen.*[817]

---

816 Vgl. oben „DRITTER TEIL – III. Ergebnis: Die *Verfassungskerntheorie*"; Pitschas, a.a.O., 1998, S. 768.

817 Vgl. Jansen, Überlegungen, 2001, S. 328.

VIERTER TEIL

ZUSAMMENFASSENDE THESEN

1) Die Ökonomie wird unaufhaltsam globalisiert. Die globalisierte Ökonomie ruft die *Rechtsglobalisierung* hervor. Teil dieser Globalisierung ist die Europäische Union. *Ursprung* dieses Prozesses ist das im Laufe der Geschichte unverändert gebliebene *arbeitsrechtliche Verhältnis* zwischen *Eigentumsgrundrecht* und *abhängiger Arbeit.*

2) Dieses Verhältnis wird in der *hellenischen Verfassung der Antike* deutlich. Daraus lässt sich ableiten, dass *Kern* aller Beziehungen in der Gesellschaft das *Eigentum an der Arbeit* bzw. an den *Produktions–bzw. Wirtschaftsmitteln* ist. Die zu verrichtete Arbeit ist vom Eigentümer ihrer Mittel zu bestimmen. Wegen der *Arbeitsteilung* lassen sich jedoch die Personen des Eigentümers und des an den Produktionsmitteln Arbeitenden nicht identifizieren. Die Arbeit wird *fremdbestimmt.* Deswegen herrscht in der Gesellschaft grundsätzlich immer ein *Rangverhältnis* zwischen Arbeitgeber und Arbeitnehmer. Innerhalb dessen verfügt der Arbeitgeber über das *Grund*–bzw. das *Vorrangs*recht. Genau diesen Kern schützt und regelt die *Verfassung* als Grundgesetz bzw. Vorrangsgesetz einer *staatsorganisierten* Gesellschaft. Die Verfassung ist in ihrem Kern *Eigentums–bzw. Arbeitsrecht.*

3) Die Fremdbestimmung der Arbeit kennzeichnet alle Wirtschaftssysteme. Seit der Antike bis heute verankert jede Verfassung verschiedene Wirtschaftssysteme aber mit dem gleichen Kern.

4) Ein Eingriff in diesen unverändernden Kern würde das jeweils herrschende Wirtschaftssystem beseitigen. Die hellenische Verfassung der Antike hat einen Eingriff in die Fremdbestimmung der Arbeit des Wirtschaftssystems der Sklaverei abgewendet. Zwischen den regierenden Großeigentümern und den regierten Besitzlosen bestand ein Konflikt. Um die Übermacht der Großeigentümer effektiver schützen zu können, hat die Verfassung sie beschränkt. Die Beschränkung bestand im Schutz der Arbeit der Besitzlosen vom Staat. Dies hat ihnen ermöglicht, für sich selbst zu Gelderwerb zu betreiben. Dadurch sind sie zu Kleineigentümern geworden. Nun lag auch der Schutz des Eigentumsgrundrechts in ihrem Interesse. Vom Ziel eines Aufstandes gegen die Großeigentümer, der das Wirtschaftssystem der Sklaverei zerstört hätte, waren insofern weit entfernt.

5) Die hellenische Verfassung der Antike hat das Wirtschaftssystem jener Zeit in einer sozialstaatlichen Form verankert. Dieses *Sozialstaatsprinzip* ist bereits im Altertum mit der Verfassung selbst untergegangen. Es folgte eine lange Periode unter den Wirtschaftssystemen der Sklaverei, des Feudalismus und der

Marktwirtschaft, die sich durch die schrankenlose Grundrechtsausübung auszeichnete.

6) Die marktwirtschaftliche Verfassung der bürgerlichen Revolutionen hat keinen Schutz für die abhängige Arbeit vorgesehen. Die schrankenlose Form der Marktwirtschaft wurde seit der Mitte des 19. Jahrhunderts globalisiert und herrschte in Europa bis zum Zweiten Weltkrieg.

7) In der *Nachkriegszeit* ist das alte hellenische Sozialstaatsprinzip in den europäischen Verfassungen wieder aufgelebt. Grundgesetz und hellenische Verfassung bestimmen als Wirtschaftssystem die Marktwirtschaft in ihrer sozialen Form. Die Arbeitnehmerinteressen werden wahrgenommen, solange dabei der Kern des arbeitgeberischen Eigentumsgrundrechts nicht angetastet wird.

8) Die im 19. Jahrhundert angefangene Globalisierung der Marktwirtschaft setzte sich auch nach dem Zweiten Weltkrieg fort. Sie stellt die bewirkende Ursache der Europäischen Gemeinschaft dar. Die Verankerung einer sozialen Marktwirtschaft in den Verfassungen der Gründerstaaten der Europäischen Gemeinschaft wurde ihren Verträgen überliefert. Somit ist die Globalisierung in eine *sozialstaatliche Phase* eingetreten.

9) *Konkretisierung* des Sozialstaatsprinzips ist in der deutschen, hellenischen und EG–Rechtsordnung die *Arbeitnehmermitbestimmung* in Unternehmen und Betrieben. Das Mitbestimmungsrecht signalisiert keinen Übergang von der Fremdbestimmung der Arbeit zu der Arbeits*bestimmung* durch die Arbeitnehmer. Wie dem Begriff selbst zu entnehmen ist, handelt es sich um eine Arbeits*mit*bestimmung. Dies bedeutet, dass die Arbeitnehmer nicht legitimiert werden, ihre Arbeit allein, sondern in ständiger Verbindung mit dem Arbeitgeber zu bestimmen. Dadurch wird die Fremdbestimmung ihrer Arbeit aufrechterhalten. Aufgrund des Mitbestimmungsrechts wird das *Letztentscheidungsrecht* über die Unternehmensleitung auf die Arbeitnehmer nicht übertragen. Der Arbeitgeber darf jedoch bei der Beschlussfassung gegen den Schutz der Arbeit seiner Belegschaft nicht verstoßen.

10) Die Europäische Gemeinschaft entwickelt sich zu einer Union. Die Europäische Verfassung ist die Weiterentwicklung der EG–Verträge. Sie vollzieht die europäische Globalisierung: Kennzeichen der Marktwirtschaft ist die weltweite Mobilität des Privateigentums. Die Europäische Verfassung verankert die *weltweite Mobilität des Eigentumsgrundrechts*. Sie führt zur Schaffung des *europäischen Bundesstaates*, innerhalb dessen der Binnenmarkt am *effektivsten* funktionieren kann.

11) Aufgrund der ursprünglichen Fremdbestimmung der Arbeit sowie der Verankerung des gleichen Wirtschaftssystems können sich zwischen der Europäischen Verfassung und den nationalen Verfassungen der Mitgliedstaaten keine Kollisionen hinsichtlich des *Kerninhalts* des Eigentumsgrundrechts ergeben. Kollisionen können sich *nur* in Hinsicht auf den *Umfang* des Grundrechtsschutzes ergeben. Das ist der Fall, wenn die nationalen Rechtsordnungen verkennen,

dass ihr innerer Markt Bestandteil des europäischen Binnenmarktes ist. Solche Konflikte sind dann durch das *Vorrangprinzip* der Europäischen Verfassung aufzulösen.

12) Das Vorrangprinzip ist das *Fundament* der Europäischen Verfassung. Sein Kerninhalt ist die *dauernde* Funktionsfähigkeit der Union. Danach dürfen das Grundgesetz und die hellenische Verfassung Inhalt und Umfang aller Normen der Europäischen Verfassung nicht mitgestalten. Wie sich gezeigt hat, kann das Vorrangprinzip eine Anwendung lediglich in Bezug auf den Umfang des Eigentumsgrundrechtsschutzes finden. Die größte Bedeutung des Vorrangprinzips lässt sich vielmehr in der *Inhaltsbestimmung des Sozialstaatsprinzips* aufspüren.

13) Grund dafür ist die ständige Tendenz des Eigentumsgrundrechts zur Schrankenlosigkeit: Es fordert stets eine Herabsetzung der Produktionskosten bzw. der Arbeitskosten. Diese Forderung wird besonders seit den 90er Jahren als Vorwand benutzt, die sozialstaatliche Phase der Globalisierung in den Mitgliedstaaten zu beenden. Dies hätte die Deregulierung des Arbeitsrechts zur Folge. Die Deregulierung kann jedoch aus zwei Gründen nicht direkt verwirklicht werden. Erstens darf das Sozialstaatsprinzip als unantastbares Verfassungsrecht durch eine Verfassungsabänderung nicht abgeschafft werden. Zweitens hat die Marktwirtschaft bei der überwiegenden Mehrheit der europäischen Bevölkerung aufgrund des wirksamen langjährigen Schutzes der abhängigen Arbeit an breiter Legitimierung gewonnen. Zur mittelbaren Beseitigung des nationalen Sozialstaatsprinzips wird deshalb im deutschen und hellensichen Mitgliedstaat die Ansicht über die Unbestimmtheit des Sozialstaatsprinzips vertreten. Diese Auffassung könnte für die Europäische Verfassung übernommen werden.

a) Die Europäische Union lehnt jedoch diese Ansicht ab. Durch die Europäische Verfassung entscheidet sie sich für die Weiterentwicklung des erfolgreichen *Wachstums–und Verfassungsmodells* der *sozialen Marktwirtschaft.* Zur Verwirklichung dieses Telos verankert die Europäische Verfassung das *Prinzip des nachhaltigen Sozialstaates.* Aufgrund ihres Vorrangs gilt dieses Deutschland und in Hellas als inneres Verfassungsprinzip.

b) Das Prinzip des nachhaltigen Sozialstaates ist die *Staatsaufgabe* der Europäischen Union und somit ihrer Mitgliedstaaten im Sinne der Erhaltung und Entwicklung des *Staatsziels der Sozialpolitik. Kerninhalt* des Prinzips ist die *leicht vorrangige* Sicherung des Grundrechts auf Erwerbsfreiheit des Arbeitgebers durch die *leicht nachgeordnete* Sicherung des Grundrechts auf Erwerbsfreiheit des Arbeitnehmers unter sich ständig wechselnden Umständen. Das Grundrecht auf Erwerbsfreiheit ist das Grundrecht auf Privateigentum, dessen Kerninhalt sowohl für den Arbeitgeber als auch für den Arbeitnehmer die Privatnützigkeit bleibt. Der Vorrang der arbeitgeberischen Erwerbsfreiheit ist auf den Verfassungskern zurückzuführen: Demzufolge ist nur der Arbeitgeber Eigentümer der Produktionsmittel. Die arbeitnehmerische Erwerbsfreiheit erstreckt sich nicht bis auf die Produktionsmittel, sondern bis darauf, was der Arbeitgeber sich durch sein Einkommen erwirbt. Das Prinzip des nachhaltigen Sozialstaates erweist sich somit als die Funktionsgarantie der europäischen Marktwirtschaft.

14) Der Kern des Prinzips des nachhaltigen Sozialstaates darf deshalb nicht angetastet werden. Das geschieht, wenn durch die Unions–oder die nationale Gesetzgebung das leichte Übergewicht der arbeitgeberischen Erwerbsfreiheit in ein schweres Übergewicht umgewandelt wird. Zur richterlichen Feststellung, ob und wie verabschiedete Gesetze diese Umwandlung auslösen, bietet die Europäische Verfassung das einklagbare *Sozialrecht auf Mitbestimmung* an.

15) Das Sozialrecht auf Mitbestimmung ist die *Anwendungsgarantie* des Prinzips des nachhaltigen Sozialstaates direkt am Arbeitsplatz. Grundlage zu seiner Anwendung sind die *rechtzeitige* Unterrichtung und Anhörung der Arbeitnehmer durch den Arbeitgeber. Die Benennung der Grundlage in der Europäischen Verfassung verschafft Klarheit über den Inhalt der Norm: Sie erleichtert die richterliche Überprüfung, ob und wie das Mitbestimmungsrecht verletzt wurde. Die rechtzeitige Unterrichtung und Anhörung begründen die Pflicht der Arbeitgeberseite, die Arbeitnehmer vor Beschlussfassung zu informieren und ihre Interessen bei der Beschlussfassung zu berücksichtigen.

a) Die deutsche Mitbestimmung ist einfaches Recht, das sich aus dem Sozialstaatsprinzip des Grundgesetzes ergibt. Aufgrund des Prinzips des nachhaltigen Sozialstaates gilt es aber nun als geschriebenes, unmittelbares Verfassungsrecht. Aufgrund des Vorrangprinzips ist das Grundgesetz unionskonform auszulegen. Keine Kollision kann sich deshalb zwischen der Europäischen Verfassung und dem Grundgesetz über die Inhaltsbestimmung des Sozialstaatsprinzips ergeben, solange die deutsche Rechtsordnung die nationale Argumentation über die Unbestimmtheit des Sozialstaatsprinzips zurückweist.

b) Das hellenische Mitbestimmungsrecht ergibt sich aus dem Sozialrecht auf Arbeit, das die Konkretisierung des Sozialstaatsprinzips der hellenischen Verfassung darstellt. Die Europäische Verfassung beinhaltet kein Recht auf Arbeit. Aber die Arbeit weist unterschiedliche Aspekte auf. Sie alle–darunter die Mitbestimmung–sind als Sozialrechte der Europäischen Verfassung eingesetzt worden und sind daher verbürgt. Diese klare Einsetzung und Verbürgung des Sozialrechts auf Mitbestimmung verstärkt die Wirkkraft des Rechts auf Arbeit. Aufgrund des Vorrangprinzips ist die hellenische Verfassung nunmher unionskonform auszulegen. Die Mitbestimmung gilt als geschriebenes, unmittelbares Sozialrecht der hellenischen Verfassung. Ihre evidente oder nicht evidente Abschaffung aufgrund einer angeblich unbestimmten gesetzgeberischen Verfügungsbefugnis ist unzulässig.

16) Wenn der Arbeitgeber sein Direktionsrecht ohne Unterrichtung und Anhörung der Arbeitnehmer ausübt, begeht er einen Mitbestimmungsverstoß. Den

Arbeitnehmern steht dann im allgemeinen ein einklagbares Recht auf *Wiederherstellung des Sozialrechts auf Mitbestimmung* zu. Dieses lässt sich nach dem Einzelfall konkretisieren.

a) Adressat des einklagbaren Rechts ist jedoch nicht nur der Arbeitgeber, sondern auch die Arbeitnehmervertreter. Ursprünglicher Träger des Sozialrechts auf Mitbestimmung ist jeder einzelner Arbeitnehmer. Seine Erwerbsfreiheit stütz sich auf sein Vermögen bzw. auf seine Arbeit. Den Schutz seiner Arbeit hat er wegen der Gemeinschaftsbezogenheit der Arbeitsverhältnisse auf Vertreter übertragen. Zwischen den Arbeitnehmern und seinen Vertretern besteht deshalb ein schuldrechtliches Verhältnis. Ein schuldrechtliches Verhältnis löst immer sanktionierte und einforderbare Bindungen aus. Je wichtiger das Schuldverhältnis ist, desto größer ist die auszulösende Haftung. Das Schuldverhältnis zwischen Arbeitnehmern und Arbeitnehmervertretern ist wichtiger als das zwischen Arbeitnehmern und Arbeitgeber: Es mag so sein, dass der Arbeitgeber die Arbeitnehmerrechte nicht verletzen kann, ohne gegen die Europäische Verfassung zu verstoßen. Aber die Fremdbestimmung ihrer Arbeit durch den Arbeitgeber ist verfassungsrechtlich zulässig. Die Verschärfung dieser Fremdbestimmung ist allerdings verboten. Wenn sich die Arbeitnehmervertreter *arbeitgeberähnlich* verhalten, verschärfen sie die Fremdbestimmung.

17) Als Verfassungsrecht ist das Sozialrecht auf Mitbestimmung überall in der Europäischen Union durchsetzbar. Ein *Verzichtrecht* auf seiten des Arbeitgebers darauf, und sei es in Vereinbarung mit den Arbeitnehmern oder deren Vertretern, wäre verfassungswidrig: Es würde das leichte Übergewicht des Arbeitgebers in ein schweres umwandeln. Es ginge dann um einen Eingriff in den Kern des Prinzips des nachhaltigen Sozialstaates. Die Funktion des Binnenmarktes geriete in Gefahr.

18) Bei Niederlassung in einem Mitgliedstaat dürfen die Unternehmen das für sie wirtschaftlich vorteilhaftere Gesellschaftsrecht auswählen. Die obligatorische Anwendung des Sozialrechts auf Mitbestimmung in allen Mitgliedstaaten beeinflusst überhaupt nicht die Rechtswahl. Deswegen darf nicht geltend gemacht werden, dass es den Marktzugang der Unternehmen behindert und dadurch wiederum das Grundrecht des Arbeitgebers auf nachhaltige Erwerbsfreiheit antastet.

19) Die Europäische Verfassung ist realistisch. Durch die Vollziehung eines *sozialen* Binnenmarktes realisiert sie *Effizienzsteigerung*: Einerseits ist ein Binnenmarkt eine Zollunion und keine Freihandelszone. Das veranlässt multinationale Unternehmen Produktionsstätten in der Europäischen Union zu errichten. Andererseits steigt die Produktivität der Arbeitnehmer wegen des Schutzes ihrer Arbeit. Die Streikhäufigkeit wird reduziert. Politische und Rechtsstabilität senken das Unternehmensrisiko. Die Schaffung des europäischen Bundesstaates schützt die Effizienz der sozialen Marktwirtschaft und überzeugt weltweit von ihrer Durchsetzbarkeit. Das Sozialrecht auf Mitbestimmung erweist sich somit

als *Instrumentarium* zur *Mitgestaltung der Globalisierung*. So erhöht sich die rechtspolitische Akzeptanz der Europäischen Union als globaler Akteur.

Der Realismus der Europäischen Verfassung besteht in der Globalisierung des Kapitals durch die Globalisierung seiner Sozialgebundenheit. Er besteht in der *Globalisierung des Ausgleichs* zwischen Arbeitgebern und Arbeitnehmern.

Literaturverzeichnis

Aristoteles	*Politik*, in Gesamtwerke, 1979, (im hell.)
ders.	*Rhetorik*
ders.	*Der Staat der Athener*
ders.	*Nikomachische Ethik*
Badura, Peter	in Ingo von Münch (Hrsg.), *Besonderes Verwaltungsrecht* 1988
ders.	*Eigentum* in Benda/Maihofer/Vogel, Handbuch des Verfassungsrechts, 1994
ders.	*Supranationalität* und Bundesstaatlichkeit durch Rangordnung des Rechts in: Schwarze, Jürgen (Hrsg.), Verfassungsrecht und Verfassungsgerichtsbarkeit im Zeichen Europas, 1998
Barthel/Dikau,	Mitbestimmung in der Wirtschaft, 1980
Battis, Ulrich	Europäische Integration und nationales Verfassungsrecht in der BRD in Battis/Tsatsos/Stefanou (Hrsg.) 1 Aufl., 1995
Becker, Ulrich	zu Art. 313 EGV in Schwarze, Jürgen, EU-Kommentar, 1 Aufl., 2000
Becking – Hoffmann, Michael (Hrsg.),	Münchener Handbuch des Gesellschaftsrechts, 1988
Beckermann, Jörg	in Umbach/Clemens, Grundgesetz, Mitarbeiter Kommentar und Handbuch, Bd 1, 2002
Belling, W. Detlev	Die *Haftung* des Betriebsrats und seiner Mitglieder für Pflichtverletzungen, 1990
ders.	Das *Günstigkeitsprinzip* im Arbeitsrecht, 1984
ders.	*Einführung* Arbeitsrecht: Rechtsanwälte und ihre Spezialgebiete – 100 Anwaltskanzleien mit mehr als 500 Dienstleistungen im Porträt, 1999
Benda, Ernst	Industrielle Herrschaft und sozialer Staat, 1966
Bères, Pervenche	Die Charta – Ein Kampf für die Werte der Union in: Kaufmann, Yvonne (Hrsg.), Die Grundrechtscharta der EU, 2001
Beutler/Bieber/Pipkorn/ Streil	Die EU – Rechtsprechung und Politik, 5 Aufl., 2001
Bezzenberger, Tilmann	Die europäische Aktiengesellschaft, JURA, 4/2003
Biscardi, Antonio	Antikes hellenisches Recht, 2003
Bieback, Jürgen – Karl	Inhalt und Funktion des Sozialstaatsprinzips, JURA, 1987
Birk, Rolf	Die arbeitsrechtliche Leitungsmacht, 1973

Blanke, Thomas	Mitbestimmung als Fessel der Demokratie? Der öffentliche Dienst und die Rechtsprechung des BVerfG – FR 4.7.2000.
Blazizek – Schachner, Peter	Soziale Gerechtigkeit und Demokratie im vereinten Europa in ders. (Hrsg.) Europa-Wohin? Wirtschaftliche Integration, soziale Gerechtigkeit und Demokratie, 1994
Bontrup/Dammann	Beschäftigungsabbau trotz Betriebsgewinn ?, AuA 9/99
Borgmann, Wolfgang	Reformgesetz in der Bewährung, 1986
Bornkessel, Michael	Was ist die „Europa AG" ? 11.10.2001 unter „europa digital.de"
Boewer, Dietrich	Das Mitbestimmungsgesetz im Rahmen des Gesellschaftsrechts und kollektiven Arbeitsrechts, DB 1980
Böhm, Franz	Freiheit und Ordnung in der Marktwirtschaft, 1980
Böttcher, Winfried	Solidarität als Integrationsfaktor europäischer Politik in Blazizek – Schachner, Peter (Hrsg.) Wirtschaftliche Integration – Soziale Gerechtigkeit und Demokratie, 1994
Brinker, Ingo	zu Art. 295 EUV in Schwarze, Jürgen (Hrsg.) EU – Kommentar, 1 Aufl., 2000
Brox/Rüthers,	Arbeitsrecht, 14 Aufl., 1999
Bryde, Otto – Brun	Das Demokratieprinzip als Optimierungsaufgabe. Unzeitgemäß: Die monistische Auslegung des GG hemmt die politische Entwicklung, FR 17.10.20000.
Burghardt, Günther	Die Eigentumsordnung in den Mitgliedstaaten und der EWGV – Zur Auslegung von Art. 222 EWGV, 1969
Buckholz, Richard	Handels – und Gesellschaftsrecht, 1988
Burmeister, Joachim	Über die Notwendigkeit einer neuen „Theorie des Staatseigentums" im demokratischen Verfassungsstaat in FS zum 125jährigen Bestehen der Juristischen Gesellschaft zu Berlin, 1984
Butzer, Hermann	Freiheitliche Grenzen der Steuer – und Sozialabgabenlast – Der Halbleitungsgrundsatz des BVerfG im Spannungsfeld von Globalisierung, Freiheitsrechten und Sozialstaatlichkeit, 1999
Calliess/Ruffert	*Kommentar* zu EU und EG – Vertrag, 2002
Callies, Christian	*Eigentumsgrundrecht* in Ehlers, Dirk
ders.	zu Art. *1 EUV* in Callies/Ruffert, Kommentar zu EU und EG – Vertrag, 2002
Clas–Offermann, Christel	Eigentum in der EG, 1974
Classen, Dieter – Claus	Einführung in Europa – Recht, 17 Aufl., 2001
Dagtoglu, Prodromos	zu Art. *222 EWGV* in, Individuelle Rechte und Gemeinschaftsrecht, 1991 (im hell.)
ders.	Verfassungsrecht A´, 1984

ders. Allgemeines *Verwaltungsrecht*, 4 Aufl., 1997 (im hell.)

ders. Grundrechte, *1991*

Dassios, Leonidas Arbeitsrechtliche Zivilprozessordnung, Bd. A/I, 1994 (im hell.)

Daumke/Keßler Gesellschaftsrecht, 1985.

Dennhardt – Hohmann, Christine Die neue demokratische Frage. Über Legitimationsgrundlagen staatlichen Handels in einer veränderten Welt – FR vom 24.10.2000

Depenheuer, Otto Der Eigentumsbegriff zwischen absoluter Verfügungsbefugnis und Sozialgebundenheit, Pol. St., Sonderheft 1/2000

Dieterich/Hanau/Schaub Erfurter Kommentar zum Arbeitsrecht, 1998

Dietz/Richardi Betriebsverfassungsgesetz, 1981

Doerfert, Carsten Bundesstaat und Bundestreue, JuS 12/96

Dorau, Christoph Die Verfassungsfrage der EU – Möglichkeiten und Grenzen der europäischen Verfassungsentwicklung nach Nizza, 1 Aufl., 2001

Döhring, Dieter Soziale Sicherung in der Defensive – Einige kritische Betrachtungen zur gegenwärtigen Sozialpolitik in Döhring / Hauser. (Hrsg.), Soziale Sicherheit in Gefahr, 1 Aufl., 1995

Dütz, Wilhelm Arbeitsrecht, 7 Aufl., 2002

Ehlers, Dirk Allgemeine Lehren in Ehlers Dirk (Hrsg.), Europäische Grundrechte und Grundfreiheiten, 2002

Erdmann, Gerhard – Ernst, Die Bedeutung der Mitbestimmung des Betriebsrats für die unternehmerische Entwicklung: Der Weg zur Parität, RdA

Fabricius, Fritz (Hrsg) *Gemeinschaftskommentar* zum Mitbestimmungsgesetz, 1979

ders. *Unternehmensrechtsformen* und Mitbestimmung in einer sozialen Marktwirtschaft, 1982

Fabricius/Kraft/Thiele/ Wiese *Betriebsverfassungsgesetz*

Fas – Weber, Rudolf Deutschlands Verfassung – Vom Wiener Kongress bis zur Gegenwart, 1997

Fitting/Wlotzke/Wißmann Mitbestimmungsgesetz, Kommentar, 1978

Fitting/Auffahrt/Kaiser/ Heither Betriebsverfassungsgesetz, 1987

Forsthoff, Ernst Begriff und Wesen des sozialen Rechtsstaates in Veröffentlichungen der Deutschen Staatsrechtslehrer 12, Berlin, 1954

Frankenberg, Günther Die andere Seite der Demokratie. Abschied von der Illusion staatlicher Steuerung: Selbstregierung als offener Prozeß – FR 7.11.2000.

Französische Revolution Unter http://mitglied.lycos.de

Fürst/Günther, GG – Kohlhammer Studienbücher, 3 Aufl., 1982

Gablers Wirtschaftslexikon

Gahleitner, Sieglinde Arbeitnehmerrechte bei Umstrukturierungen, WRM, April 2003

Gemtos, Petros Methodologische Probleme der Kooperation von Rechts – und Wirtschaftswissenschaft in Analyse & Kritik 1/2003

Gerken/Märkt/Schick/Renner Eine freiheitliche supranationale Föderation – Zur Aufgabenverteilung in Europa, 1 Aufl., 2002

Giegerich, Thomas Europäische Verfassung und deutsche Verfassung im transnationalen Konstitutionalisierungsprozess: Wechselseitige Rezeption, konstitutionelle Evolution und föderale Veflechtung, 2003.

v. Gierke, Otto Die Wurzeln des Dienstvertrages, FS für H. Brunner, 1914

Gnade/Kehrmann/Schneider/Blanke Betriebsverfassungsgesetz, 1983

Gnade/Kehrmann/Schneider/Blanke/Klebe Betriebsverfassungsgesetz, 1988

Hueck, Götz Gesellschaftsrecht, 1983

Grabenwarter, Christoph Staatliches Unionsverfassung in v. Bogdandy (Hrsg), Europäische Verfassung – Theoretische und dogmatische Grundzüge, 2003

Greiner, Arved Prinzipiendenken und die Tradition des Rechts: Der Schutz der Menschenwürde, 2000

Grimm, Dieter Braucht Europa eine Verfassung? Vortrag gehalten an der Carl Friedrich von Siemens Stiftung am 19.1.1994 (Hrsg. Meier, Heinrich)

Groeben/Thiesing/Ehlermann Kommentar zum EU-/EG-Vertrag, 5 Aufl., 1997, Bd 1

Groß, Thomas Die Legitimität staatlicher Herrschaft, Theorienstreit: die monistische und die pluralistische Interpretation des Demokratieprinzips – FR vom 11.7.2000.

Habermas, Jürgen Jenseits des Nationalstaats? Bemerkungen zu Folgeproblemen der wirtschaftlichen Globalisierung – Vortrag am 25. September 1997 an der Osloer Universität, unter „www.cla.sc.edu/sogy/faculty/ deflem/habermasonline/zzzbeyond. html“

Häberle, Peter Verfassung als öffentlicher Prozess, 2 erweiterte Aufl.,1996, Schriften zum öffentlichen Recht, Bd. 353

Hailbronner/Klein/Magiera /Graff – Müller Handkommentar zum EUV/EGV, 1998

Hanau/Ulmer Mitbestimmungsgesetz, 1981

Hanau, Peter *Arbeitsrecht* in der sozialen Marktwirtschaft in Wilke, Dieter (Hrsg.) Festschrift zum 125jährigen Bestehen der Juristischen Gesellschaft zu Berlin, 1984

Hanau, Hans	*Individualautonomie* und Mitbestimmung in sozialen Angelegenheiten, 1994
Häuser, Horst	Mehr Demokratie wagen, FR 2000
Haverkate, Görg,	Diskussionsbeitrag in Hommelhoft/Kirchhof (Hrsg.), Der Staatenverbund der EU, 1994.
Hesse, Konrad	*Grundzüge* des Verfassungsrechts der BRD *1975.*
ders.	Perspektiven der deutschen und europäischen *Verfassungsgerichtsbarkeit* – Deutsche Verfassungsgerichtsbarkeit an der Schwelle zum neuen Jahrhundert in Schwarze, Jürgen (Hrsg.), EU – Kommentar, 1 Aufl., 2000
ders.	*Grundzüge* des Verfassungsrechts der BRD, 20 Aufl., *1999*
Hill, Christofer	Von der *Reformation* zur industriellen Revolution – Sozial – und Wirtschaftsgeschichte Englands 1530 – 1780, Campus 1977
v. Hippel, Fritz	Das Problem der rechtsgeschäftlichen Privatautonomie, 1936
Hirsch, Günther	*Gemeinschaftsgrundrechte* als Gestaltungsaufgabe in Kreuzer /Scheuing/Sieber (Hrsg.), Europäischer Grundrechtsschutz, 1998
ders.	Kein *Staat,* aber eine Verfassung ?, NJW, 2000
Hochbaum, Ingfried	zu Art. 222 EWGV in Groeben / Thiesing / Ehlermann (Hrsg.) Kommentar zum EU-/EG – Recht, 1997
Horvath, Patrick	Die Entstehung und Rechtfertigung des Eigentums bei John Locke, unter http://members.surfeu.at 1998
Hofmann, Hasso	Von der Staatssoziologie zu einer Soziologie der Verfassung in Juristenzeitung, 1999
Hofmann, Rainer	zu *Art. 25 GG* in Umbach/Clemens, Grundgesetz, Mitarbeiter Kommentar und Handbuch, Bd 1, 2002
ders.	zu *24 GG,* in Umbach/Clemens
Hofmann, Paul	Handelsrecht, 1987
Hopt/Hehl	Gesellschaftsrecht, 1987
v. Humboldt, Wilhelm	Denkschrift über die deutsche Verfassung vom Dezember 1813, in Gesammelte Schriften (Hrsg.: Preußische Akademie der Wissenschaften, Bd. 11, 1903, S. 99)
Hueck/Nipperdey	Lehrbuch des Arbeitsrechts, 1963
Hüffer, Uwe	Gesellschaftsrecht, 1983
Igl, Gerhard	Benötigt das Sozialrecht Regelungen zum Sozial – Wirtschaftsrecht? – Überlegungen zur Fortentwicklung des Sozialgesetzbuches in Ruland/v. Maydell/Papier (Hrsg.), Verfasung, Theorie und Praxis des Sozialstaates – FS für Hans F. Zacher zum 70. Geburtstag, 1998

Inglesias, Rodríguez, Carlos, Gil — Zur „Verfassung" der EG in Schwarze, Jürgen (Hrsg.), Verfassungsrecht und Verfassungsgerichtsbarkeit im Zeichen Europas, 1 Aufl., 1998

Isensee, Josef — Verfassung ohne soziale Grundrechte ? Der Staat, 19

Jarass, D. Hans — *Wirtschaftsverwaltungsrecht* und Wirtschaftsverfassungsrecht, 1984

Jarass/Pieroth — GG - *Grundgesetz* für die BRD, 2002

Jellinek,Georg — Allgemeine *Staatslehre*, Nachdruck der 3. Aufl., 1914, Bad Homburg 1966

Jeorgiadis, Apostolos — Sachenrecht I, 1991 (im hell.)

Johnston, Davis — The General Influence of Roman Institutions of State and Public Law, Nachdruck aus dem " Roman Law Resources " [www.Ius Civile.com], Dunker & Humblot GmBH, Berlin, 1997

Kaidadzis, Akritas — Eigentumsrechte der juristischen Personen des öffentlichen Rechts – Drei Auffassungen über ihren Verfassungsschutz, ToS, 2002 (im hell.)

Kamman/Hess/Schlochauer — Betriebsverfassungsgesetz, 1979

Kanawelis, Thomas — Die Funktion des mitbestimmten Aufsichtsrats in der AG, 1987

Kappler, Ekkehard — Unternehmensverfassung als Problem der Betriebswirtschaftslehre in Bohr / Dragarczyk / Drumm / Scherrer (Hrsg.), 1981

Karakatsanis, Alexandros — *Flexibilisierung* des Arbeitsrechts in Griechenland, ZIAS, 1987

ders. — Kollektives *Arbeitsrecht*, 1988

Kardaras, Athanassios — Die Regelung der Arbeitsbedingungen auf Betriebsebene nach dem MitbestG 1767/88 und unter Einwirkung des Tarifvertragsgesetzes 1876/90, 1996 (im hell.)

Katrugalos, Jeorgios — Der Sozialstaat der nachindustriellen Epoche, 1998, (im hell.)

Kelsen, Hans — Demokratie und Sozialismus, Ausgewählte Aufsätze, Leser, Norbert, (Hrsg), 1967

Kersting/Schindler — Die EuGH – Entscheidung „Inspire Art" und ihre Auswirkungen auf die Praxis, RdW, 11/2003

Kirchhof, Paul — Die *Gewaltenbalance* zwischen staatlichen und europäischen Organen, in Walter Hallstein – Institut für europäisches Verfassungsrecht (Hrsg.), *Grundfragen* der europäischen Verfassungsentwicklung, Bd. 1, 1 Aufl., 2000

ders. — *Eigentum und Erbrecht* – Fundamente unserer Wirtschafts – und Steuerordnung, Vortrag am 114. Zentralverbandstag Haus & Grund Deutschland, 2000, unter www.bayern-grundbesitzer. De

ders.	Das *Maastricht – Urteil* des BVerfG in Hommelhoft / Kirchhof (Hrsg.) Der Staatenverbund der Europäischen Union, 1994
ders.	*Armut* und Freiheit in Ruland/v. Maydell/Papier (Hrsg.), Verfassung, Theorie und Praxis des Sozialstaates – FS für Hans F. Zacher zum 70. Geburtstag, 1998
Kodiadis, Xenophon	Das Sozialstaatsprinzip im Abänderungsvorschlag der Verfassung – Zwangslagen des Abänderungsgesetzgebers, RfSozVR 2001 (im hell)
König, Doris	Die Übertragung von Hoheitsrechten im Rahmen des europäischen Integrationsprozesses – Anwendungsbereich des Art. 23 GG, 2001
Kraft/Kreuz	Gesellschaftsrecht, 1988
Kremalis,Konstantinos	Der Verfassungsschutz des Rechts auf Sozialversicherung der Arbeitnehmer nach der griechischen Rechtsprechung in Ruland/ v. Maydell/Papier (Hrsg.), Verfasung, Theorie und Praxis des Sozialstaates – FS für Hans F. Zacher zum 70. Geburtstag, 1998
Kreisky, Eva	Politisches Denken in der griechischen Antike, unter http://eva-kreisky.at/onlinetexte/onlinereihe_antike.php.
Krustallakis, Ewagelos	Hellenische Zivilprozessordnung und Gemeinschaftsrecht – Unmittelbare und mittelbare Einwirkungen, 1999, Die Justiz (im hell.)
Kunze, Otto	Zum Stand der Entwicklung des Unternehmensrechts, ZHR 1980
Kübler, Friedrich	Gesellschaftsrecht, 1985
Kühling, Jürgen	Grundrechte in v. Bogdandy, Armin (Hrsg), Europäische Verfassung – Theoretische und dogmatische Grundzüge, 2003
Kyriakopulos, Panajotis	Antikes hellenisches Recht, 2003 (im hell.)
Lampert, Heinz	The Economic and Social Order of the FR of Germany, 1993
Lanfermann – Chwolik, Ellen	Grundrechtsschutz in der EU – Bestand, Tendenzen und Entwicklungen, 1994
Leinemann, Wolfgang (Hrsg.)	Kasseler Handbuch zum Arbeitsrecht, Bd 1, 1997
Leisner, Walter	Eigentum – Schriften zu Eigentumsrecht und Wirtschaftsverfassung, 1970 – 1996 (Hrsg. Isensee, Josef), 1996
Lenz, Otto, Carl	Ausbau der Europäischen Rechtsgemeinschaft – Gefahr für unsere Rechtsordnung ?, 1991
Leodaris, Miltiadis	Aktiengesellschaften, 1986.
Lewedis, Jeorgios	Die Wandlung der Bedingungen des abhängigen Arbeitsvertrages, 1990
ders.	Kollektives *Arbeitsrecht*, 1996

Lindemeyer, Bernd Die AG in Gewaltenverzahnung und Gewaltenkontrolle bei der Organisation deutscher Aktiengesellschaften –Gesellschaftermacht in der GmbH, 2001.

Ljakopulos, Athanassios Die Wirtschaftsfreiheit als Schutzgegenstand im Wettbewerbsrecht, 1981

Lorenz, Norbert Die Übertragung von Hoheitsrechten auf die Europäischen Gemeinschaften 1990

Löwisch/Löwisch Arbeitsrecht, 1980

Löwisch, Manfred (Hrsg) Betriebsverfassungsgesetz, 1989

Maiberg, Hermann Gesellschaftsrecht, 1981

Maier, Matthias Internationaler Handel, Sozial – Dumping und Sozialstandards – Eine unendliche Geschichte?, 2002, unter www.uniweimar.de

Manessis, Aristowulos *Verfassungsrecht* I, 1980

ders. *Verfassungsrechte* und individuelle Freiheiten, 1982

v. Mangoldt/Klein Bonner GG – Kommentar, Bd 1, 4 Aufl., 1999

Manitaki – Krawaritu, Johta Die Arbeitnehmermitbestimmung in den hellenischen Unternehmen, 1988

Manitakis, Adonis Das *Subjekt* der Verfassungsrechte, 1981 (im hell).

ders. *Rechtsstaat* und gerichtliche Kontrolle der Verfassungsmäßigkeit, 1996 (im hell.)

Mankowski/Magnus Die für Zivilverfahren erheblichen justiziellen Rechte in der Charta der Grundrechte der Europäischen Union, 2003

Mawrias, Kostas Geschichte der politischen Ideen, 2 Aufl., 1981

Mayer, Udo Paritätische *Mitbestimmung* und Arbeitsverhältnis, 1976

ders. Mitbestimmungs – und *Betriebsverfassungsgesetz*, Textausgabe mit 11 einführenden Aufsätzen, 1976

Mayer, C., Franz Kompetenzüberschreitung und Letztentscheidung, 2000

Messner, Dirk Gesellschaftliche Determinanten wirtschaftlicher Entwick-lung in der Weltmarktwirtschaft – Markt, Netzwertsteuerung und soziale Gerechtigkeit als Elemente einer Entwicklungsstrategie jenseits des Neoliberalismus in Bruckhorst / Kettner (Hrsg.) Globalisierung und Demokratie, 2000

Mestmäcker, Joachim – Ernst Recht und ökonomisches *Gesetz* über die Grenzen von Staat, Gesellschaft und Privatautonomie, 1984

ders. Von der *Wirtschaftsgemeinschaft* zur Wirtschafts – und Währungsunion in Achtenberg/ Krawietz / Wyduckel, Recht und Staat im sozialen Wandel, FS für Hans – Ulrich Scupin, 1995

ders. Von der Wirtschaftsgemeinschaft zur *Währungsunion* in Beyerlin/Bothe/Hofmann/Petersmann (Hrsg.) Recht zwischen Umbruch und Bewahrung – FS für Rudolf Bernhardt, 1995

Michaels – Müller, Olaf Grundrechtlicher Eigentumsschutz in der EU, 1996

Milczewski, Christine Der grundrechtliche Schutz des Eigentums im Europäischen Gemeinschaftsrecht, 1994

v. Mises, Ludwig Leben, Werk, Zitate, unter http://www.mehr -freiheit.de/ dee/ mises.html

Möllers, Christoph Verfassungsgebende Gewalt – Verfassung – Konstitutionalisierung in v. Bogdandy, Armin (Hrsg.) Europäische Verfassung – Theoretische und dogmatische Grundzüge, 2003

Müller, Bernd Arbeitsrecht im öffentlichen Dienst, 5 Aufl., 2001

v. Münch/Kunig (Hrsg) Grundgesetz – Kommentar, Bd 1, 5 Aufl., 2000

Naendrup, Peter – Hubert zu § 25 MitbestG 1976, in Fabricius, *Gemeinschaftskommentar*, 1979

Nettesheim, Martin EU – Recht und nationales Verfassungsrecht, 2001

Nicolaysen, Gert Europarecht I – Die europäische Integrationsverfassung, 2 Aufl., 2002

Noack, Ulrich Vortrag bei der deutsch – niederländischen Rechtsanwaltsvereinigung am 6.11.1997

Nutzinger, Hans (Hrsg) Mitbestimmung und Arbeitnehmerselbstverwaltung, 1982

Öhlinger/Potacs Gemeinschaftsrecht und staatliches Recht – Die Anwendung des europäischen Rechts im internationalen Bereich, 2 Aufl., 2001

Oppenheimer, Franz Der Staat – V. Die Entfaltung des Verfassungsstaates, unter www.opp.uni-wuppertal.de/oppenheimer/St/staat5.htm

Oppermann, Thomas Europarecht, 2 Aufl., 1999

Oschatz – Bernd, Georg Diskussionsbeitrag in Hommelhoft/Kirchhof, 1994

Ossenbühl, Fritz Soziale Gleicheit in Müller/Staff (Hrsg.) Der soziale Rechtsstaat – Gedächtnisschrift für Hermann Heller, 1 Aufl., 1984

Panajotopulos, Ioannis Vortrag auf der Tagung über Justiz und abgeänderte Verfassung am 19. Juni 2001, (Hrsg. Forschungsanstalt über Unternehmenstätigkeit – im hell.).

Papadimitriou, Georgios Europäische Integration und nationales Verfassungsrecht in Griechenland, in Batis / Tsatsos / Stefanou, 1995

Papakonstadinu, Apostolos Anmerkung zu StEE 1682/2001, ToS/2002 (im hell.)

Papier, Jürgen – Hans Das Mitbestimmungsurteil des Bundesverfassungsgerichts – Eine kritische Würdigung aus verfassungsrechtlicher Sicht, ZGR, 1979

Pararas, Petros Verfassung und EMRK, 2001 (im hell.)

Patronos, Petros — Der konzeptionelle Ansatz im Umweltvölkerrecht – Ein Beitrag zu den normativen Grundlagen des internationalen Umweltschutzes, 1997

Pauly/Siebinger — Verfassungsstaat: ideengeschichtlicher und rechtsphilosophischer Streit mit Fogewirkung: Was kommt zuerst: der Staat oder die Verfassung? unter www.wz-berlin.de

Pernice, Ingolf — Der *Beitrag* Walter Hallsteins zur Zukunft Europas – Begründung und Konsolidierung der Europäischen Gemeinschaft als Rechtswisseschaft – Vortrag zum Walter – Hallstein – Symposion am 16/17. November 2001

ders. — Constitutional law *implications* for a state participating in a process of regional integration – German Constitution and "multilevel Constitutionalism", in Walter Hallstein – Institut für europäi-sches Verfassungsrecht (Hrsg.), *Grundfragen* der europäischen Verfassungsentwicklung, Bd 1, 1 Aufl., 2000

ders. — Die politische *Vision* von Europa und die notwendigen institutionellen Reformen – Vortrag auf der Konferenz des Zentrums für Europäisches Verfassungsrecht am 1.Oktober 1999 in Athen, in *Grundfragen*

Pestalozza, Christian — Verfassungen der deutschen Bundesländer mit den Verfassungsgesetzen, 2001

Philippi, Nina — Die *Charta* der Grundrechte der EU – Entstehung, Inhalt und Konsequenzen für den Grundrechtsschutz in Europa, 1 Aufl., 2002

Pitschas, Rainer — Der „neue" soziale Rechtsstaat – Vom Wandel der Arbeits – Sozialverfassung des Grundgesetzes in Ruland / v.Maydell / Papier

Plander, Harro, — Eine Art Schule der Demokratie, Die Mitbestimmung fördert die Entwicklung und Verbreitung politischer Tugenden, FR vom 12.9.2000

Politische Geschichte — Vom Feudalismus zum Kapitalismus in Europa

Quasdorf, Peter, — Dogmatik der Grundrechte der EU, 2001

Raiser, Thomas — Recht der Kapitalgesellschaften – AG GmbH K & Co, 1983

Rehbinder, Manfred — Einführung in die Rechtswissenschaft, 5 Aufl., 1983

Reich, Norbert — Markt und Recht – Theorie und Praxis des Wirtschaftslebens in der BRD, 1977

Reich/Lewerenz — Das neue Mitbestimmungsgesetz, AuR, 1976

Reinhardt/Schultz — Gesellschaftsrecht, 1981.

Richardi/Wlotzke (Hrsg) — Münchener Handbuch Arbeitsrecht, Bd. 1, 2 Aufl., 2000

Riedel, Eibe — Kapitel IV: Solidarität in Meyer, Jürgen (Hrsg.), Kommentar zur Charta der Grundrechte der Europäischen Union, 2003

Rittner, Fritz	Wirtschaftsrecht, 1987
Rittstieg, Helmut	Eigentum als Verfassungsproblem, 1975
Rodrik, Dani	Grenzen der Globalisierung – Ökonomische Integration und soziale Desintegration, 2000
Roellecke, Gerd	Zur Geltung von Grundrechten für juristische Personen des öffentlichen Rechtes in Wolter / Riedel / Taupitz (Hrsg.) Einwirkungen der Grundrechte auf das Zivilrecht, Öffentliches Recht und Strafrecht, 1999
Rojahn, Ondolf	zu *Art. 25 GG* in v. Münch/Kunig
ders.	zu *Art. 24 GG* in v. Münch/Kunig
Rokas/Skuras	Die Errichtung einer Tochtergesellschaft in Griechenland, ZGR 1975
Rokas, Nikolaos	Die Einwirkung der neuen Verfassung auf das Handelsrecht, 2002
Rossi, Mathias	Zu Art. 308 in Callies/Ruffert
Runggaldier, Ulrich	Die EG–Integration: Gefahr für den Sozialstaat? in Blazizek – Schachner, Peter (Hrsg.) Europa – Wohin? Wirtschaftliche Integration, soziale Gerechtigkeit und Demokratie, 1994
Rumpf, Klaus	Mitbestimmung in wirtschaftlichen Angelegenheiten und bei der Unternehmensplanung und bei der Personalplanung, 1978
Sachs, Michael	Grundgesetz – Kommentar, 2003
Sakowski, Klaus	Arbeitsrecht I, 2002
Sautter, Hermann	Sozialstandards in Globalisierungsprozess – Inhalt und Durchsetzungsmöglichkeiten – Gutachten für die Enquette – Kommission „Globalisierung der Weltwirtschaft – Herausforderungen und Antwor-ten" des deutschen Bundestages unter www.bundestag./de/gremien/welt/gutachten
Schanze/Jüttner	Die Entscheidung für Pluralität: Kollisionsrecht und Gesellschaftsrecht nach der EuGH – Entscheidung „Inspire Art", AG 12/2003
Schmidt, Karsten	Gesellschaftsrecht, 1986
Schmidt – Bleitreu/Klein	Kommentar zum GG, 9 Aufl., 1999
Schnapp, E., Friedrich	Was können wir über das Sozialstaatsprinzip wissen?, JuS 1996
Schwark, Eberhard	Wirtschaftsordnung und Sozialstaatsprinzip, 1996 (Hrsg. Dürkop, Marlis)
Schwarze, Jürgen	*EU* – Kommentar, 1 Aufl., 2000.
Schweitzer/Hummer	Europarecht – Das institutionelle Recht der Europäischen Gemeinschaften, 1985

Schuppert, Folke, Gunnar	Rechtsstaat – Sozialstaat- Demokratie – Einige Bemerkungen zur Bewährung und Gefährdung grundgesetzlicher Strukturprinzipien in Brandt / Gollwitzer / Henschel (Hrsg.), Ein Richter, Ein Bürger, in Christ – FS für Helmut Simon, 1 Aufl., 1987
Sen, Amartya	Ressources, Values and Development, 1984
Siebert/Degen/Becker	Betriebsverfassungsgesetz, 1987
Sieckmann R. – Jan	in Friauf/Höfling (Hrsg.), Berliner Kommentar zum Grundgesetz, Bd 1, 2000
Simitis, Spyros	Von der institutionalisierten zur problembezogenen Mitbestimmung, AuR 1975
Sinzheimer, Hugo	Grundzüge des Arbeitsrechts, 1927
Sografu, Lili	Antignose (*Gegenerkenntnis*), 2 Aufl., 1981
Söllner, Alfred	Arbeitsrecht in der Verfassungsordnung des GG, 1994
Staehelin, Rudolf	Mitbestimmung in Europa, 1979
Staff, Ilse	Der soziale Rechtsstaat – Zur Aktualität der Staatstheorie Hermann Hellers in Müller/Staff (Hrsg.) Der soziale Rechtsstaat – Gedächtnisschrift für Hermann Heller, 1 Aufl., 1984
Stathopulos, Michail	Wirtschaftliche Freiheit, Wirtschaftssystem, ToS 1981(im hell.)
Steinberger, Helmut	Anmerkung zum Maastricht – Urteil des BVerfG in Hommelhoft/Kirchhof
Steindorff, Ernst	Einführung in das Wirtschaftsrecht der BRD, 1977
Sterzel, Dieter	Dogmatisiertes Verfassungsverständnis, Der zweite Senat des BVerfG widersetzt sich dem Ausbau der Mitwirkungsrechte, FR vom 5.9.2000
Strasser, Kyra	Grundrechtsschutz in Europa und der Beitritt der Europäischen Gemeinschaften zur Europäischen Menschenrechtekonvention, 2001
Streinz, Rudolf	Europarecht, 5 Aufl., 2001
Stern, Klaus	Das *Staatsrecht* der BRD, Bd I, 2 Aufl., 1984
ders.	Die *Verbindung* von Verfassungsidee und Grundrechtsidee zur modernen Verfassung in ders: Der Staat des Grundgesetzes, Köln/Berlin/München, 1992
ders.	Grundideen europäisch – amerikanischer *Verfassungsstaatlichkeit*, in ders. Der Staat des Grundgesetzes
Strumpf, Cordula	zu Artt 6 EUV, 2 EVG in Schwarze, Jürgen (Hrsg.) *EU* – Kommentar, 1 Aufl., 2000
Tegopulos/Fytrakis	Hellenischer Wortschatz, 1999
Theocharis, Riginos	Geschichte der ökonomischen Analyse, Bd A΄, 1983 (im hell.)
Thukydides	Perikless Epitaph

Thurow, C. Lester	Die Zukunft des Kapitalismus, 1996, unter http://www. zerbs.at
Tigar/Levy	Recht und der Aufstieg des Kapitalismus, 1981 (im hell.)
Trawlos – Dzanetatos	Verfassung und arbeitsrechtliche Beziehungen, 1983
Tsatsos, Dimitris	*Verfassungsrecht* I, a, 3 Aufl., 1982 (im hell.)
ders.	Verfassungsrecht Bd. Γ – *Grundrechte*, 1988 (im hell.)
ders.	*Interview* in der NET, 20. Juni 2003.
ders.	Zum Prinzip einer gemeineuropäischen Verfassungsverantwortung – Am Beispiel der *Revisionsproblematik* der europäischen Verträge, in Walter Hallstein (Hrsg.), *Grundfragen*
ders.	Die europäische *Unionsgrundordnung*, 1 Aufl., 2002
Umbach/Clemens	Grundgesetz – Mitarbeiterkommentar und Handbuch, Bd. 1, 2002
Verheugen, Günter	Die gemeinsame Außenpolitik der Europäischen Union in Ronge, Frank (Hrsg.) In welcher Verfassung ist Europa – welche Verfassung für Europa, 1 Aufl., 2001
Vorländer, Hans	Verfassung und Konsens – Der Streit um die Verfassung in der Grundlagen – und Grundgesetz – Diskussion der BRD – Untersuchungen zu Konsensfunktion und Konsenschance der Verfassung in der pluralistischen und sozialstaatlichen Demokratie, Berlin, 1981
Wagner, Michael, Klaus	Die wirtschaftliche Arbeitnehmermitbestimmung in einer Europäischen Aktiengesellschaft, 1977
Walter, Christian	Geschichte und *Entwicklung* der europäischen Grundrechte und Grundfreiheiten in Ehlers, Dirk (Hrsg.), Europäische Grundrechte und Grundfreiheiten
Weber, Albrecht (Hrsg.)	Charta der Grundrechte der EU, 2002
Weimar/ Schimikowski	Grundzüge des Wirtschaftsrechts, 1983
Weitzig, Joachim	Gesellschaftsorientierte Unternehmenspolitik und Unternehmensverfassung, 1979
Wejsman, D. A.	Hellenisch – Russischer Wortschatz, 5 Aufl., Sankt Petersburg, 1899
Weledzas, Ioannis	Die verfassungsrechtliche Eigentumsgarantie, 1987
Welfens, Paul	Globalisierung, Konkurrenz der Wirtschaftssysteme und internationale Einkommensunterschiede, Wirtschaftspolitik I/2, 2001
Wesel, Uwe	Recht, Unrecht und Gerechtigkeit, 2003
Wetter, Irmgard	Die Grundrechtcharta des EuGH, 1998
Wiedemann, Herbert	Grundfragen der Mitbestimmungsverfassung, ZGR, 1975
Will, Eduard	Die ökonomische Entwicklung und die antike Polis, 1977

Wlastos, Stylianos Der abhängige Arbeitsvertrag, I - 1990 (im hell.)

Wolf, Alexander Prozesualle Probleme des „Maastricht“ Urteils des BVerfG, 1999

Zachert, Ulrich *Mitbestimmungsgespräche*, 1976

ders. *Betrieblicht* Mitbestimmung – Eine problemorientierende Einführung, 1979

Zöllner, Wolfgang Arbeitsrecht, 1983

Zuleeg, Manfred zu *Artt 1 und 3 EGV* in Groeben/Thising /Ehlermann (Hrsg.), Kommentar zum EU-/EG, Vertrag, 5 Aufl.,1997

ders. Die *Vorzüge* der europäischen Verfassung in v. Bogdandy

ders. Die *Aufteilung* der Hochheitsgewalt zwischen der Europäischen Union und ihren Mitgliedstaaten aus der Sicht der deutschen Verfassung in Walter Hallstein – Institut für europäisches Verfassungsrecht (Hrsg.), Grundfragen der europäischen Verfassungsentwicklung, Bd. 1, 1 Aufl., 2000

Kolibri 360 GmbH
Ferdinand-Jühlke-Straße 7
99095 Erfurt, Deutschland
produktsicherheit@kolibri360.de

Druck:
CPI Druckdienstleistungen GmbH
im Auftrag der
Kolibri 360 GmbH
Ferdinand-Jühlke-Str. 7
99095 Erfurt